passerelles

passerelles

Révision de grammaire française

Susan St. Onge
Christopher Newport College

Ronald St. Onge
College of William and Mary

Katherine Kulick
College of William and Mary

David King
Christopher Newport College

Heinle & Heinle Publishers

Boston, Massachusetts, 02116

Heinle & Heinle Publishers is a division of Wadsworth, Inc.

Publisher: Stanley J. Galek
Editor: Petra Hausberger
Production Editor: Julianna Nielsen
Production Supervisor: Patricia Jalbert
Manufacturing Coordinator: Lisa McLaughlin
Internal & Cover Design: Jean Hammond
Cover Illustration: Craig Smallish

Manufactured in the United States of America.

ISBN 0-8384-2148-2   (Instructor's Edition)
ISBN 0-8384-1970-4   (Student's Edition)

Heinle & Heinle Publishers is a division of Wadsworth, Inc.

10   9   8   7   6   5   4   3   2   1

Table des matières

Avant-propos

Passerelles: Révision de grammaire française est la nouvelle édition revue d'*Interaction, Présentation française,* et comme son prédécesseur présente la grammaire de niveau intermédiaire d'une façon méthodique et cohérente. Cette formule permet à l'enseignant d'utiliser de nombreuses techniques pédagogiques. Elle répond également aux besoins d'une variété d'étudiants de formation et de niveau différents. Ce manuel peut être utilisé lors du troisième, quatrième ou cinquième semestre à l'université ainsi qu'au troisième ou quatrième niveau des classes secondaires.

L'aspect principal de *Passerelles* est sa souplesse en tant qu'instrument pédagogique. Les conditions d'enseignement et d'acquisition différant considérablement d'une côte à l'autre des Etats-Unis, les cours universitaires de français de niveau intermédiaire, comme les cours supérieurs au lycée, ont toujours été suivis par des étudiants ayant une formation et une connaissance du français très variées. Ces cours visaient généralement à réviser et à développer les quatre aptitudes nécessaires à l'acquisition de la langue. La clarté des explications grammaticales de *Passerelles* permet un rappel des éléments essentiels tout en aidant les étudiants à évoluer peu à peu d'un niveau de langue qui leur permet de comprendre et d'utiliser certaines structures à celui qui les incite à communiquer en français: le but véritable de ce manuel.

Passerelles hérite d'un manuel qui était de bien des façons un texte basé sur la compétence linguistique avant même que cette tendance pédagogique ne soit reconnue. Tout en raffinant le but d'aider l'étudiant à pratiquer la langue dans un contexte culturel authentique et des situations vraisemblables, *Passerelles* vise encore plus loin en procurant aux étudiants de nombreuses occasions de parler français pendant et en dehors des cours.

Les Caractéristiques de *Passerelles*

Passerelles doit son inspiration en grande partie aux nombreux professeurs ayant employé les deux éditions précédentes d'*Interaction,* ainsi qu'aux observations des auteurs après leur utilisation du manuel dans leurs propres salles de cours. Cette édition de *Passerelles* comporte des changements importants, particulièrement en ce qui concerne les exercices. Nous avons visé à améliorer les points sur lesquels les utilisateurs de ce programme ont attiré notre attention tout en essayant de garder intacts les traits ayant contribué à la valeur d'*Interaction.*

La Portée du programme et l'enchaînement des chapitres

Passerelles comprend dix chapitres. Cette division semble répondre aux besoins du cours d'un seul semestre comme à celui qui dure un an si l'utilisation de ce manuel est complétée par des lectures et d'autres activités.

L'organisation des points de grammaire présentés dans *Passerelles* permet aux étudiants de progresser par étapes: les règles élémentaires de communication sont présentées avant les principes plus complexes. Les trois premiers chapitres constituent la base linguistique fonctionnelle fondamentale. Le troisième chapitre contient à présent une révision des nombres, des dates et de l'heure, éléments pratiques qu'il est souvent nécessaire de revoir au début du cours. Le quatrième et le cinquième chapitres permettent de réviser l'une des notions de grammaire française les plus difficiles pour un anglophone: le passé. Beaucoup de professeurs ayant utilisé *Interaction* nous ont fait part de leur satisfaction quant à l'efficacité de la présentation des temps du passé qui, au lieu d'insister sur les règles, invite les étudiants à communiquer en employant un temps donné du passé. Le sixième chapitre traite des adverbes interrogatifs, des pronoms et de l'adjectif **quel**. Les pronoms compléments d'objet ainsi que les pronoms possessifs et démonstratifs sont présentés au chapitre suivant. Cette continuité, qui encourage l'usage des pronoms, permet aux étudiants de développer un style oral et écrit plus affermi. Le huitième chapitre insiste sur les constructions du subjonctif les plus usuelles en expliquant les ramifications psychologiques de ce mode. Le neuvième chapitre couvre les prépositions, particulièrement quand elles accompagnent des infinitifs. Il porte également sur le pronom relatif, les autres pronoms ayant déjà été présentés dans des chapitres précédents. Le dixième chapitre a été allégé: les nombres et les expressions temporelles ont été enlevés et le chapitre se concentre sur le futur et le conditionnel.

L'Organisation d'un chapitre

L'organisation des chapitres de *Passerelles* suit le plan suivant:

PREMIERE PAGE. Elle résume le contenu du chapitre. Les étudiants et les professeurs peuvent apprendre d'un simple coup d'œil quelles structures grammaticales, quelles fonctions communicatives et quelle orientation culturelle vont être présentées.

MISE EN TRAIN. Cette série de questions simples pousse l'étudiant à organiser ses idées en avance et permet à l'enseignant de poser des questions sur le contenu culturel du chapitre dès son introduction. Ces exercices, qui encouragent l'étudiant à examiner des problèmes similaires dans sa propre vie, facilitent la présentation de nouveaux concepts culturels.

PERSPECTIVES. La lecture qui se trouve en début de chapitre joue plusieurs rôles: elle illustre les principes de grammaire du chapitre, elle présente le vocabulaire dont le thème sera repris dans la plupart des exercices, elle introduit le thème culturel et constitue un exercice de lecture. Elle procure à l'étudiant une véritable perspective en lui donnant une idée générale des concepts qu'il sera censé pouvoir utiliser à la fin du chapitre. En réponse aux suggestions de certains critiques, les **Perspectives** sont désormais présentées en grande majorité sous forme de dialogues. La dynamique de ces conversations tient l'étudiant en haleine et lui permet, quand il lit à haute voix, d'améliorer sa prononciation de façon plus spectaculaire.

VOCABULAIRE ACTIF. Les mots de vocabulaire spécialisés ayant rapport au thème culturel du chapitre sont indiqués par un symbole dans la lecture et figurent avec leur traduction dans la section intitulée **Vocabulaire actif** qui suit les **Perspectives.** Ces mots apparaissent également dans le lexique qui se trouve à la fin du manuel. Un mot qui a déjà été présenté et qui réapparaît n'est expliqué que si sa signification dans le nouveau contexte est différente. Les étudiants ne devraient avoir aucun mal à reconnaître les autres expressions qui se trouvent dans les lectures et dans certains des exercices.

Les éléments de vocabulaire sont groupés d'une façon thématique, ce qui facilite l'emploi oral et écrit de ces expressions pratiques en les associant aux contextes dans lesquels elles sont le plus souvent utilisées. Les mots qui sont présentés ailleurs, et que les étudiants sont censés reconnaître, figurent dans le lexique à la fin du manuel.

Les **Exercices de vocabulaire** qui accompagnent le **Vocabulaire actif** visent à familiariser les étudiants avec le vocabulaire et le thème culturel du chapitre. L'identification des mots-clé tirés du **Vocabulaire actif** facilite l'emploi des autres éléments lexicaux dans un contexte grammatical bien précis fourni dans ce but. La section qui suit est intitulée **Vous comprenez?** et constitue une façon de vérifier la compréhension globale de la lecture et de préparer les étudiants aux exercices de vocabulaire de la section suivante, intitulée **A votre tour.** Dans cette partie, les étudiants doivent trouver des expressions et les utiliser en contexte, ce qui leur permettra de construire leur **Lexique personnel,** c'est-à-dire une liste de mots issus non seulement du vocabulaire du chapitre, mais aussi de leurs propres besoins, de leurs propres intérêts et de leurs propres connaissances. Le but de cet enchaînement est de familiariser les étudiants avec le contexte culturel et lexical sur lequel repose le reste du chapitre avant d'aborder les règles de grammaire.

STRUCTURES. Le but de *Passerelles* est d'encourager les étudiants à parler français en classe et de leur permettre de véritablement apprendre à communiquer grâce à un ensemble de situations vraisemblables.

Les points de grammaire les plus problématiques sont repris sous une enseigne bien française: le mot **Rappel**. En France, quand il y a des travaux sur les routes, on met un panneau **Rappel** à proximité de la zone traître pour attirer l'attention des automobilistes sur le danger et leur rappeler d'être particulièrement prudents. De même, *Passerelles* encourage les étudiants à obéir à ce code et à prendre avec prudence les virages dangereux qui font partie de l'apprentissage d'une langue. *Passerelles* part du principe que, comme les automobilistes français, les étudiants ont déjà prouvé leurs compétences dans des conditions idéales, mais doivent à présent être guidés à l'aide de rappels et d'avertissements lors de leur traversée de terrains moins sûrs.

EXERCICES. Tous les exercices sont mis en contexte. Chaque question a été revue dans le but de permettre aux étudiants de ne former que des phrases correctes du point de vue d'authenticité et de structure linguistique.

Une fois présenté, chaque point de grammaire est immédiatement renforcé par une série d'exercices courts et soigneusement planifiés visant à contrôler chaque aspect individuellement. Les enseignants sont libres d'utiliser ces exercices en classe en guise de vérification ou de les donner comme devoirs.

Les points de grammaire en rapport sont suivis d'**Exercices d'ensemble** qui permettent une mise en pratique de ces nouveaux concepts.

Des exercices permettant aux étudiants de parler de leurs propres expériences dans un contexte délimité, tout en utilisant ce qui a été présenté dans les leçons précédentes, sont ensuite placés sous la rubrique **Pratique.** Ces activités semi-structurées sont organisées par ordre de difficulté.

A la fin de chaque chapitre se trouvent des **Activités d'expansion** à faire oralement et par écrit, dont **Vie actuelle,** une rubrique qui consiste en une série de lectures authentiques à grand intérêt culturel précédées et suivies de supports de lecture. Alors que les **Perspectives** sont écrites dans des buts pédagogiques bien précis, les lectures de **Vie actuelle** sont tirées de diverses publications de langue française et permettent aux étudiants de lire des textes écrits pour le grand public francophone. C'est aussi le rôle de la documentation qui émaille les chapitres et se prête à une variété d'exercices et de discussions.

La section qui succède à **Vie actuelle** et qui est intitulée **Pour aller plus loin** permet aux étudiants d'authentifier leur français écrit et parlé en leur donnant un certain nombre d'expressions et de phrases typiques.

La dernière activité de chaque chapitre, intitulée **Situations,** est particulièrement stimulante: elle fait appel à des situations qui poussent les étudiants à penser en français en utilisant les structures et le vocabulaire de la leçon et des leçons précédentes.

Passerelles examine les structures du français en profondeur et offre une grande diversité en matière d'exercices. Les auteurs se rendent compte de l'abondance d'activités dans chaque chapitre et reconnaissent que certaines d'entre elles peuvent prendre beaucoup de temps. Ce livre est donc un outil pédagogique très malléable. Les enseignants qui retrouvent leurs élèves en cours moins de cinq fois par semaine devront selectionner parmi les activités celles à faire en classe et celles à donner en devoirs. Ils devront peut-être également éliminer ou modifier certains jeux de rôle. D'autres professeurs feront peut-être un tri et n'utiliseront que les exercices qui correspondent à leur philosophie ou qui se prêtent aux dispositions et aux aptitudes de leurs élèves.

A La Fin du livre

Appendices

L'appendice A fournit des explications sur le passif, sur le discours indirect, sur les temps littéraires et sur certains emplois de l'article défini. Les différentes parties de l'appendice A contenant des exercices, les enseignants ont l'option de les traiter en tant que chapitres supplémentaires ou de présenter les points qu'ils contiennent en cours de leçon, suivant les besoins des étudiants.

L'appendice B contient des tableaux de conjugaison des principaux verbes réguliers, irréguliers ou à radical irrégulier.

Le Vocabulaire français-anglais

Le lexique français-anglais qui se trouve à la fin du livre contient tous les termes qui ont été employés dans le manuel et qui ne sont ni des mots apparentés ni des mots qui peuvent être aisément reconnus par des étudiants de niveau intermédiaire. Le genre des noms et la forme féminine des adjectifs sont précisés. Les expressions familières et les mots d'argot sont présentés en tant que tels. Les mots sont traduits comme ils l'auraient été dans le contexte où ils ont été utilisés.

Manuels auxiliaires

Manuel du professeur

Passerelles va de pair avec le manuel du professeur, une version annotée du livre de l'étudiant qui contient des suggestions pédagogiques pour la présentation et la mise en pratique des points du chapitre ainsi que des idées sur des activités pouvant être faites en classe. Le manuel du professeur propose des moyens de transformer ou d'ajouter certaines activités. Il explique aussi comment utiliser la documentation qui enrichit ses pages et donne des indications qui permettront à l'enseignant de choisir précisément les exercices du **Cahier de laboratoire et de travaux pratiques** complétant le mieux ce qu'on vient d'enseigner. En incorporant ces précisions dans le manuel du professeur, les auteurs ont facilité la préparation des cours et le choix des devoirs à donner aux etudiants.

Voir aussi les symboles:

Travail à deux ◆◆

Travail collectif ❀

Passerelles: Cahier de laboratoire et de travaux pratiques

Le *Cahier de laboratoire et de travaux pratiques* qui accompagne *Passerelles* contient des exercices oraux et écrits qui enrichissent les cours d'une façon concrète en renforçant l'aptitude des étudiants à écrire, écouter, parler et comprendre les différences culturelles.

La partie orale du cahier débute par un enregistrement du dialogue ou de la narration se trouvant dans la rubrique **Perspectives** du manuel. Suivent des questions permettant de vérifier la compréhension du texte et des exercices de vocabulaire visant à mettre les termes nouvellement acquis en pratique dans des situations vraisemblables. Ces activités peuvent servir de point de départ à la lecture et au débat en classe ou peuvent être utilisées après la lecture pour renforcer le travail fait en classe. La dictée qui suit est en harmonie avec le thème du chapitre et utilise le vocabulaire dans un contexte qui n'est pas tout à fait le même. La section intitulée **Structures** contient des exercices qui renforcent l'emploi des nouvelles structures grammaticales et permettent de vérifier leur assimilation. En outre, chaque chapitre contient trois ou quatre autres dialogues donnant aux étudiants l'occasion d'affiner leur faculté d'écoute et de compréhension. Le dernier exercice de compréhension orale prend la forme d'une conversation improvisée, qui offre l'expérience d'un échange oral spontané. Ce genre de conversation de haut niveau conclut chaque chapitre du **Cahier.**

Les exercices écrits du **Cahier** complètent ceux du manuel. Un grand nombre de tâches, d'une flexibilité variable, permettent à l'étudiant d'aller au-delà d'une simple manipulation des nouvelles structures. L'accent est toujours mis sur la nécessité d'exprimer des pensées personnelles en situation. Une nouvelle rubrique, **La Rédaction par étapes,** permet de pratiquer la langue écrite de différentes façons en utilisant des documents authentiques et des circonstances réelles. Les méthodes utilisées mettent en pratique une série de stratégies se conformant aux objectifs établis par ACTFL. Chaque chapitre finit avec ce genre de dissertation qui se prête très bien à de nouvelles techniques d'évaluation, comme celle qui consiste à laisser les étudiants faire une critique des devoirs de leurs camarades de classe ou encore celle qui leur permet de faire une mise au point progressive de leur propre travail.

INTERSECTIONS: Lectures littéraires et culturelles

Une révision de grammaire n'atteint pas vraiment son objectif si elle ne va pas au-delà de l'agencement des unités qui forment le système linguistique. Les auteurs de *Passerelles* ont créé un manuel de lectures culturelles et littéraires qui incite les étudiants de français de niveau intermédiaire à utiliser leurs connaissances d'une façon stimulante. Cette deuxième édition d'*Intersections* unit la grammaire, la lecture, la discussion et la sensibilisation culturelle. Suivant les nouvelles tendances pédagogiques en matière de lecture, ce manuel ne se contente pas de demander aux étudiants de répondre à des questions sur le texte. Il contient, pour ne nommer que quelques-unes de ses facettes, une **Mise en train,** qui est une série de questions précédant la lecture et permettant aux étudiants d'organiser leurs pensées en avance, des suggestions pour faciliter une lecture du texte sans dictionnaire, un examen en profondeur de la signification culturelle du mot écrit et une **Mise au point,** qui est une série d'exercices à faire après la lecture. La plupart des étudiants n'auraient aucun mal, s'ils le voulaient, à continuer à lire des textes français après la fin de leurs études. S'ils ne le font pas, c'est souvent parce qu'à l'époque, c'était une corvée. Grâce à un format diversifié et à un grand choix de lectures (*Le Monde, Le Nouvel Observateur, Le Français dans le Monde, L'Express, Libération, La Revue d'Esthétique, Première,* mais encore Philippe Labro, Maupassant, Ionesco, Baudelaire, Butor, Daninos, Prévert, Queneau, Maurois et les auteurs francophones Driss Chraïbi, Alioum Fantouré, Aimé Césaire, Claude Jasmin, Michèle Lalonde), la deuxième édition d'*Intersections* transforme la lecture en une activité agréable.

Le thème principal de chacun des chapitres de la deuxième édition d'*Intersections* est le même que celui de la section **Perspectives** dans *Passerelles.* Les enseignants décideront peut-être de consacrer un semestre à une revue de grammaire et un autre à des exercices de lecture. Il est aussi possible d'utiliser un chapitre de *Passerelles* conjointement avec le chapitre correspondant d'*Intersections* ou même d'émailler de lectures un chapitre de révision grammaticale. Cette souplesse, qui satisfera le professeur et les étudiants, favorisera de véritables échanges en français pendant l'année scolaire et même au-delà.

INTERCULTURE: Lectures et activités

Passerelles est accompagné d'un manuel de lectures inter-culturel intitulé *Interculture.* Un grand nombre de classes de niveau intermédiaire aux Etats-Unis ont apprécié cette approche qui contraste les deux cultures. Les professeurs décideront peut-être de l'utiliser à la suite de la révision de grammaire ou encore, comme nous le suggérons à présent, après *Intersections.* Ses activités et ses textes stimulants plairont aux nombreux étudiants qui souhaitent connaître la culture française d'aujourd'hui. C'est parce qu'il rend les étudiants plus conscients des différences culturelles en les poussant à se servir de leurs expériences personnelles face à leur propre culture qu'*Interculture* reste un novateur dans ce domaine.

Remerciements

Nous voudrions remercier les professeurs qui ont lu le manuscrit de *Passerelles*, et qui ont offert de nombreux conseils et suggestions inestimables: Joan E. Adams, Shasta College; Debbie L. Arteaga, University of Washington; Jean-Pierre Berwald, University of Massachusetts at Amherst; Claude J. Fouillade, New Mexico State University; Margaret Flagg, Boston College; Gilberte Furstenberg, MIT; Françoise Gebhart, Ithaca College; Edwin L. Isley, Ohio State University; Lynn Klausenberger, University of Washington; David Orlando, University of California at Santa Cruz; Joëlle Lemerle Stopkie, Lebanon Valley College.

Nous aimerions également saluer l'enthousiasme, le dévouement et la patience de l'équipe de rédaction et des agents commerciaux d'Heinle & Heinle, dont les idées, le soutien et le talent ont permis le succès de cette entreprise: Charles H. Heinle, Stanley J. Galek, Kristina Baer, Julianna Nielsen, Pat Jalbert, Petra Hausberger, José Wehnes Q. et Cheryl Carlson. Merci aussi à Cynthia Fostle, notre rédactrice; Nicole Dicop-Hineline, Florence Boisse-Kilgo et Sophie Masliah, qui ont vérifié l'authenticité de la langue; Jane Wall-Meinike et Patrice Titterington, nos correctrices d'épreuve; et Jan Solberg et Nicole Dicop-Hineline, qui nous ont beaucoup aidés avec des traductions.

AMÉRIQUE
DU NORD

QUÉBEC

Québec
Montréal

Nouveau-Brunswick

Nouvelle-Ecosse
St-Pierre-et-Miquel

Maine
NOUVELLE-ANGLETERRE

LOUISIANE

La Nouvelle-Orléans

L'Océan
Atlantique

HAÏTI   Les Antilles
GUADELOUPE

Port-au-
Prince   MARTINIQUE

L'Océan
Pacifique

GUYANE
FRANÇAISE   Cayenne

AMÉRIQUE
DU SUD

NOUVELLE
HÉBRIDES

POLYNÉSIE FRANÇAISE

NOUVELLE-
CALÉDONIE

Tahiti

LE MONDE
FRANCOPHONE

ASIE

EUROPE

Bruxelles
BELGIQUE
Jersey
LUXEMBOURG
Paris
Genève
FRANCE
SUISSE
MONACO
Val d'Aoste
NDORRE
CORSE
Tunis
Alger
TUNISIE
SYRIE
Rabat
LIBAN
1AROC
ALGÉRIE

LAOS
Hanoi
Vientiane
CAMBODGE
VIÊT-NAM
Pondichéry
Phnom Penh

1
2
3
15
4
8
AFRIQUE
7
10
18 9
16
11
ÎLES SEYCHELLES
L'Océan
12 13
Indien
14
ÎLES COMORES
17
ÎLES MAURICE
RÉUNION
RÉPUBLIQUE
DÉMOCRATIQUE DE MADAGASCAR
Tananarive

AUSTRALIE

1. Mali	5. Mauritanie	9. Bénin	13. Congo	17. Burundi
2. Niger	6. Guinée	10. République Centrafricaine	14. Zaïre	18. Togo
3. Tchad	7. Côte-D'Ivoire	11. Cameroun	15. Djibouti	
4. Sénégal	8. Burkina-Faso	12. Gabon	16. Rwanda	

Chapitre 1

Petits Commerces et hypermarchés: Tout pour le client

Structures grammaticales

Le Présent des verbes
réguliers en **-er**
Les Verbes en **-er** à radical
irrégulier
L'Impératif
Les Verbes irréguliers **être,
avoir, faire, aller**
Aller et **faire** suivis de
l'infinitif
Les Noms
Les Articles
Voilà et **il y a**

Fonctions communicatives

Exprimer ses préférences
Donner des ordres et des
instructions

Orientation culturelle

Les Courses
La Table

Perspectives

Est-ce la révolution commerciale?

Mise en train

Combien de fois par semaine allez-vous au supermarché?°
Où achetez-vous du lait?° Une pizza surgelée?° Un gâteau?° Des produits pour la maison? Pour la voiture?
Si vous avez besoin° d'une ou deux petites choses, allez-vous au supermarché ou à un des petits magasins° du quartier?

Il y a un petit problème dans l'appartement de Sébastien et de Jim; ils n'ont plus de provisions.° Pour Jim, l'Américain, la solution est simple: on va au supermarché et on achète° des provisions. Mais Sébastien préfère une manière plus traditionnelle de faire le marché.°

SEBASTIEN: Ecoute, Jim. Il y a beaucoup de petits commerçants° dans le quartier: un épicier,° deux bouchers,° deux boulangers,° un pâtissier,° un charcutier…° Et tu préfères prendre la voiture pour aller acheter des provisions au Géant Casino?

JIM: Mais j'adore les supermarchés. Ils sont grands et modernes. Le service est rapide. Il y a toujours beaucoup de choix°—des produits° pour la maison, la table, l'hygiène personnelle… Pour un spécialiste du marketing comme moi, c'est le symbole du progrès.

SEBASTIEN: Ah, voilà justement le danger! La publicité fait acheter beaucoup de choses qui ne sont pas absolument nécessaires et qui sont souvent de mauvaise qualité.

JIM: D'accord. Mais je parle de la publicité honnête et intelligente. Ecoute, pour trouver une solution à notre dispute, je te fais la proposition suivante: aujourd'hui nous faisons nos courses° dans les magasins du quartier; puis, dans une semaine, nous achetons les mêmes produits au supermarché. Ensuite, nous allons comparer la qualité, les prix,° le service, etc. D'accord?

SEBASTIEN: Oui, oui, mais ne parlons plus de nourriture.° Si je ne mange pas bientôt, je vais crever. Préparons tout de suite notre liste et allons-y!

JIM: D'accord. N'oublie° pas que nous mangeons ici à l'appartement aujourd'hui et demain, mais que nous dînons au restaurant lundi et mardi.

SEBASTIEN: Pas de problème. Aujourd'hui, nous limitons nos achats° au repas° du week-end et nous retournons chercher autre chose mardi ou mercredi.

JIM: O.K. Où est-ce qu'on commence?

SEBASTIEN: D'abord à la boucherie.° Ce soir nous mangeons du bœuf!° Deux steaks, peut-être?

JIM: Excellente idée! Et des côtes de porc° demain?

SEBASTIEN: D'accord, et puis passons aussi à la charcuterie° dans la rue Victor-Hugo. Le samedi, le charcutier prépare toujours des poulets rôtis° et de gros jambons° succulents, des salades composées, des quiches, des pizzas...

JIM: Oui, mais n'oublie pas qu'on a aussi besoin d'une baguette° et de trois ou quatre croissants à la boulangerie° et de beaucoup de choses à l'épicerie.° Si nous commençons à l'épicerie, nous allons trouver pas mal de° choses, comme les boîtes de° thon° et de petits pois,° le café° instantané,° la farine,° l'huile,° les pâtes,° le vin,° l'eau° minérale... Il y a même des fruits et des légumes.°

SEBASTIEN: Alors là, personnellement, pour les fruits et les légumes, je préfère acheter tout ça au marché.°

JIM: Au marché? Mais c'est loin d'ici!

SEBASTIEN: Mais non, c'est à vingt minutes d'ici, sur la place, à deux cents mètres de l'hôtel de ville. Et c'est très amusant. Les marchands° apportent° leurs produits et discutent avec les clients qui comparent les prix et essaient de payer le minimum d'argent pour le maximum de qualité.

JIM: Et qu'est-ce qu'on trouve, en ce moment, comme fruits et légumes? Des pommes?° Des cerises?°

SEBASTIEN: Oui, parce que c'est la saison. En hiver, il n'y a pas de fraises° ni de pêches,° bien sûr, mais en été il y a un très grand choix: des abricots,° des poires,° de la salade,° des poivrons,° des oignons,° tous les produits régionaux et même, quelquefois, des fruits exotiques comme les kiwis ou les fruits de la passion.

JIM: Mais je suppose que les gens achètent en grande quantité: cinq kilos de° pommes de terre,° un kilo de haricots...°

SEBASTIEN: Pas du tout! Si on a besoin de deux cents grammes° de cerises, on demande deux cents grammes de cerises. Les aubergines° et

Vous désirez acheter du fromage, du jambon, ou des saucisses?

les courgettes,° on les achète au kilo.° Et si c'est un gros légume comme le chou-fleur,° on achète ça à la pièce.° Mais il y a une autre raison pour aller au marché, Jim.

JIM: Quoi?

SEBASTIEN: Tu aimes bien° le fromage° français, non? Eh bien, il y a souvent une crémerie° où les gens achètent une grande variété de fromages et d'autres produits laitiers pour la semaine.

JIM: Super! Je vais choisir un petit morceau de° bleu,° une tranche° épaisse° de gruyère,° un peu de chèvre...°

SEBASTIEN: D'accord, mais achetons aussi un litre de° lait, du beurre° et des yaourts...° nature° pour moi et parfumés° pour toi.

JIM: C'est curieux, mais maintenant j'aime mieux terminer le repas avec un bon fromage ou un fruit. En général, je trouve que nous, les Américains, nous mangeons trop de pâtisseries° comme dessert.

SEBASTIEN: Eh bien, personnellement, je résiste avec difficulté à la tentation de goûter° aux délicieuses pâtisseries françaises. Si nos provisions ne coûtent° pas trop cher, je vais sûrement demander à la pâtissière si elle a des éclairs ou des gâteaux au chocolat.

JIM: Dis donc, on parle beaucoup, mais on ne fait pas de courses.

SEBASTIEN: Eh bien, voilà le panier° et le filet.° J'ai la liste et assez° d'argent, j'espère. Allons-y!

Note culturelle

Il y a aujourd'hui beaucoup de Français qui, comme Jim, préfèrent acheter leurs provisions une fois par semaine dans un supermarché. C'est souvent le cas des familles où les parents travaillent et n'ont pas le temps de faire le marché tous les jours ou n'ont pas d'auto. Beaucoup d'autres Français achètent toujours le pain° et la viande° chez les commerçants du quartier mais les autres provisions au supermarché.

La plupart des supermarchés français ressemblent au modèle américain avec, à l'extérieur, un parking;° à l'intérieur, des allées° où on pousse° un chariot,° un rayon° crémerie, un rayon boucherie-charcuterie, un rayon fruits et légumes. Il y a aussi une série de caisses° où on paie les achats. Dans le chariot typique il n'y a pas beaucoup de surprises. On remarque peut-être qu'il y a relativement peu d'aliments° surgelés,° car les Français préfèrent les fruits et les légumes frais° ou en boîte. Pour emporter les achats, on ne trouve pas de grands sacs° en papier, mais la caissière° donne aux clients autant de petits sacs en plastique qu'ils désirent, et ils les portent° dans un panier ou un filet jusqu'à la voiture.

Il est vrai que les produits coûtent souvent moins cher au supermarché, mais le client regrette les salutations comme «Bonjour, Monsieur», «Au revoir, Mademoiselle. Merci» et les recommandations si sympathiques de l'épicier ou du boucher. En effet, la plupart des Français apprécient les progrès de la technologie mais désirent conserver certains aspects de la vie traditionnelle. C'est possible, mais pas toujours facile.

A l'extérieur de beaucoup de villes et même souvent au centre-ville on trouve aussi les centres commerciaux,° un énorme ensemble de magasins, très pratique pour la personne qui désire faire toutes ses courses une fois par semaine. Dans les grandes surfaces° et les hypermarchés° comme Mammouth ou Géant Casino, par exemple, le consommateur achète tout pour la famille, la maison, la voiture… Il y a même des vêtements! En plus, il est possible de payer ses achats par chèque, comme au supermarché, ou avec une carte de crédit.

Vocabulaire actif

Les Activités
acheter to buy
aimer bien to like
apporter to bring
avoir besoin de to need
coûter to cost
faire le marché to go grocery shopping

faire les courses to run errands
goûter to taste
oublier to forget
porter to carry
pousser to push

Les Produits
Les Fruits et légumes
un **abricot** apricot
une **aubergine** eggplant
des **cerises** *(f pl)* cherries
un **chou-fleur** cauliflower
une **courgette** zucchini

des **fraises** *(f pl)*
   strawberries
des **haricots** *(m pl)*   beans
un **légume**   vegetable
un **oignon**   onion
une **pêche**   peach
des **petits pois** *(m pl)*   peas
une **poire**   pear
un **poivron**   pepper
une **pomme**   apple
une **pomme de terre**   potato
de la **salade**   lettuce

La Boulangerie / La Pâtisserie
une **baguette**   loaf of
   French bread
un **gâteau**   cake
du **pain**   bread
une **pâtisserie**   pastry

Les Produits de base
du **café**   coffee
de l'**eau** *(f)*   water
de la **farine**   flour
de l'**huile** *(f)*   oil
la **nourriture**   food
des **pâtes** *(f pl)*   pasta
du **thon**   tuna
du **vin**   wine

Les Produits laitiers
du **beurre**   butter
du **fromage**   cheese
   du **bleu**   blue cheese
   du **chèvre**   goat cheese
   du **gruyère**   Swiss cheese
du **lait**   milk
un **yaourt**   yogurt

Les Viandes / Les Volailles
du **bœuf**   beef
une **côte de porc**   pork
   chop
du **jambon**   ham

du **poulet**   chicken
la **viande**   meat

Les Caractéristiques
épais(se)   thick
frais, fraîche   fresh
instantané(e)   instant
nature   plain
parfumé(e)   flavored
rôti(e)   roasted
surgelé(e)   frozen

Les Magasins
un **achat**   purchase
des **aliments** *(m pl)*   food
une **allée**   aisle
une **boucherie**   butcher
   shop
une **boulangerie**   bakery
une **caisse**   cash register
un **centre commercial**
   shopping center
une **charcuterie**
   delicatessen
un **chariot**   shopping cart
un **choix**   choice
une **crémerie**   dairy store
une **épicerie**   grocery store
un **filet**   mesh bag
une **grande surface**   very
   large suburban store
un **hypermarché** super-
   market / discount store
un **magasin**   store
un **marché**   open-air market
un **panier**   basket
un **parking**   parking lot
un **prix**   price
un **produit**   product
des **provisions** *(f pl)*
   groceries
un **rayon**   department in a
   grocery store
un **repas**   meal

un **sac**   sack
un **supermarché**
   supermarket

Les Quantités
assez de   enough
une **boîte de**   a can of
deux cents grammes de
   seven ounces
un **kilo de**   2.2 pounds of
   au kilo   by the kilogram
un **litre de**   a liter of
un **morceau de**   a piece of
pas mal de   a good many
la **pièce**   each (one)
une **tranche de**   a slice of

Les Commerçants
un **boucher** / une
   bouchère   butcher
un **boulanger** / une
   boulangère   baker
un **caissier** / une **caissière**
   cashier
un **charcutier** / une
   charcutière   delicatessen
   owner
un **épicier** / une **épicière**
   grocer
un **marchand** / une
   marchande   merchant
un **pâtissier** / une
   pâtissière   pastry chef;
   pastry shopkeeper
un **petit commerçant** / small
   shopkeeper

Exercices de vocabulaire

A. Quel mot dans chaque groupe n'est pas caractéristique des petits commerçants en France? Justifiez votre choix.

1. la publicité   une boîte de haricots   la haute qualité
2. le pain frais   un hypermarché   les sacs en plastique
3. les produits laitiers   les rayons   le marchand
4. un grand parking   un panier   les pâtes
5. les produits surgelés   les produits en boîte   les produits frais
6. un grand choix   la caisse   les pâtisseries
7. le marché   les achats   des prix avantageux

B. Pendant votre séjour en France, vous désirez préparer des plats américains pour vos amis français. Pour les plats indiqués, qu'est-ce que vous achetez? Où faut-il aller pour trouver les provisions nécessaires?

> J'achète du (de la, de l', des)…
> Je vais au (à la, à l', aux)…

1. du poulet frit
2. une salade
3. des frites
4. du café
5. des sandwiches au jambon et au fromage
6. des sandwiches au thon
7. des hamburgers
8. une tarte aux pommes

C. Les Français et les Américains font les courses de façon différente. Pour comparer les deux pays, vous discutez avec un copain français. Imaginez le dialogue entre vous et votre copain en répondant aux questions.

1. En France, on apporte les provisions à la maison dans des sacs en plastique ou dans un panier. Et en Amérique?
2. Le supermarché est une grande tradition aux Etats-Unis. Et en France?
3. Pour faire le marché aux Etats-Unis, on est souvent obligé d'aller en voiture. Et en France?
4. En France, on achète souvent les légumes frais au marché. Et en Amérique?
5. Aux Etats-Unis, on fait le marché seulement une fois par semaine ou même une fois par mois. Et en France?
6. Normalement, en Amérique, on achète du pain dans un supermarché. Et en France?
7. Aux Etats-Unis, on achète beaucoup de produits surgelés. Et en France?
8. En France, il y a beaucoup de petits magasins dans les quartiers résidentiels. Et en Amérique?

Vous comprenez?

1. Quels petits magasins y a-t-il normalement dans un quartier résidentiel en France?
2. Dans un supermarché comme Casino, Quercy ou Félix Potin, quelles sortes de produits trouve-t-on?
3. Il y a deux sortes de magasins où on achète principalement de la viande. Expliquez.
4. Qu'est-ce qu'on trouve dans une épicerie?
5. Où les Français préfèrent-ils acheter, encore aujourd'hui, leur pain et leur viande?
6. Quelle sorte de produits trouve-t-on dans un hypermarché mais pas dans un supermarché?

A votre tour

Lexique personnel

Cherchez les mots qui correspondent aux concepts suivants:

1. des plats que vous adorez
2. des plats que vous détestez
3. des produits que vous achetez souvent
4. des plats que vous aimez préparer

En utilisant le vocabulaire du chapitre et votre lexique personnel, complétez les phrases suivantes.

1. J'aime bien le (la, l', les)…
2. Je déteste le (la, l', les)…
3. Je mange souvent du (de la, de l', des)…
4. Je ne mange jamais de…
5. Au supermarché, j'achète souvent du (de la, de l', des)…
6. Pour préparer mon repas préféré, il faut acheter du (de la, de l', des)…

Avec des cartes recettes...

CUISINE

Il sait tout

Non seulement ce four à micro-ondes FM 460 de Moulinex est très perfectionné mais, en plus, il est très savant : grâce à une cassette-recettes qui contient huit cartes recto-verso, il donne très exactement le temps de cuisson nécessaire, en fonction du poids et de la nature des aliments. Sur le plan technique, ce micro-ondes est doté de cinq allures de puissance (cuisson rapide ou lente, décongélation rapide ou lente et maintien au chaud), d'un plateau tournant amovible et d'un système de sécurité qui limite le temps de cuisson en fonction de la puissance sélectionnée. Sa capacité intérieure est de 30 litres et il vaut 4 200 F environ.

Structures

Le Présent des verbes réguliers en *-er*

Pour former le présent d'un verbe régulier en **-er**, séparez de l'infinitif la terminaison **-er** et ajoutez au radical les terminaisons du présent: **-e, -es, -e, -ons, -ez, -ent.**

Infinitif: **chercher**   to look for   *Radical:* **cherch-**

je cherch**e**	I look for
tu cherch**es**	you look for
il / elle / on cherch**e**	he / she / one looks for
nous cherch**ons**	we look for
vous cherch**ez**	you look for
ils / elles cherch**ent**	they look for

Le présent en français peut avoir trois équivalents en anglais: **j'oublie** = *I forget, I am forgetting, I do forget.*

On obtient la forme négative du présent en mettant **ne** devant le verbe et **pas** directement après le verbe.

Tu oublies le filet?   Non, je **n'**oublie **pas** le filet.

- Notez que le pronom **on** est employé très souvent en français. **On** est l'équivalent du pronom sujet indéfini *one* en anglais. Dans le langage parlé, **on** est souvent l'équivalent des sujets *we, they, you, people.* **On** est toujours accompagné d'un verbe à la troisième personne du singulier.

A Paris **on** fait souvent le   In Paris *one* goes (*people* go)
  marché.   shopping often.
On va au supermarché ce soir?   Shall *we* go to the supermarket
                                           tonight?

⚠ RAPPEL   ⚠ RAPPEL

N'oubliez pas qu'en français il existe deux mots pour traduire *you.* Le pronom personnel **tu** est plus familier et s'adresse à une seule personne (il n'y a pas de **tu** pluriel). On dit **tu** (on tutoie) aux membres de la famille, aux bons amis, aux enfants et aux animaux. Le **vous** est plus formel et peut être pluriel ou singulier.

Les anglophones ont parfois des difficultés à choisir entre le **tu** et le **vous,** puisque ce choix est déterminé par un code social implicite. Les règles du jeu sont complexes et subtiles, et évoluent constamment. Par exemple, les étudiants français se tutoient presque toujours. On dit quelquefois **tu** à un jeune professeur, mais on dit **vous** (on vouvoie) à la plupart de ses professeurs. Les collègues de bureau ou les membres d'un même groupe (social, professionnel ou autre) se tutoient en général, mais ils disent **vous** à leur patron ou à leurs supérieurs hiérarchiques. En France, il est préférable de commencer par vouvoyer tous les adultes. Mais quand quelqu'un vous dit: «On se tutoie?» passez du **vous** au **tu** si vous voulez.

EXERCICE 1. Vous et vos camarades de chambre préparez une liste des provisions pour la semaine. Donnez la réaction de vos camarades en répétant les éléments de la première phrase et en donnant la forme convenable du verbe principal.

1. — Marc apporte du vin rouge.
   — Marie et Hélène _____ aussi.
2. — Jim, tu adores les légumes frais.
   — Et vous, Pierre et Sébastien, vous _____?
3. — Elles mangent une côte de porc.
   — Marie _____ aussi.
4. — Nous aimons acheter les provisions.
   — Moi aussi, j' _____.
5. — Vous désirez acheter des fruits?
   — Et toi, Marc, tu _____ aussi?
6. — Moi, je ne compare pas les prix.
   — Mais nous, nous _____.

EXERCICE 2. Vos copains français cherchent des renseignements sur les habitudes des Américains. Utilisez le pronom **on** et les éléments suivants pour expliquer ces habitudes à vos copains.

1. dîner en général à __ heures
2. manger du pain à tous les repas
3. manger la salade avant ou après la viande
4. demander souvent du vin au restaurant
5. aimer le fromage et les fruits comme dessert
6. passer beaucoup de temps à table
7. apporter du vin pour un pique-nique

Les Verbes en -er à radical irrégulier

Pour faciliter la prononciation de quelques verbes, l'orthographe du radical change à certaines personnes. Voici les différentes sortes de changements.[1]

- **é → è**

  préférer to prefer

  je préfère
  tu préfères
  il / elle / on préfère
  nous préférons
  vous préférez
  ils / elles préfèrent

  espérer to hope

  j'espère
  tu espères
  il / elle / on espère
  nous espérons
  vous espérez
  ils / elles espèrent

- **e → è**

  acheter to buy

  j'achète
  tu achètes
  il / elle / on achète
  nous achetons
  vous achetez
  ils / elles achètent

- **l → ll**

  appeler to call

  j'appelle
  tu appelles
  il / elle / on appelle
  nous appelons
  vous appelez
  ils / elles appellent

- **t → tt**

  jeter to throw

  je jette
  tu jettes
  il / elle / on jette
  nous jetons
  vous jetez
  ils / elles jettent

- **y → i**

  payer to pay

  je paie
  tu paies
  il / elle / on paie
  nous payons
  vous payez
  ils / elles paient

  envoyer to send

  j'envoie
  tu envoies
  il / elle / on envoie
  nous envoyons
  vous envoyez
  ils / elles envoient

  essuyer to wipe

  j'essuie
  tu essuies
  il / elle / on essuie
  nous essuyons
  vous essuyez
  ils / elles essuient

- **c → ç**

  commencer to start

  je commence
  tu commences
  il / elle / on commence
  nous commençons
  vous commencez
  ils / elles commencent

- **g → ge**

  manger to eat

  je mange
  tu manges
  il / elle / on mange
  nous mangeons
  vous mangez
  ils / elles mangent

---

[1] Voir Appendice B pour une explication plus détaillée des verbes à radical irrégulier.

EXERCICE 3. Vous préparez un pique-nique avec des amis. Complétez la conversation par la forme convenable des verbes entre parenthèses.

— D'accord, les amis, on va faire un pique-nique, mais d'abord, il faut organiser l'affaire. Qu'est-ce que tout le monde (préférer) _____?

— Alors, moi, je (préférer) _____ le poulet frit. Je suppose que Marc (préférer) _____ la salade, et nous (préférer) _____ tous le vin comme boisson.

— Bien, mais attention. Louise ne (manger) _____ pas de viande, Marc et Pierre ne (manger) _____ absolument pas de thon. Heureusement, nous (manger) _____ tous des pâtisseries, n'est-ce pas?

— Maintenant, il faut faire le marché. Hélène, tu (acheter) _____ le poulet. Marc et Pierre, vous (acheter) _____ tout ce qu'il nous faut pour une bonne salade. Moi, j' (acheter) _____ du vin, et les jeunes filles (acheter) _____ des pâtisseries. Nous (acheter) _____ aussi des assiettes en carton et des serviettes en papier, d'accord?

— D'accord, mais écoute. Tu (appeler) _____ aussi Jean et les autres. Est-ce que cela fait trop de personnes?

— En effet, je ne les (appeler) _____ pas pour cette raison. Ce groupe-là, c'est pour la prochaine fois.

EXERCICE 4. *Interview.* Utilisez les structures suivantes pour poser des questions à vos camarades de classe.

1. on / payer / cher pour manger chez *(name of local restaurant)*?
2. tu / aimer / manger / beaucoup au petit déjeuner?
3. tu / préférer / les légumes frais ou surgelés?
4. tu / commencer / à apprécier le fromage français?
5. tu / acheter / souvent du fromage français?
6. tu / espérer / manger dans un restaurant français ce week-end?

L'Impératif

On utilise l'impératif pour donner un ordre. Il y a trois formes impératives en français: la forme familière de la deuxième personne (**tu**), la forme collective (**nous**) et la forme formelle ou plurielle (**vous**). Pour former l'impératif d'un verbe régulier en **-er,** utilisez les formes du présent de l'indicatif sans pronom sujet.

parle	speak *(familier)*
parlons	let's speak *(collectif)*
parlez	speak *(formel/pluriel)*

ENSEMBLE JOGGING
70% acrylique, 30% viscose
Du 38/40 au 46/48
le sweat-shirt **125 F**
le pantalon **115 F**
le gilet sans manches **129 F**

Où est-ce qu'on achète ces vêtements? Combien coûte un pantalon? Un sweat-shirt?

Notez qu'il n'y a pas de **s** à la deuxième personne du singulier des verbes réguliers en **-er**.[2]

Pour former l'impératif négatif, on met **ne** devant le verbe et **pas** après le verbe.

Yves, **ne mange pas** trop de chocolat!
N'oublions pas le vin pour notre soirée!
Roger et Marie, **ne parlez pas** à la caissière!

EXERCICE 5. Voici une conversation entre Madame Aubain et ses enfants. Ils font le marché ensemble au **Géant Casino**. Pour compléter leur conversation, trouvez dans la liste le verbe approprié et mettez le verbe à la forme appropriée de l'impératif.

acheter *(2 fois)*	donner	passer	rentrer
apporter	manger	porter	trouver
chercher	parler	pousser	

MME AUBAIN: Roger, _____ un chariot pour Maman, s'il te plaît.

MARIE: Maman, _____ de l'argent à Roger pour acheter des bonbons.

---

[2] Quand l'ordre affirmatif est suivi de **y** ou **en**, on ajoute **s** à la deuxième personne du singulier: **achètes-en; penses-y.**

MME AUBAIN: D'accord. Mais ne _____ pas trop de sucre, les enfants! Et avant d'acheter des bonbons, _____ le chariot pour Maman, s'il vous plaît.

ROGER: Maman, _____ des cerises, s'il te plaît.

MME AUBAIN: D'accord. Mais, où sont-elles? Marie, _____ les cerises.

MARIE: Bon, je vais trouver des cerises. Mais, Maman, _____ aussi des pâtisseries.

MME AUBAIN: Roger, _____ les pâtisseries une petite minute; je vais faire de la place dans le chariot. Bon, voilà. C'est tout pour aujourd'hui. _____ à la caisse. Mais, s'il vous plaît, Roger et Marie, ne _____ pas à la caissière. Ensuite, mes enfants, _____ les sacs à la voiture, vous et moi, et _____ tous à la maison!

Les Verbes irréguliers *être, avoir, faire, aller*

Révisez le présent de l'indicatif et de l'impératif de quelques verbes irréguliers importants.

être to be	**avoir** to have
je **suis**	j'**ai**
tu **es**	tu **as**
il / elle / on **est**	il / elle / on **a**
nous **sommes**	nous **avons**
vous **êtes**	vous **avez**
ils / elles **sont**	ils / elles **ont**
Impératif: **sois, soyons, soyez**	Impératif: **aie, ayons, ayez**

faire to do, to make	**aller** to go
je **fais**	je **vais**
tu **fais**	tu **vas**
il / elle / on **fait**	il / elle / on **va**
nous **faisons**	nous **allons**
vous **faites**	vous **allez**
ils / elles **font**	ils / elles **vont**
Impératif: **fais, faisons, faites**	Impératif: **va,**[3] **allons, allez**

---

[3] Il faut ajouter **s** à la forme impérative **va** suivie de **y**: vas-y.

EXERCICE 6.   Françoise rencontre Marc dans la rue. Complétez leur conversation par la forme convenable des verbes **être, avoir, faire** ou **aller.**

— Salut, Marc! Qu'est-ce que tu (faire) _____? Où (aller) _____ -tu?

— Bonjour, Françoise. Je (aller) _____ au supermarché. J' (avoir) _____ des achats à faire.

— Pourquoi (être) _____ -tu seul? Tes camarades de chambre ne (faire) _____ pas le marché?

— Non, pas aujourd'hui. Ils (aller) _____ en ville. Et moi, j' (avoir) _____ le temps de faire les courses.

— Tu n' (avoir) _____ pas de filet ou de panier?

— Non, je n' (avoir) _____ pas besoin de beaucoup de choses; je (faire) _____ les achats pour une soirée que nous (aller) _____ donner. Tu (être) _____ libre? Tes copines et toi, vous (aller) _____ venir?

— Moi, je (aller) _____ venir à votre soirée, mais mes amies (avoir) _____ un examen important et elles (être) _____ trop fatiguées.

— Dommage!

Aller et faire suivis de l'infinitif

Aller + infinitif

Pour exprimer le futur en français, il est souvent possible d'utiliser le présent du verbe **aller** suivi d'un infinitif. Cette structure s'appelle le futur proche et correspond à *to be going* + infinitif en anglais.[4]

Je vais acheter du lait.	*I am going to buy* some milk.
Il ne va pas **déjeuner** à la maison demain.	*He isn't going to eat lunch* at home tomorrow.
Vous allez rester ici.	*You are going to stay* here.
Ils vont aimer le vin.	*They are going to like* the wine.

Faire + infinitif

Le verbe **faire** suivi d'un infinitif correspond à l'anglais *to have something done.*

Nous faisons préparer un repas spécial.	*We are having* a special meal *prepared.*
Je fais essuyer la table.	*I'm having* the table *wiped.*

---

[4] Voir le Chapitre 10 pour des renseignements supplémentaires sur la construction d'**aller** + infinitif.

● Notez que l'ordre des mots n'est pas le même en français et en anglais. En français, l'infinitif vient directement après le verbe **faire.**

EXERCICE 7.   Tous vos copains ont des projets *(plans)* différents pour le week-end. Indiquez les projets de tout le monde en ajoutant la forme convenable du verbe **aller.**

1. On _____ dîner au restaurant.
2. Nous _____ faire des achats.
3. Mes amis _____ donner une soirée.
4. Vous _____ préparer un repas français.
5. Tu _____ visiter les magasins.
6. Je _____ …

EXERCICE 8.   Employez **aller** + l'infinitif pour indiquer les projets des personnes suivantes pour le week-end.

1. Le week-end prochain, je…
2. Mon/ma camarade de chambre…
3. Mes parents…
4. Mon professeur…
5. Mon/ma meilleur(e) ami(e)…

EXERCICE 9.   Jim, Sébastien et leurs amis préparent une fête. Ils font faire certaines choses par d'autres personnes. Complétez les phrases par la forme convenable du verbe **faire.**

1. On _____ préparer des hors-d'œuvre.
2. Ils _____ faire le marché.
3. Nous _____ apporter du vin.
4. Tu _____ acheter du pain et du fromage.
5. Je vais _____ faire des pâtisseries.

Exercices d'ensemble

A.   Marie, Chantal et Béatrice partagent *(share)* un appartement. Marie raconte à Louise les activités et les habitudes des trois copines. Complétez les déclarations de Marie par la forme convenable du verbe entre parenthèses.

1. (faire) Nous _____ nos études toutes les trois.
2. (écouter) On _____ très souvent la radio.
3. (regarder) Nous _____ la télé pendant le week-end.
4. (aller) On _____ quelquefois au cinéma.
5. (espérer) Moi, j'_____ faire du marketing cette année.
6. (faire) On _____ des courses au supermarché.

7. (manger) Nous _____ presque toujours à l'appartement.
8. (aller) Demain, elles _____ au marché pour acheter des fruits.
9. (préférer / acheter) Béatrice _____ le café instantané, mais Chantal _____ toujours du café moulu (*ground*).
10. (avoir) Elles _____ toujours des courses à faire.

B. *Interview.*

1. Est-ce que vous aimez les études que vous faites?
2. Est-ce que vous étudiez souvent à la bibliothèque?
3. Est-ce que vous dînez souvent au restaurant? Qu'est-ce que vous aimez manger?
4. Est-ce que vous allez souvent au cinéma?
5. D'habitude, qu'est-ce que vous faites le samedi soir?
6. Est-ce que vous regardez beaucoup la télé?
7. Est-ce que vous écoutez souvent la radio?

Pratique

ACTIVITE 1. *Mes préférences.* Regardez attentivement la photo à la page 1. Indiquez vos préférences en ce qui concerne les légumes.

ACTIVITE 2. *A la maison.* Racontez vos habitudes et les habitudes de votre famille quand vous êtes à la maison. Commencez par les activités indiquées et ajoutez d'autres activités.

moi, je…	acheter souvent des légumes frais
ma famille et moi, nous…	manger du pain tous les jours
mon père…	manger de la salade avant/après la viande
ma mère…	être végétarien(ne)
mes frères et sœurs…	aller souvent au restaurant
	préparer des desserts élégants
	faire des pique-niques
	faire des courses le matin/ l'après-midi/le soir

ACTIVITE 3. *La semaine prochaine.* La semaine prochaine, vous allez faire certaines activités seul(e) et d'autres activités avec quelqu'un. Décrivez cinq activités que vous pensez faire seul(e) et cinq activités que vous allez faire avec une autre personne.

MODELES: Moi, je vais téléphoner à mes parents.
Mon/ma camarade de chambre et moi, nous allons faire des courses.

Composez une description de cette photo.

Les Noms

Tous les noms en français sont ou masculins ou féminins. Il n'y a pas de règle pour déterminer le genre d'un nom. Il faut consulter le dictionnaire en cas de doute.

On forme le pluriel de la plupart des noms en ajoutant **s** au singulier.

le marché	les marché**s**
la pêche	les pêche**s**
l'abricot *(m)*	les abricot**s**

Les noms qui se terminent en **s**, **x** ou **z** au singulier ne changent pas au pluriel.

le repas	les repas
le prix	les prix
le nez	les nez

Voici une liste des pluriels irréguliers les plus courants. Remarquez que la plupart des noms concernés sont du genre masculin.[5]

---

[5] Exception: l'**eau** *(water)* est un nom féminin.

Terminaison singulière	Terminaison plurielle	Exemples	
-eau	**-eaux**	le cout**eau**	les cout**eaux**
-eu	**-eux**	le f**eu**	les f**eux**
-al	**-aux**	l'anim**al** (m)	les anim**aux**
-ou	**-oux**	le bij**ou**	les bij**oux**

Le pluriel de certains noms est assez différent du singulier.

l'œil (m)	**les yeux**
monsieur	**messieurs**
madame	**mesdames**
mademoiselle	**mesdemoiselles**

On n'ajoute pas de **s** aux noms de famille en français; seul l'article est au pluriel.

les Dupont   les Martin

EXERCICE 10. Pour compléter la conversation entre un étudiant français et une étudiante américaine, ajoutez le pluriel du nom convenable dans la liste suivante.

boucherie	gâteau	marché	produit (2 fois)
choix	légume	morceau	repas
franc	magasin	prix	supermarché
fruit			

STEPHANE: Les Français achètent très souvent le pain et la viande, quelques bons _____ de bœuf par exemple, dans les _____ du quartier, surtout pour les grands _____ de famille. Si on cherche des _____ au chocolat ou au Grand Marnier, on préfère sûrement aller à la pâtisserie.

SUZANNE: Mais les _____ sont beaucoup plus pratiques, même s'il faut y aller en voiture. Et les _____ sont plus avantageux.

STEPHANE: C'est peut-être vrai, mais la qualité des _____ n'est pas aussi bonne. En plus, les _____ et les _____ sont beaucoup plus frais aux _____. Il ne faut pas sacrifier la qualité pour économiser quelques _____.

SUZANNE: Mais les _____ sont plus nombreux dans les grandes surfaces.

STEPHANE: Oui, bien sûr. Mais, même vous autres, les Américains, surtout pour une grande fête, n'achetez-vous pas vos _____ dans des _____ spécialisés qui assurent une excellente qualité?

SUZANNE: Bon. Tu as raison. Dans toutes les cultures, on cherche la qualité pour certaines choses et la rapidité pour d'autres.

EXERCICE 11.   Vous habitez chez Mme Lenoir cet été et vous parlez avec elle pendant qu'elle se prépare à faire le marché. Complétez chaque déclaration en utilisant le pluriel d'une expression de la liste suivante. Il y a peut-être plus d'une réponse possible.

animal	course	fromage	panier	provision
caissière	filet	fruit	pâtisserie	rayon
cerise	fois	légume	petit enfant	sac
chariot	français	oignon	produit	vin rouge
choix				

1. J'adore les _____.
2. Pour faire une soupe on a besoin de _____ et d' _____.
3. Les _____ sont bons (bonnes) en été.
4. Je préfère les _____.
5. N'oubliez pas les _____.
6. Il fait les provisions deux _____ par semaine.
7. Les _____ sont nécessaires pour faire le marché en France.
8. Je déteste les _____.
9. Les _____ sont nécessaires dans un supermarché.
10. Je n'aime pas faire les _____.

Les Articles

L'Article indéfini

Les articles indéfinis **un, une, des** sont employés devant des noms à propos desquels on n'a pas de précisions, et ils correspondent à *a, an, some* en anglais.

	Singulier	Pluriel
Masculin	**un** rayon	**des** rayons
Féminin	**une** salade	**des** salades

Après la plupart des expressions négatives les articles indéfinis **un, une, des** deviennent **de.** Une exception importante: l'article défini ne change pas après la forme négative du verbe **être.**

— As-tu **un** filet?
— Non, je n'ai pas **de** filet.
— Mais alors, tu vas acheter **une** bouteille de vin?
— Non, pas aujourd'hui, je n'achète pas **de** bouteille de vin. Et je ne vais pas non plus acheter **de** boîtes de conserve.

Mais:

— Ce magasin-là, c'est **une** boucherie?
— Non, ce n'est pas **une** boucherie; c'est une charcuterie.

— Et voilà **des** artichauts!
— Non, ce ne sont pas **des** artichauts; ce sont des aubergines.

EXERCICE 12.   Vous faites la description de la première visite de Jim dans un supermarché français. Complétez chaque phrase par la forme convenable de l'article indéfini (**un, une, des, de**).

1. Il fait _____ courses aujourd'hui.
2. Il y a _____ parking ici.
3. Il n'apporte pas _____ panier.
4. Ce n'est pas _____ chariot.
5. Il désire manger _____ pâtisseries.
6. Il achète _____ kilo de pommes de terre.
7. Il cherche _____ baguette.
8. Il n'y a pas _____ sacs en papier.

| **L'Article défini** | Les articles définis **le, la, l', les** correspondent à *the* en anglais.

	Singulier	**Pluriel**
Masculin	le marché	les marchés
Féminin	la pâtisserie	les pâtisseries
Masculin ou féminin	l'hélicoptère l'épicerie	les hélicoptères les épiceries

On emploie la forme **l'** devant un nom masculin ou féminin qui commence par une voyelle ou un **h** muet.[6]

Les contractions suivantes se font quand **à** ou **de** précèdent les articles définis **le** ou **les.**

à + le → au	Je vais aller **au** marché.
à + les → aux	Il donne le panier **aux** marchands.
de + le → du	Je parle **du** marché.
de + les → des	Elles sont contentes **des** fruits du marché.

---

[6] Certains mots qui commencent par un **h** aspiré doivent être précédés de l'article défini **le** ou **la: le héros, le haricot, le hors-d'œuvre, le homard, la honte, le huit.** Autre exception: **le onze.**

Il n'y a pas de contraction avec **la** ou **l'**.

Elle va **à l'**épicerie.   Elle parle **de la** caissière.

L'article défini est utilisé pour déterminer une personne ou une chose prise dans un sens spécifique.

— Où vas-tu?   — Where are you going?
— Je vais à **la** boulangerie.   — I'm going to *the* bakery.
— N'oublie pas **le** filet et   — Don't forget *the* grocery
  n'oublie pas non plus **les**   bag and don't forget *the*
  croissants pour notre petit   croissants for our breakfast
  déjeuner.   either.

L'article défini français présente certaines particularités qui n'existent pas en anglais.[7] On emploie, par exemple, l'article défini devant un nom pris dans un sens général ou abstrait.

La viande coûte cher.   *Meat* is expensive.
Les Français apprécient **le**   *French people* appreciate progress.
  progrès.
La vie traditionnelle est   *Tradition* is important in France.
  importante en France.

Certains verbes, à l'affirmatif et au négatif, sont souvent suivis de noms pris dans un sens général. Dans ce cas, l'article défini est employé devant le nom.

aimer (mieux)	Ils n'**aiment** pas **le** vin.
adorer	J'**adore la** salade.
préférer	Nous **préférons les** supermarchés.
détester	Elle **déteste les** champignons.
apprécier	Il **apprécie les** marchés français.

EXERCICE 13.   Voici une conversation entre Christine et Jacques. Complétez le dialogue en utilisant la forme correcte de l'article défini **(le, la, l', les)** et faites les contractions nécessaires avec **à** ou **de**.

— Christine, tu vas (à) _____ marché?

— Salut, Jacques. Oui, je fais _____ marché de la semaine.

— Ah, et _____ provisions coûtent cher, n'est-ce pas?

— En effet. C'est pourquoi je préfère _____ supermarché. Mais, je vais souvent (à) _____ magasins du quartier aussi. J'aime _____ légumes frais et j'adore parler (à) _____ charcutier.

— Tu parles (de) _____ charcutier là-bas, au coin de la rue? Il est gentil, mais je n'aime pas _____ salades composées qu'il y a dans son

---

[7] Voir Appendice A pour les autres emplois particuliers de l'article défini.

magasin. Je vais souvent (à) _____ rayon charcuterie (de) _____ supermarché. _____ viande est très bonne au Super M.

— Eh bien, je suppose que tout le monde a ses préférences. C'est _____ vie, n'est-ce pas?

Le Partitif	On forme l'article partitif en employant la préposition **de** + l'article défini. Cette idée est exprimée en anglais par *some* ou *any*.

Nom masculin	J'achète **du** lait.
Nom féminin	Il commande **de la** viande.
Voyelle ou *h* muet	Demandez **de l'**eau.

Cet article s'appelle le partitif pour indiquer que le nom qu'il précède désigne une **partie** d'un tout. En anglais il est souvent possible d'omettre les mots *some* ou *any*. En français, il faut employer le partitif chaque fois qu'on ne parle pas d'un tout. Pour savoir s'il faut utiliser le partitif, posez la question suivante: Est-ce qu'il s'agit de la totalité de quelque chose ou seulement d'une partie?

J'achète **du** lait.	I'm buying *(some)* milk. *(Not all the milk in the store.)*
Il commande **de la** viande.	He orders *(some)* meat. *(Not all of it.)*
Demandez **de l'**eau, s'il vous plaît.	Ask for *(some)* water, please. *(Only part of all the water available.)*

⚠ RAPPEL   ⚠ RAPPEL

On considère que **des** est un article indéfini quand il exprime le pluriel de **un** ou **une** et se réfère à des choses bien définies qu'on peut compter: **Il a une pomme. / Il a *des* pommes.** Le même mot **des** est un véritable article partitif quand il désigne des choses qu'on ne peut pas compter: **Il mange *des* épinards** *(spinach)*. C'est une distinction purement grammaticale qui n'a aucun effet sur les règles qui gouvernent l'emploi de l'article pluriel **des.**

● A la forme négative, on emploie **de (d')** comme partitif.

Il achète **du** vin.	Il n'achète pas **de** vin.
Je mange **de la** viande.	Je ne mange pas **de** viande.
Jetez **de l'**eau sur le feu.	Ne jetez pas **d'**eau sur le feu.
Elle apporte **des** fruits.	Elle n'apporte pas **de** fruits.

● Au pluriel, quand un adjectif précède le nom, on emploie **de (d')** comme partitif.

Ils ont **des** amis.	Ils ont **de bons** amis.
Elle visite **des** hôtels chers.	Elle visite **de grands** hôtels.
Elle achète **des** fruits.	Elle achète **d'excellents** fruits.

● On utilise **de (d')** après de nombreuses expressions de quantité. Voici les plus courantes.

assez de	enough	Tu as **assez de** café?
pas mal de	pretty many, much	Il y a **pas mal de** clients dans le magasin.
beaucoup de	a lot, many	Elle fait **beaucoup d'**achats.
peu de	few	Il y a **peu de** sodas diététiques en France.
un peu de	a little	Achetez **un peu de** fromage.
trop de	too much	J'ai **trop de** courses à faire.
tant de	so much	N'achète pas **tant de** vin.
moins de	fewer, less	Achetons **moins de** fruits.
une bouteille de	a bottle of	Il apporte **une bouteille de** vin.
un verre de	a glass of	Il désire **un verre d'**eau.
une tasse de	a cup of	Je désire **une tasse de** café.
un kilo de	a kilo of	Je vais acheter **un kilo de** viande.
un morceau de	a piece of	Tu désires **un morceau de** gâteau?
une tranche de	a slice of	Je vais manger **une tranche de** jambon.
une boîte de	a can of	Va chercher **une boîte de** petits pois.

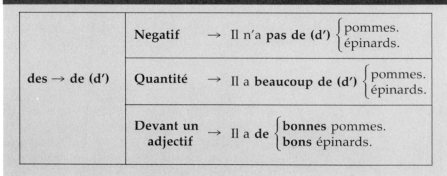

⚠ RAPPEL   ⚠ RAPPEL

des → de (d')	Negatif →	Il n'a **pas de (d')** { pommes. / épinards.
	Quantité →	Il a **beaucoup de (d')** { pommes. / épinards.
	Devant un adjectif →	Il a de { **bonnes** pommes. / **bons** épinards.

Deux cas exceptionnels: **la plupart** (*most*) et **bien** (*many*) sont toujours suivis de **des** s'ils précèdent un nom au pluriel.

La plupart des gens aiment le vin.
Bien des étudiants étudient à la bibliothèque.

● Certains verbes sont généralement suivis de **de,** par exemple, **manquer de** (*to lack*) et **changer de** (*to change*).

Nous manquons **de** lait à la maison.	We are out of milk at home.
On n'aime pas changer **de** boulangerie.	People don't like to change bakeries.

Après certaines expressions comme **avoir besoin de** (*to need*) et **se passer de** (*to do without*), **de** est employé seul quand le nom qui suit est utilisé dans un sens partitif.

Tu as **de l'**argent pour faire le marché?	Non, j'**ai besoin d'**argent.

Quand le nom qui suit l'expression est utilisé dans un sens particulier non partitif (valeur numérale), on emploie l'article indéfini.

Tu vas apporter **un** filet?
Non, je vais **me passer d'un** filet. (*valeur numérale*)

Mais:

Je vais **me passer du** filet rouge qui est trop petit. (*valeur définie*)
Généralement, **je me passe de** filet. (*valeur générale*)

EXERCICE 14. Suzanne et Annick déjeunent dans un petit restaurant près du boulevard St-Michel. Complétez leurs remarques par la forme appropriée des éléments entre parenthèses.

1. (de / des) Il y a beaucoup _____ clients dans le restaurant.
2. (de / de la) Demande s'il y a _____ place pour deux.
3. (du / de) Moi, je vais commander _____ poulet.
4. (de la / de) Mais, moi, je ne mange pas _____ viande.
5. (du / de) Vous désirez _____ vin, Mesdemoiselles?
6. (du / de) Une demi-bouteille _____ rouge, s'il vous plaît.
7. (de l' / d') Apportez _____ eau aussi, s'il vous plaît.
8. (du / de) A la fin du repas, je vais demander _____ fromage.
9. (des / de) Moi, non, je vais commander _____ fraises.
10. (des / d') Très bien. Ils ont _____ excellentes fraises ici.
11. (du / de) Une tasse _____ café pour moi aussi.
12. (d' / de l') On mange bien ici, mais on dépense peu _____ argent!

EXERCICE 15.   *Interview.* Employez les éléments indiqués pour poser des questions à votre voisin. Faites attention à l'emploi des articles.

1. tu / manger / viande tous les jours?
2. tu / faire / souvent / repas français?
3. tu / acheter / souvent / fromage français?
4. tu / commander / toujours / vin au restaurant?
5. tu / manger / souvent / hamburgers?
6. tu / manger / beaucoup / fruits en général?
7. tu / faire / pain français à la maison?
8. tu / manger / autant / pain que les Français?

⚠ RAPPEL   ⚠ RAPPEL

Dans certains cas, l'article est utilisé de la même façon en anglais et en français. Là où on dit *a* ou *an* en anglais, on dit normalement **un** ou **une** en français. Si une phrase en anglais contient le mot *the*, son équivalent français contient l'article défini (**le, la, l'** ou **les**).

J'apporte **un** filet.	I am bringing *a* shopping bag.
Nous allons à **la** boulangerie.	We are going to *the* bakery.

Mais, attention! Dans d'autres cas, l'article s'emploie de manière très différente en anglais et en français:

- Parfois, on utilise un nom sans article en anglais. En français, il est très rare d'omettre l'article.
- En français, l'article défini peut aussi bien précéder un nom utilisé dans un sens général que dans un sens spécifique.
- Si une phrase en anglais exprime l'idée de *some* ou *any* (de façon explicite ou implicite), il est obligatoire d'utiliser l'article partitif (**du, de la, de l', d'**) en français. Comparez les exemples suivants:

Sens général	**La** viande coûte cher.	Meat is expensive.
Sens spécifique	**La** viande que vous achetez coûte cher.	*The* meat that you're buying is expensive.
Sens spécifique	J'achète **de la** viande.	I'm buying (*some*) meat.

Attention! C'est l'article partitif et non l'article défini qu'il faut utiliser quand le sens de la phrase impose une limite à la quantité mentionnée. En français, quand on dit «**As-tu** *le* **Coca?**» on comprend qu'il s'agit de tout le Coca-Cola qui existe dans le monde, ce qui n'est pas possible dans une phrase contenant «**As-tu...?** (*Do you have...?*)», ou alors qu'on fait allusion à un Coca-Cola bien précis qui a déjà été mentionné, comme par exemple dans la phrase «**As-tu le Coca (que nous allons servir à la soirée)?**» La phrase anglaise «*Do you have (any) Coke?*» doit être traduite par une phrase contenant un partitif pour garder son sens en français: «**As-tu** *du* **Coca?**»

A. Jean rentre d'une année à Paris et il raconte à ses amis comment on fait les courses en France. Complétez les phrases de Jean en ajoutant la forme convenable des articles (définis, indéfinis ou partitifs).

1. Les Français traditionalistes n'aiment pas _____ supermarchés; ils préfèrent _____ magasins de quartier.
2. Ils préfèrent acheter _____ provisions tous les jours.
3. Dans _____ épicerie, ils achètent _____ boîtes de conserve, _____ farine, _____ vin et _____ produits alimentaires, mais pas _____ viande.
4. Ils vont dans _____ boulangerie pour acheter _____ pain et _____ pâtisseries.
5. Il n'y a pas toujours beaucoup _____ aliments surgelés dans une cuisine française.
6. Dans _____ charcuterie on trouve _____ porc, _____ poulet, _____ salades composées et _____ charcuterie en général.
7. Moi, personnellement, j'aime bien _____ supermarché; _____ supermarchés français ressemblent beaucoup aux supermarchés aux Etats-Unis.
8. Mais même au supermarché, on a besoin d'_____ filet ou d'_____ panier.
9. On n'a pas _____ sacs en papier; il y a _____ petits sacs en plastique.
10. _____ viande et _____ produits surgelés coûtent cher en France, et les Français achètent peu _____ aliments surgelés.
11. Au marché, on trouve _____ bons légumes frais et _____ fruits superbes. J'adore _____ marchés en plein air, peut-être parce que nous, aux Etats-Unis, on n'a pas beaucoup _____ marchés.
12. Surtout, les Français n'aiment pas se passer _____ pain, et ils hésitent souvent à changer _____ boulangerie, parce qu'ils préfèrent _____ croissants et _____ baguettes d'un certain boulanger.

B. *Interview.* Répondez aux questions suivantes.

1. Faites-vous les provisions de la semaine?
2. Préparez-vous du café tous les matins?
3. Aimez-vous le café? Le thé?
4. Faites-vous beaucoup de courses le vendredi soir?
5. Achetez-vous souvent des pâtisseries françaises?
6. Y a-t-il un marché près de chez vous?
7. Avez-vous assez d'argent?
8. Faites-vous des achats tous les jours?

C.   Vous essayez de donner à Mme Lenoir une idée des préférences alimentaires en Amérique. Complétez les déclarations suivantes pour donner une image de vos habitudes alimentaires.

1. Le week-end, d'habitude, je mange _____.
2. En général, j'aime la viande, mais je ne mange pas _____.
3. Quand je fais le marché, j'achète normalement _____.
4. Franchement, je déteste _____.
5. Mais j'adore _____.
6. Pour le déjeuner, je mange souvent _____.
7. Chez nous, on prépare très souvent _____.
8. Pour un repas spécial, j'aime bien préparer _____.

D.   Vos copains français désirent préparer de vrais cheeseburgers américains, mais ils ont besoin d'instructions. Mettez les indications suivantes dans l'ordre chronologique et à la forme impérative pour donner des instructions à vos copains.

> ajouter du ketchup, de la moutarde ou de la mayonnaise selon le goût
> faire cuire chaque steak de bœuf haché pendant six ou huit minutes de chaque côté
> acheter du pain—des petits pains ronds, si possible
> poser une tranche de fromage sur chaque steak
> former des steaks avec le bœuf haché
> acheter du bœuf haché (cinq cents grammes de viande pour quatre personnes)
> préparer une tranche de fromage jaune pour chaque cheeseburger
> couper en deux moitiés chaque petit pain
> poser un steak de bœuf entre les deux moitiés d'un petit pain

Avez-vous d'autres suggestions pour créer un cheeseburger typiquement américain?

Pratique

ACTIVITE 1.   *A la dernière minute.* Des amis arrivent chez vous vers six heures du soir et vous les invitez à dîner. Décrivez le repas que vous allez préparer à la dernière minute.

ACTIVITE 2.   *Une recette.* Lisez à la page suivante la recette des courgettes farcies au vert, le plat que vous allez apporter au repas organisé par le Cercle français. D'abord, faites une liste des ingrédients dont vous avez besoin. N'oubliez pas d'indiquer les quantités nécessaires. Ensuite, expliquez à vos camarades de classe comment préparer le plat.

COURGETTES FARCIES AU VERT

Pour 4 personnes :

**4 belles courgettes. 250 g
d'épinards (frais ou surgelés).
200 g de champignons. 1 oignon.
1 œuf. 1 poignée de mie de pain.
1 cuillerée à soupe d'huile. Sel et
poivre. Origan et marjolaine**

*Laver et égoutter les courgettes, les
faire cuire 3 minutes à l'eau
bouillante salée. Quand elles sont
tièdes, les couper en deux dans le sens
de la longueur, retirer les graines.
Nettoyer les champignons, les laver,
les hacher grossièrement. Procéder de
même pour les oignons ; laver et
équeuter les épinards. Faire revenir
doucement les oignons dans l'huile,
ajouter les champignons, puis les
épinards. Laisser cuire une dizaine de
minutes à feu doux. Assaisonner avec
sel et poivre, origan et marjolaine.
Incorporer l'œuf entier battu, puis la
mie de pain trempée dans l'eau tiède
et essorée. Bien mélanger le tout, en
garnir les demi-courgettes. Les mettre
dans un plat légèrement huilé.
Couvrir d'une feuille de papier
d'aluminium, et faire cuire 20 mn à
four moyen (th. 5). Retirer la feuille,
et laisser encore cuire 10 minutes, à
four un peu plus fort pour bien dorer
la surface.*

ASTUCES S.M.

Une farce peut être "maigre", et très
savoureuse (judicieux en
accompagnement d'un plat de
viande).

CONSEIL MÉDICAL ET DIÉTÉTIQUE

Une préparation très
digeste, peu grasse, qui
convient pratiquement à tous
les convives. Pour les
diabétiques : env. 27 g de
glucides/portion.

NOTES PERSONNELLES

A ÉVITER

En cas de calculs oxaliques
(présence d'épinards), dans le
régime sans sel.

Plat de légumes assez peu
coûteux.
Préparation : 20 minutes.
Cuisson : 30 minutes.
Apport énergétique :
175 calories/portion.

Voilà et *il y a*

Il est possible de traduire **voilà** et **il y a** de la même façon *(there is, there
are)*, mais ces deux expressions ne sont pas interchangeables en français.

On emploie **voilà** pour montrer ou indiquer quelqu'un ou quelque
chose. C'est l'équivalent verbal d'un geste du doigt pour faire remarquer
quelque chose à quelqu'un.

Regardez, **voilà** les Dupont.
Voilà les fruits que vous cherchez.

On emploie **il y a** pour mentionner l'existence ou la présence de quelque chose.

Il y a un marchand de fruits ici.
Il y a des marchés en France.

Les deux expressions sont invariables, même si elles correspondent à *there are* en anglais.

EXERCICE 16. Vous préparez une fête et, avec votre copain Alain, vous achetez des provisions au supermarché. Utilisez **voilà** ou **il y a** pour compléter la conversation suivante.

— _____ le parking du centre commercial.
— Est-ce qu'_____ des chariots? Oui, les _____.
— _____ de bons légumes aujourd'hui.
— _____ beaucoup de choix dans ce supermarché.
— Oui, _____ des poivrons. Et _____ des haricots aussi.
— Où est la caisse? La _____.
— Alors, ça fait 28 francs. _____ votre monnaie. Et _____ aussi des sacs en plastique.

Activités d'expansion

Vie actuelle

Avant de lire la petite annonce à la page suivante pour un nouveau produit très à la mode en France, répondez aux questions suivantes.

1. Est-ce que vous mangez du *cottage cheese?* Souvent? Rarement?
2. Aux Etats-Unis, est-ce qu'on mange du *cottage cheese* au petit déjeuner? Au déjeuner? Au dîner? Comme dessert?
3. Est-ce qu'on le mange «nature»? Avec des fruits? Avec des tomates? Dans des salades?

Après avoir lu l'annonce, répondez aux questions suivantes.

4. Comment cette publicité souligne-t-elle (*emphasize*) le(s) pays d'origine du Cottage?
5. Comment décrit-elle la consistance et le goût de ce nouveau produit exotique?
6. Selon la publicité, comment mange-t-on ce produit aux Etats-Unis?
7. Donnez deux recettes où on peut employer le Cottage. Quelles suggestions d'emploi sont particulièrement françaises?
8. Pour quelles raisons est-ce qu'on doit manger du Cottage?
9. Si vous êtes d'accord avec la première phrase et la dernière phrase de la publicité, à quel moment d'un repas français pensez-vous que le Cottage doit être servi?

Pour aller plus loin

Voici une liste d'expressions employées pour indiquer que vous êtes d'accord ou pas d'accord avec une déclaration ou une suggestion. Imaginez que vous préparez un pique-nique avec un groupe d'amis français. On fait les déclarations suivantes (voir page 32). Réagissez à chaque déclaration en utilisant une des expressions de la liste.

D'accord	Pas d'accord
Entendu.	Pas du tout.
Oui, bien sûr!	Mais non!
Oui, oui, ça va.	Ecoute!
Excellente idée.	Eh bien, moi...
Super!	Pas question!
En effet.	Alors, là...
Pas de problème!	C'est possible, mais...

MODELE: — Apportons des champignons.
         — Mais non! Je n'aime pas les champignons.
OU: — Excellente idée! J'adore les champignons.

1. Allons faire un pique-nique.
2. Apportons du vin, du pain et du fromage.
3. Paul va apporter un radiocassette.
4. Tu vas acheter des fruits et des pâtisseries.
5. On va jouer au football.
6. Je vais inviter plus de vingt personnes.
7. On va aussi inviter notre prof de français.
8. Nous allons faire le petit voyage à bicyclette.
9. Qu'est-ce que tu penses du poulet frit?
10. On ne va pas avoir de bière.

Situations

1. Vous êtes en France avec des amis et vous désirez faire un pique-nique. Dans quels magasins allez-vous pour faire vos provisions? Qu'est-ce que vous demandez dans chaque magasin?
2. Pendant un séjour en France, vous parlez avec des gens. Vous répondez à leurs questions: Qu'est-ce qu'on mange pendant une journée ordinaire aux Etats-Unis? Comment est-ce qu'on fait les courses aux Etats-Unis?
3. Vous parlez des achats de la semaine avec vos camarades de chambre. Utilisez des verbes à l'impératif pour dire à vos camarades ce qu'il faut acheter (ou ne pas acheter). Vos ordres vont sûrement provoquer des réactions chez vos camarades!

MODELE: — Achète des légumes surgelés.
         — Mais non, je déteste les légumes surgelés.

Chapitre 2
La Vie de famille

Perspectives

Une Famille travaille et s'amuse

Mise en train

Combien de salles de bain y a-t-il normalement dans une maison à
trois chambres aux Etats-Unis?
Où déjeunent les élèves américains d'habitude?
Où allez-vous quand vous sortez avec vos copains?°

Sept heures du matin. La famille Dumont se lève.°

MME DUMONT: Réveillez-vous,° les enfants, si vous ne voulez pas être
en retard.°

PHILIPPE: Encore cinq minutes, Maman, j'ai encore sommeil.°

JACQUOT: Tu ne te lèves pas, Philippe? Tant pis pour toi, alors. Je vais
tout de suite aller m'habiller° dans la salle de bain et tu vas attendre ton
tour pour te raser° et te coiffer.°

BEATRICE: Maman, j'ai mal à° la tête. Je veux rester à la maison
aujourd'hui.

M. DUMONT: Béatrice, tu ne dois° pas faire un exposé° sur les Etats-Unis
aujourd'hui en cours° d'anglais?

BEATRICE: Si, mais c'est un devoir° idiot et on va se moquer de° mon
travail. Et puis, je déteste mon prof d'anglais.

MME DUMONT: Ne te fâche pas,° Béatrice. D'habitude tu te débrouilles°
très bien en anglais au lycée.° Fais un petit effort et tout va s'arranger.
Tu veux du café au lait et une tartine?

BEATRICE: Ah non, Maman, pas de petit déjeuner pour moi, s'il te
plaît. J'ai tellement le trac° que je ne peux rien manger.

M. DUMONT: Zut! Je vais être en retard. Je dois manger sur le pouce° et
m'en aller° tout de suite, chérie.

MME DUMONT: Tu rentres° à midi?

M. DUMONT: Oui, oui, tu sais que j'ai toujours besoin° d'un bon repas à
midi pour pouvoir finir ma journée. A tout à l'heure, chérie. Au revoir,
les enfants.

Midi et quart. Tout le monde est de retour° à la maison.

M. DUMONT: Dis donc, Philippe. Tu as l'air° vraiment très calme pour un garçon qui passe° bientôt le bac.°

PHILIPPE: Oh, tu sais, Papa, je bachote° depuis longtemps comme tout le monde, mais je ne m'inquiète° pas. Si je rate° le bac cette année, tant pis. Je redouble° ma terminale l'an prochain.

M. DUMONT: Mais écoute, Philippe! Avec un peu plus de travail tu peux réussir° cette année. C'est dommage de perdre une année. Avec le diplôme,° tu peux aller en fac° et tu multiplies tes chances pour l'avenir.

BEATRICE: La fac? Personnellement, je n'ai aucun désir de perdre mon temps à l'université. J'ai l'intention de présenter ma candidature° dans une école de commerce.

MME DUMONT: Bravo, Béatrice! Tu as raison° de réfléchir à une carrière° pendant que tu es en seconde.° Il ne faut pas attendre la terminale° pour se décider.

JACQUOT: Moi, je n'aime pas avoir douze ans. J'ai envie de° faire autre chose que d'aller à l'école! Toi, tu es psychiâtre. Papa, il est architecte. Et moi?

MME DUMONT: Il faut savoir attendre, mon petit.

PHILIPPE: Maman, est-ce que le déjeuner est prêt?

MME DUMONT: Oui, il arrive. Lavez-vous° les mains et passons tout de suite à table.

Composez une description d'un repas typique chez vous.

Le soir. Tout le monde rentre à la maison vers six ou sept heures. A huit heures, on regarde les informations° à la télévision, puis on dîne ensemble.

MME DUMONT: Voilà une petite salade de tomates pour commencer. Il y a aussi de la soupe et, pour terminer, du fromage et quelques fruits. Jacquot, attends les autres. Ce n'est pas parce que tu m'aides un peu que tu peux te servir° avant tout le monde.

JACQUOT: Maman, j'ai faim° et puis, si je finis de manger assez tôt, je vais terminer mes devoirs et regarder quelques nouveaux clips° à la télé.

M. DUMONT: Jacquot, obéis à° ta mère. On n'aime pas les enfants mal élevés dans cette famille. On dîne correctement, sans se dépêcher.°

MME DUMONT: Béatrice et Philippe, qu'est-ce que vous allez faire ce soir?

BEATRICE: Moi, j'ai du boulot.° Je dois faire mes devoirs de français pour demain, et je vais me coucher° tout de suite après.

PHILIPPE: Eh bien, moi, je descends au café pour passer une petite heure avec les copains. J'ai besoin de me détendre° un peu. Ensuite, je vais lire mes bouquins° et me coucher avant minuit.

M. DUMONT: Heureusement, on a les repas pour se voir et se parler pendant la semaine! Dimanche, faisons un pique-nique. C'est toujours amusant, et nous avons tous besoin de nous détendre.

Vocabulaire actif

La Vie quotidienne

Les Activités
se coiffer   to comb one's hair
se coucher   to go to bed
se dépêcher   to hurry
se détendre   to relax
s'en aller   to leave
être de retour   to be back
être en retard   to be late
se fâcher   to get angry
s'habiller   to get dressed
s'inquiéter   to worry
se laver   to wash oneself
se lever   to get up

manger sur le pouce   to eat on the run
se moquer de   to make fun of
obéir à   to obey
se raser   to shave
rentrer   to come home
se réveiller   to wake up
se servir   to serve oneself

Les Conditions
avoir besoin de   to need
avoir envie de   to feel like
avoir faim   to be hungry
avoir l'air   to seem
avoir le trac   to be afraid; to be nervous

avoir mal à   to have an ache
avoir raison   to be right
avoir sommeil   to be sleepy

Pour passer le temps
un clip   music video
un copain / une copine   pal
les informations *(f pl)*   news

A l'école

Les Activités
bachoter   to prepare for the bac
se débrouiller   to manage
devoir   to have to

passer un examen to take an exam
présenter sa candidature to be a candidate
rater to fail (an exam)
redoubler to repeat (a year)
réussir à to succeed; to pass (an exam)

Les Expressions scolaires
le **bac** *abbreviation for* **le baccalauréat**

le **baccalauréat** diploma based on a series of exams taken at the end of secondary education
du **boulot** work (*colloquial*)
un **bouquin** book (*colloquial*)
une **carrière** career
un **cours** course
un **devoir** written assignment
un **diplôme** diploma

un **exposé** classroom presentation
la **fac** *abbreviation for* **la faculté**
la **faculté** university division
le **lycée** last three years of secondary school
la **seconde** first year of lycée
la **terminale** last year of lycée

Exercices de vocabulaire

A. Dans chaque groupe trouvez l'expression qui ne convient (*fit*) pas. Justifiez votre choix.

1. se coiffer   s'habiller   se détendre
2. se réveiller   s'en aller   se lever
3. s'en aller   être de retour   rentrer
4. se fâcher   se dépêcher   s'inquiéter
5. obéir   se servir   manger sur le pouce
6. se servir   se laver   se raser
7. avoir faim   avoir sommeil   se coucher
8. avoir mal   se coucher   se réveiller

B. *La Vie de famille chez les Dumont.* Employez une expression verbale du **Vocabulaire actif** pour décrire chacune de ces situations.

1. Monsieur Dumont prend son petit déjeuner à six heures et demie et rentre déjeuner seulement à une heure.
2. Jacquot regarde la télévision, mais il est assis trop près du poste.
3. Philippe va au café et rentre à la maison à une heure du matin.
4. Béatrice va à l'école, mais il est déjà huit heures et quart.
5. Jacquot va dans la chambre de Béatrice.
6. Philippe a décidé de ne pas se laisser pousser la barbe (*beard*).
7. Béatrice va faire un exposé sur l'Amérique devant les élèves de sa classe d'anglais.
8. Jacquot a une note de 5 sur 20 pour un devoir de maths.
9. Philippe va passer son bac dans un mois.
10. Le week-end, les Dumont restent à la maison. Ils font un pique-nique ensemble.

C. Voici une description de certains aspects de la vie scolaire en France. Choisissez les expressions convenables pour compléter la description.

A l'âge de quinze ou seize ans, les élèves français vont (en fac / au lycée) _____. Ils ont normalement cinq ou six (cours / devoirs) _____ différents chaque année. Les élèves ont souvent des (devoirs / diplômes) _____ à faire à la maison et ils doivent aussi faire des (bouquins / exposés) _____ devant leurs camarades de classe. A la fin de la (seconde / terminale) _____, tout le monde (rater / passer) _____ le bac. Il faut (rater / réussir à) _____ cet examen pour aller (en fac / au lycée) _____. Juste avant le bac, tout le monde a tendance à (se débrouiller / s'inquiéter) _____; les élèves (bachoter / se présenter) _____ en passant des heures devant leurs (exposés / bouquins) _____. Tout le monde a (le trac / raison) _____. Les bons candidats sont extrêmement contents de (rater / réussir à) _____ cet examen important.

Vous comprenez?

1. Avez-vous l'impression que l'appartement des Dumont est plutôt grand ou petit?
2. Quels membres de la famille déjeunent ensemble à midi?
3. Que va faire Philippe s'il rate son bac la première fois? Est-ce qu'il bachote?
4. A quelle heure les informations passent-elles à la télé en France?
5. A quelle heure les Dumont dînent-ils? Est-ce qu'ils mangent beaucoup le soir?
6. Que font Jacquot et Philippe pour se détendre après le dîner?
7. Est-ce que Béatrice se détend aussi?

A votre tour

Lexique personnel

Cherchez les mots qui correspondent aux concepts suivants:

1. les cours que vous suivez à la fac
2. vos activités habituelles
3. comment vous vous détendez

En utilisant le vocabulaire du chapitre et votre lexique personnel, répondez aux questions suivantes.

1. Est-ce que votre famille habite un appartement ou une maison?
2. Combien de chambres y a-t-il dans cette maison ou cet appartement? Combien de salles de bain?
3. Avez-vous une famille nombreuse *(large)*?
4. Que font vos frères et sœurs? Sont-ils / elles étudiant(e)s?
5. A quelle heure la famille américaine typique dîne-t-elle?
6. A quelle heure est-ce qu'on peut regarder les informations à la télé en Amérique?
7. Combien de cours avez-vous ce semestre?
8. Avez-vous des exposés à faire quelquefois? Pour quels cours?

Que faites-vous pour vous détendre pendant le week-end?

9. Est-ce que vous faites beaucoup de devoirs tous les soirs? Pour quel(s) cours avez-vous beaucoup de devoirs?
10. Que faites-vous pour vous détendre pendant le week-end?
11. Est-ce que les élèves américains se détendent souvent en famille ou plutôt avec leurs copains?
12. Est-ce qu'il faut passer un examen important pour pouvoir aller à l'université en Amérique?

Structures

Les Verbes réguliers en *-ir*

Pour former le présent d'un verbe régulier en **-ir,** séparez de l'infinitif la terminaison **-ir** et ajoutez au radical les terminaisons du présent: **-is, -is, -it, -issons, -issez, -issent.**

finir to finish	
je fin**is**	nous fin**issons**
tu fin**is**	vous fin**issez**
il / elle / on fin**it**	ils / elles fin**issent**

<table>
<tr><td>L'Impératif</td><td></td></tr>
</table>

| L'Impératif | Pour former l'impératif d'un verbe régulier en **-ir,** utilisez les formes **tu, nous** ou **vous** du présent de l'indicatif sans les pronoms sujets. |

Finis ton repas, Jacquot. *(familier)*
Finissons notre boulot. *(collectif)*
Finnissez le devoir pour demain. *(formel/pluriel)*

Notez l'infixe **-iss-** des personnes du pluriel de tous les verbes réguliers en **-ir.**

Voici une liste partielle des verbes réguliers en **-ir.**

bâtir to build	**obéir** to obey
choisir to choose	**punir** to punish
finir to finish	**réfléchir** to think
grandir to grow up	**remplir** to fill
nourrir to nourish, to feed	**réussir à** to succeed, to pass

EXERCICE 1. Pour pouvoir faire des projets avec des amis, vous avez besoin de trouver le moment où les personnes indiquées sont libres. Utilisez la forme correcte du verbe **finir** pour indiquer l'heure où vos amis sont libres.

1. mon ami(e) / finir / son travail / à _____ heures
2. mes camarades de chambre / finir les cours / à _____ heures le vendredi
3. tu / finir / tes devoirs / à _____ heures
4. nous / finir / de dîner / vers _____ heures
5. vous / finir / de travailler / à _____ heures
6. je / finir / ??? / à _____ heures

EXERCICE 2. Jacquot et ses camarades racontent une journée typique à l'école. Employez la forme convenable du verbe pour rappeler les activités de tout le monde ce jour-là.

1. les élèves / obéir / au professeur
2. Jacquot / finir / ses devoirs
3. Monsieur, vous / punir / rarement les élèves
4. nous / réfléchir / aux problèmes de maths
5. Marc, tu / réussir à / ton examen?
6. je / choisir / un sujet de dissertation *(essay)*

EXERCICE 3. *Interview.* Et vous? Que faites-vous?

1. Choisissez-vous vos propres cours chaque semestre?
2. Réussissez-vous à vos examens?
3. Finissez-vous toujours vos devoirs?
4. Obéissez-vous à vos professeurs?
5. Réfléchissez-vous à des problèmes sérieux—à l'écologie, par exemple?

Les Verbes réguliers en *-re*

Pour former le présent d'un verbe régulier en **-re,** séparez de l'infinitif la terminaison **-re** et ajoutez au radical les terminaisons du présent **-s, -s, —, -ons, -ez, -ent.**

répondre   to answer

je répond**s**	nous répond**ons**
tu répond**s**	vous répond**ez**
il / elle / on répond	ils / elles répond**ent**

Notez qu'on n'ajoute pas d'autre terminaison au radical pour former la troisième personne du singulier **(il, elle, on).**

L'Impératif

Réponds à ton père, Jacquot. *(familier)*
Répondons au professeur. *(collectif)*
Répondez aux questions. *(formel/pluriel)*

Voici une liste partielle des verbes réguliers en **-re.**

attendre to wait for		**perdre** to lose	
dépendre to depend		**rendre** to give back	
descendre to go down		**répondre** to answer	
entendre to hear		**vendre** to sell	

EXERCICE 4.   Philippe va vendre son vélo pour acheter une moto. Complétez le dialogue entre Philippe et Mme Dumont en utilisant la forme convenable des verbes entre parenthèses.

— Dis, Maman, tu sais que je (vendre) _____ mon vélo?

— Tu (vendre) _____ ton vélo? Pourquoi? Il marche bien. Un beau vélo comme ça ne se (vendre) _____ pas!

— Mais si! C'est parce qu'il est beau que je le (vendre) _____ pour 1 600 francs. Je vais m'acheter une moto. Tu me (rendre) _____ un petit service?

— Ça (dépendre) _____! Qu'est-ce que tu veux?

— Eh bien, si quelqu'un téléphone, tu (répondre) _____ pour moi? Béatrice et moi, nous (descendre) _____ en ville.

— D'accord. Je (répondre) _____ au téléphone, mais pourquoi vous (descendre) _____ en ville?

— Les copains nous (attendre) _____ au café; c'est un rendez-vous très important.

— O.K. Je t'aide, mais tu me (rendre) _____ aussi un petit service ce soir, au moment du dîner!

EXERCICE 5. *Interview.* Répondez aux questions suivantes.

1. Attendez-vous avec impatience la fin du semestre?
2. Rendez-vous souvent des livres à la bibliothèque?
3. Est-ce que votre professeur répond aux questions de la classe?
4. Est-ce que vos amis descendent souvent en ville?
5. Est-ce que les étudiants vendent leurs bouquins à la fin du semestre?

EXERCICE 6. Vous êtes président du Cercle français de l'université et vous organisez la première réunion de l'année. Utilisez l'impératif des verbes indiqués pour donner les ordres suivants.

1. Proposez au groupe de choisir un projet intéressant.
2. Proposez au groupe de vendre des bonbons.
3. Dites à tous les membres de remplir les fiches.
4. Dites à un membre de répondre aux lettres.
5. Dites à un membre de ne pas perdre l'argent du club.
6. Dites à un membre d'attendre la prochaine réunion.
7. Proposez au groupe de finir la réunion.
8. Proposez au groupe de descendre au café.

La Négation

Structures négatives fondamentales

On forme la structure négative fondamentale en plaçant **ne** devant le verbe conjugué et **pas** (ou une autre expression négative) après le verbe conjugué. Voici les expressions négatives les plus courantes.

ne . . . pas	not	Il **ne** répond **pas.**
ne . . . plus	no longer	Elle **ne** travaille **plus** ici.
ne . . . jamais	never	Ils **ne** s'ennuient **jamais.**
ne . . . rien	nothing	Nous **n'**achetons **rien.**
ne . . . personne	no one	Il **n'**aime **personne.**
ne . . . pas encore	not yet	Je **n'**ai **pas encore** congé.
ne . . . ni . . . ni . . .	neither . . . nor . . .	Elle **n'**a **ni** sœurs **ni** frères.
ne . . . que	only	Il **n'**a **que** quelques sous sur lui.

Comme la plupart des expressions de négation sont des adverbes, on les place immédiatement après le verbe conjugué. Il y a, cependant, deux pronoms, **rien** et **personne,** qui peuvent être employés comme sujet ou complément d'objet. **Rien** et **personne** occupent la place normale d'un sujet ou d'un complément d'objet dans la phrase. On place toujours **ne** devant le verbe.

Rien n'arrive ici.   Je **ne** vois **rien.**
Personne ne va à ce concert.   Il **n'**aime **personne.**

Dans le cas de **ne . . . ni . . . ni . . .** et **ne . . . que, ni** et **que** se placent immédiatement devant les mots auxquels ils se rapportent.

Le vendredi soir, je **ne** regarde d'habitude **que** les informations.
Elle **n'**achète **que** les disques de U2.

⚠ RAPPEL   ⚠ RAPPEL

1. En anglais, on ne peut pas utiliser les «doubles négations».
   Même si une pensée contient plusieurs idées négatives, une
   seule de ces idées est exprimée à la forme négative.

   No one ever buys *anything* at that store *anymore*.

   En français, pour chaque idée négative, on utilise
   l'expression négative appropriée, qui apparaît à sa place
   habituelle dans la phrase. Quand plusieurs expressions
   négatives suivent le verbe, les adverbes négatifs précèdent les
   pronoms négatifs. N'oubliez pas de mettre **ne** devant le verbe.

   Personne n'achète **jamais plus rien** dans ce magasin.

2. Quand vous utilisez d'autres expressions négatives (**ne . . .
   jamais, ne . . . personne,** etc.), il faut omettre le **pas.**

Emploi de l'article dans les structures négatives

1. L'article partitif **de** suit la plupart des expressions de négation.

   Il **ne** boit **pas de** bière.
   Nous **ne** mangeons **jamais de** pâtisseries.
   Il **n'**y a **plus de** beurre dans le frigo.

2. Dans l'expression **ne . . . ni . . . ni . . .** on n'emploie ni le partitif ni l'article indéfini, mais il faut garder l'article défini.

   Il **ne** boit **ni** bière **ni** vin.
   Il **n'**aime **ni la** bière **ni le** vin.
   Je **n'**ai **ni** moto **ni** vélo.

3. Après l'expression **ne . . . que,** on emploie l'article défini et le partitif. Le partitif reste dans cette structure, parce qu'il ne s'agit pas d'une négation mais d'une précision.

Nous **ne** fréquentons **que les** cafés du quartier.	We go *only* to the local cafes.
Il **ne** boit **que de la** bière.	He drinks *only* beer.
Je **n'**apporte **que des** fruits.	I'm bringing *only* fruit.

4. Le partitif est employé après le verbe **être** au négatif.

Ce **n'est pas de la** bière; c'est du jus de pomme.	That's *not* beer, that's apple juice.
Ce **ne sont pas des** jeux intéressants.	Those *are not* interesting games.

Autres Emplois des structures négatives

● Dans une question posée à la forme négative, **ne** et les expressions de négation occupent leur position normale dans la phrase. Pour répondre à une question négative, on emploie **si** au lieu de **oui** quand la réponse est affirmative.

Est-ce que vous **n'**allez **pas** à la soirée?
N'allez-vous **pas** à la soirée?
Vous **n'**allez **pas** à la soirée?
Si, je vais à la soirée.

● Dans la négation d'un verbe pronominal, **ne** est placé devant le pronom réfléchi.

— Tu t'amuses à la soirée?

— Non, je **ne** m'amuse **pas** tellement. Je **ne** m'entends **pas** avec ce groupe.

● Pour former la négative de l'infinitif, on met les deux éléments de la négation devant l'infinitif.

Il préfère **ne pas** partir.
Nous désirons **ne plus** avoir de soirées.
Faites attention de **ne jamais** aller là-bas.

EXERCICE 7.   Votre camarade de chambre est de très mauvaise humeur. Cette personne met toutes vos phrases à la forme négative. Faites les transformations en utilisant les mots entre parenthèses.

1. Nous faisons *quelque chose* d'intéressant aujourd'hui. (ne . . . rien)
2. *Quelque chose* d'amusant arrive *toujours*. (rien . . . ne / ne . . . jamais)
3. *Tout le monde* va s'amuser à la soirée chez nos copains. (personne . . . ne)
4. On s'amuse *toujours* chez Annick. (ne . . . jamais)
5. Pour le déjeuner, je voudrais *de la* pizza et *du* Coca. (ne . . . ni . . . ni)
6. Tu as besoin de *quelque chose* pour te détendre. (ne . . . rien)
7. Mais alors! Aujourd'hui tu détestes *tout*. (ne . . . rien)
8. Tu es *toujours* de mauvaise humeur avant les examens. (ne . . . jamais)

EXERCICE 8.   Les déclarations suivantes concernant la famille Dumont sont fausses. Vous allez mettre chaque phrase à la forme négative pour rectifier chaque déclaration.

1. Les enfants se réveillent toujours très vite.
2. Béatrice fait toujours des exposés en cours.
3. Philippe est déjà à l'université.
4. Jacquot critique quelque chose dans l'exposé de sa sœur.
5. Philippe a très peur de rater son bac.
6. Quelqu'un va au cinéma ce soir.
7. Philippe a deux ou trois petites amies.
8. La famille reste à la maison pendant le week-end.
9. Quelqu'un est de mauvaise humeur dans la famille Dumont.
10. Béatrice a l'intention d'aller en fac.

EXERCICE 9.   Chantal et Gérard parlent d'une boum récente. Chantal n'est pas tout à fait d'accord avec les observations pessimistes de Gérard, et elle veut corriger ses impressions. Composez ses répliques en utilisant les expressions négatives présentées dans le chapitre.

1. — Margot invite encore des personnes inintéressantes.
   — Mais non, _____.
2. — Margot sert toujours de la pizza et du Coca à ses invités.
   — Mais non, _____.
3. — Tout le monde s'ennuie chez elle.
   — Au contraire, _____.
4. — Quelque chose de désagréable arrive toujours pendant ses boums.
   — Mais non, _____.
5. — Et on est toujours obligé d'apporter quelque chose à la soirée.
   — Au contraire, _____.
6. — Il y a toujours quelqu'un d'impossible chez Margot.
   — Ce n'est pas vrai, _____.
7. — On passe toujours des disques démodés.
   — Mais écoute, _____.
8. — Tout le monde part toujours trop tôt.
   — Mais qu'est-ce que tu racontes? _____.

EXERCICE 10.   Vos états d'âme (*moods*) pessimistes sont quelquefois plus intéressants que vos états d'âme positifs. Complétez logiquement les phrases suivantes.

1. Je ne suis plus...
2. Personne ne...
3. Je ne suis jamais...
4. Je ne vais jamais...
5. Rien ne...
6. Je n'ai plus...
7. Je n'aime ni... ni...
8. Je ne suis ni... ni...

Les Structures interrogatives fondamentales

Voici les structures à employer pour transformer une affirmation en question si l'on attend *oui* ou *non* comme réponse. Ces transformations s'appliquent aux temps simples.

Est-ce que

La façon la plus simple de former une question est de placer la formule **est-ce que** au commencement de la phrase. Il n'y a pas de changement dans l'ordre des mots après **est-ce que**.

Phrase affirmative

Vous restez à la maison.

Les enfants font un pique-nique.

Jean va finir ses devoirs.

Question

Est-ce que vous restez à la maison?

Est-ce que les enfants font un pique-nique?

Est-ce que Jean va finir ses devoirs?

Are you staying at home?

Are the children having a picnic?

Is Jean going to finish his homework?

⚠ RAPPEL   ⚠ RAPPEL

N'essayez pas de traduire **est-ce que** en anglais. C'est une expression qui transforme les affirmations en questions et qui fonctionne comme un point d'interrogation.

Est-ce que vous allez souvent au parc?

EXERCICE 11.   Pour apprendre quelque chose sur vos camarades de classe, transformez les phrases suivantes en questions en employant **est-ce que.**

1. Tu habites dans une résidence universitaire.
2. Tu déjeunes toujours à la cafétéria.
3. Tu as un(e) camarade de chambre.
4. Il / elle a une chaîne stéréo.
5. Il / elle est sympathique.
6. Vous allez ensemble à la cafétéria.
7. Vous dînez ensemble.
8. Tu retrouves souvent tes amis au café.
9. Tes amis aiment danser.
10. Tu aimes aller à des soirées.

L'Inversion

Quand le sujet de la phrase est un pronom, on peut former l'interrogation en inversant le sujet et le verbe.

Phrase affirmative	**Question**
Vous restez à la maison.	**Restez-vous** à la maison?
Il va au marché.	**Va-t-il** au marché?
Nous allons réussir à l'examen.	**Allons-nous** réussir à l'examen?

Quand le sujet de la phrase est un nom, il faut ajouter immédiatement après le verbe un pronom personnel qui s'accorde en genre et en nombre avec le nom sujet. Le nom ne change pas de place dans la phrase.

Phrase affirmative	**Question**
Les enfants restent ici.	**Les enfants restent-ils** ici?
Jean va au marché.	**Jean va-t-il** au marché?

Remarquez que, pour faciliter la prononciation d'un verbe qui se termine par une voyelle à la troisième personne du singulier, il faut mettre un **-t-** entre le verbe et le pronom sujet: **va-t-il?, écoute-t-elle?**

N'est-ce pas

On emploie la formule **n'est-ce pas,** placée directement après la phrase affirmative, pour indiquer que l'on attend une confirmation de la déclaration. **N'est-ce pas** correspond à *isn't that right?, aren't they?, doesn't he?,* etc., en anglais.

Phrase affirmative	**Question**	
Vous restez ici.	Vous restez ici, **n'est-ce pas?**	You're staying here, *aren't you?*
Les enfants font un pique-nique.	Les enfants font un pique-nique, **n'est-ce pas?**	The children are having a picnic, *aren't they?*
Jean finit ses devoirs.	Jean finit ses devoirs, **n'est-ce pas?**	John is finishing his homework, *isn't he?*

⚠ RAPPEL   ⚠ RAPPEL

Dans la langue parlée, on pose souvent des questions au moyen d'une intonation montante. Comme c'est la manière la plus facile de poser une question, c'est celle qu'on utilise le plus souvent dans la conversation de tous les jours. C'est une façon très utile de poser les questions, mais on la rencontre rarement dans les situations formelles ou dans les textes écrits.

Forme affirmative	Forme interrogative
Vous restez ici.	Vous restez ici?
Les enfants font un pique-nique.	Les enfants font un pique-nique?
Jean finit ses devoirs.	Jean finit ses devoirs?

EXERCICE 12. *Que font-ils?* Employez chaque verbe pour poser des questions à un(e) camarade de classe au sujet de la personne indiquée entre parenthèses. Utilisez l'inversion.

1. (ton père) travailler
2. (tes parents) habiter près d'ici
3. (toi et tes parents) déjeuner souvent ensemble
4. (ton (ta) meilleur(e) ami(e)) être étudiant(e)
5. (ton prof de français) rendre vite les devoirs
6. (toi et tes camarades de classe) parler souvent français
7. (toi) avoir des frères et sœurs
8. (tes frères ou tes sœurs) être gentil(le)s
9. (ton (ta) camarade de chambre) parler beaucoup
10. (toi et moi) terminer cet exercice

EXERCICE 13. Vous désirez partager un appartement avec quelqu'un. Employez les expressions suivantes et posez des questions à des «candidats» dans la classe. Utilisez l'inversion.

aimer faire la cuisine	avoir un animal domestique
aimer faire le marché	étudier beaucoup
aimer les animaux	fumer
aller à l'université	parler souvent au téléphone
???	???

EXERCICE 14. Qui sont vos camarades de classe? Interviewez vos voisins en associant à votre choix les verbes et les éléments indiqués. Employez toutes les formes interrogatives. Ecoutez la réponse de la

personne, puis posez encore une autre question ou faites une autre remarque.

MODELE: — Tu as des frères et sœurs?
— Oui, j'ai une sœur.
— Est-elle étudiante?
— Non, elle est médecin.

acheter	un appartement
aimer	du boulot
avoir	des cassettes
choisir	une chaîne stéréo
dîner	des copains
être	tes devoirs
finir	des frères et sœurs
parler	étudiant(e)
???	raisonnable
	en ville
	???

Les Verbes pronominaux: réfléchis et réciproques

Un verbe réfléchi est toujours accompagné d'un pronom personnel qui représente le sujet du verbe et qui indique que le sujet de l'action est aussi l'objet de l'action. Le pronom représentant le sujet (pronom réfléchi) est placé après le sujet du verbe et devant le verbe lui-même.

se réveiller   to wake (oneself) up

je **me** réveille	nous **nous** réveillons
tu **te** réveilles	vous **vous** réveillez
il / elle / on **se** réveille	ils **se** réveillent

Voici une liste partielle de verbes réfléchis courants.[1]

s'arrêter to stop	**se laver** to wash
se brosser to brush	**se lever** to get up
se coucher to go to bed	**se moquer de** to make fun of
se détendre to relax	**se peigner** to comb
se fâcher to become angry	**se raser** to shave
s'habiller to get dressed	**se reposer** to rest

---

[1] La plupart de ces verbes sont des verbes réguliers en **-er**, mais il y a d'autres verbes pronominaux en **-ir, -re**, etc. La formation d'un verbe ne change pas quand il devient pronominal. **Se lever** est conjugué de la même manière que **lever.**

Les pronoms **me, te, se** deviennent **m', t', s'** devant des verbes qui commencent par une voyelle ou un **h** muet.

Elles **s'**habillent élégamment.
Je **m'**arrête à la charcuterie.

Pour former la négation d'un verbe pronominal, on place **ne** devant le pronom réfléchi et **pas** (ou une autre expression négative) après le verbe.

Je **ne** me réveille **pas** tôt.
Vous **ne** vous réveillez **jamais** vite.

Quand l'infinitif du verbe pronominal est utilisé après un verbe conjugué, le pronom réfléchi est placé immédiatement devant l'infinitif. Le pronom réfléchi a le même genre et le même nombre que le sujet du verbe conjugué.

Je désire **me reposer.**   **Nous** allons **nous dépêcher.**
Tu ne dois pas **te fâcher.**   **Vous** savez **vous débrouiller.**
Anne adore **s'amuser.**   **Mes frères** détestent **se réveiller** tôt.

Pour donner un ordre affirmatif, on place le pronom réfléchi directement après le verbe. Le pronom est lié au verbe par un trait d'union *(hyphen).*

Dépêche-toi. *(familier)*
Reposons-nous. *(collectif)*
Réveillez-vous. *(formel/pluriel)*

Notez que le pronom **te** devient **toi** dans ce cas. Pour les verbes en **-er**, il n'y a pas de terminaison **-s** à la deuxième personne du singulier de l'impératif.

Pour donner un ordre négatif, on place le pronom réfléchi devant le verbe. **Ne** précède le pronom réfléchi et **pas** suit la forme verbale.

Ne te moque pas de ta sœur, Jacquot.
Ne nous levons pas si tôt demain.
Ne vous couchez pas si tard, les enfants.

A double fonction.

CUISINE

L'appoint idéal

Ce tout nouveau four-gril imaginé par Tefal est, comme son nom l'indique, à la fois un vrai petit four (dedans) et un vrai gril (dessus). Il est très pratique pour la préparation des repas rapides et simples. Et on peut même l'installer sur la table si la maîtresse de maison n'a pas envie de s'isoler. Sur le plan prix, pas de mauvaise surprise : 400 F env.

Dans le cas d'un verbe pronominal, il est souvent plus facile d'utiliser la formule **est-ce que** pour poser une question. Si l'inversion est utilisée, il y a seulement inversion du pronom sujet. Le pronom réfléchi reste dans sa position habituelle devant le verbe.

Est-ce que vous vous amusez?   **S'habille-t-elle?**
Vous amusez-vous?   **Se couchent-ils?**

Si le sujet d'un verbe pronominal est un nom, l'inversion ne présente pas de difficulté particulière. On ajoute immédiatement après le verbe un pronom personnel qui s'accorde avec le sujet.

Les enfants se couchent-ils?
Jean se lave-t-il?

Les verbes réciproques se forment de la même façon que les verbes réfléchis. Un verbe réciproque indique que deux (ou plusieurs) sujets exercent une action l'un sur l'autre (le sujet n'est pas l'objet de sa propre action).

Nous nous voyons souvent.   *We see each other* often.
Vous vous regardez.   *You look at each other.*
Ils s'aiment beaucoup.   *They like each other* a lot.

Les verbes réciproques sont toujours au pluriel. Souvent, pour éliminer des ambiguïtés ou pour souligner le concept d'une action mutuelle, on ajoute la locution **l'un(e) l'autre** ou **les un(e)s les autres** après les verbes à sens réciproque.

Ils se regardent.   *They look at themselves.*
                                 (réfléchi)

Ils se regardent les uns les *They all look at each other.*
autres.   *(réciproque)*

Elles se voient.   *They see themselves. (réfléchi)*
Elles se voient l'une l'autre. *They both see each other.*
                                 (réciproque)

Certains verbes changent de sens quand ils sont employés comme verbes pronominaux. Voici une liste partielle de ces verbes.

aller to go	**s'en aller** to go away
amuser to amuse	**s'amuser** to have a good time
débrouiller to straighten out	**se débrouiller** to get by, to manage
demander to ask	**se demander** to wonder
dépêcher to send quickly	**se dépêcher** to hurry
ennuyer to bother	**s'ennuyer** to get bored
entendre to hear	**s'entendre** to get along
habituer to familiarize	**s'habituer à** to get used to
rendre compte to account for	**se rendre compte de** to realize
tromper to deceive	**se tromper** to be wrong

⚠ RAPPEL   ⚠ RAPPEL

Comme vous avez vu dans l'explication sur les verbes réfléchis, beaucoup de verbes français peuvent être employés dans un sens pronominal *ou* dans un sens «non-pronominal». Dans le sens «non-pronominal», l'action du verbe est dirigée vers une personne ou un objet autre que le sujet. Dans les constructions pronominales, les sujets et les objets sont identiques.

Il s'amuse.	*He has a good time.*
Il amuse son frère.	*He amuses* his brother.
Vous vous arrêtez.	*You stop.*
Vous arrêtez la voiture.	*You stop* the car.
Elles se couchent.	*They go to bed.*
Elles couchent les enfants.	*They put* the children *to bed.*

EXERCICE 15.   Votre correspondant *(pen pal)* à Marseille pose des questions sur votre vie de tous les jours *(daily life)*. Faites la description d'une journée typique en complétant les phrases suivantes.

Cher _____,

Ma vie de tous les jours n'est pas très intéressante, mais elle est très active. Je (se lever) _____ normalement à sept heures. Mon/ma camarade de chambre (se lever) _____ à sept heures et quart. Je (se laver) _____ et je (se coiffer) _____. Puis je (s'habiller) _____ très vite parce que je suis souvent en retard. Presque tous les étudiants ici (s'habiller) _____ en jeans. Dans notre université le look est assez décontracté *(laid back)*.

Normalement, chez nous, on (se coucher) _____ vers onze heures, mais le vendredi soir, je vais (se coucher) _____ assez tard et je peux (se reposer) _____ le samedi après-midi. Mes amis et moi, on (se retrouver) _____ souvent le samedi soir. On (s'amuser) _____ beaucoup à des soirées. On (se lever) _____ tard le dimanche matin.

Je (se dépêcher) _____ de finir cette lettre. Voilà ma vie de tous les jours. Il est certain que je ne (s'ennuyer) _____ jamais!

Amicalement,
Sébastien

EXERCICE 16.   Maintenant vous voulez poser des questions à Sébastien au sujet de sa journée typique. Utilisez comme inspiration les verbes de l'Exercice 15 pour poser au moins six questions à votre correspondant.

MODELE: A quelle heure te lèves-tu normalement?

EXERCICE 17.   Quand on habite avec des camarades de chambre, il est souvent nécessaire de demander aux autres de faire ou de ne pas faire quelque chose. Employez la forme impérative du verbe convenable pour compléter les phrases suivantes.

s'amuser	se lever
se coucher	ne pas se moquer
se débrouiller	se raser
ne pas s'habiller	se reposer

1. _____, vous autres. Il est déjà sept heures. Vous êtes en retard.
2. Dis donc, Philippe, _____. Les femmes n'aiment plus la moustache.
3. Nous travaillons sans arrêt depuis trois heures. _____ un moment avant de finir nos devoirs.
4. Mais alors, vous autres, _____ de mon devoir de français!
5. Quoi? Tu refuses d'étudier avant ton examen? Eh bien, _____.
6. Ah non, _____ en jeans; tu vas dans un restaurant élégant.
7. Quand même, vous autres! _____ et arrêtez de passer des disques. Il est trois heures du matin!
8. C'est le week-end, mes copains, _____, tout le monde!

EXERCICE 18.   *Vous et vos amis.* Parlez de vos activités mutuelles en utilisant les verbes suivants.

s'aider	se parler
se disputer	se retrouver
s'écrire	se réunir
s'entendre	se téléphoner

Exercices d'ensemble

A.   Béatrice et sa copine Chantal entrent au lycée en septembre. Philippe donne des conseils *(advice)* aux deux jeunes filles. Formez les phrases de Philippe en mettant les verbes entre parenthèses à l'impératif.

1. (ne pas s'arrêter) Béatrice, _____ trop souvent au café.
2. (réfléchir) _____ avant de répondre aux questions du prof.
3. (ne pas perdre) Chantal, _____ tes bouquins comme d'habitude.
4. (finir) _____ toujours vos devoirs avant d'aller vous coucher.
5. (s'habituer) _____ à beaucoup étudier.
6. (se dépêcher) _____ toujours pour arriver en cours à l'heure.
7. (se rendre compte) _____ qu'il faut aussi s'amuser.
8. (ne pas s'ennuyer) _____ en cours de maths.

B.   Votre camarade de classe prépare un article sur les étudiants dans votre université. Il a besoin d'exemples précis et vous acceptez de répondre à ses questions.

1. Si je n'ai pas de devoirs à faire le soir, je…
2. Si je ne finis pas mes devoirs avant le cours, je…
3. Quand un examen est très difficile, je…
4. Avant de répondre aux questions compliquées, je…
5. Après avoir passé un examen difficile, je…
6. Quand j'étudie comme il faut, je…
7. Quand un cours n'est pas intéressant, je…
8. Si je rate un examen, je…

Pratique

ACTIVITE 1.   *Les week-ends.* Voici quelques statistiques sur les week-ends des Français:

> 52% des hommes font du sport pendant le week-end, contre seulement 30% des femmes.
> 60% des femmes et 38% des hommes font la cuisine.
> Un Français sur deux profite du week-end pour lire; on regarde plus la télévision (3 heures, 31 minutes le samedi et 3 heures, 57 minutes le dimanche, contre 3 heures, 19 minutes du lundi au vendredi).
> 64% des jeunes écoutent de la musique.
> 20% des Français ont l'impression d'être fatigués le lundi matin.

Décrivez votre emploi du temps pendant la semaine, puis expliquez comment vos activités changent pendant le week-end. Comparez vos activités aux activités des Français.

ACTIVITE 2.   *Le Français-type.* Pour chacune des catégories à la page 55 qui décrivent le Français-type, faites deux généralisations qui conviennent à la majorité des Américains. Faites le portrait de l'Américain-type. Et vous, êtes-vous typique?

ACTIVITE 3.   *Etes-vous compatibles?* Posez des questions à un(e) camarade de classe pour déterminer les différences entre ses activités quotidiennes et votre emploi du temps. Pouvez-vous être camarades de chambre?

LE FRANÇAIS-TYPE
ou les comportements majoritaires des Français

Logement

55 % des ménages vivent en maison individuelle.
51 % des ménages sont propriétaires de leur résidence principale. (75 % pour les ménages vivant en maisons individuelles).

Voiture

75 % des ménages possèdent une voiture particulière.
53 % n'en ont qu'une, 22 % plusieurs.
Cela représente quelques 20,7 millions d'automobiles.

1917-1988

Au français moyen

Repas

Les repas pris à domicile représentent 81 % des repas hebdomadaires (74 % en région parisienne).
Les repas pris à l'extérieur sont payants à 58 % ; 38 % sont des invitations dans un autre foyer ; 4 % sont préparés à domicile et consommés à l'extérieur.

Alimentation

Le Français consomme en moyenne, par personne et par an : 67 kg de pain, 64 kg de pommes de terre, 70 kg de légumes, 60 kg de fruits, 35 kg de viande, 18 kg de volailles, 10 kg de poisson, 20 kg de fromage, 100 l de lait frais, 74 l de vin, 40 l de bière, et 55 l d'eau minérale.

Les Verbes irréguliers en *-oir*

vouloir to want	pouvoir to be able
je **veux**	je **peux**
tu **veux**	tu **peux**
il / elle / on **veut**	il / elle / on **peut**
nous **voulons**	nous **pouvons**
vous **voulez**	vous **pouvez**
ils / elles **veulent**	ils / elles **peuvent**

<u>**voir** to see</u>	<u>**recevoir** to receive</u>
je **vois**	je **reçois**
tu **vois**	tu **reçois**
il / elle / on **voit**	il / elle / on **reçoit**
nous **voyons**	nous **recevons**
vous **voyez**	vous **recevez**
ils / elles **voient**	ils / elles **reçoivent**

<u>**devoir** to have to; to owe</u>	<u>**savoir** to know</u>
je **dois**	je **sais**
tu **dois**	tu **sais**
il / elle / on **doit**	il / elle / on **sait**
nous **devons**	nous **savons**
vous **devez**	vous **savez**
ils/ elles **doivent**	ils / elles **savent**

Remarquez que le verbe **devoir** peut avoir deux sens différents. S'il veut dire *to owe,* il est suivi d'un complément d'objet direct indiquant, généralement, une somme d'argent: **Je dois cinq dollars à mes parents.** Si **devoir** veut dire *to have to,* il est utilisé comme verbe auxiliaire suivi de l'infinitif du verbe principal.

Je dois étudier maintenant.	*I have to study* now.
Vous devez vous reposer un peu.	*You have to rest* a little.
Elles doivent répondre aux questions.	*They must answer* the questions.

Les verbes **falloir, valoir mieux** et **pleuvoir** sont des verbes impersonnels: ils n'existent qu'à la troisième personne du singulier (pronom sujet **il**), mais ils sont employés à tous les temps.

falloir to have to; to be necessary	**il faut**
valoir mieux to be better	**il vaut mieux**
pleuvoir to rain	**il pleut**

Notez que **falloir** et **valoir mieux** sont suivis de l'infinitif d'un autre verbe.

Il faut répondre.	*It is necessary to answer.*
Il vaut mieux rentrer.	*It's better to go home.*

Quand il est employé de cette manière, **falloir** a le même sens que **devoir,** mais on peut utiliser **devoir** à toutes les personnes. **Falloir** exprime la nécessité d'une façon plus générale et plus forte.

Il faut rentrer.	*It is necessary* to go home.
Je dois rentrer.	*I have* to go home.

Falloir et **devoir** sont interchangeables si **il faut** est accompagné d'un pronom complément d'objet indirect qui rend plus personnelle l'expression de la nécessité.

Il me faut rentrer.
Je dois rentrer.

L'expression **valoir la peine** signifie *to be worth the trouble*. Le sujet de ce verbe est toujours inanimé. Ce verbe est utilisé à la troisième personne du singulier et à la troisième personne du pluriel.

Ce travail vaut la peine.
Les études valent la peine.

EXERCICE 19.   Ce sont souvent les parents qui donnent aux enfants une partie de leur argent de poche. Utilisez la forme correcte du verbe **recevoir** pour indiquer la somme en question.

1. Philippe _____ 200F.
2. Béatrice et Jacquot _____ 150F chacun.
3. Vous _____ beaucoup d'argent.
4. Nous _____ une somme minime parce que nous travaillons.
5. Et toi, combien _____ -tu par mois?
6. Moi, je _____ (X) dollars par mois de mes parents.

EXERCICE 20.   *Qui voient-ils?* Philippe, Maryse et leurs copains vont au concert de Paul McCartney à Paris. Complétez chaque phrase en utilisant la forme convenable du verbe **voir**.

1. Evidemment Philippe _____ Maryse, mais Maryse _____ un ancien petit ami.
2. Paul et Jean-Marc _____ d'autres copains du lycée.
3. Vous _____ beaucoup de jeunes Français.
4. Et toi, qui est-ce que tu _____?
5. Nous _____ Linda, bien sûr.

EXERCICE 21.   Philippe a besoin de l'aide de sa sœur. Complétez le dialogue en utilisant la forme appropriée des verbes entre parenthèses.

— Salut, Béa. Dis donc, tu (pouvoir) _____ me rendre un service?

— Oui, je (vouloir) _____ bien, Philippe. Que (vouloir) _____ -tu?

— Eh bien, je (devoir) _____ aller à la fac, et je ne (pouvoir) _____ donc pas descendre chercher la pièce de rechange *(spare part)* dont j'ai besoin pour régler *(adjust)* le moteur de ma mobylette. Tu (pouvoir) _____ passer au garage la chercher pour moi?

— D'accord. Je retrouve mes copines au café à midi, et ensuite je (pouvoir) _____ aller au garage. Mais moi, je ne (savoir) _____ rien au sujet de la mécanique.

— Pas de problème. D'abord, le garage ne (recevoir) _____ les pièces qu'à deux heures. Tu dis au garagiste que tu es ma sœur et tu prends la pièce qu'il te donne. C'est très simple. Et merci, Béa.

EXERCICE 22.   Les personnes suivantes peuvent faire exactement ce qu'elles veulent le week-end prochain. Employez le verbe **vouloir** plus un infinitif pour indiquer les préférences des personnes en question.

1. Nous…
2. Mes camarades de chambre…
3. Mon ami(e)…
4. Monsieur/Madame __ (nom de votre prof de français), vous…
5. Moi, je…

EXERCICE 23.   Les projets doivent souvent changer à la dernière minute. Utilisez la forme convenable du verbe **devoir** pour expliquer pourquoi les personnes indiquées doivent abandonner leurs projets pour le weekend.

1. Mon ami(e)…
2. Mes camarades de chambre…
3. Nous…
4. Et toi, tu…
5. Moi, je…

EXERCICE 24.   *Les nécessités de la vie.* Nous sommes obligés de faire toutes sortes de choses dans la vie. Parlez de ces obligations et complétez chaque début de phrase en utilisant une expression d'obligation **(devoir, il faut, il vaut mieux).**

1. En cours de français…
2. Pendant le week-end…
3. Pour être heureux dans la vie…
4. Avant de rentrer…
5. Pour avoir de bons copains…
6. Pour s'entendre avec les membres de sa famille…
7. Pour réussir dans la vie…
8. Ce soir…

EXERCICE 25.   Les gens ont différents talents. Utilisez la forme correcte du verbe **savoir** plus un verbe à l'infinitif pour indiquer le talent prédominant des personnes en question.

MODELE: Je…
            Je sais parler français.

1. Mon ami(e)…
2. Mes parents…
3. Mon/ma camarade de chambre…
4. Mon prof de français…
5. Je…

Pratique

ACTIVITE. *Les nécessités de la vie.* Quel équipement y a-t-il dans une maison française typique?

Equipement	Pourcentage des maisons
La télévision	92%
La télévision couleur	70%
Le téléphone	89%
Le réfrigérateur	97%
Le lave-linge	84%
Le lave-vaisselle	32%
Le magnétoscope	14%
Le sèche-cheveux	78%
Le rasoir électrique	49%

Imaginez que vous avez un emploi bien rémunéré et que vous avez votre premier appartement. Quel équipement voulez-vous acheter? Quel équipement est, selon vous, une nécessité? Y a-t-il des pourcentages dans cette liste qui vous surprennent quand vous faites la comparaison avec les appareils qu'on trouve dans une maison américaine?

Expressions idiomatiques utilisant *être* et *avoir*

Expressions idiomatiques utilisant *être*

Il faut utiliser le verbe **être** pour former certaines expressions idiomatiques. Il y a beaucoup de ressemblances entre ces expressions et leurs équivalents anglais utilisant le verbe *to be.*

être en train de   to be in the process of
être de retour   to be back
être à l'heure   to be on time
être en retard   to be late

—Allô, Jacquot? Où es-tu? La famille **est en train de** préparer le dîner. Quand est-ce que tu vas **être de retour?** A huit heures? Bon, d'accord, mais **ne sois pas en retard!** Pour une fois, fais un effort pour **être à l'heure.**

Expressions idiomatiques utilisant *avoir*

Il y a beaucoup d'expressions idiomatiques qui utilisent le verbe **avoir** et qui en anglais sont formées avec le verbe *to be.*

Etats physiques

avoir chaud to be hot	**J'ai chaud** en été.
avoir froid to be cold	**Il a froid** en hiver.
avoir faim to be hungry	A midi, **les enfants ont faim.**

avoir soif to be thirsty	**Nous avons soif** après le travail.
avoir sommeil to be sleepy	A minuit, **j'ai sommeil.**
avoir mal à to have an ache	**J'ai mal à la tête.**
avoir l'air to seem	**Elle a l'air** triste.
avoir __ ans to be __ years old	**Il a vingt ans.**

Etats psychologiques

avoir peur de to be afraid of	**J'ai peur des** serpents.
avoir honte de to be ashamed of	**Il a honte de** ses notes.
avoir raison to be right	**Vous avez raison.**
avoir tort to be wrong	**Ils ont tort.**
avoir envie de to feel like	**Elle a envie de** pleurer.
avoir besoin de to need	**Nous avons besoin de** nous détendre.

Etats circonstanciels

avoir lieu to take place	**La réunion a lieu** à neuf heures.
avoir de la chance to be lucky	**Vous avez de la chance.**
avoir l'occasion de to have the opportunity	**J'ai l'occasion de** voyager.

Quand les enfants Dumont rentrent l'après-midi, **ils ont** toujours **faim** et **soif.** En décembre **ils ont** aussi **froid** et puisqu'en France on va à l'école jusqu'à la fin du mois de juin, **ils ont chaud** dans la salle de classe en juin. A dix ou onze heures le soir **ils ont sommeil** parce qu'ils se lèvent toujours à sept heures du matin. Et ce soir **Béatrice a l'air** triste. **A-t-elle mal à la tête?** Non, son seul problème c'est qu'**elle a seize ans.**

Il y a **beaucoup d'étudiants** qui **ont peur de** faire des exposés devant la classe. Ils veulent toujours **avoir raison** et **ils ont honte d'avoir tort** devant leur prof et surtout devant leurs camarades de classe. Le jour de l'exposé **ils ont** toujours **envie de** rester au lit. **Ils ont besoin de** courage, n'est-ce pas?

L'examen du bac a lieu en France au mois de juin. **Les élèves** qui réussissent au bac **ont de la chance** parce qu'ils peuvent aller à l'université où **ils ont l'occasion de** préparer leur avenir.

EXERCICE 26.   Vous discutez avec un(e) ami(e) de la façon dont différentes personnes réagissent face à certaines situations ou attitudes. Réagissez dans ces différents cas en utilisant des expressions idiomatiques avec **être** ou **avoir.**

1. Le prof pose une question et vous répondez correctement. Il annonce: _____

2. Votre copain, qui n'étudie pas beaucoup, ne répond jamais correctement aux questions du prof. Vous pensez: _____

3. Vous n'avez pas de devoirs à faire, et vous pensez aller au cinéma. Vous téléphonez à une amie qui prépare un exposé pour son cours de philosophie. Vous lui demandez si elle veut aller au cinéma. Elle répond: _____

4. Lundi, votre prof de maths annonce un examen pour vendredi. Plus tard, vous oubliez le jour de cet examen. Vous demandez le jour à un copain. Il répond: _____

5. Vous vous levez à huit heures et demie. Votre cours d'anglais a lieu à neuf heures. Vous pensez: _____

6. Votre cours de français commence à dix heures. Vous quittez la maison plus tard que d'habitude. Vous avez peur d'être en retard, mais vous arrivez à dix heures juste. Vous pensez: _____

7. Il est onze heures du soir. Vous terminez vos devoirs et vous êtes très fatigué(e). Vous dites: _____

Depuis accompagné du présent

Depuis suivi d'une expression temporelle a le sens de *for* en anglais. Il est employé avec un verbe au présent pour indiquer qu'une action a commencé dans le passé et continue dans le présent. C'est l'équivalent de l'expression *has (have) been __ing* en anglais.

J'habite ici **depuis** cinq ans.	*I have been living* here *for* five years.
Il parle depuis une heure.	*He has been speaking for* an hour.
Nous nous reposons depuis un quart d'heure.	*We have been resting for* fifteen minutes.
Vous attendez ici **depuis** une heure?	*You have been waiting* here *for* an hour?

⚠ RAPPEL   ⚠ RAPPEL

On utilise **depuis** avec un verbe au présent pour exprimer en français l'idée anglaise de *has (have) been __ing*. Ne traduisez pas cette structure mot à mot—cela ne marche pas du tout!

Il est essentiel de savoir employer et reconnaître cette forme parce qu'elle apparaît fréquemment en français. Si vous parlez avec des francophones, ils vont sûrement vous poser des questions avec **depuis** + un verbe au présent.

Vous étudiez le français **depuis** longtemps?
Vous êtes en France **depuis** quand?
Vous habitez Paris **depuis** combien de temps?

EXERCICE 27. *Depuis combien de temps...?* Pour chacun des concepts suivants, composez une phrase qui contient **depuis** + le présent pour décrire votre propre situation.

    MODELE: habiter la ville de __
                J'habite la ville de __ depuis __ ans (mois).

1. habiter la ville de __
2. étudier le français
3. être à l'université
4. faire du (nom d'un sport)
5. sortir avec (nom d'une amie)
6. connaître mon/ma meilleur(e) ami(e)
7. écouter le prof de français
8. aimer (nom d'un groupe de rock)

Maintenant posez deux questions à votre professeur de français. Employez **depuis** + le présent.

Exercices d'ensemble

A. Le soir, chez les Dumont, Béatrice et Jacquot parlent de leurs projets pour la soirée. Complétez la conversation par des expressions idiomatiques avec **être** ou **avoir**.

— Jacquot, tu _____ regarder la télé ce soir?

— Non, je ne peux pas. Je _____ de préparer un exposé sur les anciennes colonies françaises, et je dois présenter ça demain en cours de géographie.

— A quelle heure est-ce que ce cours _____?

— A neuf heures, et j'_____ ne pas pouvoir finir l'exposé ce soir.

— Tu dois donc commencer tout de suite, Jacquot.

— D'accord, tu _____. Et si j'_____, je vais le finir avant minuit.

— Moi, j'_____ regarder un film qui commence à huit heures. Après, je vais me coucher parce que je suis fatiguée et j'_____. Bonne chance pour demain.

— Merci, Béatrice! Bonne soirée!

B. *Interview.* Un sociologue français fait des recherches sur la vie de famille chez les étudiants américains. Avec un(e) camarade de classe, jouez le rôle du sociologue et de l'étudiant.

1. Votre père, que fait-il? Depuis combien de temps?
2. Et votre mère, que fait-elle? Depuis combien de temps?

3. Est-ce que vous recevez souvent vos parents chez vous? Pourquoi?
4. Est-ce que vous vous entendez bien avec vos parents?
5. Est-ce que vous vous fâchez quelquefois contre vos parents?

Pratique

ACTIVITE 1. *Les circonstances.* Décrivez les circonstances qui expliquent pourquoi…

1. vous êtes en retard.
2. vous avez sommeil.
3. vous avez peur.
4. vous avez besoin de vous détendre.
5. vous avez de la chance.

ACTIVITE 2. *Depuis combien de temps…?* Posez au moins cinq questions à votre professeur au sujet du choix de sa carrière.

MODELE: Depuis combien de temps est-ce que vous enseignez?

ACTIVITE 3. *Vous et les Dumont.* Posez des questions à un(e) camarade de classe pour comparer ses activités aux activités des Dumont.

Activités d'expansion

Vie actuelle

A. Même si la moitié des Français habite toujours dans des appartements en ville, de plus en plus on commence à construire des maisons individuelles, souvent avec garage et petit jardin, en dehors des villes. Voici deux solutions possibles au problème de l'espace qui existe toujours en ville, même dans les appartements les plus luxueux.

La Maison du mois

Examinez d'abord le plan de cette maison (voir page 64). Puis lisez la description de la maison et répondez aux questions.

1. Comment la publicité décrit-elle l'extérieur de la maison?
2. Comment fait-on pour montrer qu'il y a beaucoup d'espace dans la maison?
3. Si la publicité indique qu'il y a sept pièces dans cette maison, quelles pièces est-ce qu'on ne compte pas?
4. Est-ce qu'on peut faire construire cette maison dans le sud de la France?

L'extérieur a des allures américaines, l'intérieur est conçu selon un plan original : c'est une maison résolument moderne destinée aux amoureux de l'espace. De grandes pièces, des rangements un peu partout, deux salles de bains et un cabinet de toilette, une cuisine communiquant directement avec un vaste coin repas, un espace jeux-travail pour les enfants... tout est fait pour rendre la vie plus facile.

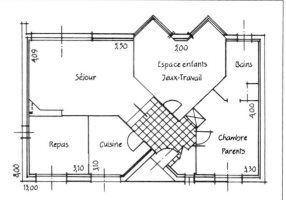

MODÈLE : Christelle.

CONSTRUCTEUR
Maison PUMA, 2 rue Louis-Pergaud.
Les Julliotes, RN 19.
94700 Maison Alfort.
Tél. : 43.76.22.00.

RAYON D'ACTION
Ile-de-France (100 km autour de Paris).

NOMBRE DE PIÈCES
sept.

SURFACE HABITABLE
145,70 m².

PRIX
615 000 francs.
Ce prix comprend : la maison entièrement terminée sans revêtements muraux intérieurs.

OPTIONS
sous-sol, garage, sanitaires couleurs...

DESCRIPTIF TECHNIQUE
Fondations : semelles filantes en béton armé sur terre-plein.
Murs : parpaings avec doublage isolant en polystyrène et contre-cloison en carreaux de plâtre.
Charpente : en bois traité.
Isolation : laine de verre dans les combles, doubles vitrages, polystyrène pour les murs.
Couverture : en tuile Redland.

SECOND-ŒUVRE ET FINITIONS
Chauffage : électrique.
Eau chaude : ballon électrique de 300 litres.
Sanitaires : lavabos en céramique blanche, baignoire en fonte

émaillée blanche.
Cuisine : évier en inox ou en grès sur meuble évier.
Revêtements de sol : moquette dans les chambres, carrelage dans l'entrée, le séjour, les salles de bains, la cuisine et les W.C.
Menuiseries : en bois (en alliage anodisé) sur option), volets en bois, escalier en bois.

AUTRES VERSIONS DE CE MODÈLE
L'architecture intérieure de ce modèle peut être modifiée selon les désirs de ses futurs habitants et l'on peut y installer de 5 à 8 pièces adaptées aux besoins de la petite famille.

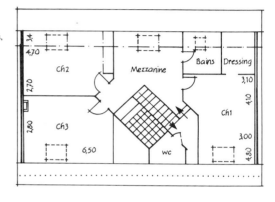

5. Quel est le prix de la maison? Qu'est-ce qui est inclus dans ce prix? Est-ce que cette maison est complètement finie à l'intérieur?

6. Est-ce que cette maison est plus ou moins chère qu'une maison équivalente aux Etats-Unis?

7. Parmi les autres versions de cette maison, on mentionne la possibilité d'un modèle à cinq pièces. Combien de chambres y a-t-il?

B. Vous connaissez déjà le sens du mot **grandir.** Lisez à la page 65 l'autre solution au problème de l'espace, l'agrandissement d'une maison existante.

Les Pièces dont vous avez besoin... elles sont là

1. Combien de temps faut-il pour créer une mezzanine au-dessus du séjour? Quel terme utilise-t-on en anglais pour parler d'une mezzanine? Quels sont les emplois possibles pour la nouvelle mezzanine?

2. Quelles sont les options pour agrandir la maison sur le côté ou à l'arrière?
3. Pour quelles activités est-ce qu'une véranda est idéale? En Amérique, comment appelle-t-on cette sorte de patio entouré de fenêtres? Que veut dire le mot *véranda* en anglais?

Pour aller plus loin

Vous parlez d'une soirée avec vos copains français. Ecoutez ce qu'ils disent et formulez une réponse qui commence avec une expression de la liste suivante.

Réactions positives	**Réactions indifférentes**	**Réactions négatives**
Formidable!	C'est sans	Zut!
Sensationnel!	importance.	C'est dommage!
Fantastique!	Tant pis!	C'est affreux!
Chouette!	Ça m'est égal.	Quelle malchance!
Mais si…!	Je m'en fiche.	
Pas de problème!		
Super!		

1. Dis, tu ne vas pas venir à la soirée vendredi?
   (But of course I'm coming.)
2. Et ton amie, elle vient aussi?
   (No, it's a pain, but she has to work.)

3. Tu sais, notre «appart» est assez petit, et nous invitons plus de vingt personnes.
   (That's no big deal.)
4. Stéphane amène Catherine, tu sais.
   (Great! I really like her.)
5. Jean n'amène personne.
   (Too bad! But he can come alone; I don't care.)
6. Malheureusement, Philippe et Maryse ne vont pas être là.
   (Darn it! They have such a good time at parties.)
7. Peux-tu apporter des cassettes?
   (No problem. I have a lot of tapes.)
8. Hélène va apporter ses cassettes de disco!
   (That's awful! We can't use those tapes.)

Situations

1. Vous êtes en France et vous parlez avec un(e) étudiant(e) qui vous demande de décrire votre journée ou votre emploi du temps.
2. Vous acceptez d'accueillir un(e) étudiant(e) français(e) pendant une partie de l'été prochain. Il / elle écrit pour vous demander de décrire votre famille et vos activités quotidiennes. Répondez à sa lettre.
3. Comparez la vie des lycéens français à la situation des élèves de «high school» en Amérique.
4. Relisez la description de la maison du mois à la page 64. Comparez votre maison et la maison dans la publicité.
5. Faites une liste des dix ordres qu'on entend très souvent dans une famille américaine typique. Comparez votre liste d'impératifs et la liste préparée par un(e) camarade de classe. Quels sont les ordres qui sont les mêmes?

Chapitre 3
La Vie des jeunes

Perspectives

La Vie sociale des jeunes Dumont

Mise en train

Combien d'amis intimes avez-vous?
Que faites-vous pour vous amuser avec vos copains?
Combien dépensez-vous environ par semaine pour les loisirs?°
Avez-vous votre propre° voiture? Depuis quand?

Aux Etats-Unis, s'il y a des adolescents dans une famille, il y a souvent aussi beaucoup de copains à la maison. Les parents accueillent° volontiers les amis qui viennent regarder la télé, écouter des disques, manger et même, quelquefois, passer° la nuit. Il n'y a rien de plus normal.

Comment se passent° les choses en France? D'abord, les rapports° familiaux sont souvent assez étroits,° c'est-à-dire que dans la vie quotidienne,° les relations extérieures sont moins importantes que les rapports entre parents et enfants. Les repas et les activités en famille encouragent cette intimité. Mais les jeunes Français se font aussi des amis, bien sûr. L'exemple des enfants Dumont—Jacquot, Béatrice et Philippe—est assez représentatif.

Jacquot, même à l'âge de douze ans, n'a pas beaucoup d'heures de loisir. Il n'a de congé° que le mercredi après-midi et il doit même aller à l'école le samedi matin. Pendant la semaine, ses cours finissent tard tous les jours. Comme il est bavard° et sportif,° il n'a aucune difficulté à se faire des amis au C.E.S.° (Collège d'enseignement secondaire). Quand il a du temps libre,° il ne s'ennuie presque jamais. Tous les mercredis, Jacquot et quelques copains de son âge se retrouvent° au parc ou sur le terrain° du C.E.S. où ils jouent au football.° Le samedi après-midi, son meilleur ami l'attend dans la rue et ils partent tous les deux en vélo° à la patinoire.° Jacquot passe le mois de juillet en colonie de vacances° où il rencontre° des jeunes qui viennent de toutes les régions de la France. En août, il part en vacances avec sa famille, mais il est heureux° de revoir ses amis à la rentrée° en septembre.

Et Béatrice? A seize ans, elle aime sortir° avec ses copines. Il y a surtout deux jeunes filles qu'elle fréquente.° Elles échangent des confidences, se disent absolument tout. Deux ou trois fois par semaine, elles s'arrêtent au même petit café pour se détendre et rigoler° un peu avant de rentrer. Parle-t-elle longtemps au téléphone avec ses amies? Non, elle n'a pas le droit. Papa dit toujours que le téléphone appartient° à la famille entière et qu'on ne doit pas s'en servir° pour s'amuser. Les jours de congé, Béatrice descend en ville avec ses copines et elles font du lèche-vitrines.° Elles achètent des disques et des cassettes (pas souvent, car ils sont chers!) ou des magazines, et elles partagent° souvent les dépenses.° C'est actuellement leur distraction° préférée. De temps en temps le week-end, il y a une soirée° où Béatrice revoit tous les membres de son petit groupe. C'est chouette,° dit-elle, parce qu'il y a toujours de la musique, et elle adore danser. Cet été, elle va retrouver ses copines à la piscine° municipale ou à la Maison des jeunes° et elles vont toutes s'amuser. Il est très probable que parmi les copines qu'elle a aujourd'hui, il y en a une ou deux qui vont rester ses amies intimes pendant de longues années.

A dix-huit ans, Philippe est en terminale. Il connaît beaucoup de gens et il a aussi des copains et des copines qu'il voit régulièrement. Il a, depuis quelques mois, une petite amie,° Maryse, qui est aussi élève au lycée. Ils sortent souvent en groupe. L'hiver, ils partent plusieurs fois ensemble pour faire du ski; l'été, ils se donnent rendez-vous° pour faire du tennis ou du volley.° Et ils sont passionnés° de cinéma. Philippe ne possède pas sa propre voiture, mais il a le permis de conduire.° Il prend quelquefois le volant° pour relayer son père pendant les vacances familiales. Depuis l'âge de seize ans, il se rend au lycée à mobylette,° mais il rêve d'avoir une moto.° Généralement, après les cours il s'arrête au café où il retrouve ses amis et ils boivent un verre° ensemble. Comme sa sœur et son frère, Philippe reçoit de l'argent de poche° de ses parents tous les mois (150 ou 200F). Il y a très peu de lycéens° français qui travaillent pendant leurs études. Heureusement pour Philippe, car en ce moment, il n'a pas beaucoup de temps libre et ne fait que bachoter. Mais il ne néglige pas ses copains parce qu'il sait que les amis apportent à sa vie une dimension sociale et intellectuelle importante et nécessaire. Un ami, c'est pour la vie, n'est-ce pas? Du moins, c'est ce qu'on dit en France.

Vocabulaire actif

Les Activités
accueillir to welcome
appartenir to belong
boire un verre to have a drink
se donner rendez-vous to arrange to meet

faire du lèche-vitrines to go window shopping
fréquenter to see often
partager to share
passer to spend (time)
se passer to happen, to be done, to take place

rencontrer to meet by chance
(se) retrouver to meet by design
rigoler to laugh *(slang)*
se servir to use
sortir to go out

Les Rapports

un **petit ami** / une **petite amie**   boyfriend / girlfriend
le **rapport**   relationship

Les Caractéristiques

bavard(e)   outgoing, talkative
chouette   neat, nice *(slang)*
étroit(e)   tight, narrow
heureux (-euse)   happy
libre   free
passionné(e) (de)   crazy (about)
propre   own
quotidien(ne)   everyday
sportif(-ive)   athletic

Les Loisirs

une **colonie de vacances**   summer camp
une **distraction**   amusement
le **football**   soccer
le **loisir**   leisure time
la **Maison des jeunes**   youth center
une **patinoire**   skating rink
une **piscine**   swimming pool
une **soirée**   party
le **volley**   volleyball

Les Possessions

l'**argent de poche** *(m)*   spending money, allowance
les **dépenses** *(f pl)*   expenses

une **mobylette**   moped
une **moto**   motorcycle
le **permis de conduire**   driver's license
un **vélo**   bicycle
le **volant**   steering wheel

A l'école

le **C.E.S. (Collège d'enseignement secondaire)**   first level of secondary school (ages 11–15)
un **congé**   time off
un **lycéen** / une **lycéenne**   student at the **lycée** (ages 16–18)
la **rentrée**   opening of school
le **terrain**   school grounds

Exercices de vocabulaire

A.   Dans chaque groupe choisissez l'expression qui ne convient pas. Expliquez votre choix.

1. la Maison des jeunes   la piscine   le C.E.S.
2. une soirée   la rentrée   boire un verre
3. boire un verre   sportif   une patinoire
4. le football   une moto   le terrain
5. les dépenses   la rentrée   les loisirs
6. un vélo   une moto   une mobylette
7. retrouver   fréquenter   appartenir
8. un congé   la rentrée   une colonie de vacances

B.   Comparez votre vie quotidienne à celle des Dumont. Utilisez les expressions du **Vocabulaire actif** pour compléter les phrases.

1. Philippe voudrait avoir…
   Et moi, je voudrais avoir…
2. Béatrice et ses copines vont en ville pour…
   Mes amis et moi, on va au mall (au centre commercial) pour…
3. Philippe retrouve ses amis…
   Normalement, je retrouve mes amis…
4. Pour faire du sport, Jacquot et ses copains vont…
   Pour faire du sport, mes amis et moi, nous allons…

5. Au café, Philippe et ses amis...
   Au restaurant ou en boîte *(club)*, mes amis et moi, nous...
6. Pour les enfants Dumont, il faut attendre le premier septembre pour...
   Chez nous, il faut attendre...
7. Ce sont les parents qui donnent aux enfants Dumont...
   Et moi, je dois...
8. Les jeunes Français sortent en groupe pour...
   Les jeunes Américains sortent...

Vous comprenez? Un(e) étudiant(e) français(e) vient parler dans votre classe de français. Quelques membres de votre classe font les affirmations suivantes. Anticipez les réactions de l'étudiant(e) en spécifiant si vos camarades ont raison ou tort. Corrigez les affirmations inexactes.

1. En France, les familles reçoivent souvent les amis des enfants à la maison.
2. Les étudiants français vont à l'école le samedi matin.
3. En France, la rentrée a lieu en août.
4. Les jeunes Français parlent beaucoup au téléphone.
5. Les jeunes Français ont tendance à sortir en groupe.
6. Comme les jeunes Américains, les jeunes Français s'intéressent aux sports.
7. En général, après l'âge de dix-sept ou dix-huit ans, un(e) jeune Français(e) possède une voiture.
8. Normalement, un(e) étudiant(e) français(e) a un emploi temporaire pour gagner de l'argent de poche.
9. S'il (si elle) ne travaille pas, un(e) lycéen(ne) français(e) a beaucoup de temps libre.
10. Avec l'argent de poche que ses parents lui donnent, un(e) jeune Français(e) peut acheter beaucoup de disques.

A votre tour

Lexique personnel

Cherchez les mots que vous pouvez utiliser pour:

1. décrire vos meilleurs copains
2. parler de vos sports et de vos jeux préférés
3. dire où vous allez pour vous détendre
4. dire où vous aimez retrouver vos amis pour passer la soirée
5. parler des activités préférées de votre petit(e) ami(e) ou de votre meilleur(e) ami(e)
6. parler des objets préférés de vos amis
7. parler de vos dépenses dans un mois ordinaire

Que fait ce groupe de jeunes Français? Et que font vos copains pour s'amuser?

En utilisant le vocabulaire du chapitre et votre lexique personnel, répondez aux questions des exercices A et B.

A.
1. Avez-vous beaucoup de copains?
2. Décrivez quelques-uns de vos copains.
3. Comment est-ce que vous vous divertissez?
4. Où est-ce que vous retrouvez vos amis?
5. Quel(s) sport(s) faites-vous individuellement? Avec vos ami(e)s?
6. Comment est votre petit(e) ami(e)? Qu'aime-t-il/elle faire?
7. Avez-vous une voiture? Depuis combien de temps l'avez-vous?
8. Est-ce que vos copains ont des voitures? Des motos? Des vélos?

B. Avez-vous un emploi à mi-temps *(part-time job)?* Combien gagnez-vous par mois? Décrivez quelques-unes de vos dépenses pendant un mois ordinaire.

Maintenant imaginez que vous êtes un(e) étudiant(e) français(e). Vos parents vous donnent 200 francs par mois, et vous travaillez quelquefois comme baby-sitter. Vos revenus s'élèvent à 400 francs par mois. Voici une liste d'achats possibles. Qu'est-ce que vous allez acheter avec vos 400 francs?

une cassette = 48F	un blazer = 350 F
un billet de cinéma = 36F	un dîner au restaurant = 100F
un disque = 70F	des chaussures = 300F
une chemise = 225F	un jean = 375F
un billet pour le concert de Rod Stewart = 185F	un tee-shirt = 120F

Structures

Les Verbes irréguliers en *-ir*

Ces verbes irréguliers en **-ir** sont placés dans des groupes qui reflètent des similarités de conjugaison.[1]

partir to leave	**dormir** to sleep	**sortir** to go out
je **pars**	je **dors**	je **sors**
tu **pars**	tu **dors**	tu **sors**
il / elle / on **part**	il / elle / on **dort**	il / elle / on **sort**
nous **partons**	nous **dormons**	nous **sortons**
vous **partez**	vous **dormez**	vous **sortez**
ils / elles **partent**	ils / elles **dorment**	ils / elles **sortent**

servir to serve	**ouvrir** to open	**offrir** to offer
je **sers**	j'**ouvre**	j'**offre**
tu **sers**	tu **ouvres**	tu **offres**
il / elle / on **sert**	il / elle / on **ouvre**	il / elle / on **offre**
nous **servons**	nous **ouvrons**	nous **offrons**
vous **servez**	vous **ouvrez**	vous **offrez**
ils / elles **servent**	ils / elles **ouvrent**	ils / elles **offrent**

courir to run	**venir** to come
je **cours**	je **viens**
tu **cours**	tu **viens**
il / elle / on **court**	il / elle / on **vient**
nous **courons**	nous **venons**
vous **courez**	vous **venez**
ils / elles **courent**	ils / elles **viennent**

Devenir (*to become*), **revenir** (*to come back*), **se souvenir de** (*to remember*), **tenir** (*to hold*) et **obtenir** (*to obtain*) se conjuguent comme **venir**.

Venir de employé au présent et suivi de l'infinitif est l'équivalent de l'expression en anglais *to have just* + le participe passé.

Il vient d'arriver.	*He has just arrived.*
Je viens de faire mes devoirs.	*I have just done* my homework.

---

[1] Voir aussi Appendice B.

EXERCICE 1. On emploie aussi le verbe **sortir** dans le contexte du rendez-vous romantique. Utilisez la forme correcte du verbe **sortir** pour compléter les phrases suivantes.

1. Philippe _____ avec Maryse.
3. Jacquot et Béatrice ne _____ avec personne.
3. Les jeunes Américains _____ moins en groupe que les Français.
4. Et toi, tu _____ avec qui?
5. Je _____ avec...

EXERCICE 2. Vous partagez déjà un appartement avec deux copains/copines, mais vous cherchez une quatrième personne. Les candidats téléphonent pour obtenir des renseignements *(information)*. Complétez le dialogue en donnant la forme appropriée des verbes entre parenthèses.

— Allô, oui.

— Bonjour, Mademoiselle (Monsieur). Je téléphone au sujet de la chambre à louer *(rent)*.

— Oui, oui, nous avons une chambre disponible *(available)* dans notre appartement. Vous êtes étudiant(e)?

— Oui, je (revenir) _____ d'un séjour aux Etats-Unis et je veux reprendre mes études de pharmacie.

— Bon. Alors, quelques petites questions. A quelle heure (partir) _____-vous pour la fac en général?

— Eh bien, normalement, je (partir) _____ le matin vers huit heures. Et vous?

— Ici, on (partir) _____ entre sept heures et demie et huit heures. Vous (dormir) _____ tard le week-end?

— Oui, en général. Mais quelquefois je me lève assez tôt le samedi ou le dimanche matin parce que je (courir) _____.

— Ah bon? Vous (courir) _____? Super! Nous (courir) _____ aussi.

— Et vous, vous (sortir) _____ souvent?

— En général, nous (sortir) _____ le week-end. Mon ami(e) (sortir) _____ aussi pendant la semaine. Mais, moi, je ne (sortir) _____ que le vendredi ou le samedi soir.

— Dînez-vous ensemble à la maison ou (sortir) _____-vous?

— D'habitude, on reste ici et on (servir) _____ le dîner vers sept heures. Mais très souvent on ne (servir) _____ rien de spécial. Ecoutez, vous (venir) _____ à l'appartement pour nous parler un peu?

— Oui, oui, bien sûr. Je (venir) _____ cet après-midi si ça va...

— Parfait. A tout à l'heure.

EXERCICE 3.   Racontez ce que les personnes indiquées viennent de faire avant le cours de français.

1. le professeur / préparer le cours
2. les étudiants / écrire des dissertations
3. Marie / étudier à la bibliothèque
4. Thomas et Paul / acheter des livres
5. tu / dormir dans ton lit
6. nous / préparer cet exercice

EXERCICE 4.   Tout le monde a un horaire différent. A l'aide des éléments suivants, composez des phrases qui précisent quand les personnes indiquées font les choses suivantes.

mon ami(e)	finir ses cours le lundi (le jeudi)
mes camarades de chambre	sortir le samedi soir
je	revenir à la maison
nous	courir
M./Mme/Mlle ____ (votre	servir de la pizza
prof de français)	partir de la maison le matin
les étudiants	venir en cours de français
	partir du cours de français

EXERCICE 5.   *Interview.* Posez des questions à un(e) camarade de classe en utilisant les éléments indiqués. Ensuite, posez une autre question selon la réponse de votre partenaire.

1. sortir / souvent
2. dormir / tard le week-end
3. courir / le matin
4. venir / à la fac le dimanche
5. offrir / des cadeaux aux copains
6. partir / souvent en voyage le week-end
7. revenir / souvent étudier à la bibliothèque universitaire
8. obtenir / de bonnes notes ce semestre

Les Adjectifs descriptifs

Accord de l'adjectif

1. L'adjectif en français s'accorde toujours en genre et en nombre avec le nom qu'il qualifie.

	Singulier	**Pluriel**
Masculin	Le garçon est **grand**.	Ses amis sont **bavards**.
Féminin	C'est une femme **amusante**.	Ses sœurs sont **intelligentes**.

2. Pour former le féminin singulier de la plupart des adjectifs, on ajoute **-e** au masculin singulier.[2]

<blockquote>
français français**e**
amusant amusant**e**
</blockquote>

3. Quand un adjectif masculin se termine en **-e,** la forme féminine est identique à la forme masculine.

<blockquote>
Paul est **sympathique** et Virginie est **sympathique** aussi.
</blockquote>

4. Le féminin de certains adjectifs n'est pas régulier. Voici une liste des formations irrégulières.

Terminaison au masculin	Terminaison au féminin	Exemples (Masculin)	(Féminin)
e muet	**e** muet	facile	facile
		jeune	jeune
-el	double consonne + **e**	cruel	crue**lle**
-eil		pareil	parei**lle**
-il		gentil	genti**lle**
-en		ancien	ancie**nne**
-on		bon	bo**nne**
-s		gros	gro**sse**
-et	**-ète**	complet	compl**ète**
		secret	secr**ète**
-er	**-ère**	cher	ch**ère**
		dernier	derni**ère**
-eux	**-euse**	nombreux	nombr**euse**
		ennuyeux	ennuy**euse**
-eur	**-euse**	menteur	ment**euse**
		trompeur	tromp**euse**
-eur	**-rice**	conservateur	conservat**rice**
		créateur	créat**rice**
-f	**-ve**	actif	acti**ve**
		neuf	neu**ve**

5. Certains adjectifs ont une formation complètement irrégulière au féminin. Par exemple:

<blockquote>
long **longue**
frais **fraîche**
fou **folle**
</blockquote>

---

[2] Notez que la consonne finale n'est pas prononcée au masculin. Au féminin, la consonne est prononcée à cause de l'addition du **e** muet: **amusan~~t~~, amusante; peti~~t~~, petite.**

6. Certains adjectifs ont une forme différente quand ils sont utilisés devant des noms au masculin singulier qui commencent par une voyelle ou un **h** muet.

Masculin	Féminin	Autre forme	Exemple
beau	belle	bel	un **bel** homme
nouveau	nouvelle	nouvel	un **nouvel** emploi
vieux	vieille	vieil	un **vieil** ami

7. On forme le pluriel de la plupart des adjectifs en ajoutant un **-s** au singulier.

Masculin		Féminin	
	Pluriel	Singulier	Pluriel
	...usants	amusante	amusante**s**
		réelle	réelle**s**
	...**s**	neuve	neuve**s**

... un masculin et l'autre féminin, sont qualifiés par le ... adjectif se met au *masculin pluriel.*

... sœur sont **intelligents.**

... s et les soirées sont **importants** pour les jeunes.

... jectifs ont une forme irrégulière au pluriel.

...naison ...ingulier	Terminaison au pluriel	Exemples (Singulier)	(Pluriel)
- **s**	- **s**	frais	frais
		gros	gros
-**x**	-**x**	heureux	heureux
		dangereux	dangereux
-**eau**	-**eaux**	beau	beaux
-**al**	-**aux**	international	internation**aux**
		loyal	loy**aux**

La formation du féminin pluriel de ces adjectifs est régulière.

fraîche	fraîche**s**
heureuse	heureuse**s**
loyale	loyale**s**

EXERCICE 6.   Philippe parle de sa famille et de ses amis. Complétez les descriptions suivantes en mettant au féminin les adjectifs utilisés dans la première partie de la phrase.

1. Eh bien, mon grand-père est vieux, et ma grand-mère est _____ aussi.
2. Mon copain Marc est drôle, et Maryse est _____ aussi.
3. Jacquot est bavard et sportif; Béatrice est _____, mais elle n'est pas du tout _____.
4. Jacquot n'est pas sérieux, mais Béatrice est très _____.
5. Moi, je suis plutôt ambitieux, énergique et gentil; je sors avec Maryse parce qu'elle est aussi _____, _____ et _____.

EXERCICE 7.   Mme Dumont écrit à sa mère, qui habite maintenant en Corse, pour lui dire ce que font ses enfants. Complétez sa lettre en donnant la forme correcte des adjectifs entre parenthèses.

Chère Maman,
   Je t'écris pour te décrire les enfants, qui grandissent beaucoup, surtout depuis ta (dernier) _____ visite. Je suis très (fier) _____ d'eux en ce moment. Ils sont tous les trois très (individualiste) _____ et, pourtant, très (gentil) _____, chacun à sa façon. Ils ont beaucoup d'amis (loyal) _____ et (honnête) _____. Ils adorent les sports (difficile) _____, même s'ils rentrent (fatigué) _____. En plus, ils sont (amusant) _____ et (ouvert) _____, et ils me racontent des histoires vraiment (drôle) _____ sur leurs aventures à l'école. Jacquot et ses copains sont (bavard) _____, mais ils sont généralement (correct) _____. Béatrice et ses amies ne sont pas très (énergique) _____, mais elles sont (généreux) _____ et (amusant) _____. Pour Philippe, je suis très (content) _____ qu'à son âge il trouve des copains assez (prudent) _____, (sérieux) _____ et (sympathique) _____. Ils sont, d'ailleurs, extrêmement (poli) _____ et tous très (sincère) _____. Eh bien, Maman, comme tu vois, je suis (heureux) _____ et (satisfait) _____ des caractères et des activités des enfants. Ils me sont tous les trois très (cher) _____.
                                       Je t'embrasse,
                                       Adrienne

Place de l'adjectif	**1.** Most French adjectives follow the nouns they modify.

un ami **content**   des emplois **intéressants**
une soirée **amusante**   des amies **loyales**

   The following adjectives are exceptions because they normally precede the noun.[3]

---
[3] Remember, when one of these preceding adjectives is used in the plural, the partitive article **des** will change to de: *de petits animaux,* *de bonnes distractions.* This rule, however, is not usually observed in everyday speech.

autre	un **autre** copain	bon	un **bon** repas
jeune	un **jeune** ami	grand	un **grand** terrain
court	une **courte** distraction	gros	un **gros** monsieur
haut	une **haute** montagne	long	une **longue** soirée
joli	un **joli** cadeau	gentil	un **gentil** copain
mauvais	un **mauvais** garçon	beau	un **beau** vélo
meilleur	mon **meilleur** ami	nouveau	une **nouvelle** voiture
petit	une **petite** fille	vieux	un **vieux** quartier

2. Quand plusieurs adjectifs qualifient le même nom, chaque adjectif occupe sa place normale.

une femme **intelligente et importante**
une **pauvre** femme **intelligente**
une **bonne jeune** femme

Notez que lorsque deux adjectifs suivent le nom, ils sont généralement reliés par **et.** Si deux adjectifs précèdent le nom, **et** n'est pas employé.

3. La place de certains adjectifs peut changer le sens de ces adjectifs. En position normale, après le nom, l'adjectif exprime une qualité non-essentielle; devant le nom, il est intimement lié au sens de ce nom et forme avec lui une unité logique.

Adjectif	Employé après le nom		Employé devant le nom	
ancien(ne)	ancient	un bâtiment **ancien** an *ancient* building	former	un **ancien** professeur a *former* teacher
bon(ne)	kind	un homme **bon** a *kind* man	enjoyable	une **bonne** soirée a *good* party
cher(-ère)	expensive	une robe **chère** an *expensive* dress	dear	une **chère** amie a *dear* friend
dernier(-ère)	preceding	la semaine **dernière** *last (preceding)* week	final	la **dernière** fois the *last* time
grand(e)	tall	un enfant **grand** a *tall* child	great	un **grand** acteur a *great* actor
pauvre	penniless	un lycéen **pauvre** a *poor (penniless)* student	unfortunate	un **pauvre** chat a *poor (to be pitied)* cat
prochain(e)	next	la semaine **prochaine** *next* week	following	la **prochaine** fois the *next (following)* time
propre	clean	sa chambre **propre** his *clean* room	own	son **propre** frère his *own* brother

⚠ RAPPEL   ⚠ RAPPEL

1. En français, la plupart des adjectifs suivent le nom qu'ils modifient.
2. Quelques adjectifs font exception à cette règle et précèdent le nom qu'ils modifient.
3. Il existe un troisième groupe d'adjectifs qui changent de sens selon qu'ils précèdent ou suivent le nom.

EXERCICE 8.   Maryse, Philippe et leurs copains sont au café où ils parlent des autres lycéens et de la vie en général. Ajoutez à leurs affirmations les adjectifs entre parenthèses.

1. Jean-Paul a raté son bac? Ah, ce type n'a pas de chance. (pauvre)
2. Roberta et Sylvia? Ce sont des amies de Nicole. (bon / américain)
3. M. Martin? C'est le prof de Philippe au C.E.S. (ancien)
4. Marc veut une moto, une BM par exemple. (gros / allemand)
5. Je ne sais pas où elle fait ses achats. Elle choisit toujours des vêtements. (joli / cher)
6. Des billets pour le concert de Tina Turner? Pas question! Nous ne sommes que des étudiants. (pauvre)
7. Ah, regardez. Voilà la petite amie de Paul. (nouveau)
8. Oh, là, là, le cours d'anglais! Voilà un cours. (long / ennuyeux)
9. Isabelle Adjani? Je l'apprécie beaucoup. C'est vraiment une actrice. (grand)

EXERCICE 9.   Décrivez quelques aspects importants de votre vie en modifiant les phrases suivantes à l'aide d'un ou deux adjectifs.

1. J'ai une famille.
2. Je cherche des amis.
3. Je déteste les devoirs.
4. J'ai un(e) camarade de chambre.
5. J'adore mon chien (chat / oiseau / poisson rouge).
6. Je cherche un(e) petit(e) ami(e).
7. J'aime (je n'aime pas) ma chambre.
8. Je prends mes repas au restaurant universitaire.

Quels sont les avantages de ce radiocassette?

Il est et c'est

Les expressions **il/elle est** et **c'est** sont traduites de la même façon en anglais *(he/she/it/that is)* mais ne sont pas utilisées de la même façon en français. Pour décider laquelle choisir, suivez les règles suivantes:

il/elle est + adjectif qualifiant une personne ou une chose bien précise	J'aime ce vin. **Il est** bon. Je préfère cette boulangerie. **Elle est** excellente.
il/elle est + nom de profession non-qualifié	**Il est** marchand.
il/elle est + adjectif indiquant la nationalité, l'obédience politique ou religieuse	**Elle est** française.[4] **Il est** protestant.

On omet l'article indéfini devant un nom non-qualifié de profession.

c'est + nom propre	**C'est** Monsieur Dupont. **C'est** Marie.
c'est + pronom	**C'est** moi. **C'est** elle.
c'est + adjectif masculin se rapportant à une idée ou une situation générale	Jacques mange trop, **c'est** vrai. Ces légumes ne sont pas bons, **c'est** certain. La salade n'est pas fraîche, **c'est** évident.
c'est + nom qualifié	**C'est** un bon vin. **C'est** une boulangerie excellente. **C'est** un professeur intéressant. **C'est** une Française cosmopolite. **C'est** le directeur du département.

On emploie **c'est** devant *tous les noms qualifiés*, y compris les noms de profession, de nationalité, d'obédience politique ou religieuse. C'est l'article qui, en quelque sorte, qualifie le nom.

---

[4] Le nom qui indique une nationalité commence par une lettre majuscule: une *Française*. L'adjectif qui indique la nationalité n'a pas de majuscule: une femme *française*.

⚠ RAPPEL   ⚠ RAPPEL

Pour indiquer la profession, l'obédience politique ou religieuse ou la nationalité d'une personne, on peut utiliser **il/elle est** ou **c'est.** Utilisez **c'est** avec l'article indéfini, et **il/elle est** sans article. Si le nom est modifié par un adjectif, il faut utiliser **c'est un(e).**

— Qui est cet homme là-bas?
— **Il est** marchand.

Mais:

C'est un marchand.
C'est un marchand de la rue Victor-Hugo.

Les mêmes règles s'appliquent à ces constructions au pluriel, c'est-à-dire, **ils/elles sont** et **ce sont.**

J'aime ces vins. **Ils sont** bons.
J'aime bien les Dupont. **Ils sont** professeurs. **Ce sont** de bons linguistes.

EXERCICE 10.   Philippe, votre ami français, vous rend visite et vous faites une promenade avec lui dans le quartier de votre université. Il pose beaucoup de questions. Complétez vos réponses en utilisant **c'est, ce sont, il/elle est** ou **ils/elles sont.**

— Ce magasin en face de nous, qu'est-ce que c'est?

— _____ une espèce d'hypermarché. _____ très grand.

— Et cette voiture? Qu'est-ce que c'est?

— _____ une Mazda RX7. _____ belle, non? Et _____ rapide aussi.

— Le «Mountain Dew», c'est quoi?

— Oh, ça, _____ une boisson. _____ assez bonne.

— Qui est la personne à qui tu fais signe?

— _____ Monsieur (Madame/Mademoiselle) ... _____ mon prof de français. _____ très gentil(le).

— Dis, ce grand bâtiment devant nous, c'est quoi?

— _____ une des résidences universitaires. _____ grande, mais _____ assez vieille.

— Et toutes ces personnes là-bas?

— Ah, _____ mes copains. _____ très gentils. _____ étudiants avec moi. Allons, on va déjeuner à la cafétéria ensemble.

— Oui, oui, d'accord. Mais le grand type mince, là. C'est ton camarade de chambre?

— Oui, _____ lui. _____ aussi un étudiant de troisième année.

Pratique

ACTIVITE. *Une personne importante.* Faites le portrait d'une personne que vous admirez beaucoup et qui vous a beaucoup influencé(e). Vos camarades de classe vont poser des questions pour avoir une idée plus précise de cette personne.

Les Adjectifs possessifs

Les adjectifs possessifs en français correspondent à *my, your, his, her, its, our, their* en anglais.

Possesseur unique	Seul objet possédé	Multiples objets possédés
my	**mon** *(m)* **ma** *(f)*	mes
your **(tu)**	**ton** *(m)* **ta** *(f)*	tes
his/her/its	**son** *(m)* **sa** *(f)*	ses
Possesseurs multiples	Seul objet possédé	Multiples objets possédés
our	**notre** *(m & f)*	nos
your	**votre** *(m & f)*	vos
their	**leur** *(m & f)*	leurs

Mon ami et **ma** cousine adorent **mes** parents.
Ton père et **ta** mère parlent à **tes** amies.
Son frère et **sa** sœur apportent **ses** affaires.
Notre chien et **notre** enfant restent chez **nos** parents.
Votre vélo et **votre** cercle d'amis constituent **vos** distractions
    préférées.
Leur piscine et **leur** voiture sont **leurs** possessions favorites.

Pour faciliter la prononciation, on utilise les formes **mon, ton, son** devant un nom féminin qui commence par une voyelle ou un **h** muet.

mon amie   **ton** histoire   **son** école

⚠ RAPPEL   ⚠ RAPPEL

1. En français, les adjectifs possessifs ne s'accordent pas en genre et en nombre avec le possesseur, mais plutôt avec la chose ou la personne possédée.

    sa sœur   *his or her sister*   **son vélo**   *his or her bicycle*

2. Il faut répéter l'adjectif possessif devant chaque nom dans une série pour éviter l'ambiguïté.

    son père et **son frère**   *her father* and *brother*

3. Les anglophones ont souvent des difficultés à choisir entre **son, sa, ses** et **leur, leurs.** Souvenez-vous que quand vous utilisez **son, sa** et **ses,** il n'y a qu'un seul possesseur qui peut posséder une seule chose (**son vélo**) ou plus d'une chose (**ses livres**).

    Quand vous utilisez **leur** et **leurs,** vous signalez qu'il y a plus d'un possesseur. Ce qui est possédé peut être au singulier (**leur maison**) ou au pluriel (**leurs enfants**).

EXERCICE 11.   Béatrice écrit à sa correspondante américaine pour lui parler de sa famille et de ses amis. Utilisez les adjectifs possessifs convenables pour compléter ses phrases.

Chère Jennifer,

   Eh bien, aujourd'hui, je vais te parler de _____ petite famille. _____ parents sont gentils; ils ont _____ amis et _____ travail. _____ frère Jacquot est plus jeune que moi; il s'amuse avec _____ copains et _____ jeux. Mon grand frère Philippe, il est chouette. Il sort avec _____ petite amie, Maryse, et il va acheter _____ propre moto. Il termine _____ cours au lycée en juin et va bientôt aller en fac.

   _____ grand-père est mort. _____ grand-mère habite en Corse où _____ deuxième mari a pris sa retraite *(retired)*. Elle est bien, Mamie. Elle a _____ amis, _____ passe-temps et _____ animaux domestiques.

   Bon, ça suffit pour aujourd'hui. Je dois aller faire _____ devoirs et apprendre _____ leçon sur l'Amérique.

> A bientôt,
> Béatrice

EXERCICE 12.   *Interview.* Posez les questions suivantes à vos camarades de classe. Après chaque réponse, posez une question supplémentaire.

1. Comment est ta famille? Comment sont tes frères et tes sœurs?
2. Tu t'entends bien avec tes parents?
3. Tes copains sont gentils?

4. Ton/ta meilleur(e) ami(e) habite près de chez toi?
5. Tu as ta propre voiture?
6. Tu sors souvent avec tes copains ou avec tes camarades de chambre?
7. Tu sors le week-end avec ton/ta petit(e) ami(e)?
8. Tu réfléchis déjà à ta carrière?

Les Adjectifs démonstratifs

Les adjectifs démonstratifs en français correspondent à *this, that, these, those* en anglais.

Comme tout adjectif français, le démonstratif s'accorde en genre et en nombre avec le nom qu'il qualifie.

	Singulier		Pluriel	
Masculin	ce (cet)	this, that	ces	these, those
Féminin	cette		ces	

J'achète **ce** livre et **ces** disques.
Elle aime **cette** chambre et **ces** affaires.

On utilise la forme **cet** devant un nom masculin singulier qui commence par une voyelle ou un **h** muet.

cet emploi   **cet** homme

⚠ RAPPEL   ⚠ RAPPEL

En anglais, on utilise *this, that, these* ou *those* selon le contexte de la phrase. En français, on ajoute **-ci** ou **-là** après le nom uniquement si on veut faire une comparaison directe entre deux choses ou si on veut marquer la distance entre soi-même et quelqu'un ou quelque chose.

Ce disque est bon.   *This (that) record* is good.
Ce garçon est mon frère.   *That (this) boy* is my brother.

Mais:

Ce garçon-ci est mon   *This boy* is my
    ami, et **ce garçon-là**   friend, and *that boy*
    est mon frère.   is my brother.
Tu vois **ce livre-là**?   Do you see *that book*
    Il coûte cher!   *(there)*? It's expensive!

EXERCICE 13.   Béatrice et ses copines font du lèche-vitrines. Utilisez la forme correcte de l'adjectif démonstratif pour compléter leur conversation.

— Béatrice, tu vois _____ disque? Tu préfères _____ disque ou _____ cassette?

— Moi, j'aime mieux _____ album _____ parce que c'est _____ groupe que j'adore. Et toi, tu vas acheter _____ cassette _____ dans la vitrine?

— Non, je n'aime pas tellement _____ cassette-ci, je préfère _____ cassette-là.

— _____ disques et _____ cassettes ne m'intéressent pas beaucoup. Je vais garder _____ argent pour faire d'autres achats.

Exercices d'ensemble

A.   Voici une conversation entre Philippe et Béatrice où ils parlent de leurs amis. Philippe pense que ses amis sont plus sympathiques que les copains de sa sœur. Béatrice défend ses copains. Utilisez la forme convenable des noms et des adjectifs employés par Philippe pour trouver la réplique *(reply)* de Béatrice.

1. — Jean est actif, créateur et gentil.
   — Et Chantal aussi est _____.
2. — Charles est amusant, bavard et généreux.
   — Et Margot aussi est _____.
3. — Ma copine est belle, sincère et modeste.
   — Et mon copain est aussi _____.
4. — Louis et Luc sont loyaux, heureux et discrets.
   — Et Marie et Claire sont aussi _____.
5. — Louise est une vieille amie très chère.
   — Et Marc est aussi _____.

B.   *Interview.* Utilisez une variété d'adjectifs pour faire la description des personnes et des choses indiquées.

1. Comment est votre frère ou votre sœur?
2. Comment sont vos parents?
3. Comment est votre ami(e)?
4. Comment est votre animal domestique?
5. Comment sont vos cours?
6. Comment est votre maison, votre appartement ou votre chambre?

C.   Roger écrit à son ancien camarade de chambre. Complétez sa lettre en donnant la forme convenable de l'adjectif possessif.

Cher ami,

Ça fait longtemps que je ne reçois plus de _____ nouvelles. Comment vas-tu? Et _____ études, _____ travail, _____ petite amie? Moi, je vais très bien. _____ nouvelle voiture est extra! _____ cours ne sont pas trop difficiles cette année. J'aime toujours _____ appartement.

Cette année, Paul a beaucoup de problèmes. Il n'aime pas _____ profs. _____ chambre à la résidence universitaire est trop petite. Il a aussi des difficultés avec _____ auto. Bref, il ne va pas très bien.

Tout va bien chez mes parents. _____ nouvelle maison est très belle et pas trop grande. _____ amis aiment beaucoup la piscine.

Tu vas bientôt m'écrire à propos de _____ nouvelle vie là-bas, n'est-ce pas? _____ commentaires sur la vie me manquent et _____ sens de l'humour aussi.

Bien à toi,
Roger

D.   Pour chacune des personnes suivantes, composez une phrase utilisant **c'est/ce sont** pour donner le nom de cette personne. Ensuite composez deux phrases en utilisant **il/elle est** ou **ils/elles sont** pour décrire la personne.

MODELE: votre frère
C'est Ron.
Il est étudiant. Il n'est pas marié.

1. votre professeur de français
2. vos parents
3. votre petit(e) ami(e)
4. votre camarade de chambre
5. vos meilleurs copains
6. votre frère ou votre sœur
7. votre parent(e) *(relative)* favori(te)
8. votre acteur/actrice préféré(e)
9. votre chanteur ou votre groupe préféré
10. votre professeur de…

Pratique

ACTIVITE.   *Mes possessions.* Quelles sont vos trois possessions les plus importantes? Pourquoi sont-elles importantes? Identifiez la possession préférée de chaque membre de votre famille. Expliquez vos choix.

Les Adverbes

L'adverbe modifie un verbe, un adjectif ou un autre adverbe. Il indique *comment* se fait une action.

Il parle **facilement.**	He speaks *easily.*
Il est **finalement** convaincu.	He is *finally* convinced.
Elles parlent **terriblement** vite.	They speak *terribly* quickly.

En anglais, on reconnaît souvent l'adverbe par sa terminaison en *-ly.* En français, beaucoup d'adverbes se terminent par **-ment.** Contrairement à l'adjectif, l'adverbe est invariable et ne change jamais de forme.

Formation de l'adverbe

On forme la plupart des adverbes en français en ajoutant la terminaison **-ment** au féminin singulier de l'adjectif.

Adjectif masculin	Adjectif féminin	Adverbe
final	finale	finale**ment**
cruel	cruelle	cruelle**ment**
premier	première	première**ment**
curieux	curieuse	curieuse**ment**
actif	active	active**ment**
long	longue	longue**ment**
rapide	rapide	rapide**ment**

Voici certaines exceptions à la règle de formation des adverbes.

Terminaison de l'adjectif	Particularité	Adjectif	Adverbe
-i	sans **-e**	vra**i**	vra**iment**
-u	sans **-e**	absol**u**	absol**ument**
-ant	**-amment**	brill**ant**	brill**amment**
		const**ant**	const**amment**
-ent	**-emment**[5]	évid**ent**	évid**emment**
		pati**ent**	pati**emment**
		fréqu**ent**	fréqu**emment**

Certains adverbes ont un radical très irrégulier.

bref	brève	**brièvement**
gentil	gentille	**gentiment**

Certains adverbes ne ressemblent pas du tout aux adjectifs auxquels ils correspondent.

Adjectif	Adverbe		Adjectif	Adverbe
bon	**bien**		meilleur	**mieux**
mauvais	**mal**		petit	**peu**

---

[5] Les terminaisons **-emment** et **-amment** se prononcent de la même manière.

⚠ RAPPEL ⚠ RAPPEL

Réfléchissez bien avant de choisir entre un adjectif et un adverbe! Si vous décrivez quelqu'un ou quelque chose, il faut utiliser un adjectif. Si vous parlez de *la manière* dont une chose est faite, il faut utiliser un adverbe. Remarquez que le verbe **être** est généralement suivi d'un adjectif.

Ce repas est **bon.**	Elle fait **bien** la cuisine.
Ce concert est **mauvais.**	Le groupe chante **mal.**
Ce groupe est **actif.**	Ils jouent **activement.**
Son frère est **petit.**	Il parle **peu.**

Voici une liste partielle des adverbes courants.

Temps	Lieu	Fréquence	Quantité
aujourd'hui	ici	déjà	assez
hier	là	enfin	beaucoup
demain	là-bas	souvent	trop
maintenant	partout	toujours	peu
tard	quelque part	jamais	
tôt		quelquefois	
vite			

Position de l'adverbe

Généralement, l'adverbe qui modifie un verbe au temps simple (présent, imparfait, futur, etc.) est placé tout de suite après le verbe conjugué.

Il finit **facilement** ses devoirs.
Elles répondent **bien** aux questions.
Nous terminons **toujours** à neuf heures.

De nombreux adverbes de temps, de lieu, de fréquence et de manière peuvent être placés indifféremment au début ou à la fin de la phrase.

Demain, nous allons partir.
Nous allons partir **demain.**

Les adverbes qui dépendent du verbe pour leur sens (les adverbes de quantité, par exemple) doivent être placés immédiatement après le verbe.

Il parle **assez** en classe.
Vous allez **trop** au café.
Elles aimeraient **beaucoup** nous accompagner.
Je fais **mieux** la cuisine.

Philippe retrouve ses amis au café.

⚠ RAPPEL   ⚠ RAPPEL

L'adverbe suit souvent le sujet en anglais. Il ne suit jamais le sujet en français!

I *finally* speak French.	Je parle **enfin** le français.
The Martins *always* arrive on time.	Les Martin arrivent **toujours** à l'heure.
He *already* knows the truth.	Il sait **déjà** la vérité.

EXERCICE 14.   Comment agissent-ils *(act)?* Complétez la deuxième phrase en utilisant l'adverbe qui correspond à l'adjectif de la première.

1. Paul écrit une bonne dissertation. Il écrit _____.
2. Ma mère est très patiente. Elle écoute _____.
3. Mon prof de français est gentil. Il répond _____ à nos questions.
4. Ce groupe de rock est mauvais. Les musiciens jouent _____.
5. Mon copain est indépendant. Il travaille _____.
6. David Bowie est un bon chanteur. Il chante _____.

7. Mon ami a une moto rapide. Elle va _____.
8. Mon camarade de chambre a un problème sérieux. Nous parlons _____.

EXERCICE 15.   Un bon journaliste précise toujours le qui, le quoi, le quand, le où, le comment et le pourquoi des choses. Jouez le rôle du journaliste en ajoutant à chacune des phrases suivantes l'adverbe indiqué.

1. (directement) Jacquot et ses amis vont à la patinoire.
2. (déjà) Philippe prépare son bac.
3. (bien) Vous amusez-vous en classe?
4. (beaucoup) Les jeunes Américains parlent au téléphone avec leurs amis.
5. (souvent) Les étudiants donnent des soirées.
6. (mal) Mon prof de _____ comprend les problèmes des étudiants.
7. (fréquemment) Les parents américains accueillent les copains de leurs enfants.
8. (aujourd'hui) Il faut aller en classe.

La Forme comparative et superlative de l'adjectif

Le Comparatif

Pour former le comparatif de l'adjectif, on place **plus, moins** ou **aussi** devant l'adjectif et **que** après. L'adjectif s'accorde en genre et en nombre avec le premier des deux noms ou pronoms comparés.

plus . . . que	more . . . than	Ces cafés sont **plus intéressants que** les autres.
moins . . . que	less . . . than	Lucien est **moins blond que** Marie.
aussi . . . que	as . . . as	Je suis **aussi intelligente que** toi.

La forme comparative de l'adjectif **bon** est irrégulière: **meilleur** *(better)*. Cette forme s'accorde en genre et en nombre avec le nom qualifié.

Ce café-ci est **meilleur** que ce café-là.
Les boissons ici sont **meilleures** que là-bas.

Notez que **si** remplace parfois **aussi** dans une construction comparative négative.

Cette bande n'est pas **si** amusante **que** l'autre.

Le Superlatif

Pour former le superlatif de l'adjectif, on fait précéder l'adjectif d'un article défini (**le, la, les**) suivi de **plus** ou **moins** et on ajoute **de** après l'adjectif.

Il est **le plus intelligent de** la classe.
Cette bande est **la moins amusante de** toutes les bandes.
Nos amis sont **les plus loyaux du** monde.

Quand on compare des sommes ou des quantités, **plus que, moins que** et **aussi que** deviennent **plus de** *(more than)*, **moins de** *(less than)* et **autant de** *(as much as, as many as)* et se mettent devant le nom.

⚠ RAPPEL   ⚠ RAPPEL

1. Si une construction au superlatif contient un nom, l'adjectif apparaît à sa place habituelle et s'accorde avec le nom. Si l'adjectif précède normalement le nom, la construction ressemble à son équivalent anglais.

   C'est **la plus belle étudiante** de la classe.
   Ce sont **les meilleures distractions** de la ville.

   Si l'adjectif suit normalement le nom, sa forme superlative suit le nom. Ce nom est précédé d'un article défini ou d'un adjectif possessif, et la construction au superlatif reprend l'article défini.

   C'est **le livre le plus intéressant** de tous.
   C'est **le moment le moins heureux** de ma vie.
   Ce sont **les groupes les plus actifs** du club.
   Ce sont **ses activités les moins amusantes** de la journée.

2. Dans une construction au superlatif, les mots anglais *in* ou *of* sont tous les deux traduits par **de**.

EXERCICE 16.   Le mode de vie de la famille Dumont nous permet de comparer les façons de vivre aux Etats-Unis et en France. Utilisez les éléments indiqués pour formuler des phrases comparatives.

1. un appartement français / être / grand / un appartement américain
2. un repas chez McDonald's / être / long / un repas français
3. les devoirs français / être / difficile / les devoirs américains
4. le week-end en France / être / long / le week-end américain
5. les examens américains / être / difficile / les examens français
6. les disques en France / être / cher / les disques américains

7. un vélo / être / rapide / une moto
8. les voitures américaines / être / gros / les voitures françaises

EXERCICE 17. Un(e) ami(e) américain(e) adore sa vie en France et écrit une lettre pleine de superlatifs pour le dire. Complétez son commentaire en transformant les éléments indiqués en une phrase superlative.

1. Paris / être / beau / ville / monde
2. la Tour Maine-Montparnasse / être / haut / bâtiment / Paris
3. je / faire / long / promenades / ma vie
4. la Sorbonne / être / vieux / université / France
5. le Louvre / être / musée / intéressant / monde
6. le Quartier latin / être / quartier / ancien / ville
7. les Tuileries / être / beau / jardin / Paris
8. c'est / bon / voyage / ma vie

EXERCICE 18. Jetez encore un coup d'œil sur la description de la vie des enfants Dumont à la page 68 et 69. Composez trois ou quatre phrases pour comparer la vie des jeunes Américains à celle des Dumont. Voici des points de départ possibles.

recevoir des amis à la maison
passer un bon moment ensemble à table
avoir congé
parler au téléphone
retrouver des amis au restaurant
acheter des disques et des cassettes
recevoir de l'argent des parents
travailler
avoir des amis intimes

La Forme comparative et superlative de l'adverbe

Le Comparatif Le comparatif de l'adverbe se forme de la même manière que le comparatif de l'adjectif, mais l'adverbe reste invariable.

Elle parle **aussi lentement que** son frère.
Ils travaillent **moins bien que** vous.
Nous finissons **plus vite que** les autres.

La forme comparative de l'adverbe **bien** est irrégulière: **mieux que** *(better than)*.

Vous répondez **mieux que** Charles.
Je m'amuse **mieux** ici **qu'**au café.

Le comparatif de **beaucoup de** est **plus de.**

Marie a **plus d'**amis que son frère.
Il y a **plus de** vingt personnes dans cette classe.

Le Superlatif

Pour former le superlatif de l'adverbe, on place **le plus** ou **le moins** devant l'adverbe. Puisque l'adverbe est invariable, on emploie toujours **le** dans la formation du superlatif.

Ils travaillent **le plus sérieusement de** tout le groupe.
Pierre écoute **le moins attentivement de** toute la classe.
Mais Béatrice répond **le mieux de** tous les étudiants.

Remarquez qu'on utilise aussi **de** dans la formation du superlatif de l'adverbe pour traduire les mots anglais *in* ou *of*.

⚠ RAPPEL   ⚠ RAPPEL

Les formes de **bon** (adjectif) et de **bien** (adverbe) au comparatif et au superlatif sont plus compliquées en français qu'en anglais. Comparez les formes suivantes.

good	better	best
bon	**meilleur(e)**	**le/la/les meilleur(e)(s)**

well	better	best
bien	**mieux**	**le mieux**

Rappelez-vous que le verbe **être** est généralement suivi d'un adjectif, et que les autres verbes sont suivis d'adverbes.

EXERCICE 19.   Vous expliquez comment on fait certaines choses en France. Complétez chacune des phrases suivantes en utilisant le comparatif de l'adverbe entre parenthèses.

1. (lentement) Les Français mangent _____ les Américains.
2. (bien) Mais en France, on mange _____ aux Etats-Unis.
3. (rapidement) Le TGV roule _____ les trains de l'Amtrak.
4. (sérieusement) Un lycéen français doit étudier _____ un élève dans une «high school» américaine.
5. (souvent) Les étudiants américains travaillent _____ les étudiants français.
6. (souvent) Les jeunes Français sortent _____ les jeunes Américains.

Exercices d'ensemble

A.   Donnez votre point de vue personnel en comparant divers aspects de la vie d'étudiant. Choisissez un adjectif approprié pour chaque comparaison.

1. un cours de français / un cours de maths
2. mon université / la Sorbonne
3. notre restaurant universitaire / un restaurant en ville
4. ma chambre / la chambre de mon ami(e)
5. un examen de français / un examen d'anglais
6. mon prof de français / mon prof de __
7. ma dissertation / la dissertation de mon ami(e)
8. ???

B. Utilisez les éléments suivants plus un adverbe approprié pour comparer la façon dont vous et votre ami(e) faites ces activités.

1. sortir avec des copains
2. faire des devoirs
3. aller en cours
4. étudier à la bibliothèque
5. répondre aux questions du professeur
6. parler français en cours
7. regarder la télévision
8. aller aux matches de football
9. ???

C. Aidez Philippe à mieux connaître les Etats-Unis en répondant à ses questions.

1. A votre avis, qui est le meilleur acteur américain? Et la meilleure actrice? Pourquoi?
2. Quelle est l'émission la plus intéressante à la télévision en Amérique? Pourquoi?
3. Quelle est la meilleure voiture américaine? Pourquoi?
4. Quel chanteur ou chanteuse chante le mieux? Pourquoi?
5. Quel est le film le plus intéressant de cette année? Pourquoi?
6. Quel groupe de rock aimez-vous le mieux? Quel est le groupe le plus populaire aux Etats-Unis actuellement?

Pratique

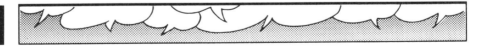

ACTIVITE 1. *Deux villes.* Comparez votre ville natale (ou une autre ville que vous connaissez bien) à la ville où se trouve votre université. Identifiez trois avantages et trois inconvénients pour chaque ville.

ACTIVITE 2. *Faites-vous du sport?* Quels sont les sports que vous pratiquez le plus souvent? Formez des groupes de quatre personnes et faites un sondage *(poll)* sur les préférences des membres du groupe, puis, comparez les résultats de votre sondage aux chiffres indiqués sur le tableau et ayant rapport aux sports les plus pratiqués en France par les gens de votre âge.

Du football à la pétanque

Liste des dix sports les plus pratiqués en fonction de l'âge (en %):

	12-17 ans		18-34 ans		35-49 ans		50-64 ans		65-74 ans	
1	Natation	36,5	Culture phy.	33,9	Marche	28,4	Marche	29,9	Marche	30,5
2	Culture physique	24,4	Natation	24,7	Culture phy.	22,4	Culture phy.	22,5	Culture phy.	19,0
3	Vélo	23,1	Marche	21,7	Natation	21,4	Natation	16,2	Natation	10,7
4	Tennis	21,8	Tennis	17,3	Vélo	15,1	Vélo	14,4	Vélo	8,8
5	Football	18,9	Courses	16,4	Tennis	13,3	Baignade	6,6	Boules	5,5
6	Courses	17,9	Ski	13,8	Courses	11,8	Chasse	4,2	Baignade	3,0
7	Marche	15,5	Vélo	10,3	Ski	10,4	Ski	3,7	Chasse	2,6
8	Ski alpin	14,8	Football	9,2	Baignade	7,5	Tennis	3,6	Gym. médi.	2,5
9	Baignade	10,9	Baignade	7,0	Boules	4,7	Pêche	3,6	Pêche	2,3
10	Tennis de table	9,5	Planche	6,5	Football	4,0	Boules	3,1	Tennis	2,0

ACTIVITE 3. *Mes passe-temps préférés.* Parmi les passe-temps suivants, quels sont ceux que vous aimez le plus?

lire
regarder la télévision
aller au cinéma
aller danser
aller aux concerts de rock
écouter de la musique
parler avec des amis

aller au restaurant
faire du sport
assister à des matches
visiter des lieux historiques
visiter des musées

Interviewez un(e) camarade de classe. Posez-lui des questions pour découvrir les choses qu'il (elle) aime faire et la fréquence de sa participation à ces activités.

ACTIVITE 4. *Les goûts changent.* Examinez de nouveau la liste des passe-temps dans l'activité 3. Comparez ce que vous aimez faire aujourd'hui à vos goûts d'il y a quelques années.

MODELES: Je vais moins souvent au cinéma maintenant.
J'achète plus de livres aujourd'hui.

Les Nombres

0	zéro	14	quatorze	50	cinquante
1	un (une)	15	quinze	51	cinquante et un
2	deux	16	seize	60	soixante
3	trois	17	dix-sept	61	soixante et un
4	quatre	18	dix-huit	70	soixante-dix
5	cinq	19	dix-neuf	71	soixante et onze
6	six	20	vingt	80	quatre-vingts
7	sept	21	vingt et un	81	quatre-vingt-un
8	huit	22	vingt-deux	90	quatre-vingt-dix
9	neuf	30	trente	91	quatre-vingt-onze
10	dix	31	trente et un	100	cent
11	onze	40	quarante	101	cent un
12	douze	41	quarante et un	200	deux cents
13	treize			201	deux cent un

1 000	mille	1 000 000	un million
1 005	mille cinq	1 000 000 000	un milliard
2 000	deux mille		
2 010	deux mille dix		

L'usage du point (.) et de la virgule (,) dans les nombres n'est pas le même en français et en anglais. Là où l'anglais utilise un point, on met une virgule en français: *41.5 miles* = **66,4 kilomètres.** Dans les nombres supérieurs à 1 000, on laisse seulement un espace: **20 000F.**

⚠ RAPPEL   ⚠ RAPPEL

1. A partir de **deux cents**, le mot **cent** s'écrit avec un **-s,** sauf s'il est suivi d'un autre nombre (on écrit **deux cents** mais on écrit **deux cent cinq**). Le mot **mille** ne se termine jamais avec un **-s,** mais il s'écrit quelquefois **mil** quand il commence une date: **mil neuf cent vingt** *(1920).*
2. Quand on parle des quantités contenant **cent** ou **mille** en anglais, ces mots sont souvent précédés de *a* ou *an,* et ils contiennent quelquefois le mot *and.* Ne traduisez jamais ces mots en français.

cent cinq	*a hundred and five*
mille cinquante	*a thousand and fifty*

Les Nombres ordinaux

On forme la plupart des nombres ordinaux en ajoutant le suffixe **-ième** au nombre cardinal. Si le nombre cardinal se termine par un **-e** muet, le **-e** disparaît.

deux	**deuxième**
quinze	**quinzième**
dix-sept	**dix-septième**
trente	**trentième**
cinquante et un	**cinquante et unième**
cent trois	**cent troisième**
deux mille	**deux millième**

Il y a quelques exceptions à la règle de formation des nombres ordinaux.

un (une)	**premier (première)**
cinq	**cinquième**
neuf	**neuvième**

⚠ RAPPEL   ⚠ RAPPEL

1. Pour exprimer les dates et les titres en anglais, on utilise les nombres ordinaux. En français, il faut plutôt utiliser les nombres cardinaux, sauf dans le cas du mot **premier**.

le premier novembre	**François I (Premier)**
le huit février	**Louis XIV (Quatorze)**
le vingt-trois juin	**Jean-Paul II (Deux)**

2. Quand un nombre cardinal et un nombre ordinal apparaissent ensemble, le nombre cardinal précède le nombre ordinal.

   les **deux premières** pages
   les **quatre dernières** semaines

Les Nombres collectifs

Pour exprimer l'idée d'une quantité approximative (correspondant à *about* + nombre en anglais), on ajoute généralement le suffixe **-aine** aux nombres cardinaux 10, 12, 15, 20, 30, 40, 50, 60 et 100. Le **e** muet disparaît à la fin du nombre cardinal et **x** devient **z**. Quand un nombre collectif est employé devant un nom, il devient une expression de quantité et doit être suivi du partitif **de**.

une dizaine	*about 10*
une cinquantaine	*about 50*
une soixantaine	*about 60*
une centaine de voitures	*about 100* cars

- Le nombre collectif **millier** est masculin.

  un millier de personnes   *about a thousand* people

- Pour donner oralement un numéro de téléphone en français on doit regrouper les nombres et ne pas réciter chaque chiffre individuellement comme en anglais. Pour le 42-61-54-33, on dira **quarante-deux, soixante et un, cinquante-quatre, trente-trois.**

EXERCICE 20. Béatrice et ses copines font du lèche-vitrines. Quel est le prix des choses qu'elles voient? Si Béatrice a 600 francs à dépenser aujourd'hui, qu'est-ce qu'elle peut acheter? Et vous, que voulez-vous acheter? Quel est le total de vos achats?

1. un chemisier = 185 francs
2. un billet de cinéma = 36 francs
3. un bracelet = 800 francs
4. un sac = 275 francs
5. de l'eau de toilette = 96 francs
6. un blouson en cuir *(leather jacket)* = 1 400 francs
7. un Coca = 12 francs
8. un livre sur les Etats-Unis = 328 francs
9. une cassette = 83 francs
10. un poster de Sting = 125 francs
11. un jean = 810 francs
12. un foulard Calvin Klein = 640 francs

EXERCICE 21. Vous étudiez pendant l'année universitaire à Avignon et vous venez de vous établir dans la ville. Maintenant, vous voulez envoyer à vos parents quelques numéros de téléphone importants. Vous les demandez au directeur de votre programme. Les voici. Répétez les numéros pour les vérifier.

1. 91-51-18-72: le consulat américain à Marseille
2. 94-22-04-44: un médecin à Avignon
3. 65-88-11-16: la résidence du directeur à Nîmes
4. 42-96-12-02: l'ambassade américaine
5. 67-66-31-77: l'hôtel Sofitel à Montpellier
6. Maintenant, donnez au directeur votre numéro de téléphone aux Etats-Unis.

EXERCICE 22. Vous préparez un rapport sur la France dans lequel vous indiquez des quantités approximatives. Utilisez des nombres collectifs pour exprimer les concepts suivants.

1. à peu près trente kilomètres
2. 1 000 francs
3. environ quinze autoroutes
4. vingt sites historiques
5. dix francs
6. cent étudiants
7. quarante centres universitaires
8. cinquante départements

Activités d'expansion

To be or not to be… chez ses parents. Un article dans la revue *20 ANS* explique qu'il y a «une écrasante majorité» des jeunes entre 20 et 25 ans qui habitent toujours chez leurs parents. Avant de lire les deux extraits tirés de cet article, répondez aux questions suivantes.

1. Habitez-vous toujours chez vos parents?
2. Si oui, pourquoi êtes-vous toujours chez eux?
3. Sinon, pourquoi avez-vous déménagé?
4. Avez-vous des amis qui vivent chez leurs parents? Est-ce qu'ils paient au moins une partie des frais?
5. A votre avis, quels problèmes peut-il y avoir quand des enfants de 20 ou 25 ans habitent toujours chez leurs parents?

THERESE
24 ans, graphiste

**«*Les problèmes pratiques ne m'encombrent pas l'esprit:*
je peux me concentrer sur mon travail.»**

«Je vis chez mes parents et je ne suis pas vraiment pressée de les quitter. Avec eux, ça baigne! On est très proches, ils me font confiance, moi aussi. Ils m'ont beaucoup guidée dans le choix de mes études. Et puis, ils ont vraiment mis le paquet pour que je me sente libre à la maison; même percé une porte supplémentaire dans l'appartement afin que j'ai une entrée indépendante! En plus, ils m'ont laissé une autre pièce à côté de ma chambre, dont j'ai fait mon atelier de dessin (les planches et les cartons, c'est encombrant!). Ça me fait presque un studio dans l'appartement. Dans ces conditions, j'hésite à déménager. Mon salaire ne me garantirait pas le même confort ni le même train de vie. Sans parler de la galère pour trouver un logement à Paris. Habiter seule? Hmmm... Ça veut dire aussi prendre en charge ses courses, ses repas, son ménage, son linge. Pour le moment, je n'ai pas envie de m'encombrer l'esprit ni de perdre mon temps avec cela. Je préfère me concentrer sur mon travail. En début de carrière, il faut s'imposer. C'est Maman qui se charge de tout dans la maison et c'est bien agréable de pouvoir rester plus tard au bureau le soir sans avoir en rentrant à se coltiner une lessive parce qu'on n'a plus rien à se mettre. Pas envie non plus de me cogner à la solitude certains soirs ou pendant les week-ends; ça me déstabiliserait pour mon boulot. Me retrouver devant la télé avec mon assiette sur les genoux, non merci... Le jour où j'aurai un petit ami fixe, alors oui, je prendrai un appartement tout de suite. Mes parents ont beau être hyper-ouverts, je me sentirais mal à l'aise le matin, au petit déj' entre mon père et mon jules!
En fait, je me vois tout à fait passer directement de la vie familiale à la vie de couple. Ou alors, opter, dans les mois à venir pour une formule de transition, en partageant un appart' avec une copine. Ça m'inciterait peut-être davantage à sortir, à rencontrer des gens...»

Après avoir lu le premier extrait, répondez aux questions suivantes.

6. Est-ce que Thérèse s'entend plutôt bien ou mal avec ses parents?
7. Quel exemple donne-t-elle de son indépendance?
8. Qui s'occupe des repas, du ménage, du linge de Thérèse?
9. Est-ce que Thérèse pense habiter seule bientôt? Avec qui pense-t-elle partager un appartement? Pourquoi?
10. Que veulent dire le **petit déj', un jules, un appart'**?

SOPHIE
19 ans, laborantine

«*Tant que je serai chez mes parents, je serai inachevée... La vie est ailleurs!*»

«Depuis que j'ai trouvé du travail et que je gagne ma vie je n'ai plus envie d'habiter chez mes parents. Oh! ça n'aura rien d'un clash. Ce n'est pas dans les habitudes de la maison; chez nous il n'y a jamais l'écho d'une dispute. Mes parents sont plutôt sympas, mais on cohabite sans vraiment communiquer... On se croise le matin devant un petit déj' vite avalé et, le soir, on se raconte les menus faits de la journée, histoire de garder le contact. Affectivement, ils ne m'apportent plus rien. Je n'ai plus besoin d'eux. Eux, par contre, ont encore sacrément besoin de leur fille. Ils projettent un max sur moi et ils auraient même des plans assez précis pour mon avenir. En attendant, ils me couvent dans la ouate. Ils ont peur de jeter dans la jungle leur fragile fille unique, peur que les patrons m'exploitent et que les hommes me fassent bobo. Pas moi. C'est leur trop d'amour qui me fait flipper, et m'étouffe. Longtemps ça m'a coupé les ailes. Je voudrais maintenant prouver à ma mère que je suis une grande fille! J'aime mes parents mais je les aimerai beaucoup mieux quand j'aurai pris une distance et qu'ils auront avec moi un rapport d'adulte

à adulte.
Sous leur toit, l'autonomie a inévitablement des limites: je dois les prévenir si je ne rentre pas dîner ou dormir, pour qu'ils ne s'inquiètent pas. OK. C'est normal. Je leur dois ce minimum d'égards. Mais toutes ces petites contraintes de la vie familiale, Basta! Je n'ai plus envie d'avoir à rendre des comptes. Vivre indépendante me permettra de mieux me connaître et de mesurer ce dont je suis capable: gérer un budget, faire face à l'imprévu... Tant que je serai chez mes parents, je resterai inachevée, même dans mes relations avec les autres. Seule, je ferai davantage d'efforts pour garder mes amis, je pourrai les inviter chez moi. La solitude ne me fait pas peur. On peut être aussi seule chez ses parents que chez soi. C'est plus une question d'état moral, de personnalité, que de mode de vie. Rester longtemps dans sa famille, ça protège, comme de faire des études, mais on ronronne dans une sécurité affective et matérielle dont on croit qu'elle vous suffit. En fait, on se frustre d'expériences et de rencontres. La vie est ailleurs!»

Après avoir lu le deuxième extrait, répondez aux questions suivantes.

11. Est-ce que Sophie a envie de quitter le foyer de ses parents? Est-ce qu'elle s'entend bien avec ses parents?

12. Et les parents de Sophie, est-ce qu'ils accordent à leur fille la même indépendance que les parents de Thérèse? Donnez des exemples pour justifier votre réponse.
13. Qu'est-ce que Sophie veut prouver en déménageant? Que veut-elle apprendre en menant une vie indépendante?
14. Quel est le sens de **fille unique** et de **flipper?**
15. Que pensez-vous de l'histoire et de l'attitude de ces deux jeunes Françaises?

Pour aller plus loin

Décrivez votre vie quotidienne en cinq phrases. Indiquez dans quel ordre vous faites ces choses en utilisant dans chaque phrase un des termes suivants.

d'abord	pendant	plus tard
puis	ensuite	alors
de temps en temps	enfin	

Situations

1. Décrivez les jeunes Américains en deux phrases. Vos camarades vont indiquer s'ils sont d'accord ou pas.
2. Parlez de trois aspects intéressants de la vie des jeunes en France. A partir de vos idées, vos camarades vont composer des phrases pour comparer la vie des jeunes Français et la vie des jeunes Américains.
3. Comparez deux personnes importantes dans votre vie (deux amis, deux professeurs, deux parents, etc.).
4. Employez comme modèle la lettre de Roger à la page 87 et écrivez une lettre à un(e) ami(e) qui habite loin de chez vous et qui fait aussi des études de français. Postez la lettre. Si on répond à votre lettre, lisez la réponse devant la classe. (Vous pouvez aussi imaginer une réponse possible.)

Chapitre 4

A la télé

Structures grammaticales

Les Verbes en **-oire**
Les Verbes irréguliers en **-re**
La Formation du passé
  composé
Les Structures interrogatives
  fondamentales et le passé
  composé
Le Passé composé modifié
  par un adverbe
Les Emplois du passé
  composé

Fonctions communicatives

Raconter au passé
Poser des questions sur des
  événements dans le passé

Orientation culturelle

La Télévision en France
Les Émissions préférées des
  Français
Les Réformes à la télévision
  en France

Perspectives

Une Emission pleine d'action

Regardez-vous beaucoup la télévision?
Quelles émissions° regardez-vous le plus souvent?
Quelle est votre émission préférée?
Avez-vous le câble chez vous?
Combien de téléviseurs° y a-t-il chez vous?

Gérard et Jerry, son ami américain, sont allés prendre un pot° au café. Voici une partie de leur conversation.

GERARD: Dis, qu'est-ce que tu as fait hier soir? Tu es sorti?

JERRY: Non, non, je suis resté chez moi. Tu sais que je viens de louer° un appartement avec mon copain Tom. On a vraiment eu de la chance; le propriétaire nous a laissé une télé.° Il y a même une télécommande!°

GERARD: Super! Hier soir, on a diffusé° un match de foot en direct° de Marseille. Tu l'as vu?°

JERRY: Non, mais attends, je vais te raconter° ce que j'ai fait.° D'abord, je me suis installé° devant la télé pour regarder «Des Chiffres et des lettres». J'adore ce jeu° parce qu'il me rappelle un peu les mots croisés. Bref, quand j'ai essayé d'allumer° la télé—rien! Alors, j'ai demandé à Tom: «Le propriétaire, il t'a dit que le téléviseur est en panne?°» Un peu étonné, il m'a répondu: «Non, il ne m'a rien dit.» Tout à coup, Tom a découvert° ma bêtise: «Regarde, mon vieux, le téléviseur n'est même pas branché!°»

GERARD: Tu n'as donc pas raté° ton émission?

JERRY: Si. Mais, heureusement, nous nous sommes aperçus° de tout ça au moment où la présentatrice° d'Antenne 2 a paru° pour annoncer le programme° du soir.

GERARD: Et qu'est-ce qu'elle a proposé à ses «chers téléspectateurs°»?

JERRY: Eh bien, elle a présenté° un programme de variétés, suivi° d'un documentaire.° Moi, j'ai dit «non, merci» et j'ai changé de chaîne.°

GERARD: Ah, tu as dû° regarder le film sur la Une.

JERRY: Oui, finalement, c'est ce que j'ai fait. Mais d'abord j'ai consulté mon *Télé 7 Jours*° où j'ai lu° le petit résumé du programme sur FR3. Ensuite, j'ai pris° la décision de regarder *Fort Saganne*, le film avec Gérard Depardieu.

GERARD: Tu as eu raison. Il y a, d'ailleurs, de plus en plus de bons films français à la télé... pas seulement des films étrangers! Mais ce film, il t'a plu?°

JERRY: Beaucoup. J'ai toujours aimé Depardieu et j'ai voulu° voir ce film. C'est dommage mais, comme beaucoup de films français, il n'a pas eu de succès en Amérique. Personnellement, j'ai passé trois heures très agréables devant le petit écran.°

GERARD: Trois heures! Ça devait être très intéressant! Raconte-moi un peu.

JERRY: Eh bien, l'histoire se passe à l'époque coloniale. Charles Saganne, c'est un jeune militaire. Il est parti pour le Sahara où il a rencontré, chez les Touaregs, une résistance à la colonisation française. Il est beau, fort et courageux. Mais ça se complique parce qu'il est aussi impulsif, et même assez maladroit et naïf. Saganne a voulu chercher sa propre vérité. Il a confronté les réalités du monde, et ça a été dûr pour lui. Mais il a surtout défendu son idéal, même s'il s'est souvent trouvé solitaire. Comme tous les héros, il a poursuivi° son rêve, quoi! Il s'est battu° pour la solidarité interraciale, et il s'est construit° une identité en même temps. C'est un peu comme *Lawrence d'Arabie*. Tu as vu la version américaine de ce film?

GERARD: Non, mais ce message de fraternité me rappelle aussi un des classiques du cinéma français, *La Grande Illusion*.

JERRY: Tout à fait! Cette comparaison m'est venue° à l'esprit aussi.

GERARD: Il y a là, peut-être, le sujet d'un bon feuilleton,° non?

JERRY: Peut-être. Mais d'après ce que j'ai vu, il y a déjà beaucoup trop de feuilletons, français et américains, qui passent à la télé° en France.

GERARD: Comme ces fameuses séries américaines «Dynastie» et «Santa Barbara» que les Français ont importées. Quand elles passent à la télé, il paraît que des milliers de gens les regardent.

JERRY: Oui, j'ai essayé de voir un épisode° de «Santa Barbara» dans un bar l'autre jour, et j'ai eu une drôle d'impression. Je l'ai trouvé beaucoup moins long qu'en Amérique. C'est sûrement parce qu'il n'a pas été interrompu° par de la publicité.°

GERARD: C'est justement ça qui m'a déplu° à la télé en Amérique quand je suis allé là-bas. Ici, en France, sur la plupart des chaînes, il n'y a des pubs° qu'entre les films et les émissions. Je trouve que c'est suffisant.

JERRY: Alors là, je suis bien de ton avis, mais la publicité m'a toujours intéressé, et en France elle est terriblement amusante.

GERARD: Tu as de la chance d'avoir la télé. Chez mes parents, en ce moment, il n'y a pas de télé, même pas de poste noir et blanc. Ils ont dû envoyer leur nouveau récepteur à l'atelier de réparation° pour faire régler° la couleur.

JERRY: Pas de problème! Tous les matins, je te raconte les émissions que j'ai vues la veille. D'accord?

GERARD: Seulement si je peux éteindre° quand j'en ai marre!°

Note culturelle

La télévision a beaucoup évolué depuis quelques années en France. Longtemps, il n'y a eu que trois chaînes°: Télévision Française 1 (la Une), Antenne 2 (A2) et France Régions 3 (FR3). Ces chaînes nationales dépendent largement de l'Etat financièrement, mais elles comptent aussi sur la publicité pour compléter leurs revenus. Il n'y a pas très longtemps, un nouveau phénomène s'est produit dans l'univers audiovisuel en France: la télévision privée. La Une (l'ex-TF1) a été privatisée° en 1987. Une chaîne payante, Canal Plus (C+), diffuse depuis 1984 aux abonnés° de la chaîne beaucoup de films et d'autres émissions de grand intérêt. Pour les personnes qui n'ont pas choisi de s'abonner° à Canal Plus, il existe aussi de nouvelles chaînes non payantes comme la Cinq, M6 et la Sept qui représentent de nouveaux efforts français dans le domaine de la télévision financée par la publicité. Puis, dans certaines villes françaises, le câble est venu augmenter le nombre de programmes français et européens qui sont proposés aux téléspectateurs. Beaucoup de Français refusent cependant d'accepter l'idée d'être dominés par la télé commerciale et désirent garder les deux types de systèmes—le public et le privé—pour assurer le maximum de liberté artistique et politique.

Quelle chaîne allez-vous regarder? Pourquoi?

CINEMA

14.00 **L'été en pente douce**
de Gérard Krawczyk. Balade des paumés d'aujourd'hui. De l'atmosphère.

20.30 **Château de rêves**
de Donald Wrye. Une jeune patineuse perd la vue à la suite d'une chute. Mélodrame moderne et émouvant.

20.35 **A2** **Ma femme s'appelle reviens**
de Patrice Leconte. La satire d'un certain «air du temps» : la boulimie de l'amour libre tournant à la frustration.

20.35 **La5** **Détective privé**
de Jack Smight. Une ténébreuse promenade dans le monde du crime, en compagnie de Lauren Bacall et Paul Newman.

BONHEURS DU JOUR

« ... Et qui cassaient des tas de cailloux ».

Vocabulaire actif

Les Activités

s'abonner (à)   to subscribe (to)
allumer   to turn on
apercevoir   to notice (*past participle* = **aperçu**)
se battre   to fight
changer de chaîne   to change channels
se construire   to build (*past participle* = **construit**)
découvrir   to discover (*past participle* = **découvert**)
déplaire   to displease (*past participle* = **déplu**)
devoir   to have to (*past participle* = **dû**)
diffuser   to broadcast
en avoir marre (de)   to have had enough (*slang*)
éteindre   to turn off
faire   to do (*past participle* = **fait**)
s'installer   to settle down
interrompre   to interrupt (*past participle* = **interrompu**)
lire   to read (*past participle* = **lu**)
louer   to rent

paraître   to appear (*past participle* = **paru**)
passer à la télé   to appear on TV
plaire   to please (*past participle* = **plu**)
poursuivre   to pursue (*past participle* = **poursuivi**)
prendre   to take (*past participle* = **pris**)
prendre un pot   to have a drink
présenter   to introduce
raconter   to relate, to tell
rater   to miss (*slang*)
régler   to adjust
suivre   to follow (*past participle* = **suivi**)
venir   to come (*past participle* = **venu**)
voir   to see (*past participle* = **vu**)
vouloir   to want (*past participle* = **voulu**)

La Télévision

un abonné / une abonnée   subscriber
un atelier de réparation   repair shop
une chaîne   channel

un documentaire   documentary
une émission   TV program
un épisode   episode
un feuilleton   serial
un jeu   game
le petit écran   TV
un présentateur / une présentatrice   announcer
le programme   schedule of TV programs
la publicité   commercials
les pubs (*f pl*)   commercials (*slang*)
la télé   *abbreviation of* **télévision**
le *Télé 7 Jours*   French *TV Guide*
la télécommande   remote control
un téléspectateur / une téléspectatrice   viewer
le téléviseur   television set

Les Caractéristiques

branché(e)   plugged in
en direct   live
en panne   not working, out of order
privatisé(e)   denationalized

Exercices de vocabulaire

A.   En vous servant du texte et du **Vocabulaire actif,** faites une liste des expressions qui se rapportent au poste de télévision et une deuxième liste d'expressions utiles pour parler de ce qui passe à la télé.

Le poste	A la télé	Le poste	A la télé
————	————	————	————
————	————	————	————
————	————	————	————
————	————	————	————
————	————	————	————

B. Choisissez le(s) terme(s) français correspondant aux concepts américains indiqués.

1. ABC, NBC, CBS, CNN
2. Cable TV
3. "Jeopardy"
4. *TV Guide*
5. "Santa Barbara"
6. "Saturday Night Live"
7. Ed McMahon
8. "This is not your father's Oldsmobile"
9. RCA
10. "Family Ties," "Roseanne," etc.
11. Discovery Channel, "NOVA"
12. TV

C. Décrivez une soirée devant le petit écran en utilisant les termes suivants.

allumer	changer	éteindre	passer
en avoir marre de	consulter	s'installer	régler

Vous comprenez?

1. Est-ce que vous avez l'impression qu'il est normal en France de trouver une télé couleur dans un appartement loué?
2. Quels types d'émissions y a-t-il à la télé en France?
3. Quel est le rôle du présentateur ou de la présentatrice? Est-ce que le même phénomène existe aux Etats-Unis?
4. Avant 1984, combien de chaînes y a-t-il à la télévision française?
5. Quelle chaîne nationale a été privatisée?
6. Quelle est la chaîne payante?
7. Par rapport à la publicité, quelle est la différence entre les chaînes nationales et les chaînes commerciales?
8. Est-ce que tous les Français aiment l'idée de la télé commerciale? Expliquez votre réponse.

A votre tour

Lexique personnel

Cherchez les éléments de vocabulaire qui correspondent aux concepts suivants:

1. les pubs à la télé
2. l'ensemble des programmes télévisés aux U.S.A.
3. le public américain et la télé
4. la télé en France

En utilisant le vocabulaire de la leçon et votre lexique personnel, répondez aux questions suivantes.

1. Choisissez une publicité que vous avez vue récemment à la télé. Pendant quelle émission est-elle passé? A-t-elle interrompu ou suivi l'émission? Est-ce qu'elle vous a plu? Pourquoi?
2. Quelles différences avez-vous notées entre les émissions de l'après-midi et les émissions du soir? La qualité et la variété changent-elles selon les heures de diffusion?
3. En quoi les chaînes PBS sont-elles différentes des autres?
4. Pourquoi pensez-vous qu'un pays comme la France importe tant d'émissions américaines?
5. La télé américaine réussit-elle à présenter une image fidèle de l'Amérique? Donnez des exemples.
6. Pour quelles raisons changez-vous de chaîne? Faites-vous du «zapping»? Est-ce que la télécommande encourage ce phénomène?
7. Est-il possible de voir des films étrangers à la télé américaine? Dans quelles conditions?
8. Quelle impression avez-vous de la télé en France?

Structures

Les Verbes en -oire

croire to believe	**boire** to drink
je **crois**	je **bois**
tu **crois**	tu **bois**
il / elle / on **croit**	il / elle / on **boit**
nous **croyons**	nous **buvons**
vous **croyez**	vous **buvez**
ils / elles **croient**	ils / elles **boivent**

EXERCICE 1. Un étudiant français parle à un membre de votre classe au sujet de la consommation d'alcool en France et aux Etats-Unis. Complétez le dialogue en utilisant la forme convenable des verbes entre parenthèses.

— J'ai entendu dire que les étudiants en France ne (boire) _____ pas autant d'alcool que les étudiants américains. C'est vrai?

— Oui, en effet, c'est vrai. On (boire) _____ rarement de l'alcool au café ou même dans les soirées. Par exemple, moi, je (boire) _____ beaucoup de jus de fruits ou d'eau minérale. Et vous autres, qu'est-ce que vous (boire) _____ quand vous avez soif ou quand vous allez à une soirée?

— Eh bien, je (croire) _____ que beaucoup de jeunes (boire) _____ du Coca quand ils ont soif. Mais, dans les soirées, on (boire) _____ souvent de la bière ou du vin. Tu (croire) _____ que c'est mauvais, ça?

— Ecoute, je ne critique pas. Je (croire) _____ que toutes les cultures sont différentes. Je (croire) _____ aussi qu'on (boire) _____ moins d'alcool maintenant en France parce qu'il y a eu récemment une campagne nationale contre la consommation de boissons alcoolisées.

— Chaque pays a ses propres habitudes, n'est-ce pas? Chez nous, nous (boire) _____ assez souvent des boissons alcoolisées pour nous distraire, alors que le vin fait partie de votre vie quotidienne. Nous (boire) _____ aussi beaucoup plus de lait que vous! C'est presque notre boisson nationale!

Les Verbes irréguliers en -re

écrire   to write

j'**écris**
tu **écris**
il / elle / on **écrit**
nous **écrivons**
vous **écrivez**
ils / elles **écrivent**

vivre   to live

je **vis**
tu **vis**
il / elle / on **vit**
nous **vivons**
vous **vivez**
ils / elles **vivent**

suivre   to follow;
       to take (a course)

je **suis**
tu **suis**
il / elle / on **suit**
nous **suivons**
vous **suivez**
ils / elles **suivent**

dire   to say, to tell

je **dis**
tu **dis**
il / elle / on **dit**
nous **disons**
vous **dites**
ils / elles **disent**

lire   to read

je **lis**
tu **lis**
il / elle / on **lit**
nous **lisons**
vous **lisez**
ils / elles **lisent**

prendre   to take

je **prends**
tu **prends**
il / elle / on **prend**
nous **prenons**
vous **prenez**
ils / elles **prennent**

Les verbes **apprendre** *(to learn)*, **comprendre** *(to understand)* et **surprendre** *(to surprise)* se conjuguent comme **prendre**.
Le verbe **prendre** veut dire aussi *boire* ou *manger quelque chose*.

mettre   to put (on)

je **mets**   nous **mettons**
tu **mets**   vous **mettez**
il / elle / on **met**   ils / elles **mettent**

Permettre *(to permit)* et **promettre** *(to promise)* se conjuguent comme **mettre.**

connaître to know	
je **connais**	nous **connaissons**
tu **connais**	vous **connaissez**
il / elle / on **connaît**	ils / elles **connaissent**

Notez que **connaître** et **savoir** se traduisent en anglais par *to know,* mais qu'ils n'ont pas le même sens.

On emploie **savoir** avec des renseignements précis (des chiffres, des dates, etc.). **Savoir** veut dire également *to know how* et est souvent employé avec un infinitif.

| **Savez-vous** la date? | *Do you know* the date? |
| **Je sais** jouer au tennis. | *I know how* to play tennis. |

Connaître est employé pour indiquer une familiarité avec quelqu'un ou quelque chose. On emploie toujours **connaître** devant un nom propre.

Je connais l'œuvre de Sartre.	*I know* the works of Sartre.
Ils connaissent un bon restaurant à Paris.	*They know* a good restaurant in Paris.
Connaissez-vous les Didier?	*Do you know* the Didiers?

EXERCICE 2. Employez les éléments indiqués et la forme appropriée de **mettre** pour dire ce que tout le monde porte pour aller à un concert.

1. nous / un jean
2. vous / une robe?
3. Jean et Patricia / un tee-shirt
4. Annette / son nouvel ensemble
5. tu / quelque chose de chic
6. je / ???

EXERCICE 3. Vous préparez une lettre où vous parlez de vos cours à votre ami Jean-Pierre en France. Complétez la lettre en mettant dans chaque blanc la forme appropriée d'un des verbes suivants.

dire   écrire   lire   suivre

Cher Jean-Pierre,

En Amérique, nous _____ beaucoup de cours. Moi, par exemple, je _____ quatre ou cinq cours par semestre. Tu _____ moins de cours que cela, non?

Pour chaque cours, nous _____ beaucoup de devoirs. Pour lundi j' _____ trois dissertations différentes. En cours de français, les étudiants _____ une dissert tous les jours. C'est beaucoup, non? En France, est-ce qu'on _____ souvent des essais?

Nous _____ beaucoup aussi. En cours de littérature, je _____ sept romans et j' _____ une petite dissertation sur chaque roman. Tu _____ autant que cela pour un seul cours? On _____ que les étudiants en France ne _____ pas régulièrement pour chaque cours mais qu'on attend la fin du semestre et qu'on _____ tout à la dernière minute. C'est vrai?

Mais aux Etats-Unis comme en France, je te _____ que la vie d'étudiant n'est pas facile.

EXERCICE 4. Le contexte indique s'il faut employer **savoir** ou **connaître**. Donnez la forme convenable du verbe approprié.

1. Tu _____ régler ce poste de télé?
2. Les Français _____ bien l'émission «Dynastie».
3. _____ -vous à quelle heure cette émission est diffusée?
4. Je ne _____ pas du tout *Télé 7 Jours*.
5. Est-ce que tu _____ le nom de cet acteur?
6. Non, je ne _____ pas cet acteur.
7. Dans une ville américaine, l'étranger ne _____ souvent pas les numéros des chaînes à la télé.
8. Je ne _____ pas les feuilletons qui passent à la télé en France.

EXERCICE 5. Employez la forme convenable du verbe **prendre** pour parler de ce que les personnes indiquées prennent normalement au déjeuner.

1. Votre ami(e)...
2. Vos camarades de chambre...

3. Nous…
4. Monsieur/Madame (votre prof de français), vous…?
5. Je…
6. Et toi, qu'est-ce que tu…?

Interview. Posez des questions à un(e) camarade de classe en utilisant les éléments suivants.

> MODELE: venir à l'université
>   A quelle heure est-ce que tu viens à l'université le lundi?

1. venir à l'université
2. suivre des cours
3. lire beaucoup
4. écrire des dissertations
5. sortir souvent
6. boire à une soirée
7. prendre au dîner
8. apprendre le français
9. connaître de bons restaurants
10. savoir + *l'infinitif*

ACTIVITE 1. *Une interview au sujet de la télévision.* Employez les éléments suivants pour créer des questions à poser à un(e) camarade de classe. Ajoutez au moins trois autres questions et faites un résumé des préférences de votre camarade à propos de la télévision.

Demandez…

1. combien d'heures par jour il / elle regarde la télé.
2. s'il / si elle préfère regarder la télé ou lire le journal.
3. s'il / si elle connaît le nom des journalistes les plus célèbres à la télé aux Etats-Unis.
4. quel journaliste il / elle préfère et pourquoi.
5. ce qu'on peut apprendre en regardant la télé.
6. s'il / si elle suit régulièrement un feuilleton à la télé.
7. ???
8. ???
9. ???

ACTIVITE 2. *Moi et la télé.* Parlez de vos habitudes en tant que téléspectateur/téléspectatrice. Combien d'heures par semaine regardez-vous la télé? Et le week-end? Quand passez-vous le plus de temps devant le petit écran? Quelle sorte d'émissions regardez-vous? Comparez vos habitudes à celles des Français et des autres nationalités représentées dans le schéma suivant.

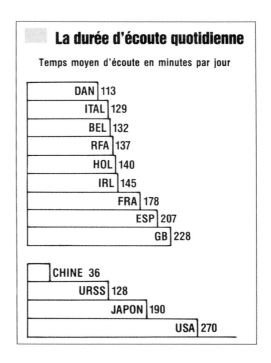

La Formation du passé composé

Les Verbes conjugués avec *avoir*

Le passé composé de la majorité des verbes en français est composé du présent du verbe auxiliaire **avoir** suivi du participe passé du verbe principal.

parler	**finir**	**répondre**
Participe passé: **parlé**	Participe passé: **fini**	Participe passé: **répondu**
j'ai parlé	j'ai fini	j'ai répondu
tu **as** parlé	tu **as** fini	tu **as** répondu
il / elle / on **a** parlé	il / elle / on **a** fini	il / elle / on **a** répondu
nous **avons** parlé	nous **avons** fini	nous **avons** répondu
vous **avez** parlé	vous **avez** fini	vous **avez** répondu
ils / elles **ont** parlé	ils / elles **ont** fini	ils / elles **ont** répondu

⚠ RAPPEL   ⚠ RAPPEL

Notez bien que le passé composé est toujours composé de deux éléments—d'un verbe auxiliaire et d'un participe passé même si son équivalent anglais consiste en un seul mot.

j'ai regardé
$\begin{cases} \text{I watched} \\ \text{I have watched} \\ \text{I did watch} \end{cases}$

On reconnaît sans difficulté le participe passé des verbes réguliers:

-er → -é   -ir → -i   -re → -u

Le participe passé d'un verbe conjugué avec l'auxiliaire **avoir** s'accorde avec le nom ou le pronom complément d'objet direct féminin ou pluriel qui précède le verbe.[1]

Tu as loué **l'appartement?**	Tu **l'**as loué?
Elle a regardé **l'émission.**	Elle **l'**a regardé**e.**
Nous avons écrit **les lettres.**	Nous **les** avons écrit**es.**
On a montré **une publicité drôle.**	**La publicité** qu'on a montré**e** est drôle.

Voici une liste de verbes conjugués avec **avoir** ayant un participe passé irrégulier.

avoir **eu**   être **été**   faire **fait**

Terminaison en -u		Terminaison en -is	Terminaison en -ert
boire **bu**	pleuvoir **plu**	mettre **mis**	découvrir **découvert**
connaître **connu**	pouvoir **pu**	prendre **pris**	offrir **offert**
devoir **dû**[2]	recevoir **reçu**	comprendre **compris**	ouvrir **ouvert**
falloir **fallu**	savoir **su**	apprendre **appris**	
lire **lu**	voir **vu**		
plaire **plu**	vouloir **voulu**		

		Terminaison en -i	Terminaison en -it
		sourire **souri**	écrire **écrit**
		suivre **suivi**	dire **dit**

---

[1] Pour une étude des pronoms compléments d'objet direct, voir le Chapitre 7, p. 203.

[2] Le passé composé de **devoir** peut vouloir dire *had to* ou *must have* en anglais.

Hier soir, j'**ai dû** étudier.	Last night I *had to* study.
Hier soir, il **a dû** s'endormir de bonne heure.	He *must have* fallen asleep early last night.

EXERCICE 6.   Gérard raconte les aventures de Jerry. Complétez les phrases de Gérard en utilisant la forme correcte du participe passé des verbes suivants.

apprécier	découvrir	pouvoir	téléphoner
changer	devoir	prendre	voir
choisir	essayer	rater	vouloir
consulter	être	regarder	

Le pauvre Jerry a _____ regarder son émission préférée à la télé, mais quand il a _____ d'allumer la télé, il n'a pas _____. Soudain, il a _____ qu'un téléviseur qui n'est pas branché ne marche pas. Il a donc _____ brancher le téléviseur. Il a _____ le programme et il a _____ une émission. Mais, il a quand même _____ son jeu. Quand il a _____ le commencement du documentaire, il a _____ très déçu. Il a _____ de chaîne. Il a _____ un film qu'il a beaucoup _____. Après le film, Jerry a _____ un Coca et m'a _____.

EXERCICE 7.   Voici une liste des activités de quelques personnes que vous connaissez. Mettez les phrases au passé composé pour raconter ce qu'elles ont fait hier.

1. Béatrice et ses copines font des achats.
2. Gérard prend le bus pour descendre à la fac.
3. Vous étudiez et travaillez.
4. Jacquot et ses amis jouent au foot.
5. Jerry écrit des cartes postales à ses amis américains.
6. Nous dînons au restaurant universitaire.
7. Mes camarades finissent leurs devoirs et regardent la télé.
8. Jerry et Gérard retrouvent leurs amis au café et prennent un pot.
9. Et toi, qu'est-ce que tu fais?

Les Verbes conjugués avec être

1. **Les Verbes de mouvement**   Le passé composé de certains verbes est formé avec l'auxiliaire **être**. Le participe passé d'un verbe conjugué avec **être** s'accorde en genre et en nombre avec le sujet du verbe principal.

aller	venir
je **suis allé(e)**	je **suis venu(e)**
tu **es allé(e)**	tu **es venu(e)**
il / elle / on **est allé(e)**[3]	il / elle / on **est venu(e)**
nous **sommes allé(e)s**	nous **sommes venu(e)s**
vous **êtes allé(e)(s)**	vous **êtes venu(e)(s)**
ils / elles **sont allé(e)s**	ils / elles **sont venu(e)s**

---

[3] Lorsque le pronom **on** a le sens de **nous**, le participe passé d'un verbe conjugué avec **être** s'accorde en genre et en nombre comme si le pronom était **nous**.

Les jeunes filles ont dit: «**On est allées** au cinéma».

Voici une liste partielle des verbes conjugués avec **être** et de leurs participes passés. Beaucoup de ces verbes sont des verbes de mouvement. La plupart d'entre eux peuvent être regroupés avec leurs opposés. C'est une sorte d'aide-mémoire!

aller (allé) to go	≠	**venir (venu)** to come
		revenir (revenu) to come back
arriver (arrivé) to arrive	≠	**partir (parti)** to leave
monter (monté) to go up	≠	**descendre (descendu)** to go down
		tomber (tombé) to fall
naître (né) to be born	≠	**mourir (mort)** to die
entrer (entré) to come in	≠	**sortir (sorti)** to go out
rester (resté) to stay	≠	**retourner (retourné)** to go back
		rentrer (rentré) to come (go) home
devenir (devenu) to become		

Les verbes **monter, descendre, rentrer** et **sortir** peuvent avoir un complément d'objet direct. Ils sont alors conjugués avec l'auxiliaire **avoir.**

Elle a descendu **les valises.**
Ils ont monté **les valises.**
Nous avons sorti **nos portefeuilles.**

2. **Les Verbes pronominaux** Les verbes pronominaux se conjuguent toujours avec l'auxiliaire **être.** Le pronom réfléchi précède le verbe auxiliaire. La formation du participe passé des verbes pronominaux est régulière.

se lever

je **me suis levé(e)**	nous **nous sommes levé(e)s**
tu **t'es levé(e)**	vous **vous êtes levé(e)(s)**
il / elle / on **s'est levé(e)**	ils / elles **se sont levé(e)s**

Le participe passé d'un verbe pronominal s'accorde en genre et en nombre avec le pronom réfléchi *quand ce pronom joue le rôle de complément d'objet direct.*

Elle **s'est habillée.**   Vous **vous** êtes réveillé**(e)s.**
Nous **nous** sommes levé**(e)s.**   Ils **se** sont lavé**s.**

Si un complément d'objet direct suit le verbe pronominal, le pronom réfléchi ne peut pas, lui aussi, être un objet direct. Le participe passé ne s'accorde donc pas.

Elle **s'est coupée.**   She cut *herself.*
Elle s'est coupé **les cheveux.**   She cut *her hair* (for herself).

Pour certains verbes pronominaux, le pronom réfléchi est utilisé comme complément d'objet indirect, et non direct. Dans ces cas, le participe passé ne s'accorde pas.

s'écrire	to write to each other	Ils **se** sont **écrit**.
se parler	to speak to each other	Vous **vous** êtes **parlé**.
se rendre compte	to realize	Elle **s'est rendu** compte de sa bêtise.

⚠ RAPPEL   ⚠ RAPPEL

1. Le participe passé d'un verbe conjugué avec **avoir** s'accorde seulement avec un objet direct (au féminin ou au pluriel) qui précède le verbe.
2. Le participe passé d'un verbe conjugué avec **être** s'accorde toujours avec le sujet.
3. Le participe passé d'un verbe pronominal s'accorde avec le pronom réfléchi quand ce pronom fonctionne comme un objet direct.

EXERCICE 8. Faites une description de vos activités et des activités de vos amis le week-end dernier. Formulez des phrases en mettant les verbes entre parenthèses au passé composé.

1. (se lever) Samedi matin je _____ tard.
2. (se réveiller) Mes camarades de chambre _____ tard aussi.
3. (aller) Nous _____ au stade pour jouer au tennis.
4. (revenir) Puis, nous _____ à la maison.
5. (sortir) Le soir, je _____ avec mon ami(e).
6. (sortir) Mes camarades de chambre _____ aussi.
7. (aller) Mon ami(e) et moi, nous _____ voir un film.
8. (rentrer) Je _____ vers minuit.
9. (rentrer) Mes camarades de chambre _____ quelques minutes plus tard.
10. (se coucher) Nous _____ assez tard.

EXERCICE 9. Jacquot doit parler en classe des activités quotidiennes de sa famille. Il prend des notes sur ce qui se passe chez lui pendant une journée ordinaire. Mettez ces notes au passé composé pour dire ce qui s'est passé hier.

1. Tout le monde se lève assez tôt.
2. Je me dépêche pour ne pas rater le car de ramassage (*school bus*).

3. Béatrice se réveille lentement.
4. Philippe sort pour aller à la fac.
5. Maryse et son amie vont en cours de philosophie.
6. Béatrice descend dans la rue pour retrouver ses copines.
7. Je rentre et je monte dans ma chambre.
8. Philippe arrive en retard au dîner.
9. Béatrice et ses copines s'installent devant la télé.
10. Je dois me coucher tôt, mais les autres se couchent plus tard.

EXERCICE 10.   Voici un extrait du journal de Florence écrit en style télégraphique. Reconstruisez au passé composé les phrases de Florence pour décrire sa journée. Faites attention à l'accord du participe passé.

1. je / se réveiller / à sept heures
2. je / se laver / les cheveux
3. je / s'habiller / avec élégance
4. je / se présenter / comme candidate pour un nouvel emploi
5. l'intervieweur et moi, nous / se parler / pendant une heure
6. après l'interview, mes amis et moi, nous / se retrouver / au café
7. soudain, je / se rendre compte / de l'heure
8. je / se remettre / au travail

La Forme négative du passé composé

Pour mettre un verbe au passé composé à la forme négative, on place **ne** devant le verbe auxiliaire ou le pronom complément d'objet et **pas** devant le participe passé.

Il **n'**a **pas** parlé.   Elles **ne** sont **pas** parties.
Vous **ne** l'avez **pas** compris.   Ils **ne** se sont **pas** amusés là-bas.

La plupart des expressions de négation précèdent directement le participe passé. Il y a des exceptions: **personne** suit le participe passé; **que** et **ni . . . ni . . .** précèdent directement les mots qu'ils accompagnent.

Il **n'**a **jamais** parlé.   Je **n'**ai vu **personne** au café.
Vous **ne** l'avez **pas** compris.   Elle **n'**a pris **que** de l'eau.
Elles **ne** sont **pas encore**   Nous **ne** sommes entrés **ni**
    parties.   au café **ni** au bar.

EXERCICE 11.   Marie a une camarade de chambre qui a vraiment l'esprit de contradiction. Quand Marie dit quelque chose, son amie dit le contraire! Mettez les phrases de Marie à la forme négative pour deviner les remarques de sa camarade.

1. J'ai passé mon temps à regarder la télévision.
2. J'ai toujours regardé «Santa Barbara».
3. J'ai invité tout le monde à regarder un film.
4. J'ai vu le film de Truffaut et le documentaire sur l'énergie nucléaire en France.

5. J'ai mangé de la pâtisserie.
6. J'ai encore voulu regarder la télé.

EXERCICE 12.   Tout ne va pas toujours bien non plus dans votre vie. Répondez aux questions suivantes.

1. Avez-vous pu vous lever tard le week-end dernier? Lundi matin?
2. Avez-vous rendu tous vos devoirs ce semestre?
3. Avez-vous raté un examen ce semestre?
4. Etes-vous sorti(e) pendant le week-end? Pendant la semaine?
5. Avez-vous vu un film extraordinaire?
6. Avez-vous cherché un travail temporaire ce semestre? Avez-vous reçu de l'argent de vos parents?
7. Vous êtes-vous amusé(e) dans tous vos cours? Vous êtes-vous amusé(e) tous les week-ends ce semestre?
8. Avez-vous fait beaucoup d'achats?

Pratique

ACTIVITE 1.   *Ma matinée.* Décrivez au moins cinq choses que vous avez faites avant de venir en classe aujourd'hui. Ensuite, nommez trois choses que vous n'avez pas faites avant de venir en classe aujourd'hui.

MODELES: Je me suis levé(e) un peu en retard ce matin.
Je n'ai pas eu le temps de prendre le petit déjeuner.

Pourquoi devrait-on acheter un téléviseur Tatung?

ACTIVITE 2. *Peut-être à l'avenir.* Nommez cinq choses que vous n'avez jamais faites et que vous aimeriez faire à l'avenir.

MODELES: Je n'ai jamais assisté à un concert de jazz.
Je ne suis jamais allé(e) en Afrique.

ACTIVITE 3. *Le week-end dernier.* Dites à la personne à côté de vous ce que vous **n'avez pas** fait le week-end dernier. En procédant par élimination, il/elle va essayer de deviner ce que vous avez fait.

Les Structures interrogatives fondamentales et le passé composé

⚠ RAPPEL   ⚠ RAPPEL

1. Les quatre structures interrogatives fondamentales présentées dans le Chapitre 2 (les questions avec **est-ce que** et **n'est-ce pas,** et les questions avec l'inversion ou l'intonation montante) sont également utilisées pour formuler les questions au passé composé (et à n'importe quel autre temps composé).
2. Pour formuler une question avec l'inversion à un temps composé, il faut inverser le pronom sujet et le verbe auxiliaire; le participe passé suit ces éléments inversés.
3. Dans le cas des verbes pronominaux, le pronom réfléchi précède toujours le verbe auxiliaire.

Est-ce que

Est-ce que vous avez regardé la télé?
Est-ce que votre amie est venue regarder la télé aussi?
Est-ce que vous vous êtes amusés?

N'est-ce pas

Vous avez regardé la télé, **n'est-ce pas?**
Votre amie est venue regarder la télé aussi, **n'est-ce pas?**
Vous vous êtes amusés, **n'est-ce pas?**

Inversion

Avez-vous regardé la télé?

Votre amie est-elle venue regarder la télé aussi?

Vous êtes-vous amusés?

Intonation

Vous avez regardé la télé?

Votre amie est venue regarder la télé aussi?

Vous vous êtes amusés?

EXERCICE 13. *Interview.* Utilisez les éléments indiqués pour poser des questions au passé composé à un(e) camarade de classe.

1. à quelle heure / tu / se lever / ce matin?
2. tu / prendre / ton petit déjeuner?
3. à quelle heure / tu / partir / à la fac?
4. tu / prendre / la voiture pour aller à la fac?
5. tu / aller / en cours de français?
6. tu / déjeuner / au Resto U?
7. que / tu / faire / ensuite?
8. à quelle heure / tu / rentrer?
9. tu / écrire / tes devoirs / ou / tu / lire / tes bouquins?
10. à quelle heure / tu / se coucher?

EXERCICE 14. Composez au passé composé cinq questions à poser à un(e) camarade de classe au sujet du semestre dernier. Après avoir posé vos questions à votre partenaire, rapportez à la classe les renseignements que vous avez obtenus.

Le Passé composé modifié par un adverbe

Il n'y a pas de règle absolue concernant la place de l'adverbe qui accompagne le passé composé et les autres temps composés. La plupart des adverbes courts et certains des adverbes longs couramment utilisés sont placés entre l'auxiliaire et le participe passé. Voici une liste partielle des adverbes qui suivent normalement l'auxiliaire et précèdent le participe passé.

bien	encore	souvent	vraiment
assez	enfin	toujours	probablement
beaucoup	longtemps	trop	certainement
bientôt	mal	vite	sûrement
déjà	peut-être	seulement	

Elle s'est **bien** amusée.
Il est **bientôt** parti.
J'ai **enfin** écrit la lettre.
Ils sont **peut-être** venus hier.
Ils ont **trop** regardé la télé.
J'ai **vraiment** souffert.

La plupart des adverbes longs suivent normalement le participe passé. Ceci est vrai pour la majorité des adverbes en **-ment,** mais il y a quand même quelques exceptions (consultez la liste ci-dessus).

Il a parlé **brillamment.**
Vous avez été **régulièrement** présent.
Elles sont restées **constamment** chez elles.

En général, les adverbes qui précisent le temps et le lieu suivent aussi le participe passé. Voici une liste des adverbes de temps et de lieu les plus communs.

Adverbes de temps	**Adverbes de lieu**
hier	ici
avant-hier	là-bas
tôt	dessus (au-dessus de)
tard	dessous (au-dessous de)
autrefois	partout

Je suis venue **hier.**
Ils se sont rencontrés **là-bas.**

Dans les constructions négatives, l'adverbe **peut-être** et la plupart des adverbes en **-ment** (sauf **seulement**) suivent le verbe auxiliaire, mais précèdent le mot **pas** ou un autre élément de négation.

Il n'est **peut-être** pas allé en cours.
Vous n'avez **vraiment** pas compris.
On n'a **probablement** plus d'argent.

En général, la plupart des adverbes courts (d'une ou deux syllabes) et l'adverbe **seulement** suivent le mot **pas** ou un autre élément de négation. Ils précèdent le participe passé.

Jean-Pierre n'a pas **seulement** travaillé, il a aussi **beaucoup** joué.
Je n'ai pas **encore** fini la leçon.
Nous n'avons **jamais** entendu ce mot.

Quelques adverbes (comme **longtemps, vite** et **aujourd'hui**) suivent les éléments de négation et le participe passé.

Tu n'as pas lu **longtemps.**
Elle n'a pas couru **vite.**
Vous n'êtes plus sorti **aujourd'hui?**

EXERCICE 15. Une soirée peut quelquefois mal tourner. Complétez le récit de cette soirée en ajoutant les adverbes indiqués à la place appropriée.

1. (déjà) A huit heures tout le monde est arrivé.
2. (ne . . . que) Moi, je suis venu(e) à huit heures et demie.
3. (beaucoup) Quelques-uns des invités ont bu.
4. (mal) J'ai dansé.
5. (constamment) Une certaine personne ennuyeuse a parlé.
6. (souvent) L'hôtesse a offert de mauvais hors-d'œuvre.
7. (enfin) Mon ami(e) est arrivé(e).
8. (vraiment) Soudain, nous nous sommes sentis fatigué(e)s.
9. (bientôt) Mon ami(e) est parti(e).
10. (vite) Je suis parti(e), moi aussi.

EXERCICE 16. Posez des questions à votre professeur de français sur son week-end en employant les expressions suggérées.

1. se lever tôt ou tard
2. travailler
3. corriger des examens
4. faire du sport
5. sortir le soir
6. faire un voyage
7. parler français
8. voir des amis
9. aller à une soirée
10. se coucher tôt ou tard
11. s'amuser
12. ???

EXERCICE 17. Vous êtes allé(e) à une soirée. Employez les éléments suggérés et des adverbes de la liste à la page 122 pour décrire vos activités et vos impressions de la soirée.

s'amuser
danser
écouter
fumer des cigarettes
???
manger de la pizza
parler
prendre du Coca (du vin / de la bière)
regarder une vidéocassette
???

Exercices d'ensemble

A. *Un pique-nique à la plage.* Voici la description d'un pique-nique ordinaire avec Roger et ses copains. Racontez leur pique-nique du week-end dernier en mettant les phrases au passé composé.

1. Le jour du pique-nique, nous nous levons de bonne heure.
2. Avant de partir, nous préparons tout pour le pique-nique.
3. Nous quittons la maison tôt le matin.
4. Nous arrivons à la plage vers dix heures.
5. Nous mangeons à une heure.
6. Après le déjeuner, on joue au volley.
7. L'après-midi nous nous baignons, mais nous prenons aussi un bain de soleil.
8. Nous rentrons vers sept heures.

B. *Interview.* Mettez au passé composé les questions qui ont provoqué les réponses de l'exercice A.

C. Posez à un(e) camarade de classe des questions sur un pique-nique qu'il/elle a fait.

Que font ces personnes?

ACTIVITE 1. *Des vacances en famille.* Racontez vos dernières vacances passées en famille (ou avec des amis). Où est-ce que vous êtes allé(e)s? Qu'est-ce que vous avez fait ensemble? Les autres étudiants vont vous poser des questions pour obtenir des détails sur vos vacances.

ACTIVITE 2. *Mon émission préférée.* Quelle est votre émission de télé préférée? Racontez aux étudiants de la classe ce qui est arrivé pendant le dernier épisode que vous avez vu.

ACTIVITE 3. *Un questionnaire intéressant.* Préparez des questions pour une interview avec votre professeur au sujet de son passé. Essayez de vous renseigner sur ses expériences à l'université et à l'étranger.

Les Emplois du passé composé

Le passé composé exprime une action achevée (accomplie) pendant une période déterminée du passé. C'est souvent le contexte qui permet de déterminer si l'action est terminée. Voici des exemples de situations où l'action est terminée:

1. **Une Action coupée du présent**   On emploie le passé composé pour marquer une action limitée à un seul moment du passé. Dans ce sens, il répond à des questions comme: «Qu'est-ce qu'il a fait? Qu'est-ce qui est arrivé?»

   J'**ai lu** *Télé 7 Jours*.
   Nous **sommes allés** au café.
   Le concert **a eu** lieu sans incident.

2. **Une Action ayant un début ou une fin explicite**   On emploie le passé composé pour marquer une action passée dont le début ou la fin est explicite. L'action peut se passer pendant une période courte ou longue, mais le contexte de la phrase doit permettre de situer dans le temps le début ou la fin de l'action.

   J'**ai regardé** la télé pendant deux heures.
   Le film **a commencé** à trois heures.
   Il **a duré** deux heures.
   Le festival du film **a continué** jusqu'au douze mai.

3. **Une Succession d'actions**   On emploie le passé composé pour exprimer une succession d'actions indépendantes ou une même action répétée plusieurs fois à un moment précis dans le passé.

   Jerry **a allumé** le téléviseur, **s'est installé** et **a regardé** son feuilleton.
   Il **a vu** le même film deux fois.
   L'année dernière, il **a regardé** chaque épisode de «Dynastie».

4. **Une Réaction provoquée par un événement ou une situation / Un Changement d'état ou de condition**   On emploie le passé composé pour désigner une action marquée par son caractère soudain ou immédiat. Le verbe exprime une réaction immédiate provoquée par un événement ou une situation.

   Au moment de l'accident, j'**ai pensé**: «Je vais mourir».
   Les enfants **ont voulu** sortir quand la neige **a commencé** à tomber.

   Le verbe peut aussi exprimer un changement d'état soudain. Cet emploi du passé composé présente certaines similarités avec l'anglais *to become...* ou *to get...*

   Quand j'**ai vu** l'examen, j'**ai eu** peur.
   Après avoir mangé la mauvaise viande, il **a été** malade.
   Après l'accident, elles n'**ont** pas **pu** marcher.

En plus des contextes déjà présentés, il y a certaines expressions temporelles qui indiquent qu'une action s'est terminée pendant une période précise. Voici une liste partielle de ces expressions.

enfin	tout à coup	à ce moment
finalement	immédiatement	une fois
soudain	tout de suite	vite

⚠ RAPPEL ⚠ RAPPEL

Le passé composé n'est pas le seul temps du passé en français. Comme vous allez voir dans le Chapitre 5, il y a plusieurs façons de mettre un verbe au passé. Votre choix dépend de la durée de l'action que vous décrivez, et de son contexte. On utilise le passé composé pour indiquer qu'une action est d'une durée limitée, et que son début et sa fin sont bien délimités dans le temps.

Les exemples suivants illustrent les divers emplois du passé composé. Remarquez bien les contextes différents qui indiquent une action finie, et qui exigent pour cette raison l'emploi du passé composé.

J'**ai fréquenté** cinq écoles.	**Série d'actions:** Après cette période, vous n'étiez plus à ces écoles.
J'**ai déménagé** trois fois.	**Série d'actions:** Vous avez déménagé plusieurs fois, mais chaque déménagement est fini.
Pendant ma jeunesse, j'ai appris l'espagnol.	**Début ou fin explicite:** Vous parlez peut-être l'espagnol maintenant, mais vous ne l'étudiez plus.
Mon père **est entré** dans l'armée.	**Action coupée du présent:** Il est peut-être toujours dans l'armée, mais son entrée au service est dans le passé.
Il y a trois ans, j'**ai voyagé** au Mexique.	**Début ou fin explicite:** Le voyage a commencé et s'est terminé il y a trois ans.
Je **me suis marié.**	**Action coupée du présent:** Vous êtes peut-être toujours marié, mais la cérémonie du mariage est finie.

L'année dernière, j'**ai acheté** une voiture.	**Début ou fin explicite:** Vous avez peut-être toujours la même voiture, mais l'achat de la voiture a eu lieu dans le passé.
L'été dernier, j'**ai travaillé.**	**Début ou fin explicite:** Vous travaillez peut-être encore en ce moment, mais le travail que vous faisiez l'été passé est fini.
J'**ai vu** un accident.	**Action coupée du présent:** L'accident est fini.
Le chauffeur n'**a** pas **pu** marcher tout de suite.	**Changement d'état ou de condition:** Il peut peut-être marcher maintenant, mais à ce moment-là, il a essayé de marcher et il n'a pas réussi à le faire.
Je **suis venue** à l'école.	**Action coupée du présent:** Vous êtes partie pour l'école, et vous y êtes arrivée. L'action est donc finie.
Hier, il **a plu.**	**Début ou fin explicite:** La pluie a commencé et s'est arrêtée hier.
J'**ai** déjà **eu** mon cours de français.	**Action coupée du présent:** Le cours a commencé et il s'est terminé.
J'**ai su** les résultats de mon examen.	**Action coupée du présent:** Le moment de savoir les résultats est passé.
Après le déjeuner, j'**ai pensé** à mon départ.	**Début ou fin explicite:** Vous avez regardé votre montre, et vous vous êtes rappelé qu'il vous fallait rentrer tôt à la maison.
Je n'**ai** pas **voulu** quitter mes amis.	**Réaction provoquée par un événement ou une situation:** A ce moment-là, vous avez regretté d'être obligé de partir.

Choisissez une émission et justifiez votre choix.

LIVRES	**MUSIQUE**	**CINEMA**
22.00 **Libre et change**	22.15 **Glenn Gould**	0.05 **Madame Sans Gêne**
M6 La littérature chinoise à découvrir.	**FR3** Selon certains, la musique faite homme, selon d'autres un faux virtuose. A vous de juger.	**C+** de Roger Richebé. La blanchisseuse aux manières canailles devenue dame de la cour : Arletty.
MODE	**ROCK**	
22.40 **Azzedine Alaia**	23.30 **Rapido**	
FR3 Le couturier qui grimpe, qui grimpe dans le cœur des belles dames.	**TF1** Ah ! que c'est d'Antoine de Caunes...	

EXERCICE 18.   Assis(e) dans un café à Paris, vous entendez la conversation suivante. Justifiez l'emploi du passé composé dans les phrases suivantes.

— Ah, bonjour, Jean-Marc, vous êtes enfin arrivé.

— Oui, excusez-moi, je suis en retard. J'ai reçu un coup de téléphone et puis j'ai dû dire un mot à ma secrétaire et enfin j'ai pu partir.

— Alors, vous vous êtes bien amusé hier soir chez les Dumont?

— Bien sûr. On a bavardé. Ils ont servi un dîner superbe. Et on a joué aux cartes. Mais, il y a eu un moment gênant. Soudain, Mme Dumont est devenue très pâle. D'abord elle a tremblé de froid, ensuite elle a eu l'air d'avoir chaud. Puis elle s'est excusée et elle est montée dans sa chambre. Vers dix heures, elle est revenue. Après cet incident, le reste de la soirée s'est très bien passé.

— C'est bizarre. Elle n'a donc pas été vraiment malade?

— Non. On n'a pas vraiment compris son problème, mais elle n'a plus rien dit à ce sujet.

EXERCICE 19.   Votre ami(e) ne comprend toujours pas les emplois du passé composé. Composez deux phrases originales pour illustrer les emplois du passé composé présentés aux pages 126 et 127.

EXERCICE 20.   *Interview.* Les étudiants ont souvent une journée chargée. Posez cinq questions contenant des verbes au passé composé à vos camarades de classe pour déterminer ce qu'ils ont fait à différentes heures de la journée.

> MODELE: — A sept heures, est-ce que tu t'es levé(e)?
> — Non, à sept heures, j'ai pris mon petit déjeuner.

EXERCICE 21.   Le passé composé n'est pas le seul temps du passé en français. Il accompagne souvent un autre verbe à l'imparfait, temps employé pour la description. Voici des phrases qui commencent par des descriptions. Complétez chaque phrase par un verbe au passé composé pour indiquer l'action définie qui a eu lieu dans ce contexte.

1. Pendant que j'allais en cours...
2. J'entrais en cours de français quand...
3. Après mes cours, comme j'avais soif, je...
4. J'avais besoin d'étudier, alors je...
5. Pendant que j'étais chez moi,...
6. J'étudiais quand...
7. Comme je regardais une émission qui n'était pas très intéressante, je...
8. J'étais fatigué(e), alors je...

ACTIVITE 1. *Samedi dernier.* On veut savoir ce que vous avez fait samedi dernier. Vous racontez tout ce qui s'est passé entre le moment du lever et le moment du coucher. Employez au moins cinq verbes pronominaux.

ACTIVITE 2. *Votre propre expérience.* Complétez les phrases suivantes pour dire ce qui s'est passé dans votre propre cas.

1. Une fois arrivés au campus, nous…
2. Quand nous avons terminé notre dernier examen,…
3. Pendant notre dernière soirée,…
4. Pendant le dernier cours de français,…
5. Quand j'ai retrouvé mes copains,…

ACTIVITE 3. *Une date importante.* Choisissez une des dates suivantes et racontez ce que vous avez fait ce jour-là.

le 4 juillet   le 25 décembre   le 1er avril
le 31 décembre   le 1er janvier   votre anniversaire

ACTIVITE 4. *Des clés perdues.* Vous avez perdu les clés de votre chambre (ou de votre appartement) ce matin. Essayez de vous souvenir de tout ce que vous avez fait jusqu'à présent. Racontez votre journée à un(e) voisin(e).

Activités d'expansion

Avant de lire l'extrait de la revue *Télérama* (voir page 131), répondez aux questions suivantes.

1. Nommez quelques jeux télévisés célèbres en Amérique. Regardez-vous des jeux télévisés?
2. Regardez-vous les reprises *(reruns)* des émissions comme «M*A*S*H», par exemple?
3. Quels feuilletons sont très populaires actuellement aux Etats-Unis? Y a-t-il un feuilleton que vous regardez souvent?
4. Est-ce qu'on passe beaucoup de films étrangers à la télé en Amérique?

15.00

15.00 **FR3** FLASH INFOS ➤ 15.05

15.05 **TF1** SYMPHONIE ➤ 16.00
Série en dix-huit épisodes. Scénario : Cesare Ferrario. Réalisation : Jean-Pierre Desagnat. Rediffusion.
16. Sophie oblige Mme Dussault à écouter l'enregistrement sur cassette de la confession de Marianne Didier. Anéantie par la trahison de Sophie, Mme Dussault s'évanouit, alors qu'au même moment, à l'hôpital, Giovanni Ferrari meurt dans les bras de sa fille.

15.05 **M6** FAITES-MOI 6 ➤ 16.15
Présentation : Nagui.
Première écoute : Séquence «découverte» de jeunes chanteurs français. **La roue de la musique :** Le téléspectateur désigne un numéro. Si la roue tombe dessus on diffuse un clip de l'artiste qu'il a choisi.

15.50 **La5** MISSION IMPOSSIBLE ➤ 16.55
Série américaine.
Gitano.

16.00

16.00 **TF1** L'APRES-MIDI AUSSI ➤ 16.45
Emission de Cécile Roger-Machart. Présentation : Eric Galliano.
Invité : **Pierre Vassiliu.**

16.00 **C+** LES SAISONS DU CŒUR ➤ 17.50
Film américain de Robert Benton (1984) 107 mn.
VOIR TRA 2000 PAGE 166.
Chronique des années 30 en milieu rural américain. Au centre : une femme courageuse et admirable ; autour : cent détails émouvants. Un récit chaleureux. *Dernière diffusion.*

16.55 **La5** DANS LES ALPES AVEC ANNETTE ➤ 17.20
Dessin animé.

17.00

17.00 **FR3** FLASH INFOS ➤ 17.05

17.05 **FR3** INSPECTEUR GADGET ➤ 17.10
Le clan des Siciliens.

17.05 **M6** DAKTARI ➤ 18.00
Série américaine. Rediffusion.
Du plomb pour Hedley.

17.10 **FR3** LES ENTRECHATS ➤ 17.30
Série de dessins animés. Sous-titrage Antiope.
**Compétition savoureuse.
Isidore le clochard.**

17.20 **La5** JEANNE ET SERGE ➤ 17.45
Dessin animé.

18.00

18.00 **FR3** FLAMINGO ROAD ➤ 19.00
Feuilleton américain en trente-neuf épisodes.
25. Une vieille amitié. Julio Sanchez ramène Claude Weldon, ivre, chez lui. Eudora, sa femme, a retrouvé ses forces. Field, s'aidant de la politique, essaie de sauver la famille Weldon et sa fortune.

18.00 **M6** JOURNAL ➤ 18.10

18.05 **TF1** CHIPS ➤ 18.55
Série américaine. Rediffusion. (La 5).
Vol à la dépanneuse.

18.10 **La5** SANDY JONQUILLE ➤ 18.30
Dessin animé.

18.25 **C+** TOP 50 ➤ 18.55
Présentation : Marc Toesca.

18.30 **La5** CREAMY ADORABLE CREAMY ➤ 18.55
Dessin animé.

18.55 **TF1** METEO ➤ 19.00

18.55 **C+** STARQUIZZ ➤ 19.20
Présentation : Alexandra Kazan.
Invités : **Sylvie Joly, Jacques Lanzmann, Marc Lavoine.**

18.55 **La5** JOURNAL «IMAGES» ➤ 19.00

19.00

19.00 **TF1** SANTA BARBARA ➤ 19.30
Série américaine. Rediffusion.

19.00 **FR3** «19-20» ➤ 19.55
Magazine d'informations. Présentation : Philippe Dessaint et Catherine Mataush.
De **19.10** à **19.30**, Journal régional. A **19.30**, la suite de «19-20» peut être remplacée par celle des Internationaux de tennis.

19.00 **La5** LA PORTE MAGIQUE ➤ 19.30
Jeu. Présentation : Michel Robbe.

19.00 **M6** INCROYABLE HULK ➤ 19.54
Série américaine. Rediffusion.
Prémonitions.

19.20 **C+** NULLE PART AILLEURS ➤ 20.05
Présentation : Philippe Gildas et les Nuls.

19.30 **TF1** LA ROUE DE LA FORTUNE ➤ 19.50
Présentation : Christian Morin. Réalisation : Dominique Masson.

19.55 **FR3** DIPLODO ➤ 20.00
Série de dessins animés.
La boule noire.

Après avoir lu l'extrait, répondez aux questions suivantes.

5. Quelles séries américaines trouvez-vous dans ce programme? Lesquelles sont des séries contemporaines? Lesquelles ne voit-on plus aux Etats-Unis?
6. Quelle sorte d'émission est «Faites-Moi 6»?
7. Il y a un jeu qui ressemble beaucoup à un jeu américain célèbre. Pouvez-vous le trouver?
8. Quels feuilletons américains sont diffusés sur FR3 et la Une? Est-ce que vous regardez un de ces feuilletons?

9. Il y a deux émissions de musique (l'une montre des vidéoclips). Comment s'appellent-elles?
10. Il y a plusieurs «dessins animés», «Inspecteur Gadget», par exemple. Pouvez-vous deviner (*guess*) le sens de «dessin animé»?
11. Est-ce que l'émission «Symphonie» sur la Une est une émission de musique?
12. Le film *Les Saisons du Cœur* sur Canal Plus est un film américain. Est-ce que vous avez vu ce film? Quel est le titre original?

Pour aller plus loin

Voici quelques expressions qu'on emploie souvent pour établir le rapport dans le passé entre les événements narrés. Choisissez un événement et racontez cette histoire en utilisant les expressions suivantes.

d'abord	à ce moment	puis
ensuite	alors	enfin

Situations

1. Faites une liste de cinq questions pour interviewer un(e) camarade de classe au sujet de son émission préférée à la télé.
2. Et vous, quelle est votre émission préférée? Racontez le dernier épisode de cette émission.
3. Un(e) étudiant(e) raconte à la classe quelque chose qu'il/elle a fait. Les autres posent des questions à l'étudiant(e) à propos de ce qu'il/elle vient de dire. Utilisez le passé composé.
4. Racontez ce que vous avez fait hier ou pendant le week-end.

Chapitre 5

A la page

Structures grammaticales

La Formation de l'imparfait
L'Emploi de l'imparfait
Le Plus-que-parfait
Comment choisir les temps
  du passé
La Date

Fonctions communicatives

Décrire au passé
Raconter au passé

Orientation culturelle

Les Journaux et le
  journalisme en France
Le Rôle des médias dans la
  politique et la civilisation

Perspectives

Y a-t-il un journal impartial?

Mise en train

Lisez-vous souvent le journal?° Combien de fois par semaine?
Lisez-vous un journal régional ou national?
Est-ce que les journaux américains ont tendance à représenter une
    opinion politique?

Mireille et Christophe prenaient un petit café à la terrasse des «Deux Magots» à Paris lorsque leurs amis américains Barbara et Andy se sont arrêtés à leur table pour bavarder.

CHRISTOPHE: Salut, les copains! J'étais justement en train de parler de vous avec Mireille quand on vous a vus arriver.

BARBARA: Salut! J'espère que tu disais beaucoup de bonnes choses. Comme on ne s'est pas vus depuis au moins huit jours, je n'ai pas voulu rater l'occasion de vous dire bonjour.

ANDY: Oui, et c'était une chance de tomber sur° les deux Parisiens qui n'ont jamais manqué de me donner les meilleurs renseignements sur la culture contemporaine en France! Barbara et moi, nous nous disputions sur le choix d'un journal et nous n'avons pas pu résoudre le problème. Alors, donnez-nous un petit conseil.° Qu'est-ce qu'il faut acheter comme quotidien?°

MIREILLE: *Libération*, bien sûr! Dans les années soixante et soixante-dix, tous les étudiants lisaient *Le Monde.* Ça faisait très «intellectuel». Mais maintenant on a compris que, pour être branché,° il fallait absolument lire *Libération.*

CHRISTOPHE: Ah, mais qu'est-ce que tu racontes, Mireille? *Libération* n'a jamais manifesté la moindre profondeur. As-tu déjà essayé de trouver un article de fond° dans *Libé?*

BARBARA: Voilà! Je disais la même chose à Andy tout à l'heure. Je trouve que c'est un journal très superficiel.

ANDY: Je dois dire que j'ai acheté *Libé* tous les jours pendant une semaine entière et que je n'ai jamais eu l'impression de vraiment comprendre les événements.° Par contre, j'ai été impressionné par l'enthousiasme et l'honnêteté de ses journalistes.

CHRISTOPHE: Tu as lu d'autres journaux?

ANDY: Oui, oui, bien sûr. En arrivant en France je me suis aperçu° que beaucoup de Parisiens lisaient *Le Figaro*. Mais j'ai été déçu.°

MIREILLE: Alors ça, je veux bien le croire. C'était le journal préféré de mon grand-père!

BARBARA: En effet, *Le Figaro* a toujours été le porte-parole° de la politique conservatrice. Quand la gauche° est au pouvoir,° il parle au nom de l'opposition.

CHRISTOPHE: Et quand un gouvernement de droite° a été élu° en 1986, le journal est devenu la voix de la majorité.°

MIREILLE: Pas tout à fait! Il y a toujours des lecteurs° à gauche, à droite et au centre qui préfèrent une presse° à mi-chemin° entre *Le Figaro* d'un côté et *L'Humanité* de l'autre.

ANDY: Personnellement, je n'ai jamais ressenti° aucun désir de lire de la propagande. Pour moi, *Le Figaro* se situe trop à droite et *L'Humanité* trop à gauche. Si seulement on pouvait lire un journal impartial en France!

CHRISTOPHE: Tu nous demandais des conseils tout à l'heure. Bon! Lis *Libération* le matin et *Le Monde* le soir. Voilà tout.

MIREILLE: Christophe, quelle horreur! C'est aujourd'hui mercredi et tu as oublié d'acheter *Le Canard enchaîné!*

BARBARA: *Le Canard enchaîné?* C'est quoi?

CHRISTOPHE: Ça, c'est une autre histoire!

Note culturelle

Le journalisme français constitue un aspect fondamental de la culture française. Les étrangers sont souvent surpris par la variété et le nombre de quotidiens qui se vendent chez les marchands de journaux partout en France. Pour mieux comprendre le phénomène de la presse quotidienne, il faut savoir comment les Français choisissent leur journal.

D'abord, il y a deux grandes catégories de quotidiens: les journaux nationaux et les journaux régionaux. *Le Monde, Le Figaro, Libération, L'Humanité* et beaucoup d'autres sont publiés à Paris et présentent les actualités° parisiennes, nationales et internationales. Ils sont aussi distribués, bien entendu, en province où ils trouvent des lecteurs en très grand nombre. La presse régionale—*Midi Libre, Nice Matin, Ouest-France, Les Nouvelles d'Alsace,* par exemple—insiste plutôt sur les événements d'intérêt local.

Un deuxième aspect à noter à propos des quotidiens est leur caractère franchement politisé.° Les grands journaux nationaux donnent une interprétation de l'actualité politique, économique et sociale en accord avec les opinions de leurs lecteurs. Un partisan de la gauche communiste lit *L'Humanité* et se sent à l'aise. Un Français de la droite conservatrice achète *Le Figaro* pour trouver un écho de son point de vue personnel. Et, une fois par semaine, le mercredi, si on aime vraiment la satire, on dévore *Le Canard enchaîné* où les journalistes se moquent de tout (de la droite, de la gauche et du centre!) avec le plus grand humour.

Vocabulaire actif

Les Activités

s'apercevoir   to notice (**aperçu** = *past participle*)
élire   to elect (**élu** = *past participle*)
ressentir   to feel (an emotion)
tomber sur   to come upon, to encounter

Le Journalisme

les **actualités** (*f pl*)   news
un **article de fond**   in-depth analysis

un **conseil**   piece of advice
la **droite**   political right wing
un **événement**   event
la **gauche**   political left wing
un **journal**   newspaper
un **lecteur** / une **lectrice**   reader
la **majorité**   majority
un **porte-parole**   spokesperson
le **pouvoir**   power

la **presse**   the press
un **quotidien**   daily newspaper

Les Caractéristiques

à **mi-chemin**   halfway
branché(e)   with it (*slang*)
déçu(e)   disappointed
politisé(e)   having a political slant

Exercices de vocabulaire

A.   Vous lisez un article sur les médias en France. Complétez chacune des phrases de l'article par un des termes suivants.

un article de fond	la majorité	la presse
les événements	politisé	un quotidien
le journal		

1. La majorité des Français lisent _____ tous les jours.
2. Pour avoir une idée profonde de ce qui se passe sur un certain sujet, il faut lire _____.
3. La presse française a un caractère _____.
4. On peut lire le *Midi-Libre* pour connaître _____ régionaux.
5. Il faut sortir de la maison pour acheter _____.
6. Il y a toujours en France un journal qui représente _____.
7. En France, il ne faut jamais sous-estimer le pouvoir de _____.

B.   Quels termes du **Vocabulaire actif** s'appliquent aux concepts américains suivants?

1. Woodward, Bernstein et le Watergate
2. Ted Kennedy
3. *The New York Times*
4. George Bush, 1988
5. Ann Landers
6. le parti politique américain dominant le Congrès
7. l'ouverture du mur à Berlin
8. les personnes partageant les opinions politiques de William F. Buckley
9. Strom Thurman et Jesse Helms
10. le journal contient surtout ceci

Vous comprenez?

1. Aux «Deux Magots», Mireille et Christophe…
2. Depuis une semaine, Barbara et Mireille…
3. Barbara et Andy étaient en train de…
4. Maintenant, beaucoup d'étudiants lisent *Libération;* il y a vingt ans, on…
5. On lit *Le Monde* parce que…
6. Il y a quelques années, pour être branché…
7. Barbara accuse *Libération* d'être…
8. Andy s'est aperçu que beaucoup de Français…
9. Quand la droite est au pouvoir, *Le Figaro*…
10. Pour Andy, *L'Humanité*…
11. En France, beaucoup de gens lisent…
12. Christophe a oublié d'acheter…

A votre tour

Lexique personnel

Cherchez les termes qui correspondent aux idées suivantes:

1. les sortes de journaux qui se publient dans votre région
2. les sortes de journaux que vous lisez
3. les parties du journal que vous lisez
4. les journaux américains les plus prestigieux
5. les journaux américains les plus populaires

En utilisant le vocabulaire de la leçon et votre lexique personnel, complétez les phrases suivantes.

1. Je lis souvent…
2. Les journaux les plus populaires chez moi sont…

3. Les parties du journal que je préfère sont...
4. Les journaux américains connus dans le monde s'appellent...
5. Ces journaux sont...
6. Les Américains choisissent leurs journaux selon...

Structures

La Formation de l'imparfait

Pour former l'imparfait d'un verbe, il faut retirer la terminaison **-ons** de la première personne du pluriel **(nous)** du présent et ajouter au radical les terminaisons de l'imparfait: **-ais, -ais, -ait, -ions, -iez, -aient.**

parler (nous parl/óns)	**finir** (nous finiss/óns)	**répondre** (nous répond/óns)
je parl**ais**	je finiss**ais**	je répond**ais**
tu parl**ais**	tu finiss**ais**	tu répond**ais**
il / elle / on parl**ait**	il / elle / on finiss**ait**	il / elle / on répond**ait**
nous parl**ions**	nous finiss**ions**	nous répond**ions**
vous parl**iez**	vous finiss**iez**	vous répond**iez**
ils / elles parl**aient**	ils / elles finiss**aient**	ils / elles répond**aient**

La formation de l'imparfait est régulière pour tous les verbes français à l'exception du verbe **être.**

être	
j'**étais**	nous **étions**
tu **étais**	vous **étiez**
il / elle / on **était**	ils / elles **étaient**

EXERCICE 1. Gérard et Jerry sont en train de parler du week-end dernier. Complétez leur dialogue en utilisant la forme convenable de l'imparfait du verbe donné entre parenthèses.

— Salut, Jerry, comment (être) _____ la soirée chez Barbara?

— Ah, c'(être) _____ chouette! Il y (avoir) _____ beaucoup de monde. Tous les copains (être) _____ là.

— Qu'est-ce que vous avez fait?

— On a parlé de beaucoup de choses. Mais tout le monde (être) _____ d'accord pour dire qu'on (trouver) _____ le travail à la Fac très difficile, qu'on (écrire) _____ trop de disserts, qu'on (préparer) _____ beaucoup d'examens, qu'on (lire) _____ beaucoup de livres et qu'il (falloir) _____ aussi faire trop d'exposés.

— Quand même, vous n'(étudier) _____ pas tous les soirs le semestre dernier, si je me souviens bien.

— C'est vrai. Je (sortir) _____ quand je (vouloir) _____. Les copains (sortir) _____ pas mal aussi. Ils (faire) _____ des excursions le week-end et (aller) _____ quelquefois en discothèque.

— Il me semble que le semestre dernier n'(être) _____ pas si affreux que ça.

— Peut-être pas, en effet.

EXERCICE 2. Vous parlez avec des personnes plus âgées que vous. La discussion se concentre sur la façon de vivre aujourd'hui comparée à la vie qu'elles ont connue. Complétez ces petits dialogues en mettant dans la réponse le verbe de la première phrase à l'imparfait.

1. — Nous avons beaucoup de copains.
   — Moi aussi, j'…
2. — Nous prenons la voiture pour faire des excursions.
   — Ah non, nous…
3. — Nous nous retrouvons au café.
   — Non, mon groupe d'amis…
4. — Nous faisons des études pratiques.
   — Oui, tout le monde…
5. — Nous sortons souvent.
   — Ah oui, les jeunes…
6. — Nous déjeunons dans des fast-foods.
   — Moi, je ne…
7. — Nous lisons assez souvent le journal.
   — Oui, ta mère aussi, elle…
8. — Nous regardons les vidéos à la télé.
   — Non, de notre temps on ne…
9. — Nous adorons écouter des disques et danser.
   — Ah oui, ça alors, nous…
10. — Nous sommes contents de notre style de vie.
    — Nous aussi, nous…

L'Emploi de l'imparfait

Emploi général de l'imparfait

On emploie l'imparfait pour faire la description des personnes, des choses, des situations, des actions comme elles étaient dans le passé. On appelle souvent l'imparfait le temps verbal de la description.

1. **Cadre** L'imparfait est utilisé pour faire la description du cadre, c'est-à-dire les éléments qui entourent l'action principale dans le passé.

Qu'est-ce que Mireille et Andy faisaient au café?

On emploie aussi l'imparfait pour décrire plusieurs événements qui ont eu lieu simultanément dans le passé. Ces verbes à l'imparfait sont reliés par une conjonction comme **pendant que** *(while)*. Cet emploi de l'imparfait correspond à la construction *was (were) ___ing* en anglais.

Hier après-midi il **faisait** très beau. Mireille et Andy **prenaient** quelque chose à la terrasse d'un café. Pendant qu'ils **buvaient** leurs boissons, les gens **allaient** et **venaient** dans la rue. Les deux amis **bavardaient** de choses et d'autres et **discutaient** de la presse en France quand soudain…

Yesterday afternoon the weather *was* really nice. Mireille and Andy *were having* some refreshments on the terrace of a café. While they *were drinking* their drinks, people *were going* and *coming* in the street. The two friends *were chatting* and *discussing* the French press when suddenly…

2. **Action habituelle**   L'imparfait est utilisé pour faire la description d'actions qui se faisaient d'une façon habituelle pendant une période indéterminée dans le passé. Cet emploi de l'imparfait présente une situation qui se manifestait régulièrement dans le passé et pour laquelle il n'est pas possible d'envisager un début ou une fin. C'est l'équivalent de *used to* en anglais ou d'une construction avec *would* quand elle est utilisée dans un sens passé.

Mon père **finissait** son travail tous les jours à cinq heures.

My father *used to finish* work every day at five o'clock.

Nous **regardions** toujours les informations à la télé.

We *would* always *watch* the news on TV.

Je **discutais** souvent avec ma mère des événements du jour.

I often *used to discuss* with my mother the events of the day.

3. **Etat physique ou psychologique** L'imparfait est utilisé pour faire la description d'un état physique ou psychologique dans le passé.

Andy **avait** beaucoup de travail, alors il **était** assez fatigué. C'est pourquoi il **préférait** rester à la maison où il **aimait** beaucoup regarder la télé.

Andy *had* a lot of work, and therefore he *was* pretty tired. That's why he *preferred* to stay at home, where he *liked* to watch TV.

Voici une liste de verbes souvent utilisés à l'imparfait pour faire la description d'un état physique ou psychologique.

avoir	**détester**
penser	**aimer**
désirer	**croire**
préférer	**vouloir**

Certains verbes changent de sens ou de connotation selon qu'on les met au passé composé ou à l'imparfait.

Imparfait

Elle en **était** malade.
She *was* upset about it.

Je **savais** la vérité.
I *knew* the truth.

Ils **devaient** faire un exposé.
They *were supposed* to do a presentation.

Il **voulait** rentrer.
He *wanted* to go home. (The state was not translated into action.)

Nous **ne pouvions pas** voyager quand nous étions malades.
We *were unable* to travel when we were sick. (It was impossible for us to travel.)

Passé composé

Elle en **a été** malade.
She *became* upset about it.

J'**ai su** la vérité.
I *found out* the truth.

Ils **ont dû** faire un exposé.
They *had* to do a presentation.

Il **a voulu** rentrer, mais il a manqué l'autobus.
He *wanted* to go home, but he missed the bus. (An attempt was made.)

Nous **n'avons pas pu** réserver des places.
We *couldn't* reserve seats. (We attempted to reserve seats but did not succeed.)

Certaines expressions temporelles indiquent souvent que le verbe en question décrit un événement habituel et qu'il faut donc utiliser l'imparfait. Voici une liste partielle de ces expressions.

souvent	**habituellement**
d'habitude	**fréquemment**
toujours	**tous les jours**

Emplois idiomatiques de l'imparfait

1. **Après** *si* On emploie l'imparfait après **si** pour exprimer un désir qui se rapporte au présent ou au futur.

Si j'avais le temps de lire le journal!	*If only I had* the time to read the paper!
Si vous pouviez m'aider pour mon exposé!	*If only you could* help me with my presentation!

On emploie aussi l'imparfait après **si** pour faire une proposition.

Si nous allions ensemble au café?	*Shall we go* to the café together?
Si on prenait quelque chose?	*Shall we have* something to eat or drink?

2. **Accompagné de** *depuis* **Depuis** + l'imparfait exprime une notion parallèle à **depuis** + présent et relie deux actions dans le passé. Cette construction indique qu'une action était en train de se dérouler quand une autre action a commencé. C'est le verbe qui décrit l'action commencée en premier qui se met à l'imparfait. Cette formation correspond à *had been ___ing* en anglais.

J'**attendais depuis une heure** quand vous êtes arrivé.	I *had been waiting for an hour* when you arrived.
Ils **vivaient** en France **depuis un an** quand la guerre a éclaté.	They *had been living* in France *for a year* when the war broke out.
Elle **était** déjà ici **depuis dix minutes** quand le cours a commencé.	She *had* already *been* here *for ten minutes* when class began.

3. *Venir de* **à l'imparfait** **Venir de** (à l'imparfait) + l'infinitif correspond à *had just* + participe passé en anglais.

Il **venait de partir**.	He *had just left*.
Je **venais de le voir**.	I *had just seen* him.
Vous **veniez d'apprendre** les nouvelles.	You *had just learned* the news.

EXERCICE 3. Dans une lettre, Marc raconte à Philippe un épisode de sa vie à l'université. Complétez la lettre de Marc en mettant à l'imparfait les verbes entre parenthèses. Justifiez chaque emploi de l'imparfait.

Cher Philippe,

Tu demandes comment je suis devenu journaliste. Eh bien, c'(être) _____ le printemps de ma dernière année à l'université. A cette époque-là, je (vouloir) _____ de bonnes notes et je (trouver) _____ que je (faire) _____ toujours bien mon travail. Tous les soirs, pendant que le reste de ma famille (regarder) _____ la télé, je (se mettre) _____ devant ma table de travail, j'(ouvrir) _____ mes bouquins et j'(étudier) _____. J'(avoir) _____ beaucoup de devoirs et je (lire) _____ tant que j'(être) _____ toujours fatigué. Même le week-end quand il (faire) _____ beau et que tous mes copains (aller) _____ s'amuser au café ou au terrain de jeu, je (rester) _____ à la maison pour étudier. Cette situation (durer) _____ depuis deux mois et personne ne (pouvoir) _____ comprendre pourquoi j'(avoir) _____ cette passion pour le travail. Un jour j'ai décidé qu'une vie si bizarre n' (être) _____ pas bien. J'(aller) _____ rater beaucoup de choses intéressantes. Je me suis dit: «Tiens, si seulement je (travailler) _____ moins et (s'amuser) _____ davantage!» Ce jour-là, j'ai écrit mon premier article, pour *Rolling Stone Magazine*. Et voilà comment a commencé cette carrière difficile mais passionnante.

Ciao,
Marc

EXERCICE 4. *Interview.*

1. Regardiez-vous beaucoup la télévision quand vous étiez jeune?
2. Alliez-vous souvent lire les journaux à la bibliothèque le semestre dernier?
3. Gagniez-vous beaucoup d'argent quand vous étiez jeune?
4. Rentriez-vous très tôt quand vous vous amusiez bien en soirée?
5. Lisiez-vous le journal tous les jours quand vous étiez sans télé?
6. Sortiez-vous souvent avec vos copains le semestre passé?
7. Où alliez-vous pour vous amuser?
8. Faisiez-vous des excursions?

EXERCICE 5. Il est important de savoir inviter les autres à faire quelque chose. Faites différentes propositions en employant la structure idiomatique **si + sujet + imparfait du verbe** et les éléments suivants.

1. on / prendre un pot ensemble
2. nous / acheter un journal français
3. vous / venir chez moi demain soir
4. les copains / passer à la maison ce soir
5. tu / faire ce voyage avec moi
6. on / déjeuner ensemble
7. Quelle «invitation» faites-vous à votre professeur de français?

EXERCICE 6.   Nous désirons tous quelque chose! Employez la structure idiomatique **si + imparfait du verbe** pour formuler un désir ou un souhait *(wish)* à propos des personnes indiquées.

1. Mon ami(e)? Si seulement il/elle…!
2. Si seulement mon prof de français…!
3. Si mes parents…!
4. Et mes camarades de chambre, s'ils/si elles…!
5. Si seulement je…!

EXERCICE 7.   Complétez chaque phrase en utilisant **venir de** à l'imparfait suivi d'un infinitif. Le verbe à l'imparfait décrit ce qui s'est passé avant les actions indiquées.

1. Quand j'ai pris le petit déjeuner ce matin, je…
2. Quand je suis arrivé(e) en cours de français aujourd'hui, je…
3. Quand j'ai retrouvé mes amis, ils…
4. Quand j'ai rendu mes devoirs en cours de __, le professeur…
5. Quand mes copains et moi sommes sortis, nous…

Pratique

ACTIVITE 1.   *Quels changements!* La vie à l'université est bien différente de la vie au lycée. Que faisiez-vous au lycée que vous ne faites plus maintenant?

> MODELE: Au lycée, je sortais avec mes amis tous les jours après les cours. Mais maintenant, je dois aller à la bibliothèque pour faire mes devoirs.

ACTIVITE 2.   *Votre jeunesse.* Nous nous rappelons souvent avec plaisir certains souvenirs d'enfance. Parlez de certaines traditions dont vous gardez de bons souvenirs (les anniversaires, les fêtes en famille, la veille de Noël, le samedi matin, les vacances d'été, etc.). Les autres étudiants vont vous demander des précisions.

ACTIVITE 3.   *Moi aussi, j'ai changé.* Nos habitudes et notre caractère changent au cours des années. Comment étiez-vous, par exemple, à l'âge de douze ans? Notez au moins quatre changements.

> MODELE: Quand j'avais douze ans, j'étais très timide.

ACTIVITE 4.   *Les premières impressions.* Décrivez votre premier jour à l'université. Quelles ont été vos premières impressions?

Le Plus-que-parfait

Le plus-que-parfait est formé de l'imparfait du verbe auxiliaire **avoir** ou **être** suivi du participe passé du verbe principal.

parler	répondre
j'**avais parlé**	j'**avais répondu**
tu **avais parlé**	tu **avais répondu**
il / elle / on **avait parlé**	il / elle / on **avait répondu**
nous **avions parlé**	nous **avions répondu**
vous **aviez parlé**	vous **aviez répondu**
ils / elles **avaient parlé**	ils / elles **avaient répondu**

aller	s'amuser
j'**étais allé(e)**	je m'**étais amusé(e)**
tu **étais allé(e)**	tu t'**étais amusé(e)**
il / elle / on **était allé(e)**	il / elle / on s'**était amusé(e)**
nous **étions allé(e)s**	nous **nous étions amusé(e)s**
vous **étiez allé(e)(s)**	vous **vous étiez amusé(e)(s)**
ils / elles **étaient allé(e)s**	ils / elles s'**étaient amusé(e)s**

Le plus-que-parfait suit les mêmes règles que le passé composé en ce qui concerne la formation des questions et la position des adverbes.

Avait-il déjà vu le film avant son départ?

Le plus-que-parfait exprime une action passée, entièrement terminée avant le début d'une autre action ou d'un autre événement dans le passé. L'action d'un verbe au plus-que-parfait s'accomplit à un moment encore plus distant du passé que les actions de la narration principale. Le plus-que-parfait correspond à *had* + participe passé en anglais.

Passé lointain	Passé récent	
Il **avait** déjà **trouvé** un poste	quand il **s'est marié.**	He *had* already *gotten* a job when he *got married.*
Nous **étions** déjà **partis**	quand vous **êtes arrivé.**	We *had* already *left* when you *arrived.*
J'**avais** déjà **terminé** mes études	quand j'**avais** vingt ans.	I *had* already *finished* school when I *was* twenty years old.
Elles **étaient** déjà **sorties**	à trois heures.	They *had* already *gone out* at three o'clock.

Le plus-que-parfait utilisé seul après **si** exprime un désir ou un regret à propos du passé.

Si (seulement) **j'avais étudié!**	*If only I had studied!*
Si (seulement) **vous** m'**aviez compris!**	*If only you had understood me!*
Si (seulement) **l'examen avait été** plus facile!	*If only the test had been easier!*

⚠ RAPPEL   ⚠ RAPPEL

Le plus-que-parfait exprime toujours la même idée que *had + past participle* en anglais. Ne le confondez pas avec les autres temps du passé. Etudiez les exemples suivants.

J'**avais parlé.**	I *had spoken.*
J'**ai parlé.**	I *spoke (have spoken, did speak).*
Je **parlais.**	I *spoke (was speaking, used to speak).*
Je **parlais** depuis...	I *had been speaking* since . . . .
Je **venais de parler.**	I *had just spoken.*

Dans l'anglais de tous les jours, nous n'utilisons pas toujours *had + past participle*, même quand c'est le temps qui exprimerait notre idée de la façon la plus précise. En français, si l'action qu'on veut décrire a été accomplie *avant* d'autres actions déjà mentionnées, il faut utiliser le plus-que-parfait.

Mireille et Andy ont réglé la note que le serveur **avait préparée** plus tôt.	Mireille and Andy paid the bill that the waiter *(had) prepared* earlier.

EXERCICE 8. Il y a eu une superboum chez Josette et beaucoup de ses amis l'ont aidée. Mettez les verbes entre parenthèses au plus-que-parfait pour retrouver ce que Josette a dit à propos de ses amis. Attention à la place des adverbes.

1. J'allais inviter les copains, mais Marc (déjà téléphoner) _____ à tout le monde.
2. J'ai pu faire le marché, car Hélène et Marie (déjà composer) _____ le menu.
3. J'ai fait apporter une chaîne stéréo, parce que tu (acheter) _____ d'excellentes cassettes.
4. J'ai servi les hors-d'œuvre que vous (aller) _____ chercher.
5. J'ai pu ranger les meubles car les copains (aider) _____ à nettoyer la cuisine.
6. J'ai pu me coucher assez tôt parce que je (si bien s'organiser) _____ à l'avance.

Ce pauvre homme déclare: «Si seulement je…»

EXERCICE 9.   D'abord, racontez au passé composé cinq choses que vous avez faites hier. Ensuite, pour chacune de ces phrases, composez une autre phrase au plus-que-parfait pour indiquer un état ou une action qui précédait la situation présentée dans la première phrase.

MODELE: J'ai écrit une dissertation.
J'avais déjà choisi mon sujet.

EXERCICE 10.   Nous avons tous des regrets. Employez la structure idiomatique **si + plus-que-parfait du verbe** pour expliquer un regret à propos des personnes indiquées.

1. Si seulement je…
2. Si seulement mes parents…
3. Mon/ma petit(e) ami(e)? Ah, si seulement il/elle…
4. Et mon/ma camarade de chambre de l'année dernière, si seulement il/elle…
5. Si seulement mon prof de français…
6. Avez-vous un autre regret à exprimer au sujet d'une autre personne ou d'une autre situation dans votre vie?

Comment choisir les temps du passé

⚠ RAPPEL ⚠ RAPPEL

1. Quand on raconte des événements au passé, on utilise le plus souvent le passé composé, l'imparfait et le plus-que-parfait. Comme vous le savez, chacun des trois temps a une signification différente; alors, pour chaque verbe que vous utilisez dans votre narration, vous devez choisir le temps approprié.

2. Une fois que vous avez établi le cadre temporel de votre narration à l'aide de termes tels que **ce matin, hier soir, quand j'étais jeune**, les événements et les descriptions qui se situent à l'intérieur de ce cadre seront exprimés ou au passé composé ou à l'imparfait. Il faut utiliser le plus-que-parfait pour décrire les actions ayant eu lieu avant les événements à l'intérieur du cadre. L'emploi du plus-que-parfait est donc très spécifique; il exprime le concept anglais de *had + past participle*.

3. Comme vous le savez, il est quelquefois utile de comparer l'anglais et le français quand vous essayez de choisir entre le passé composé et l'imparfait. Mais, il faut faire bien attention! Ce n'est pas la forme du verbe en anglais qui détermine le choix du temps français; c'est le contexte dans lequel le verbe est utilisé.

Andy **est allé** au café hier.	Yesterday, Andy *went* to the café.
Andy **allait** souvent à ce café.	Andy often *went* to this café.
Ce matin, il **a lu** *Libération*.	This morning, he *read* *Libération*.
Comme beaucoup de jeunes, il **lisait** *Libération*.	Like many young people, he *read Libération*.

4. Remarquez bien ceci: Quand vous choisissez entre le passé composé et l'imparfait en français, vous communiquez déjà un renseignement essentiel. Rien que par ce choix, vous indiquez s'il s'agit d'une action accomplie ou d'une description.

Comparez l'emploi du passé composé et de l'imparfait dans les exemples suivants et dans ceux du tableau à la page 150.

Imparfait	Passé composé
Je **travaillais** à Paris au début de la guerre. *(cadre)*	J'**ai travaillé** à Paris. *(action coupée du présent)*
Il **pleuvait** à New York. *(cadre)*	Hier, il **a plu.** *(début ou fin explicite)*
Elle **voyait** souvent son ami. *(action habituelle)*	Elle **a vu** son ami trois fois hier. *(succession d'actions)*
Pendant sa jeunesse, il **buvait, fumait** et n'**étudiait** pas. *(action habituelle)*	Il **a** trop **bu** et **fumé** et il **est parti** à minuit. *(succession d'actions)*
Nous **étions** malades. *(état ou condition)*	Nous **avons été** malades. *(changement d'état ou de condition)*
Ils **pouvaient** danser. *(état ou condition)*	Après avoir trop mangé, ils n'**ont** pas **pu** danser. *(changement d'état ou de condition)*
J'**aimais** aller aux concerts de jazz. *(état ou condition)*	J'**ai** beaucoup **aimé** le concert. *(réaction provoquée par un événement)*

Pour vous aider à comprendre la différence entre les images évoquées par le passé composé ou l'imparfait, il est peut-être utile d'envisager le cadre temporel sous la forme d'une émission télévisée. La succession de verbes au passé composé fait avancer l'action de l'émission. Par contre, les moments purement descriptifs de l'émission, où il n'y a pas d'action nouvelle, sont à l'imparfait. Ce sont les moments où la caméra reste fixe pour donner une vue panoramique de la scène ou pour insister sur un objet, un visage, un détail, etc.

Choix des temps du passé

Passé lointain	Espace de temps de la narration			Passé composé
Plus-que-parfait	**Imparfait**			**Passé composé**
Action déjà accomplie	*Action habituelle*	*Cadre*	*État*	*Action accomplie*
Philippe avait déjà raté le bac, et...	il s'ennuyait, parce qu'...	il travaillait pour son père, et...	il n'avait pas d'argent quand...	un jour il a décidé de trouver un autre poste.
Il avait passé un an dans une grande compagnie, où...	il restait souvent tard au bureau, et...	il réfléchissait à son avenir parce qu'...	il voulait réussir.	Après deux ans, il en a eu assez.
Il avait trop voulu en faire, mais comme ...	il rentrait tard tous les soirs, et que ...	ce travail le fatiguait,	il était très découragé, alors...	il a quitté cette entreprise et est retourné chez son père.
J'étais déjà sorti(e) de l'école;	comme d'habitude je conduisais la voiture;	il pleuvait, et...	je pensais à mes cours, quand...	tout à coup, j'ai eu un accident.
Vendredi après-midi, ma mère était allée à la banque où elle avait touché un chèque, car...	elle faisait toujours le marché le samedi matin;	elle cherchait des steaks, mais...	elle n'aimait pas les prix du supermarché, alors...	elle a refusé d'en acheter.

Lisez ce récit d'accident comme si vous alliez en tourner un film pour la télévision.

Il pleuvait et la route était glissante (*la caméra donne une vue panoramique de la pluie qui descend sur la route*). Un camion est apparu et a tourné dans une rue (*le camion entre en scène et accomplit l'action de tourner*). Le camion approchait du carrefour (*la caméra ne change pas de perspective et continue à montrer le camion en train de descendre la route vers le carrefour*), quand soudain une voiture est passée au rouge (*la voiture entre en scène et brûle le feu*). Le camion est rentré dans la voiture au milieu du carrefour (*on voit la collision des deux véhicules*). La violence du choc était grande (*la caméra reste en place et donne une image détaillée des deux véhicules*).

Un homme a couru vers la voiture et a regardé dedans (*l'homme entre en scène et regarde à l'intérieur de la voiture*). Il a regardé le chauffeur pendant quelques secondes (*l'homme regarde le chauffeur*), puis a essayé plusieurs fois de le ranimer (*la caméra montre les efforts successifs de réanimation*). La victime saignait beaucoup (*la caméra montre le détail du visage couvert de sang qui coule toujours*); l'homme n'a plus voulu le toucher (*l'homme fait quelques pas en arrière; il a visiblement pris la décision de ne plus toucher la victime*); il ne savait pas quoi faire (*la caméra fait un zoom pour montrer le visage perplexe de l'homme qui hésite à quitter le chauffeur*). Enfin le chauffeur a ouvert les yeux, s'est levé et a fait un effort pour marcher (*la caméra suit les mouvements successifs du chauffeur*), mais il n'a pas pu (*le chauffeur tombe*); il ne pouvait rien faire (*la caméra insiste sur l'image du chauffeur immobile*). Le pauvre chauffeur avait souvent fait cette même route (*flashback de la voiture en train de descendre la même route à un moment du passé*), mais ce dernier trajet a été pour lui un désastre (*la caméra nous montre le chauffeur allongé sur le sol; la police et l'ambulance arrivent*).

EXERCICE 11. Philippe, Béatrice et Gérard racontent des moments passés devant la télé. Lisez leurs déclarations et justifiez l'emploi des temps du passé des verbes indiqués.

La télévision *marchait* (1) quand je *suis entré* (2) dans la pièce. Comme je ne *voulais* (3) pas rater mon émission, je me *suis assis* (4) immédiatement devant le poste. *C'était* (5) un film de Jean Renoir. Il *a duré* (6) deux heures et quand il *s'est terminé* (7), j'*ai fermé* (8) le poste. Voilà ce que j'*ai fait* (9) hier soir.

Mon frère m'*a demandé* (10) de raconter ce qui *était arrivé* (11) pendant le feuilleton. Normalement il *regardait* (12) cette émission tous les jours sans exception. Mais ce jour-là, il *était sorti* (13) à l'heure où l'émission *commençait* (14). Il ne *savait* (15) pas que je n'*étais* (16) pas à la maison pendant que cette émission *passait* (17) à la télé. Je n'*ai* pas *pu* (18) faire le récit des aventures de son héros préféré. Il *a été* (19) très triste!

Quel manque de chance! Robert *regardait* (20) le plus grand match de football de l'année. Tout *allait* (21) bien. Soudain, le récepteur *a fait* (22) un bruit bizarre—le poste *est tombé* (23) en panne. D'habitude, Robert *téléphonait* (24) à l'atelier de réparation quand cette sorte de catastrophe *arrivait* (25). Mais ce jour-là quand il *a voulu* (26) appeler l'atelier de réparation, personne n'*a répondu* (27), car c'*était* (28) dimanche. Tout à coup, Robert *a eu* (29) une idée: «Si j'*allais* (30) chez mon très bon ami Henri qui a une si belle télé en couleurs?»

EXERCICE 12.   Assez souvent, plusieurs activités ont lieu en même temps. Complétez les phrases suivantes par un verbe à l'imparfait pour indiquer deux activités simultanées.

1. Pendant que je lisais le journal, je…
2. Pendant que mon (ma) camarade de chambre étudiait, je…
3. Pendant que je parlais à mon ami(e) au téléphone, je…
4. Pendant que mes copains achetaient *Le Monde*, je…
5. Pendant que je dînais, mon copain…
6. Pendant que mon prof écrivait au tableau, je…

EXERCICE 13.   Il faut souvent connaître le contexte pour bien comprendre l'action. Lisez les descriptions des situations suivantes et complétez les phrases à l'aide d'actions décrites par des verbes au passé composé.

1. J'arrivais à la fac ce matin quand…
2. Le week-end dernier, il faisait très beau et…
3. Je faisais mes devoirs quand…
4. Quand j'avais quinze ans…
5. Comme je n'avais pas beaucoup d'argent…
6. En rentrant j'étais très fatigué(e) et…
7. Je regardais la télé quand…
8. Je ne pouvais pas sortir samedi soir, alors…

EXERCICE 14.   Voici des débuts de phrases qui indiquent une action accomplie. Utilisez un verbe approprié à l'imparfait pour situer chaque action.

1. Samedi je suis sorti(e) parce que…
2. J'ai choisi cette université parce que…
3. J'ai téléphoné à mon ami(e) parce que…
4. Mes parents ne sont pas venus me voir récemment parce que…
5. Mes copains n'ont pas dîné au restaurant universitaire parce que…
6. Je ne suis pas allé(e) à la boum parce que…
7. J'ai passé toute la journée à étudier parce que…
8. Je n'ai pas vu mes camarades de chambre parce que…

Exercices d'ensemble	

A. Gérard revient à l'appartement après des vacances à la plage. Il apprend qu'il y a eu un cambriolage *(theft)* de plusieurs tableaux orientaux chez son voisin. Vous allez jouer le rôle de Gérard et répondre aux questions de la police.

1. — Comment avez-vous su que le vol avait eu lieu?
   — En arrivant chez moi, je (apprendre) _____ par un autre voisin qu'on (voler) _____ les tableaux.

2. — En quelles circonstances avez-vous appris ce fait?
   — Je (venir) _____ d'arriver chez moi quand je (voir) _____ mon autre voisin qui (travailler) _____ dans son jardin. En descendant de ma voiture, je lui (dire) _____ bonjour et il me (demander) _____ si je (entendre) _____ la nouvelle.

3. — Vous n'avez pas lu le journal local pendant votre absence?
   — Non, parce que je (être) _____ à la plage avec mes amis et que nous (ne pas avoir) _____ l'occasion d'acheter le journal local. On (lire) _____ souvent le journal régional et on (regarder) _____ les informations tous les soirs. Mais nous (ne rien voir) _____ au sujet du vol.

4. — Est-ce que vous avez déjà vu la collection en question?
   — Oui, Monsieur, un jour, je (mentionner) _____ à mon voisin que je (entendre) _____ dire qu'il (avoir) _____ une très belle collection. Il me (demander) _____ si je (vouloir) _____ la voir. Immédiatement, en la voyant, je (se rendre compte) _____ qu'il (collectionner) _____ en effet de très beaux tableaux.

5. — Est-ce que vous avez remarqué quelque chose d'étrange dans le quartier avant votre départ?
   — Non, mais pendant mon absence, selon mes voisins, il y (avoir) _____ un camion qui (circuler) _____ tous les jours, et le conducteur et son ami (avoir) _____ l'air suspect. Une fois, ils (descendre) _____ du camion et (aller) _____ derrière l'appartement du voisin qui (avoir) _____ la collection de tableaux. On (appeler) _____ la police, mais quand elle (arriver) _____ il n'y (avoir) _____ plus personne.

6. — Et vous, Monsieur, où étiez-vous le soir du 20 août?
   — Qui, moi? Mais, je (être) _____ avec mes amis à la plage, comme je vous le (dire) _____ déjà. Ce n'est certainement pas moi le cambrioleur!

B. *Interview.   Les habitudes de lecture chez les jeunes.*   Un sociologue français fait une enquête *(investigation)* sur la lecture chez les Américains de dix-sept ans. Vous aidez le chercheur *(researcher)* en posant les questions suivantes à des camarades de classe.

A dix-sept ans…

1. lisiez-vous un journal local? Lequel? Assez souvent?
2. lisiez-vous un journal national? Lequel? Combien de fois par semaine?
3. lisiez-vous un hebdomadaire d'information et d'opinion comme le magazine *Time?* Lequel? Chaque semaine?
4. Quelle sorte de magazine spécialisé achetiez-vous le plus souvent? Quel était le titre de ce magazine? Depuis quand vous intéressiez-vous à ce sujet?
5. regardiez-vous les informations à la télé à cette époque? Tous les jours? Est-ce que la télé a remplacé la lecture du journal pour vous?

La Date

Les jours de la semaine, les mois et les saisons sont tous des noms masculins ne prennent pas la majuscule.

1. Les jours de la semaine sont **lundi, mardi, mercredi, jeudi, vendredi, samedi, dimanche.**

● Généralement, on n'emploie pas d'article devant les jours de la semaine. L'emploi de l'article défini devant le nom du jour exprime l'idée de *tous les* ou *chaque.*

Normalement, ils vont en ville **le samedi,** mais **samedi** ils vont faire une excursion à la campagne.	They usually go downtown *on Saturday,* but *this Saturday* they will go on an outing in the country.

● Pour exprimer l'idée d'une semaine en français, on utilise souvent l'expression **huit jours;** pour deux semaines: **quinze jours.**

Il va partir dans **huit jours.** J'ai acheté mes billets il y a **quinze jours.**	He'll leave in *a week.* I bought my tickets *two weeks* ago.

2. Les mois de l'année sont **janvier, février, mars, avril, mai, juin, juillet, août, septembre, octobre, novembre, décembre.**

3. Les saisons de l'année sont **le printemps, l'été, l'automne, l'hiver.**

● Pour exprimer l'idée de **à l'époque de** ou **au moment de** devant une saison ou un mois, on emploie la préposition **en (en hiver),** sauf dans le cas du **printemps (au printemps).**

> **Au printemps** les élèves français attendent avec impatience les grandes vacances. Les cours se terminent **en juin** et puis **en été** beaucoup de Français vont à la plage. **En août** tout le monde rentre parce qu'**en septembre** il faut retourner à l'école. Mais courage, les enfants! **En automne** et **en hiver** il y a beaucoup d'autres fêtes et de jours fériés où on est libre.

4. Il existe deux façons d'exprimer l'année.

> 1992   **dix-neuf cent quatre-vingt-douze**
> **mil neuf cent quatre-vingt-douze**
>
> 1789   **dix-sept cent quatre-vingt-neuf**
> **mil sept cent quatre-vingt-neuf**

● Pour traduire la préposition anglaise *in*, on emploie **en** devant les années et les mois, mais **au** devant un siècle.

> **en 1992**   **au vingtième siècle**
> **en 1789**   **au dix-huitième siècle**

● Pour demander la date on emploie généralement la formule:

> **Quelle est la date** $\begin{cases} \text{aujourd'hui?} \\ \text{de son départ?} \end{cases}$

● Pour indiquer la date, on emploie généralement **c'est** + article défini + le nombre cardinal (la seule exception étant **le premier).** Il n'y a jamais de contraction entre **le** et les numéros **huit** et **onze.**

> C'est **le vingt mars** 1991.   C'est **le premier mars** 1992.
> C'est **le onze novembre.**

● On emploie l'article défini **le** devant la date citée seule. Si la date est précédée du jour de la semaine, l'article **le** peut précéder le jour ou la date.

> Elle rentre **lundi le sept juin.**
> Elle rentre **le lundi sept juin.**

EXERCICE 15.   Le directeur de votre programme universitaire américain
en France vous demande d'écrire un petit auto portrait et de parler de
vos activités habituelles. Complétez chaque phrase par une des
expressions entre parenthèses.

1. (en / au) Je suis né(e) _____ mars.
2. (le / en) Je suis né(e) _____ 17 mars.
3. (dans / en) Je vais recevoir mon diplôme _____ mil neuf cent
   quatre-vingt-quinze.
4. (le vendredi / vendredi) Je n'aime pas suivre des cours _____.
5. (le vendredi / vendredi) _____ prochain, je n'ai pas cours; on va
   faire une excursion.
6. (huit / sept) On va passer _____ jours à voyager, une semaine
   entière.
7. (au / en) On va visiter la maison de Napoléon, empereur _____
   dix-neuvième siècle.
8. (en / au) _____ printemps, je vais voyager en Europe.
9. (en / au) Je vais rentrer aux Etats-Unis _____ été.
10. (le quinze / le quinzième) En fait, je dois rentrer _____ août.

EXERCICE 16.   *Quelques dates célèbres.* Dans la colonne à gauche sont
donnés quelques dates célèbres de l'histoire française et dans la colonne
de droite les faits associés à ces dates. Associez à chaque date le fait
qu'elle marque. De quel siècle s'agit-il dans chaque cas?

1. 800	a.	Napoléon devient empereur de France.
2. 1431		
3. 1515	b.	La Deuxième Guerre mondiale a été déclarée.
4. 1643		
5. 1793	c.	Charlemagne est sacré empereur.
6. 1802	d.	Charles Lindbergh atterrit au Bourget.
7. 1815		
8. le 11 novembre 1918	e.	Paris est libéré de l'occupation allemande.
9. 1927	f.	Jeanne d'Arc est brûlée à Rouen.
10. 1939	g.	Charles de Gaulle est mort.
11. 1944	h.	Louis XVI est guillotiné.
12. 1968	i.	Il y a de grandes manifestations d'étudiants et d'ouvriers à Paris.
13. 1970		
14. 1981	j.	La Renaissance commence en France sous François Iᵉʳ.
15. 1992		
	k.	Napoléon perd la bataille de Waterloo.
	l.	L'armistice marque la fin de la Première Guerre mondiale.
	m.	François Mitterrand devient le premier président socialiste depuis cinquante ans.

n. Louis XIV devient roi de France.
o. La Communauté Economique
   Européenne devient l'Europe Unie.

EXERCICE 17.   *Quelle est la date...?* Demandez à un(e) camarade de classe les dates suivantes.

1. la date d'aujourd'hui
2. la date de la fête nationale américaine
3. la date de la fête nationale française
4. la date de Noël
5. la date du Jour de l'An (le premier jour de l'année)
6. la date de son anniversaire
7. la date du prochain examen de français
8. la date où il/elle va recevoir son diplôme

Pratique

ACTIVITE 1.   *Un dîner superbe.* Vous venez de rentrer d'un dîner pour dix personnes chez des amis. C'était un grand succès! Vos amis avaient tout prévu. Racontez ce que vos amis avaient fait avant l'arrivée des invités pour assurer le succès du dîner.

acheter
choisir la musique
décorer l'appartement
écrire des invitations
faire la cuisine
nettoyer l'appartement
téléphoner
trouver des chaises supplémentaires

ACTIVITE 2.   *Un conte de fées.* Racontez votre conte de fées préféré. Si vous n'avez pas de conte de fées préféré, racontez la vie d'un personnage contemporain célèbre.

ACTIVITE 3.   *Vous êtes accusé(e) d'un crime.* Votre alibi vient du fait que vous avez déjeuné en ville et que vous avez fait des achats pendant les heures en question. La police vous pose des questions. Racontez *exactement* ce que vous avez fait et décrivez en détail les circonstances de votre journée en ville. Il faut convaincre la police que vous dites la vérité.

Activités d'expansion

Avant de regarder la petite illustration qui explique la diffusion des journaux en France, répondez aux questions suivantes.

1. Quels quotidiens lit-on chez vous?
2. Quels sont les quotidiens les plus connus et les plus lus aux Etats-Unis?
3. Connaissez-vous des journaux spécialisés aux Etats-Unis—des journaux d'inspiration religieuse ou des journaux politiques, par exemple?

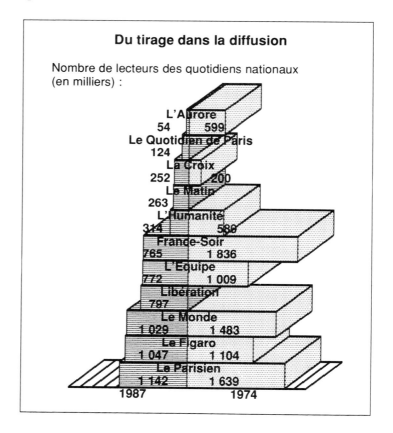

Du tirage dans la diffusion

Nombre de lecteurs des quotidiens nationaux (en milliers) :

	1987	1974
L'Aurore	54	599
Le Quotidien de Paris	124	
La Croix	252	200
Le Matin	263	
L'Humanité	314	580
France-Soir	765	1 836
L'Equipe	772	1 009
Libération	797	
Le Monde	1 029	1 483
Le Figaro	1 047	1 104
Le Parisien	1 142	1 639

Après avoir regardé l'illustration, répondez aux questions suivantes.

4. Lequel de ces journaux est un journal sportif? Comparez sa diffusion et la diffusion des grands journaux. Y a-t-il un journal similaire aux Etats-Unis? Qu'est-ce que ce phénomène révèle au sujet des Français?

5. Un de ces journaux est le journal du Parti Communiste Français. Pouvez-vous deviner lequel? Y a-t-il un journal communiste aux Etats-Unis?
6. Un autre de ces quotidiens est un journal d'inspiration religieuse. Lequel?
7. D'après ce que vous avez appris dans ce chapitre, pourquoi le journal *Libération* a-t-il un tirage moins important que les autres journaux d'information générale?
8. Pourquoi le journal télévisé a-t-il peut-être eu une influence négative plus importante sur le tirage de *France-Soir* que sur les autres quotidiens?
9. *L'Aurore* se trouve parmi les quotidiens les plus anciens de France. Comment l'illustration montre-t-elle l'effet de la tradition sur l'état actuel de *L'Aurore?*

Pour aller plus loin

Lisez la première phrase et choisissez une expression de la liste pour passer de façon logique à la deuxième phrase.

Alors là… *(On that point . . .)*
Attends… *(Wait a minute . . .)*
Bref… *(To make a long story short . . .)*
D'ailleurs… *(What's more . . .)*
Ecoute… *(Listen to me . . .)*
En effet… *(In fact . . .)*
Regarde… *(Look . . .)*
Tu sais… *(You know . . .)*

1. C'est une longue histoire compliquée. Il a fini par changer d'université.
2. Tu arrives vraiment en retard. Tu as déjà raté ton émission.
3. Philippe va bientôt passer son bac. Il le passe ce mois-ci.
4. Brooke Shields, une grande actrice? Je ne suis pas d'accord avec toi.
5. Qu'est-ce qu'il y a à la télé ce soir? Je vais consulter le programme.
6. Le feuilleton «Santa Barbara» est très à la mode en France. Tous les Français connaissent Cruz.
7. Tu vas abandonner tes études? Ce n'est pas une bonne idée.
8. Tu as des problèmes avec tes copains. Je peux peut-être t'aider.

Situations

1. Un membre de la classe se sert du passé composé pour annoncer quelque chose qu'il/elle a fait. Les autres étudiants doivent lui poser des questions sur ce qu'il/elle vient d'annoncer, mais ils doivent alterner les questions à l'imparfait et au passé composé.

MODELE: — Ce matin je suis allé(e) en cours de maths.
    — Est-ce que le cours était à huit heures?
    — Est-ce que le prof a expliqué des problèmes?

2. Racontez un événement important ou dramatique de votre vie en vous servant de tous les temps du passé.

3. Lisez un article de journal et racontez les événements principaux de l'histoire que vous avez lue. Quelle impression vous a faite cette histoire?

4. Racontez le dernier épisode d'un feuilleton que vous avez regardé récemment à la télé.

5. Imaginez qu'un événement traité dans une émission télévisée se produit dans la réalité. Ecrivez un article de journal sur ces «nouvelles» fascinantes.

Chapitre 6
Au cinéma

Structures grammaticales

Les Adverbes interrogatifs
L'Heure
Les Pronoms interrogatifs
Quel et **lequel**

Fonctions communicatives

Poser des questions
Se renseigner

Orientation culturelle

Le Cinéma en France

Perspectives

L'Univers du grand écran

Mise en train

Allez-vous souvent au cinéma?
Combien coûte un billet° de cinéma?
Qu'est-ce que vous achetez à manger ou à boire au cinéma?
   Combien coûtent les consommations au cinéma?
Quels films avez-vous vus récemment?
Aimez-vous vous asseoir près de l'écran° ou loin de l'écran?

En France, les étudiants sont parmi les personnes qui vont le plus souvent au cinéma. Les 15 à 24 ans représentent la moitié des entrées dans les salles. Les plus de 35 ans, au contraire, préfèrent regarder les films à la télé. Jim trouve que Sébastien est un véritable fana° du grand écran et cherche à comprendre cette passion.

JIM: Franchement, tu exagères, Sébastien! Ça fait trois fois que tu vas au cinoche° cette semaine. Qu'est-ce que tu as?

SEBASTIEN: Mais rien du tout! J'estime tout simplement que le cinéma est une excellente façon de passer un bon moment.° Et puis, il y a le monde du cinéma aussi: l'enthousiasme qui accompagne la sortie° d'un nouveau film, les réalisateurs,° les acteurs...°

JIM: Tu connais des vedettes° françaises?

SEBASTIEN: Euh, oui. J'ai une cousine qui fait du maquillage° sur un plateau° à Paris, et...

JIM: Un plateau? Qu'est-ce que c'est que ça?

SEBASTIEN: C'est l'endroit où on fait le tournage° d'un film. Bref, j'ai eu l'occasion d'accompagner Anémone à son travail et je me suis trouvé en présence de certains personnages° de top niveau.

JIM: Mais, lesquels as-tu vus? Ce sont des noms qu'on reconnaît à l'affiche?° Où est-ce que tu les a rencontrés?

SEBASTIEN: As-tu déjà entendu parler de Bertrand Tavernier?

JIM: Comment? Le metteur en scène?° Bien sûr que oui. Quand est-ce que tu as fait sa connaissance?

162

SEBASTIEN: Il y a environ un an. J'étais avec ma cousine quand Tavernier est venu sur le plateau dire bonjour à l'équipe qui tournait° le film. Il a même bavardé un peu avec nous. C'était sympa! Depuis ce temps-là, je veux tout savoir sur le cinéma.

JIM: Eh bien, justement, moi aussi, j'aime bien le cinéma et j'ai surtout un faible pour les films policiers,° les bons westerns° classiques, les films d'épouvante° et même les dessins animés.° Mais qu'est-ce que tu peux me dire au sujet du cinéma français?

SEBASTIEN: Eh bien, voyons. Par où faut-il commencer? Est-ce que tu as l'habitude d'aller voir des films français en Amérique?

JIM: De temps en temps. Au ciné-club° de l'université, par exemple, on passe° assez souvent des films étrangers avec des sous-titres.° Mais dans les salles de cinéma,° les films sont presque toujours doublés.° Personnellement, je préfère la version originale° pour la qualité du dialogue.

SEBASTIEN: Tu as raison. Nous, en France, nous avons un public qui supporte de faire la queue° pour voir les films à grand spectacle,° les superproductions américaines à gros budget. Mais, heureusement, il apprécie aussi les films français intimes et profonds, qui donnent plus à penser.

JIM: Aux Etats-Unis, un film médiocre peut avoir un grand succès grâce à la publicité. Est-ce que c'est aussi le cas en France?

SEBASTIEN: Je ne dis pas non, mais ça arrive moins souvent, je pense. Et puis, le sujet est la principale raison qui pousse les Français à aller voir un film. Mais, dis-moi, est-ce que le cinéma en France t'a surpris?

JIM: Tu vas rire, mais j'ai eu un petit choc culturel quand je suis allé pour la première fois dans un cinéma parisien. D'abord, comme en Amérique, j'ai acheté mon billet au guichet,° mais ensuite, une ouvreuse° m'a accompagné jusqu'à ma place.° Aux Etats-Unis, ça se fait dans les salles de théâtre mais pas dans les salles de cinéma. Et puis, il y a eu des petits messages publicitaires après lesquels deux ouvreuses sont revenues dans la salle pour vendre des bonbons et des glaces. Le grand film° n'a commencé qu'une vingtaine de minutes plus tard!

SEBASTIEN: La prochaine fois, tu n'as qu'à téléphoner au cinéma pour savoir à quelle heure commence la séance.° Comme ça, tu peux arriver juste à temps pour le long métrage.°

JIM: Voilà un renseignement pratique! Mais, dis-moi, si je veux obtenir d'autres précisions sur un film—sur l'intrigue,° le cinéaste,° l'interprétation° des acteurs, le décor,° les personnages, par exemple—à qui ou à quoi est-ce qu'il vaut mieux s'adresser?

SEBASTIEN: C'est très simple. On prend un abonnement° à une revue° de cinéma ou bien on consulte la critique dans les grands magazines et les journaux. Mais tu peux aussi faire comme la plupart des Français et compter sur les conseils d'un ami bien informé—comme moi! C'est ce qu'on appelle le «bouche à oreille».

JIM: Eh bien, voilà! Comme tu dis, c'est très simple. En France, tout le monde peut devenir critique de cinéma, alors?

SEBASTIEN: Mais, pourquoi pas?

Vocabulaire actif

Les Activités
faire la queue to stand in line
passer to show (a film)
passer un bon moment to have a good time
tourner to shoot (a film)

Au Cinéma
un **abonnement** subscription
une **affiche** movie poster
un **billet** ticket
un **ciné-club** film club
le **cinoche** flicks (slang)
l'**écran** (m) screen
le / la **fana** fan
le **guichet** ticket window
une **ouvreuse** usherette
une **place** seat
une **revue** magazine

une **salle de cinéma** movie house
une **séance** showing
un **spectacle** show

Les Films
un **acteur** / une **actrice** actor / actress
un **cinéaste** filmmaker
le **décor** set, scenery
un **dessin animé** cartoon
un **film d'épouvante** horror movie
un **film policier** detective movie
le **grand film** main feature
l'**interprétation** (f) acting
l'**intrigue** (f) plot
un **long métrage** feature film
le **maquillage** makeup

un **metteur en scène** director
un **personnage** important person; character
le **plateau** movie set
un **réalisateur** / une **réalisatrice** director
la **sortie** release
des **sous-titres** (m pl) subtitles
le **tournage** shooting (of a film)
une **vedette** male or female star
la **version originale** movie in its original language
un **western** cowboy movie

La Présentation
doublé(e) dubbed

Exercices de vocabulaire

A. Quels termes du **Vocabulaire actif** s'appliquent aux concepts suivants?

1. *Vendredi 13*
2. *The Little Mermaid*
3. *The Big Easy*
4. 4:30, 6:30, 9:30
5. *Desperado*
6. *Première, Star*
7. Tom Cruise, Harrison Ford
8. Steven Spielberg, Francis Coppola
9. Kathleen Turner, Glenn Close

B. Vous préparez un exposé sur le cinéma en France et vous trouvez des termes utiles dans le dictionnaire. Votre professeur demande une définition de ces expressions. Complétez les définitions suivantes en utilisant une expression de cette liste.

un abonnement	l'interprétation
un ciné-club	l'intrigue
en version doublée	un metteur en scène
en version originale	une première
un fana du cinéma	une vedette

1. L'histoire à la base d'un film s'appelle _____.
2. Un film étranger présenté dans la langue du pays où passe le film est _____.
3. Si les acteurs jouent bien leur rôle, on peut dire que _____ est bonne.
4. Un groupe de personnes qui se réunit pour regarder et discuter de films constitue les membres d'_____.
5. Un film présenté dans la langue du pays où l'on a tourné le film est _____.
6. Un acteur ou une actrice très célèbre dans le monde du cinéma est _____.
7. Si on est vraiment fana du cinéma, on est prêt à s'offrir _____ à une revue de cinéma.
8. Un grand gala qui accompagne un nouveau film est _____.
9. Une personne qui adore le cinéma est _____.
10. Une personne qui tourne des films est _____.

C.   Philippe et Maryse pensent aller au cinéma. Complétez leur conversation par un terme de la liste suivante.

l'affiche	un film d'épouvante	l'ouvreuse
la caissière	guichet	des places
cinoche	l'intrigue	séance

— Dis, Philippe, tu veux aller au _____ ce soir?

— Mais oui, pourquoi pas? Prenons rendez-vous avec les copains et sortons tous ensemble.

— D'accord, mais si nous y allons tous, est-ce qu'on va pouvoir trouver _____?

— Ça dépend. Quel film t'intéresse? A quelle _____ veux-tu aller?

— Aucune idée, sauf que je ne veux absolument pas voir _____. Tu sais que je ne les supporte pas; j'ai toujours trop peur.

— Oui, oui, je sais. Mais si nous allons au cinéma, tout ce qu'il nous faut faire c'est nous présenter au _____ et demander des billets à _____.

— Qu'est-ce que tu sais sur _____ du film à _____?

— Pas grand-chose, mais tout le monde dit que c'est un excellent film comique.

— Bon, alors, c'est décidé. Il n'y a qu'une seule question à résoudre.

— Laquelle?

— Si _____ passe avec des rafraîchissements (*refreshments*), est-ce que tu vas m'acheter une glace?

Vous comprenez?

1. Les gens de quelle tranche d'âge vont le plus souvent au cinéma?
2. Et les plus de 35 ans, pourquoi vont-ils moins au cinéma?
3. Qu'est-ce qui indique que Sébastien est vraiment fana du cinéma?
4. Qui est Tavernier?
5. Si on est francophile, est-ce qu'on préfère un film français doublé ou en version originale? Pourquoi?
6. Quel aspect d'un film semble attirer le plus les Français?
7. Que font les ouvreuses?
8. Qu'est-ce qu'on passe à l'écran en France avant le commencement du film?
9. Comment achète-t-on des consommations au cinéma en France?

A votre tour

Lexique personnel

Cherchez les mots qui correspondent aux concepts suivants:

1. la production d'un film: Qui s'en occupe? Où et comment?
2. le public: Que doit-on faire quand on a envie de voir un film?
3. un amateur de cinéma: Qu'est-ce que c'est? Que veut-on savoir si on est passionné du grand écran?

A.   En utilisant le vocabulaire du chapitre et votre lexique personnel, répondez aux questions suivantes.

1. Le vendredi soir, vous n'avez rien à faire. Est-ce que vous allez voir un film? Peut-être. Que faites-vous avant de prendre une décision?
2. Quel film a gagné l'Oscar cette année? C'est un film de quel genre? Expliquez.
3. Le cinéma fait-il partie de la vie culturelle des étudiants aux Etats-Unis? Expliquez la situation dans votre université. Y a-t-il des cours sur le cinéma, par exemple?
4. Quelles sont vos vedettes de cinéma préférées? Nommez quelques films dans lesquels elles ont joué. Expliquez votre choix.
5. Faites la description d'une sortie (*outing*) au cinéma. Où se trouvait la salle? A quelle heure vous êtes-vous rendu(e) au cinéma? Racontez en détail tout ce que vous avez fait à partir du moment où vous êtes arrivé(e) devant le cinéma.

B. Voici le titre français de certains films qui sont, d'après la revue *Première*, «Les Champions du box-office américain». Essayez de deviner les titres américains de ces films. (Trouvez les réponses à la page 190.)

1. *La Guerre des étoiles*
2. *Les Dents de la mer*
3. *Les Aventuriers de l'arche perdue*
4. *Le Retour du Jedi*
5. *Le Flic de Beverly Hills*
6. *L'Empire contre-attaque*
7. *S.O.S. Fantômes*
8. *Le Retour vers le futur*

C. En France, il y a un quart d'heure de publicité au cinéma avant le commencement du film. Dans la liste à gauche, il y a des slogans publicitaires et à droite, des noms de produits ou de compagnies. Essayez de deviner quel slogan correspond à chaque produit ou compagnie. (Trouvez les réponses à la page 190.)

1. Quel sacré numéro!
2. Touche pas à mon Buffalo
3. Barbare et très civilisé
4. Décidé à faire mille fois plus
5. Le féminin plaisir
6. Antilles. Je file! *(I'm off!)*
7. Une conception unique des voyages
8. Pilotez sur cible *(target)*
9. Belle, blonde et traître
10. Du goût et des idées

a. le parfum Guerlain pour hommes
b. les appareils d'Olympus Airlines
c. la Peugeot 205
d. Air France
e. les jeans Wrangler
f. les parfums Azzaro pour femmes
g. la bière 33 Extra Dry
h. Avis: les voitures de location
i. American Airlines
j. les biscuits Bahlsen

LES CHAMPIONS DU BOX-OFFICE AMÉRICAIN

Recettes nord-américaines brutes, salles seulement, à la date du 1er septembre 1989. Source: Entertainment Data Inc.

399 804 000 $
1. E.T. (1982)

322 000 000 $
2. LA GUERRE DES ÉTOILES (1977)

263 000 000 $
3. LE RETOUR DU JEDI (1983)

260 000 000 $
4. LES DENTS DE LA MER (1975)

Structures

⚠ RAPPEL   ⚠ RAPPEL

1. Comme vous l'avez vu dans les Chapitres 2 et 4, il y a quatre façons de poser des questions auxquelles on peut répondre par **oui** ou par **non** (l'inversion, l'intonation montante, **est-ce que** et **n'est-ce pas**).
2. Pour demander un renseignement précis, il faut utiliser l'expression interrogative appropriée (adverbe, pronom ou adjectif) qui permet d'obtenir cette sorte de renseignement (**pourquoi, qui, quel,** etc.).
3. N'oubliez pas que cette expression interrogative seule ne suffit pas à formuler la question. Elle indique quel renseignement vous demandez, mais elle doit être combinée avec une des structures interrogatives fondamentales (normalement **est-ce que** ou l'inversion). Il faut donc deux éléments différents pour formuler une telle question: une expression interrogative spécifique et une structure interrogative fondamentale.

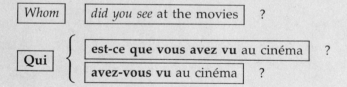

Les Adverbes interrogatifs

L'adverbe interrogatif est utilisé pour obtenir des précisions sur le temps, le lieu, la manière, la quantité ou la cause. Voici les adverbes interrogatifs les plus courants.

1. Temps

quand   when
à quelle heure   when, at what time

> **Quand** est-ce que ce film passe?
> **Quand** commence le grand film?
> **A quelle heure** êtes-vous arrivé au cinéma?
> **A quelle heure** finit la première séance?

2. **Lieu**

où   where

>   **Où** est-ce que Truffaut a tourné ce film?
>   **Où** passe ce nouveau film d'épouvante?

3. **Manière**

comment   how

>   **Comment** est-ce que Jean a trouvé le film?
>   **Comment** s'appelle cet acteur?

4. **Quantité**

combien   how much
combien de + noun   how many, how much

>   **Combien** avez-vous payé les billets?
>   **Combien** coûte une bière?
>   **Combien de** billets a-t-il pris?
>   **Combien de** places y a-t-il dans la salle?

5. **Cause**

pourquoi   why

>   **Pourquoi** Jean est-il rentré?
>   **Pourquoi** est-ce que ces billets coûtent si cher?

Quand on formule une question avec **quand, à quelle heure, où, comment** ou **combien,** il est possible d'inverser le nom sujet et le verbe de la phrase si ce verbe est à un temps simple et n'a pas de complément d'objet. Le nom sujet et ses déterminants doivent constituer le dernier élément de la phrase.

>   **A quelle heure** commence **le long métrage?**
>   **Où** passe **ce nouveau film?**

Cette inversion ne peut pas se faire avec les expressions **combien de** ou **pourquoi,** car la structure normale de la phrase exclut la possibilité d'un nom sujet comme dernier élément de la question.

>   **Combien de** places est-ce que Jean prend?

EXERCICE 1.   Voici une conversation entre Chantal et Jeanne. Chantal raconte sa sortie au cinéma avec Alain et ses copains. Formulez les questions de Jeanne qui correspondent aux réponses de Chantal. Les mots en italique vont vous aider à choisir l'adverbe interrogatif approprié.

— Salut, Chantal. _____ / être / ton week-end?

— Ah, bonjour, Jeanne. Le week-end a été *chouette*.

— _____ / aller / au cinéma?

— Nous sommes allés au cinéma *vendredi soir.*

— _____ / descendre / en ville?

— Nous sommes descendus en ville *dans la voiture de Paul.*

— _____ / retrouver / Jean-Marc?

— Nous avons retrouvé Jean-Marc *sur le parking du cinéma.*

— _____ / la séance / commencer?

— La séance a commencé *à 17h,* et puis après nous avons dîné au restaurant.

— _____ / d'autres copains / aller avec vous?

— Nous étions *six* au début. Mais au milieu du film, Jean-Marc est parti.

— Sans blague! _____ / il / partir?

— *Parce qu'il trouvait le film bête.* Et c'est vraiment dommage parce que nous avons payé les billets assez cher.

— Oui? _____ / coûter / les billets?

— *Trente-six francs* chacun parce qu'il y avait plus d'un film au programme.

— Ah? _____ / films / il / y avoir?

— Il y avait *deux* films. De toute façon, nous avons retrouvé Jean-Marc plus tard.

— _____ / être / Jean-Marc?

— Il était *au café.* C'était une soirée de cinéma assez bizarre, finalement.

EXERCICE 2.   *Interview.* Employez les éléments indiqués pour poser des questions à vos camarades de classe à propos du cinéma.

1. combien / fois / par mois / tu / aller au cinéma?
2. pourquoi / tu / aller / au cinéma / si souvent (peu)?
3. à quelle heure / tu / préférer / aller au cinéma?
4. comment / tu / aller / au cinéma?
5. combien / tu / payer / un billet de cinéma?
6. où / tu / aimer / t'asseoir, près ou loin de l'écran?
7. combien / tu / payer / les pop-corns ou les bonbons?
8. quand / tu / aller / récemment au cinéma?

EXERCICE 3.   Posez des questions à votre professeur de français en employant les éléments suivants.

1. quand
2. à quelle heure
3. où
4. pourquoi
5. combien (de)
6. comment

Pratique

ACTIVITE 1. *Tu veux faire un voyage?* Vous cherchez un compagnon de voyage pour les prochaines vacances. Préparez des questions pour vous renseigner sur les activités quotidiennes et les intérêts de trois de vos camarades de classe. Après avoir parlé avec ces trois personnes, choisissez votre compagnon de voyage et expliquez votre choix.

ACTIVITE 2. *Aimes-tu le cinéma?* Choisissez un(e) partenaire et faites une interview au sujet de ses préférences cinématographiques.
Demandez…

1. ce qu'il/elle aime au cinéma.
2. ce qu'il/elle déteste au cinéma.
3. la fréquence avec laquelle il/elle va au cinéma.
4. s'il/si elle a un magnétoscope *(VCR)*.
5. s'il/si elle aime enregistrer des films.
6. s'il/si elle loue *(rents)* des vidéocassettes.

ACTIVITE 3. *Moi, je suis une star.* Jouez le rôle de votre acteur ou actrice préféré(e). Les autres étudiants de la classe vont vous poser des questions et essayer de deviner votre nouvelle identité.

L'Heure

1. Pour indiquer l'heure   Pour indiquer l'heure, on emploie le nombre cardinal suivi du mot **heure(s)** et les minutes en nombres cardinaux.

1:10	**une heure dix**
3:05	**trois heures cinq**
5:20	**cinq heures vingt**

- Après la demi-heure, le nombre de minutes est soustrait de l'heure suivante.

6:35	**sept heures moins vingt-cinq**
8:50	**neuf heures moins dix**
10:40	**onze heures moins vingt**

- Le quart d'heure et la demi-heure ainsi que **midi** et **minuit** ont des formes particulières.

4:15	**quatre heures et quart**
2:30	**deux heures et demie**
9:45	**dix heures moins le quart**
12:30 P.M.	**midi et demi**
12:20 A.M.	**minuit vingt**

Selon cette publicité qu'est-ce qu'il y a dans ces dossiers? Comment est-ce que les dossiers sont présentés? Qu'est-ce qu'on offre comme cadeau exclusif?

- Pour indiquer la notion avant ou après midi, on emploie généralement les expressions **du matin, de l'après-midi, du soir.**

2:15 A.M.	**deux heures et quart du matin**
3:10 P.M.	**trois heures dix de l'après-midi**
6:20 P.M.	**six heures vingt du soir**

- En français, on emploie assez souvent l'heure officielle, c'est-à-dire les heures numérotées de 1 à 24, pour les horaires de trains et d'avions, l'ouverture et la fermeture des magasins et des bureaux, etc.

  Fermé de **12h** á **14h.**   Ouvert de **9h15** á **19h45.**
  Le train part á **20h38.**   Le concert finit á **23h30.**

- Pour demander l'heure, on emploie généralement une des formules suivantes:

Quelle heure est-il?	*What time is it?*
A quelle heure...?	*At what time . . . ? (When . . . ?)*

2. **Les Parties de la journée**   Pour indiquer la notion de **au moment de** avec les grandes parties de la journée, on emploie l'article **le, la** ou **l'** devant le nom de la partie du jour. C'est l'équivalent de l'anglais *in the* ou *at*.

Je me lève tôt **le matin** car je travaille.	I get up early *in the morning* because I work.
J'ai tous mes cours **l'après-midi.**	I have all my classes *in the afternoon.*
Le soir je fais mes devoirs.	*In the evening* I do my homework.
Je dors bien **la nuit** parce que je suis très fatigué.	I sleep well *at night* because I am very tired.

3. *Temps, fois, heure*   **Temps, fois** et **heure** sont des expressions temporelles qui se traduisent toutes par *time* en anglais, mais qui ne sont pas interchangeables en français.

- **Temps** exprime la durée générale ou abstraite. Le concept n'est pas divisible et on ne peut pas le compter.

Je n'ai pas **le temps** de voyager.	I don't have *time* to travel.
Le temps passe vite.	*Time* flies.
Prenez **le temps** de vous reposer.	Take *the time* to rest.

- **Fois** exprime l'idée de répétition. Il peut donc être précédé d'un nombre ou d'une autre expression qui permet de le compter.

Je suis ici pour la première **fois.**	I'm here for the first *time.*
Il est venu me voir trois **fois.**	He visited me three *times.*
Combien de **fois** avez-vous visité la France?	How many *times* have you visited France?

- **Heure** fait allusion à un moment précis de la journée.

C'est l'**heure** du dîner.	It's dinner*time.*
Il arrivera à une **heure** fixe.	He will arrive at a fixed *time.*
A quelle **heure** s'ouvre le guichet?	At what *time* does the ticket window open?

4. **Les Expressions temporelles se terminant en** *-ée*   Les expressions temporelles **jour, an, soir, matin** ont aussi une forme féminine en **-ée.**

le jour	la journée	le soir	la soirée
l'an	l'année	le matin	la matinée

En général, les formes féminines expriment la durée et se trouvent souvent dans des phrases faisant allusion aux activités qui se passent pendant cette période ou unité de temps.

Dans **trois jours,** nous partons en vacances.
J'ai passé **la journée** à régler mes affaires.

Il part à Paris pour **deux ans.**
Pendant **les deux dernières années,** il a beaucoup voyagé.

Nos invités arrivent **ce soir.**
Nous allons nous amuser pendant **la soirée.**

Ce matin je vais consulter le *Guide Michelin.*
Et moi, je vais passer **la matinée** au marché.

La forme courte, masculine est, en général, immédiatement précédée d'un nombre cardinal (J'ai vingt **ans**). Si l'unité de temps est associée à la notion de *tout, entier, une partie de, la plus grande partie de, pendant,* etc., on emploie généralement la forme féminine en **-ée (l'année** entière, toute la **journée).**

EXERCICE 4.   Complétez ce dialogue entre Philippe et son copain Stéphane en choisissant la forme appropriée des mots entre parenthèses.

— Dis, Stéphane, tu as (l'heure / le temps) _____ d'aller au café prendre un verre?

— Non, Philippe, merci. Je dois passer (la soirée / le soir) _____ à écrire une dissertation pour mon cours de commerce. C'est (le premier temps / la première fois) _____ qu'on fait une dissertation dans ce cours.

— Mais, tu peux boire un petit café avec moi maintenant et puis écrire ta dissert pendant (le soir / la soirée) _____, non?

— Toujours impossible. Chez nous, c'est (l'heure / le temps) _____ du dîner et aujourd'hui c'est moi qui m'occupe de faire la cuisine.

— D'accord. Mais, est-ce que tu viens avec moi au concert ce week-end? Il faut quand même prendre (le temps / l'heure) _____ de te reposer un peu.

— Zut! J'ai oublié le concert. J'ai déjà promis à ma cousine d'aller la voir ce week-end. Je vais passer deux ou trois (journées / jours) _____ avec elle et ses copains dans la résidence secondaire de sa famille. J'ai déjà refusé son invitation deux (temps / fois) _____ et (ce temps-ci / cette fois-ci) _____ je dois vraiment y aller. C'est son anniversaire.

— Oui, oui, je comprends. Alors, je te dis tout simplement: (Au prochain temps / A la prochaine fois) _____.

EXERCICE 5. *A quelle heure...?* Vous habitez avec un(e) étudiant(e) français(e) qui passe l'année dans votre université. Vous cherchez une troisième personne pour partager votre appartement. Employez les éléments suivants pour découvrir l'emploi du temps de vos camarades de classe. Essayez de trouver un(e) camarade de chambre idéal(e).

> MODELE: dîner d'habitude
> A quelle heure dînes-tu d'habitude?

1. se lever normalement
2. prendre le petit déjeuner
3. quitter la maison le matin
4. avoir cours le lundi / le mardi
5. rentrer en semaine
6. étudier le soir
7. sortir le samedi soir
8. se coucher

EXERCICE 6. Vous êtes à Paris et vous lisez les horaires suivants dans la petite revue *Pariscope.* Votre ami n'a pas l'habitude de l'horloge à 24 heures. Utilisez l'horloge à 12 heures pour expliquer à quelle heure se passent les faits suivants.

1. un concert à 20h15
2. un film qui commence à 21h30
3. un magasin qui ferme le soir à 18h
4. un magasin qui est fermé entre 12h et 14h
5. une discothèque qui ouvre à 22h
6. un spectacle qui se termine à 23h45
7. un restaurant qui ouvre ses portes à 19h30
8. un film qui se termine à 23h30

Exercice d'ensemble

Vous faites une demande pour travailler à mi-temps à la bibliothèque de votre université. Un(e) camarade de classe joue le rôle de secrétaire dans le bureau du personnel de la bibliothèque. Répondez à ses questions.

1. Quel âge avez-vous?
2. En quelle année êtes-vous né(e)?
3. Quelle est la date de votre anniversaire?
4. Combien d'heures par semaine voulez-vous travailler?
5. A quelle heure commence votre premier cours chaque jour?
6. A quelle heure finit votre dernier cours chaque jour?
7. Quels jours préférez-vous travailler?
8. Préférez-vous travailler pendant la journée ou pendant la soirée?

Les Pronoms interrogatifs

Pour poser une question au sujet d'une personne, on emploie le pronom interrogatif **qui**. Contrairement au *who/whom* anglais, on ne fait pas de distinction en français entre le pronom **qui** utilisé comme sujet et **qui** utilisé comme complément d'objet.

1. *Qui* **comme sujet**   Quand il représente le sujet du verbe dans une question, **qui** permet d'obtenir une précision et de formuler en même temps la question. **Qui** occupe la première position dans la question et il est suivi d'un verbe à la troisième personne du singulier. L'ordre des mots ne change pas.

   > **Qui** vient avec vous?
   > **Qui** a tourné ce film?[1]

2. *Qui* **comme complément d'objet direct**   Quand il représente le complément d'objet direct du verbe, **qui** occupe toujours la première position dans la question, mais il est suivi de l'expression **est-ce que** ou d'une inversion du sujet et du verbe.[2]

   > **Qui est-ce que** Jean amène au cinéma?
   > **Qui ont-ils** vu au cinéma?

3. *Qui* **comme complément prépositionnel**   Si **qui** est complément d'une préposition, la préposition se trouve généralement au début de la question et **qui** suit immédiatement la préposition. Ensuite on introduit **est-ce que** ou une inversion du sujet et du verbe pour formuler la question.[3]

   > **Avec qui est-ce que** vos amis sont venus?
   > **De qui s'agit-il** dans ce film?

163 500 000 $

ANNÉES SOIXANTE-DIX (1971-1980)

2. L'EMPIRE CONTRE-ATTAQUE (1980)   141 600 000 $
3. LES DENTS DE LA MER (1975)   129 549 000 $
4. GREASE (1978)   96 300 000 $
5. L'EXORCISTE (1973)   89 000 000 $

1. LA GUERRE DES ÉTOILES (1977)

---

[1] Il existe une forme alternative du pronom sujet, **qui est-ce qui**, utilisée de la même manière. On préfère généralement la forme **qui** pour sa simplicité: **Qui est-ce qui** a tourné ce film?

[2] N'imitez jamais la structure courante (mais incorrecte!) en anglais *Who are you taking to the movies?* Cette construction donne l'idée fausse que *who* est sujet et non *you*. En français il faut se rappeler que **vous** est sujet et **qui** est complément d'objet: **Qui est-ce que** vous amenez au cinéma?

[3] Faites aussi attention à la structure incorrecte souvent employée en anglais: *Who are you going to the movies with?* En anglais, on entend souvent une phrase se terminer par une préposition, mais ce n'est presque jamais le cas en français.

⚠ RAPPEL   ⚠ RAPPEL

1. Est-ce qu'il faut utiliser une préposition après le verbe pour introduire un nom ou un pronom en français? Ne comptez pas sur votre connaissance de l'anglais pour décider, car les prépositions sont employées très différemment dans les deux langues! Voici quelques verbes français qui exigent l'emploi d'une préposition pour introduire un nom.

à	de
parler à	s'agir de
téléphoner à	parler de
penser à	avoir besoin de
réfléchir à	se rendre compte de
jouer à	se souvenir de
passer à	avoir peur de
s'abonner à	

2. A l'inverse, certains verbes qui exigent l'emploi d'une préposition en anglais ne l'exigent pas en français.

demander	= to ask *for*	**écouter**	= to listen *to*
payer	= to pay *for*	**regarder**	= to look *at*
chercher	= to look *for*	**attendre**	= to wait *for*

EXERCICE 7.   Vous bavardez avec un(e) ami(e) à propos d'une sortie récente au cinéma. Employez les éléments indiqués pour reproduire les questions posées par votre ami(e) au sujet des personnes que vous connaissez. Faites attention aux mots en italique.

— _____ / tu / aller / au cinéma?

— Je suis allé(e) avec *des copains.*

— _____ / venir?

— *(Names of your friends)* sont venus.

— _____ / tu / amener?

— Je n'ai amené *personne.*

— _____ / être / la vedette du film?

— *(Name of star)* était la vedette.

— _____ / être / le metteur en scène?

— *(Name)* était le metteur en scène.

— _____ / tu / voir / au cinéma?

— J'ai vu *(names).*

— _____ / tu / parler?

— J'ai parlé à *(names)*.

— _____ / s'amuser?

— *Tout le monde* s'est bien amusé.

EXERCICE 8.   Vous téléphonez à un(e) ami(e) français(e) qui étudie dans une autre université et vous demandez des renseignements sur les personnes qu'il/elle fréquente. Posez des questions logiques à propos de ces personnes en utilisant les éléments indiqués.

1. sortir avec / ces jours-ci?
2. voir / régulièrement?
3. parler à / tous les jours?
4. être / ton prof de français?
5. téléphoner à / souvent?
6. inviter / chez toi le week-end?
7. être / ton (ta) meilleur(e) ami(e) là-bas?
8. aller avec / aux soirées?

Questions se rapportant aux choses, aux actions, aux situations	La façon de poser une question à propos de choses, d'actions et de situations varie selon la fonction du pronom interrogatif. Le problème du choix du pronom ne se pose pas en anglais, où *what* est employé comme sujet et complément.

1. *Qu'est-ce qui* **comme sujet**   Si le sujet de la réponse représente une chose, une action ou une situation, il faut utiliser **qu'est-ce qui,** *sans exception,* pour poser la question. Cette formule permet d'obtenir le renseignement et de poser en même temps la question; on n'utilise ni **est-ce que** ni l'inversion dans cette phrase.

   Qu'est-ce qui arrive à la fin du film?
   Qu'est-ce qui vous amuse dans ce film?

2. *Que* **comme complément d'objet direct**   Si c'est le complément d'objet direct de la réponse qui représente une chose, une action ou une situation, il faut utiliser le pronom interrogatif **que** dans la question, mais **que** ne suffit pas pour former la question. Il faut aussi utiliser **est-ce que** ou l'inversion du sujet et du verbe à la suite de **que.** La forme **qu'est-ce que** est préférée dans le langage parlé.

   Qu'est-ce qu'on passe au Rex?
   Que passe-t-on au Rex?
   Qu'est-ce que tu fais ce soir?
   Que fais-tu ce soir?

3. *Quoi* **comme complément prépositionnel**   Si le complément prépositionnel de la réponse est une chose, une action ou une

situation, on utilise le pronom interrogatif **quoi** dans la question. La préposition se trouve généralement au début de la question. **Quoi** suit immédiatement la préposition et précède **est-ce que** ou l'inversion du sujet et du verbe.

> **De quoi s'agit-il** dans ce film?
> **A quoi est-ce qu'**on fait allusion dans ce film?

4. **Pour chercher une définition**

Qu'est-ce que c'est?	*What is it?*
Qu'est-ce que c'est que ça (cela)?	*What is that?*
Qu'est-ce que c'est «un navet»?	*What is a flop?*

EXERCICE 9.   Vous avez l'intention d'écrire à votre copain français. Vous préparez une liste de questions à lui poser. Complétez chacune des questions suivantes par l'expression interrogative qui correspond à la réponse entre parenthèses.

1. _____ se passe dans ta vie ces jours-ci? (Rien de sérieux.)
2. _____ tu fais d'intéressant? (Je prends des leçons de ski.)
3. _____ passe au cinéma en ce moment? (Beaucoup de bons films.)
4. _____ tu as vu au cinéma récemment? (J'ai vu un excellent film d'aventures.)
5. _____ il y a de nouveau comme festival de cinéma? (Il y a un festival Clint Eastwood.)
6. De _____ parle-t-on au ciné-club actuellement? (On parle des films français.)
7. _____ rend les activités du club amusantes? (On va voir beaucoup de films ensemble.)
8. _____ tu vas voir le week-end prochain? (Je vais voir un film policier.)

EXERCICE 10.   *Interview.* Employez les éléments indiqués pour poser des questions logiques à un(e) camarade de classe. Une fois que votre camarade a répondu, posez-lui une autre question.

> MODELE: s'agir de / dans ton manuel d'histoire
> — De quoi est-ce qu'il s'agit dans ton manuel d'histoire?
> — Il s'agit de la Révolution française.
> — Ah oui, qu'est-ce que tu apprends?

1. parler de / dans ton cours de __?
2. penser à / beaucoup?
3. réfléchir à / souvent?
4. parler de / le plus souvent / avec tes amis?
5. avoir besoin de / ces jours-ci?
6. téléphoner à / souvent?
7. jouer à / pour t'amuser?

A.   Jacques vient de voir le film *Danton*. Son ami Charles l'interroge sur le film. Complétez les questions de Charles par l'expression interrogative convenable en vous servant des réponses de Jacques.

— _____tu as fait récemment, Jacques?

— Je suis allé au cinéma.

— _____as-tu vu?

— J'ai vu *Danton*.

— _____ t'a accompagné?

— Mon ami Richard m'a accompagné.

— _____ jouait le rôle de Danton?

— Depardieu jouait le rôle.

— De _____ s'agissait-il dans ce film?

— Il s'agissait d'une dispute.

— _____ avait provoqué la dispute?

— Des différences d'opinion politique avaient provoqué la dispute.

— Avec _____ est-ce que Danton avait des différences d'opinion politique?

— Avec Robespierre.

— _____ s'est passé à la fin du film?

— L'exécution de Danton.

— _____ tu as acheté avant le film?

— J'ai acheté une glace.

— _____ on a présenté comme court métrage?

— On a présenté l'histoire de la statue de la Liberté.

B.   Vous avez l'intention d'aller au cinéma avec vos copains. Posez des questions logiques en employant les éléments indiqués.

1. vouloir / voir?
2. payer cher / billet?
3. se passer / film?
4. jouer / rôle principal?
5. amener / cinéma?
6. adorer / comme vedette?
7. présenter / comme film?
8. faire / après / cinéma?

C.   Vous posez des questions à un(e) camarade sur les sujets indiqués. Utilisez les adverbes et les pronoms interrogatifs appris dans le chapitre pour formuler vos questions.

1. sa famille
2. ses cours
3. ses distractions
4. ses copains
5. ses préférences au cinéma

Pratique

ACTIVITE 1. *Où êtes-vous allé(e)?* Votre professeur va vous raconter l'histoire d'un voyage qu'il/elle a fait. Essayez d'apprendre les détails de son voyage en lui posant des questions.

ACTIVITE 2. *Ça te tente?* Un(e) camarade de classe doit dire à la classe où il/elle a voyagé pendant l'année ou pendant les vacances. Posez des questions pour déterminer si vous êtes tenté(e) d'aller au même endroit.

ACTIVITE 3. *Qu'en pensez-vous?* Choisissez un sujet qui vous intéresse et préparez un sondage de huit questions pour découvrir les pensées et les opinions de vos camarades de classe à ce sujet.

Quel et lequel

Quel

Quel est un adjectif interrogatif qui s'accorde en genre et en nombre avec le nom qu'il modifie, même s'il est quelquefois séparé du nom par d'autres éléments de la phrase. C'est l'équivalent de *what* et de *which* en anglais.

	Singulier	**Pluriel**
Masculin	*quel*	*quels*
Féminin	*quelle*	*quelles*

⚠ RAPPEL   ⚠ RAPPEL

Comment distinguer entre l'adjectif interrogatif **quel** et les pronoms interrogatifs? Utilisez *quel* quand votre question se rapporte à une ou plusieurs choses ou personnes bien spécifiques faisant partie d'un groupe.

Dans certains cas, on peut traduire le **quel** français par *what*, mais ne confondez pas **quel** avec les autres formes interrogatives qui sont traduites par *what* (par exemple, **qu'est-ce qui se passe?** = *what is happening?*). Le mot **quel**, en tant qu'adjectif interrogatif, modifie toujours un nom. Voici des explications et des types de phrases dans lesquelles **quel** + nom sont utilisés.

1. *Quel* + *être* + **nom**   Pour formuler la question, **quel** précède le verbe **être,** et le nom (avec ses déterminants) suit le verbe.

> **Quel** est **le premier film** ce soir?
> **Quelle** est **la date** de la version originale?
> **Quels** sont **les résultats** de cette investigation?
> **Quelles** sont **les meilleures revues** de cinéma?

⚠ RAPPEL   ⚠ RAPPEL

Il faut savoir choisir entre **quel** (adjectif interrogatif) et **qu'est-ce qui** (pronom interrogatif) pour traduire l'expression anglaise *What is...?* Faites bien attention au sens et à la structure de votre phrase.

Si le verbe **être** est suivi d'un nom, utilisez **quel** pour demander la précision *What?*

> **Quelle** est **la date** de la version originale?

Si le verbe **être** n'est pas suivi d'un nom, l'interrogatif anglais *What?* se traduit par **qu'est-ce qui.**

> **Qu'est-ce qui** est **amusant** dans le film?

Si *What?* est sujet et vous utilisez un verbe autre que le verbe **être** dans votre question, employez toujours **qu'est-ce qui** pour poser la question.

> **Qu'est-ce qui arrive** à la fin de ce film?

2. *Quel* + **nom sujet**   Si le nom déterminé par **quel** est sujet de la phrase, **quel** permet d'obtenir le renseignement et de formuler la question en même temps; l'ordre normal de la phrase affirmative est utilisé.

> **Quel acteur** a joué le rôle principal?
> **Quels films** passent en ce moment?

3. *Quel* + **nom complément d'objet direct**   Si le nom déterminé par **quel** est complément d'objet direct du verbe principal, **quel** permet d'obtenir le renseignement mais ne suffit pas pour formuler la question. Le nom doit être suivi de **est-ce que** ou de l'inversion du sujet et du verbe.

> **Quelles revues** de cinéma **est-ce que** vous lisez?
> **Quelle interprétation a-t-il** donnée de ce rôle?

4. **Préposition + *quel* + nom**   Si le nom déterminé par **quel** est complément de la préposition, **quel** permet d'obtenir le renseignement mais ne suffit pas pour formuler la question. Le nom doit être suivi de **est-ce que** ou de l'inversion du sujet et du verbe.

> **De quel film parliez-vous?**
> **Pour quelle actrice a-t-il** écrit ce rôle?
> **A quels films est-ce qu'**il pense?

EXERCICE 11.   Au Cercle français, on parle d'aller voir un film français. Pendant la discussion, on dit les choses suivantes. Demandez des renseignements supplémentaires en utilisant la forme appropriée de l'adjectif **quel**.

1. Nous allons voir un film français.
2. Le film passe dans un cinéma de la ville.
3. On a déjà parlé de plusieurs films différents.
4. J'ai beaucoup aimé un des festivals de l'année dernière.
5. Mais je n'ai pas apprécié la vedette de ces films.
6. Nous avons cherché des revues de cinéma pour le club.
7. Le club s'est abonné à deux revues.
8. Enfin, nous avons choisi un grand film pour la sortie.
9. Le prof nous a parlé du metteur en scène.
10. Nous avons demandé une contribution à certains membres.

Lequel

Lequel est un pronom qui remplace l'adjectif **quel** et le nom qu'il détermine. Il doit donc s'accorder en genre et en nombre avec le nom. Voici les formes du pronom interrogatif qui peuvent s'appliquer à des personnes ou à des choses.

	Singulier	Pluriel
Masculin	*lequel*	*lesquels*
Féminin	*laquelle*	*lesquelles*

Comme c'est un pronom, **lequel** s'emploie aussi bien comme sujet, complément d'objet ou complément prépositionnel.

Lequel est toujours l'équivalent de *which one(s)* en anglais, jamais de *what*.

1. *Lequel* **comme sujet**   **Lequel** employé comme sujet de la phrase permet d'obtenir le renseignement et de formuler aussi la question.

> — Je voudrais voir un des films de Truffaut.
> — **Lequel** passe en ville en ce moment?

PRIX SPECIAL DU JURY - CANNES 1989
PHILIPPE NOIRET . JACQUES PERRIN
un film de GIUSEPPE TORNATORE
CINEMA
Paradiso

OSCAR
DU
MEILLEUR
FILM
ETRANGER

Est-ce que vous connaissez un autre film avec Noiret? Lequel?

— J'ai tendance à oublier le nom de ces deux actrices.
— **Laquelle** joue dans le film *L'Indiscrétion?*

— Il y a maintenant en France deux ou trois metteurs en scène très célèbres.
— **Lesquels** ont gagné le prix à Cannes?

— Il y a tant de revues de cinéma actuellement!
— **Lesquelles** sont les meilleures?

2. *Lequel* **comme complément d'objet direct**   **Lequel** employé comme complément d'objet direct du verbe permet d'obtenir le renseignement mais ne suffit pas pour poser la question. Il doit être suivi de **est-ce que** ou de l'inversion du sujet et du verbe.

— J'aime beaucoup les films avec Depardieu.
— Ah oui, **lequel est-ce que** vous avez vu récemment?

— Je connais une actrice française célèbre.
— **Laquelle connaissez-vous?**

— Je préfère les acteurs qui sont amusants.
— **Lesquels aimez-vous** le mieux?

— Je prépare un topo sur les vedettes françaises.
— **Lesquelles est-ce que** tu as vues?

3. *Lequel* **comme complément prépositionnel**   **Lequel** employé comme complément d'une préposition permet d'obtenir le renseignement mais ne suffit pas pour poser la question. Il doit être suivi de **est-ce que** ou de l'inversion du sujet et du verbe.

Précédé de la préposition **à** ou **de, lequel** suit les mêmes règles de contraction que l'article défini.

Notez que, dans le langage parlé, les Français n'utilisent pas souvent la formule *préposition* + **lequel** pour poser une question. Ils préfèrent la formule *préposition* + **quel** + *nom*.

à	de
auquel	**du**quel
à laquelle	**de la**quelle
auxquels	**des**quels
auxquelles	**des**quelles

— En classe on a parlé d'un film de Michel Legrand.
— **Duquel** a-t-on parlé?
— **De quel film** a-t-on parlé?

— Au ciné-club, on écrit quelquefois à des acteurs.
— **Auxquels** est-ce qu'on a écrit?
— **A quels acteurs** est-ce qu'on a écrit?

— Depardieu joue dans plusieurs films actuellement.
— **Dans lesquels** est-ce qu'il joue?
— **Dans quels films** joue-t-il?

EXERCICE 12.   Après la réunion organisée par le Cercle français, vous parlez de cinéma avec différents membres. Complétez les questions suivantes (1) par la forme appropriée de **lequel** et (2) par la forme **quel** + nom.

1. — Je viens de voir deux films.
   — _____ venez-vous de voir?
2. — J'ai reçu des billets pour deux premières qui ont lieu le même jour.
   — Alors, _____ allez-vous?
3. — Marie cherche des photos pour sa collection.
   — _____ cherche-t-elle?

4. — Paul a parlé longtemps des acteurs canadiens.
   — _____ a-t-il parlé?
5. —Mon ami a écrit à un acteur.
   — _____ a-t-il écrit?
6. — Une vedette a envoyé sa photo à des jeunes filles dans mon lycée.
   — _____ a-t-elle envoyé sa photo?
7. — Il y a deux guichets devant ce cinéma.
   — _____ achète-t-on les billets?
8. — On sert plusieurs boissons au bar.
   — _____ sert-on?
9. — Ils reçoivent deux revues différentes.
   — _____ est-ce qu'ils préfèrent?
10. — J'adore ces bonbons-là.
   — _____ adores-tu?

EXERCICE 13.   *Interview.* Formez des phrases en utilisant les éléments indiqués. Après chaque phrase, un(e) camarade va vous demander une précision en employant une forme de **lequel.** Répondez-lui.

1. je / adorer / plusieurs / sortes / films
2. je / s'abonner à / toutes sortes / revues
3. il / y avoir / beaucoup / vedettes / que / je / adorer
4. il / y avoir aussi / vedettes / que / je / détester
5. je / aller voir / plusieurs fois / certains types de films
6. je / avoir / une actrice préférée
7. je / avoir aussi / un acteur préféré
8. je / voir / récemment / deux films très mauvais

Exercices d'ensemble

A.   Vous parlez au téléphone avec une amie française à Paris, mais vous avez de la difficulté à entendre tout ce qu'elle dit. Pour vérifier que vous avez bien compris votre amie, posez la question qui correspond à la partie indiquée dans les phrases suivantes.

1. Eh bien, nous sommes allés au cinéma *hier.*
2. Nous voulions voir *Astérix et le Coup du Menhir.*
3. Nous sommes allés *en métro.*
4. Il y a des séances spéciales *le mercredi après-midi.*
5. Nous sommes arrivés *à deux heures.*

6. On est allé avec *Alain et Jacqueline.*
7. On a retrouvé les copains *devant le cinéma.*
8. *Tout le monde* est allé au café après le film.

B.   Un journaliste français prépare un article sur les Américains et les médias. Utilisez ses notes pour interroger un(e) camarade de classe.

Le Journal

1. son journal préféré
2. ce qu'il/elle pense du journal local
3. l'heure à laquelle il/elle lit son journal
4. le nombre de journaux qu'il/elle lit
5. les articles qu'il/elle trouve les plus intéressants dans le journal

La Télé

1. son présentateur/sa présentatrice préféré(e)
2. son émission préférée
3. ce qu'il/elle pense des pubs à la télé
4. les mauvais côtés de la télé
5. l'avantage du câble

La Radio

1. la musique qu'il/elle aime écouter
2. l'endroit où il/elle écoute le plus souvent la radio
3. l'aspect de la radio qui lui plaît
4. la raison pour laquelle il/elle écoute la radio
5. l'heure à laquelle il/elle écoute le plus souvent la radio

Pratique

ACTIVITE 1.   *Qu'aimez-vous?* Choisissez un des thèmes suivants et interrogez votre partenaire sur ses goûts.

1 les livres (les genres, les auteurs, les titres préférés)
2. les sports (la saison, les équipes, les champions préférés)
3. les groupes de musiciens (la musique, les albums, les chansons, les concerts préférés)

ACTIVITE 2.   *Que faites-vous?* Interviewez votre professeur de français au sujet de ses passe-temps préférés.

ACTIVITE 3. *Monsieur le Président… / Madame la Présidente…* Vous avez l'occasion d'interviewer le (la) président(e) de votre université pour le journal du campus. Quelles questions allez-vous poser? Il y a sans doute des problèmes qui méritent son attention. Lesquels? Choisissez un(e) étudiant(e) pour le rôle du (de la) président(e) et posez-lui vos questions.

Activités d'expansion

Vie actuelle

Voici deux petits articles d'intérêt général tirés de la revue de cinéma *Première*. Avant de lire les articles, répondez aux questions suivantes.

1. Si vous désirez des renseignements sur les films qui passent dans votre ville, qu'est-ce que vous consultez?
2. Connaissez-vous le système du Minitel en France?
3. Avez-vous vu le film *Batman?* Avez-vous trouvé ce film très violent?
4. Quelle a été votre réaction vis-à-vis du personnage du Joker dans ce film?

Minitel. Hachette Filipacchi Télématique vient de lancer Cinescope, un service Minitel qui s'adresse à tous les professionnels du cinéma et à tous les amoureux du grand écran. 17 925 films sont répertoriés et fichés dans cette banque de données. Cinescope sélectionne instantanément, pour chaque film, le titre en langue française et/ou originale, les comédiens, leur rôle, le réalisateur, le genre, l'année de réalisation, l'année de sortie, le producteur, la durée, l'éditeur vidéo, les prix, les récompenses et un résumé du scénario. Pour vous brancher, composez le 36 28 00 57.

Après avoir lu le premier article, répondez aux questions suivantes.

5. A qui s'adresse le nouveau service Minitel qui s'appelle Cinescope?
6. Citez au moins trois ou quatre sortes de renseignements accessibles par ce service.
7. Que veulent dire les termes suivants: **une banque de données, brancher, composez?**

Après avoir lu le deuxième article (voir page 189), répondez aux questions suivantes.

8. De quel pays s'agit-il dans cet article?
9. Qui ne peut pas voir ce film?
10. Quel personnage du film soulève des objections?
11. Quel pourcentage du film est censuré?

La Bat-censure. Les enfants belges son privés de "Batman". En effet, le tribunal des référés de Bruxelles a confirmé la décision de la commission de contrôle qui a interdit le film aux moins de seize ans. Une décision motivée, selon l'un des membres de ladite commission, par le fait que «les enfants qui adorent la délinquance et aiment casser, déchirer, abîmer, vont idolâtrer cette saloperie de clown fasci-nant qu'est Joker». Résultat, c'est près de 30% des recettes du film qui sont amputées en Belgique. En Angleterre, "Batman", décidément très en vogue chez les censeurs, est le premier film à tomber sous le coup de la nouvelle limite d'âge mise en place par la commission de censure: il est interdit aux moins de douze ans, même accompagnés par des adultes.

12. Quel autre pays a censuré *Batman?*
13. Dans lequel des deux pays est-ce que la censure est la plus contestable?
14. Etes-vous d'accord avec cette censure du film pour les enfants très jeunes?
15. A votre avis, quel film est plus dangereux pour les très jeunes, *Batman* ou *Bambi?* Pourquoi?

Pour aller plus loin

On emploie souvent, dans le style parlé, des expressions interrogatives pour demander une explication supplémentaire. Ces formules sont très courantes mais assez différentes des formes du style écrit. Un membre de la classe lit une des déclarations suivantes. Un(e) deuxième étudiant(e) réagit à la phrase en employant une des expressions de la liste. Le (la) premier (première) étudiant(e) va alors préciser sa pensée.

MODELE: — Je déteste les films d'épouvante.
— Vraiment?
— Oui, oui, je les trouve trop violents.

Et alors? *(So what?)*   Ah, bon? *(Really?)*
C'est vrai? *(Is that right?)*   Tu plaisantes, ou quoi? *(Are you joking, or what?)*
Comment ça? *(How's that?)*
Sans blague? *(No kidding?)*

1. Le week-end dernier j'ai vu un film super!
2. Je trouve les films de Stephen King bizarres.
3. Je n'aime pas du tout Harrison Ford.
4. Les films américains sont trop violents.
5. On devrait vraiment censurer les films pornographiques.
6. J'ai adoré le film qui s'appelle *(nom d'un film)*.
7. J'ai vraiment détesté le film qui s'appelle *(nom d'un film)*.
8. Mon actrice préférée c'est *(nom d'une actrice)*.

Situations

1. Vous êtes à Paris et on vous invite à aller voir un film. Quelles questions posez-vous pour savoir si vous voulez voir ce film?
2. Un(e) de vos camarades de classe pense à un film. Tous les autres étudiants lui posent des questions pour deviner le titre du film.
3. Vous avez vu récemment un film que vous avez beaucoup aimé (ou détesté). Votre ami(e) ne l'a pas vu. Expliquez à votre ami(e) pourquoi vous avez tellement aimé (ou détesté) ce film.
4. Faites une liste de questions que vous vous posez au sujet de votre avenir. Vous pouvez comparer votre liste aux listes de vos camarades de classe.

A VOTRE TOUR B, p. 167.

1. *Star Wars*		5. *Beverly Hills Cop*	
2. *Jaws*		6. *The Empire Strikes Back*	
3. *Raiders of the Lost Ark*		7. *Ghostbusters*	
4. *The Return of the Jedi*		8. *Back to the Future*	

A VOTRE TOUR C, p. 167.

1. c	3. a	5. f	7. i	9. g
2. e	4. h	6. d	8. b	10. j

Chapitre 7

Les Moyens de transport

Structures grammaticales

Les Pronoms compléments
    d'objet
Les Pronoms possessifs
Les Pronoms démonstratifs

Fonctions communicatives

Préparer un voyage
Exprimer la possession
Distinguer entre plusieurs
    objets

Orientation culturelle

Les Voyages en avion
Le Métro parisien (RATP)
Les Chemins de fer français
    (la SNCF)
Prendre le bus ou le car

Perspectives

Les Voyages et les trajets

L'Avion

A bord d'un° avion de la compagnie Air France à destination de° Paris, on entend une voix de femme au haut-parleur:° «Mesdames et Messieurs, nous allons bientôt atterrir° à Paris, aéroport Roissy-Charles-de-Gaulle. Veuillez attacher° vos ceintures° et éteindre° vos cigarettes».

ELLEN: Marie-France, réveille-toi! L'hôtesse° vient d'annoncer notre arrivée° à Paris.

MARIE-FRANCE: Ne t'inquiète pas, je l'ai entendue. Mais nous avons tout notre temps.

ELLEN: Toi, tu es parisienne. Tu connais l'aéroport. Tu sais quelles portes° il faut prendre, où il faut aller pour réclamer et enregistrer° ses valises. Moi, je n'en sais rien.

MARIE-FRANCE: Ecoute-moi. Toi et moi, nous allons régler tout ça sans problème au moment d'atterrir. Tu vas voir.

ELLEN: Je voudrais acheter mon billet pour Marseille en arrivant.

MARIE-FRANCE: D'accord. Il faut aller au comptoir° d'Air Inter pour en parler à l'agent. Dis-lui que tu as l'intention de descendre à Aix-en-Provence et indique la date que tu as prévue° pour ton départ de Paris.

ELLEN: Air Inter? Je ne connais pas. C'est une ligne importante?

MARIE-FRANCE: Ce sont les lignes qui assurent le service aérien à l'intérieur de la France.

ELLEN: Les avions sont petits? Tu sais que j'ai la trouille° quand ils sont trop petits.

MARIE-FRANCE: Mais non. Ce sont, en général, des jets très modernes.

ELLEN: Chut! Je vois déjà les pistes° de Roissy et les avions qui décollent.° Nous arrivons juste à l'heure prévue.

Une demi-heure plus tard devant le comptoir d'Air Inter...

ELLEN: Bonjour, Monsieur. Je voudrais un billet pour Aix-en-Provence, le 15 juillet, s'il vous plaît.

AGENT: Oui, Mademoiselle. Un instant, je vais vérifier s'il y a encore des places. Un aller simple° ou un aller-retour?°

ELLEN: Aller simple, s'il vous plaît. L'aéroport est loin de la ville?

AGENT: Il y a un vol° direct° jusqu'à Marseille-Marignane et vous prenez ensuite le car° qui fait la navette° entre l'aéroport et Aix. Ça vous fait un petit trajet° de vingt minutes.

ELLEN: Ça me paraît raisonnable. Je vais prendre mon billet aujourd'hui si vous voulez bien me le préparer.

AGENT: A votre service, Mademoiselle.

Le Métro et l'autobus

L'un des meilleurs moyens de se déplacer° à l'intérieur de la ville de Paris c'est de prendre le métro. Il y a, cependant, des touristes qui hésitent à s'en servir tout seuls. Et pourtant, le système est si simple!

D'abord, vous trouvez une bouche de métro.° Vous y descendez et vous cherchez le guichet ou le distributeur° automatique où l'on achète les billets. Si vous demandez un carnet° de tickets, ceux-ci vous coûtent moins cher. Puis, vous suivez, sur des plans° qui sont affichés° partout, le trajet que vous voulez faire. Après avoir validé° votre ticket, vous allez sur le quai.° Quelques minutes plus tard, l'une des rames° rapides de la RATP° se présente devant vous sur la voie.° Vous montez en voiture,° et votre petit voyage commence. En suivant le plan qui se trouve dans chaque voiture, vous pouvez déterminer à quel arrêt° il faut descendre. Quelquefois, surtout aux heures de pointe,° il faut faire un effort pour sortir de la voiture et ne pas manquer sa station. C'est à celle-ci que vous pouvez changer de ligne et prendre une correspondance° pour arriver à votre destination dans Paris, ou dans la région parisienne si vous prenez le RER.°

On peut aussi se servir de ses tickets de métro pour prendre l'autobus. Mais attention! On monte à l'avant° où il faut composter° son ticket en l'introduisant° dans la machine près du conducteur. Celui-ci peut vous en vendre un, si vous n'en avez pas, mais le ticket va coûter plus cher. Pour descendre à votre arrêt, vous devez le signaler° en appuyant° sur un bouton° spécial. Et il ne faut pas oublier de sortir par le milieu° du bus. Mais, il n'y a pas de quoi s'inquiéter. Paris est une ville où l'on s'amuse même quand on se perd!°

Le Chemin de fer°
Il est 20h30 dans un train en partance de° la gare° de Lyon à Paris, à destination de Montpellier.

MICHEL: Regarde tout ce monde! On a bien fait de réserver nos places. As-tu vérifié l'horaire° pour savoir l'heure d'arrivée?

OLIVIER: Encore mieux. J'ai demandé un indicateur° officiel de la SNCF° quand on est passé devant le bureau de renseignements.° L'arrivée du rapide° est prévue pour 7h04. C'est un trajet assez long. Heureusement qu'on a loué des couchettes.° Je préfère ne pas passer la nuit assis.

MICHEL: Ou debout comme ces gens dans le couloir° qui n'ont pas trouvé de compartiment non-réservé.°

OLIVIER: Dans toute cette foule de voyageurs, il doit y en avoir plusieurs qui vont descendre à Lyon. Les gens debout trouvent souvent une place après l'arrêt de Lyon.

Il est 6h30...

MICHEL: On arrive bientôt. Je vais descendre ma valise et la mettre dans le couloir. Je descends la tienne aussi?

OLIVIER: Volontiers. Mettons les nôtres à côté de celles des autres passagers qui sortent en même temps que nous.

MICHEL: Bon! Voilà le train qui ralentit.°

LES HAUT-PARLEURS: Attention, attention! Le train en provenance de° Paris-gare de Lyon entre en gare. Arrêt de quatre minutes à Montpellier.

MICHEL: De quel côté est-ce qu'il faut descendre?

OLIVIER: Celui-ci. Allez, dépêche-toi ou tu vas te retrouver à Perpignan! Tu sais bien que les trains français ne s'arrêtent pas longtemps!

Vocabulaire actif

Les Activités
appuyer   to press
attacher   to fasten
atterrir   to land
avoir la trouille   to be afraid *(slang)*
composter   to punch (a ticket)
décoller   to take off

se déplacer   to get around
enregistrer   to check (baggage)
éteindre   to extinguish
introduire   to insert
se perdre   to get lost
prévoir   to plan *(past participle = **prévu**)*
ralentir   to slow down

signaler   to signal
valider   to validate

Pour voyager
un **aller-retour**   round-trip ticket
un **aller simple**   one-way ticket
l'**arrivée** *(f)*   arrival

le **bureau de renseignements**   information counter
le **comptoir**   ticket counter
une **correspondance**   connection, transfer point
le **haut-parleur**   loudspeaker
l'**horaire** (m)   schedule
un **trajet**   trip

En avion
la **ceinture**   seat belt
l'**hôtesse** (f)   flight attendant
la **piste**   runway
la **porte**   gate
le **vol**   flight

Dans le métro
un **arrêt**   stop
une **bouche de métro**   subway entrance
un **carnet**   book of tickets
le **distributeur**   ticket dispenser

les **heures de pointe** (f pl)   rush hour
un **plan**   map
le **quai**   platform
une **rame**   subway train
la **RATP (Régie Autonome des Transports Parisiens)**   Paris bus and subway agency
le **RER (Réseau Express Régional)**   suburban rapid-transit line
la **voie**   track
la **voiture**   subway or railway car

En bus
l'**avant** (m)   front
le **bouton**   button
le **car**   intercity bus
le **milieu**   middle
la **navette**   shuttle

Par le train
le **chemin de fer**   railroad

un **compartiment non-réservé**   unreserved compartment
une **couchette**   bunk
le **couloir**   corridor
la **gare**   station
l'**indicateur** (m)   train schedule
un **rapide**   express train
la **SNCF (Société Nationale des Chemins de Fer Français)**   French national railroad system

Les Caractéristiques
à bord de   on board
à destination de   bound for
affiché(e)   posted
direct(e)   nonstop
en partance de   departing from
en provenance de   arriving from

Exercices de vocabulaire

A.   Vous visitez Paris avec un(e) ami(e) qui n'a jamais pris le métro. Votre ami(e) vous demande comment se servir de ce moyen de transport. Complétez les phrases suivantes par le terme convenable de la liste pour expliquer à votre ami(e) comment utiliser le métro de Paris.

l'arrêt
la bouche de métro
un carnet
une correspondance

le plan
le quai
la rame

la station
un ticket
valider

1. D'abord, il faut trouver _____ la plus proche.
2. Ensuite, descends dans _____.
3. Cherche le distributeur et achète _____.
4. Pour économiser de l'argent, il est préférable d'acheter _____.
5. Consulte _____.
6. N'oublie pas de _____ ton ticket, tu risques d'être contrôlé(e).
7. Va sur _____ pour attendre _____.
8. Tu dois déterminer s'il faut prendre _____.
9. Arrivé(e) à _____ désiré, tu descends, et voilà. C'est très simple.

B. Vous avez passé l'été en France et à la fin de votre séjour *(stay)*, vos parents viennent visiter Paris avec vous. Ils vous ont dit tout simplement le jour de leur arrivée et le numéro de leur vol. Vous téléphonez à une agence de voyages pour avoir des renseignements supplémentaires. Complétez le dialogue en utilisant les termes appropriés de la liste suivante.

l'aéroport	la correspondance
atterrir	direct
la compagnie aérienne	en provenance de

VOUS: *(Ask what airline has a flight 654 that arrives on July 31.)*

L'AGENT: Eh bien, il y a un vol TWA, numéro 654, qui arrive le 31 juillet, Monsieur/Madame/Mademoiselle.

VOUS: *(Ask if that flight is coming from New York.)*

L'AGENT: Oui, Monsieur/Madame/Mademoiselle, en effet, ce vol arrive de New York.

VOUS: *(Ask if number 654 is a direct flight or if there is a connection.)*

L'AGENT: Le vol 654 est direct, Monsieur/Madame/Mademoiselle.

VOUS: *(Ask at which airport that flight lands.)*

L'AGENT: Le vol TWA 654 arrive à Roissy-Charles de Gaulle.

VOUS: *(Thank the agent and say good-bye.)*

L'AGENT: Je vous en prie, Monsieur/Madame/Mademoiselle. Au revoir.

C. Vous étudiez à Dijon et vous désirez aller passer la journée à Arles pour voir les ruines romaines de cette ville. Vous allez à la gare à Dijon pour arranger votre voyage. Formez des questions ou des phrases logiques en utilisant chacune des expressions indiquées.

1. à destination de	5. une correspondance
2. un aller retour ou un aller simple	6. un compartiment
3. une couchette	7. l'horaire
4. un rapide	8. réservé ou non-réservé

D. Vous êtes arrivé(e) à la gare d'Arles. Regardez les symboles à la page 197 et complétez chacune des phrases suivantes par le terme qui correspond au symbole approprié.

1. Vous avez besoin de récupérer *(claim)* votre valise. Vous cherchez _____.

2. Vous avez soif et désirez prendre quelque chose à boire avant de quitter la gare. Vous cherchez _____.

3. Vous avez laissé un paquet dans le train de Dijon. Vous cherchez _____.

4. Vous voulez laisser votre valise à la gare pendant votre visite de la ville. Vous cherchez _____.

5. Vous désirez confirmer votre place réservée pour le voyage de retour. Vous cherchez _____.
6. Vous voulez vous asseoir et vous reposer un moment avant de quitter la gare. Vous cherchez _____.
7. Vous désirez quitter la gare. Vous cherchez _____.

Information - Réservation	Train Autos Couchettes	Facilités pour handicapés	Relais-toilettes (bains-douches)	Bureau des objets trouvés
Consigne	Bagages	Non fumeurs	Bar (cafeteria)	Sortie
Point de rencontre	Billets	Eau potable	Buffet (restaurant)	Toilettes pour dames
Consigne automatique	Salle d'attente	Téléphone public	Fumeurs	Toilettes pour hommes
Chariot porte-bagages	Bureau de poste	Bureau de change	Entrée	

Vous comprenez?

Dans chacune des phrases suivantes il y a une erreur. Reformulez chaque phrase pour en éliminer l'erreur.

1. Air France est la seule compagnie aérienne nationale française.
2. Pour aller de Paris à Nice, on doit prendre un vol Air France.
3. Air Inter a seulement de petits avions.
4. Aux heures de pointe il est toujours facile de trouver de la place dans le métro à Paris.

5. Pour aller loin du centre de Paris, on peut prendre les lignes ordinaires du métro.
6. Les tickets de la RATP sont réservés uniquement au métro. Il faut acheter des tickets spéciaux pour prendre l'autobus à Paris.
7. En France, pour signaler qu'on veut sortir à l'arrêt suivant, il faut tirer sur une corde dans l'autobus.
8. Même si on ne réserve pas sa place dans un compartiment, on peut toujours trouver une bonne place dans le train.
9. Quand on voyage par le train, on peut compter sur des arrêts de quinze ou vingt minutes dans chaque gare et on a le temps de descendre du train pour acheter un Coca ou un sandwich.

A votre tour

Lexique Personnel

Cherchez les mots qui correspondent aux concepts suivants:

1. les moyens de transport que vous utilisez pour (a) rentrer chez vous, (b) partir en Europe, (c) faire du ski au Canada, (d) aller de Paris à Dijon, (e) traverser la ville de Washington
2. comment acheter un ticket pour les transports en commun (avion, train, autobus, etc.)
3. l'expérience d'un vol en avion

A.   En utilisant le vocabulaire du chapitre et votre lexique personnel, répondez aux questions suivantes.

1. Vous avez la possibilité de partir en France l'été prochain. Expliquez les divers moyens de transport que vous allez utiliser pour vous rendre de votre domicile jusqu'à votre hôtel à Paris.
2. Expliquez à un visiteur étranger comment se servir du bus ou du métro dans une ville américaine.
3. Avez-vous peur de voyager en avion? Quels moments du trajet aimez-vous le moins? Pourquoi avez-vous la trouille?
4. Imaginez que vous prenez le train de nuit en France pour aller de Paris à Marseille. Faites une description du train, des autres voyageurs et de vos impressions de voyage.

B.   En employant le **Vocabulaire actif,** posez trois questions à vos camarades de classe (ou peut-être même à votre professeur). La classe doit essayer de trouver la personne qui a fait le plus long voyage, le voyage le plus exotique, le voyage le plus difficile, etc.

Structures

Les Pronoms compléments d'objet

> ### ⚠ RAPPEL   ⚠ RAPPEL
>
> Etudiez les exemples suivants qui contiennent chacun le pronom anglais *it*. Pour les traduire en français, il faut utiliser dans chaque cas un pronom différent.
>
> | | |
> |---|---|
> | Je **le** vois. | I see *it*. |
> | J'**y** réponds. | I answer *it*. |
> | J'**en** ai besoin. | I need *it*. |
> | J'écris avec **cela**. | I write with *it*. |
>
> Pour choisir le pronom correct en français, il faut savoir si le verbe exige l'emploi d'une préposition pour introduire un nom complément d'objet. Et bien sûr, si le verbe exige une préposition, il faut savoir *quelle* préposition! Si vous faites attention à cette préposition, vous n'aurez aucun mal à choisir le pronom complément d'objet correct.

Comment choisir les pronoms compléments d'objet

1. **Le Pronom complément d'objet direct**   Si le verbe est transitif et a un complément d'objet sans préposition, le nom complément d'objet direct est remplacé par le pronom complément d'objet qui convient: **me, te, le, la, l', nous, vous, les.**

   — Vous cherchez **le métro?**
   — Oui, je **le** cherche.

   — Alors, vous voyez **la bouche de métro?**
   — Oui, je **la** vois.

   — Descendez dans la station. Vous savez consulter **les plans?**
   — Oui, je sais **les** consulter.

   Voici une liste de quelques verbes courants qui ne prennent pas de préposition devant un complément d'objet: **acheter, aimer, amener, choisir, consulter, faire, lire, préférer, réserver, trouver, vendre.** (Voir aussi le Chapitre 6, p. 177, et le Chapitre 9, p. 261.)

EXERCICE 1.   Vous dites à un(e) ami(e) que vous allez faire un voyage au Canada francophone. Il/elle vous pose les questions suivantes. Répondez à ses questions en remplaçant les noms indiqués par le pronom qui convient.

1. — Tu fais *ce voyage* à Québec en été?
   — Oui, je _____ fais en été.
2. — Tu préfères *la voiture,* n'est-ce pas?
   — Oui, je _____ préfère.
3. — Tu prends *ta voiture* alors?
   — Oui, je _____ prends.
4. — Tu emmènes *tes copains?*
   — Oui, je _____ emmène.
5. — Vous visitez *les sites touristiques célèbres?*
   — Oui, nous _____ visitons.

2. **Le Pronom complément d'objet indirect**   Si le verbe est transitif et a un complément d'objet précédé de la préposition **à**, le complément d'objet et la préposition sont remplacés par le pronom **me, te, lui, nous, vous** ou **leur** quand le pronom remplace une personne. Notez que **lui** et **leur** peuvent remplacer un nom aussi bien masculin que féminin.

   — Vous avez parlé **à l'agent de voyage?**
   — Oui, je **lui** ai parlé.

   — Et vous avez écrit **à vos amis** pour les inviter?
   — Oui, je **leur** ai écrit.

3. *Y*   Si le complément d'objet est précédé de la préposition **à,** on emploie le pronom **y** pour remplacer la préposition et le nom complément quand le pronom remplace une notion ou une chose. Le pronom **y** remplace aussi d'autres prépositions de lieu et leur complément (***dans** le sac, **sous** la table, **devant** la porte, etc.).

   — Est-ce que l'agent a répondu **à votre lettre?**
   — Oui, il **y** a répondu.

   — Et est-ce qu'on dîne bien **dans l'avion?**
   — Oui, on **y** dîne bien.

   Pour d'autres verbes indirects prenant la préposition **à,** voir le Chapitre 6, p. 177, et le Chapitre 9, p. 261.

EXERCICE 2.   Votre ami(e) vous interroge toujours au sujet de votre voyage au Canada. Répondez aux questions en remplaçant les noms indiqués en italique par les pronoms appropriés.

1. Quand est-ce que tu vas *au Canada?*
   J' _____ vais au mois de juillet.
2. Tu as déjà téléphoné *aux copains* pour les inviter?
   Bien sûr, je _____ ai déjà téléphoné.

3. Tu écris toujours des lettres *à tes amis canadiens?*
   Oui, je _____ écris toujours des lettres.
4. Et ils répondent *à tes lettres?*
   Bien sûr, ils _____ répondent.
5. Ils habitent toujours *à Québec?*
   Oui, ils _____ habitent toujours.
6. Tu envoies toujours des cartes postales *à tes amis,* n'est-ce pas?
   Oui, oui, je _____ envoie toujours des cartes.

4. *En*   Si le complément d'objet est précédé de la préposition **de,** on emploie le pronom **en** pour remplacer la préposition et le nom qui est son complément quand le pronom remplace une notion ou une chose. Si le nom complément est précédé d'une autre expression de quantité (**beaucoup de, plusieurs, assez de,** etc.) ou d'un nombre, **en** remplace la préposition (s'il y en a une) et le nom, mais l'expression de quantité elle-même doit rester dans la phrase.

> — Elle a fait **deux voyages** en France.
> — C'est vrai? Elle **en** a fait **deux?**
>
> — Est-ce qu'elle avait peur **de prendre l'avion?**
> — Non, elle n'**en** avait pas peur.
>
> — Est-ce qu'elle a envoyé **beaucoup de cartes?**
> — Oui, elle **en** a envoyé **beaucoup.**
>
> — Est-ce qu'elle parle souvent **de ses voyages?**
> — Ah, oui. Elle **en** parle souvent.

Pour d'autres verbes transitifs prenant la préposition **de,** voir le Chapitre 6, p. 177, et le Chapitre 9, p. 261.

5. **Les Pronoms disjoints**   Si le nom complément d'objet de la préposition **de** est une personne, la préposition maintient sa position dans la phrase et elle est suivie d'un pronom disjoint: **moi, toi, nous, vous, lui/elle, eux/elles** pour remplacer la personne. Notez que la troisième personne du singulier et du pluriel (**lui/elle, eux/elles**) s'accorde en genre avec le nom qu'il remplace.

> — Vous parliez **de Marie?**   — Qu'est-ce que vous pensez **d'eux?**
> — Oui, on parlait **d'elle.**   — Ses amis sont très gentils.

EXERCICE 3.   Vous et un(e) ami(e) parlez d'un ami commun et d'un voyage qui n'a pas eu lieu. Remplacez les noms indiqués en italique par les pronoms appropriés.

1. Mon ami voudrait voyager en avion, mais il a peur *des avions.*
   C'est vrai, il _____ a peur?
2. Il a fait deux *longs voyages* en Californie et en Floride, mais jamais en avion.
   Il _____ a fait deux sans prendre l'avion?
3. Oui. Et il parle toujours *d'un voyage en France.*
   En effet, il _____ parle toujours.

4. Et il parle sans cesse *de son amie Suzanne* qui est allée en France l'année dernière.
   Pourquoi parle-t-il si souvent d' _____?
5. Ah, ce n'est pas seulement de Suzanne qu'il parle; il parle aussi *de tous ses copains qui ont visité la France*.
   Il parle d' _____, mais il n'a pas le courage de les imiter, hein?
6. C'est ça. Il n'a pas trop *de courage*, n'est-ce pas?
   En effet, il n' _____ a pas trop.

6. Les Pronoms compléments prépositionnels   Quand le nom d'une personne est complément d'une préposition autre que **à** ou **de,** la préposition maintient sa position dans la phrase et est suivie d'un pronom disjoint pour remplacer la personne.

— Ils partent en vacances **avec leurs copines?**
— Oui, ils partent **avec elles.**

— Ils ont réservé des places **pour les copines?**
— Oui, bien sûr. Ils ont réservé des places **pour elles.**

— Et **pour leur frère** aussi?
— Oui, **pour lui** aussi.

EXERCICE 4.   Marc a passé l'année avec la famille Dumont et il raconte des détails intéressants au sujet de leurs vacances. Remplacez les noms indiqués en italique par les pronoms appropriés.

1. En été les Dumont voyagent toujours sans *leurs enfants*.
2. Mais ils organisent toujours des vacances intéressantes pour *les enfants*.
3. Par exemple, ils ont acheté un billet de train à destination de Paris pour *Philippe*.
4. Pour *Béatrice*, ils ont arrangé une visite chez ses tantes dans le Midi.
5. Elle va passer deux mois chez *ses tantes*.
6. Quelquefois Jacquot va chez *ses grands-parents*.
7. Ils vont faire le voyage avec *Jacquot* jusqu'à la colonie de vacances, mais ensuite ils vont le laisser avec *ses copains*.
8. Et ils ne vont pas envoyer Béatrice chez ses tantes sans *sa copine*.
9. Ça va être un été agréable pour *tous les Dumont,* mais ce sont des habitudes bien différentes de celles de beaucoup d'Américains.

| La Position des pronoms compléments d'objet | Les pronoms compléments d'objet précèdent immédiatement le verbe conjugué ou l'infinitif qu'ils accompagnent. On ne sépare jamais le pronom du verbe dont il dépend. Notez la position des pronoms dans les constructions négatives et interrogatives. |

Vous **lui** parlez.   Vous **lui** avez parlé.
Vous ne **lui** parlez pas.   Vous ne **lui** avez pas parlé.

Lui parlez-vous?   **Lui** avez-vous parlé?

Il voudrait **la** voir.
Il ne voudrait pas **la** voir.
Voudrait-il **la** voir?

— Tu **lui** téléphones aujourd'hui?
— Non, je **lui** ai téléphoné hier.
— Tu veux toujours **la** voir?
— Oui, je veux bien **la** voir.

Si deux pronoms compléments d'objet accompagnent le verbe, ils sont placés avant le verbe dans l'ordre suivant:

me	le	lui	y	en
te	la	leur		
se	les			
nous				
vous				

— Dis, tu as parlé **à ta mère de nos projets de voyage?**
— Oui, oui, je **lui en** ai parlé hier.
— Et tes parents vont **nous** prêter **la voiture?**
— Oui, ils vont **nous la** prêter.
— Super! Alors, nous cherchons **des copains** pour **nous** accompagner **jusqu'à Paris.**
— Oui, nous **en** cherchons pour **nous y** accompagner tout de suite.

Dans les temps verbaux composés, le participe passé d'un verbe utilisant l'auxiliaire **avoir** s'accorde avec le pronom complément d'objet direct qui précède le verbe.

J'ai vu **mes amies.**   Je **les** ai vu**es.**

Il n'y a aucune contraction des pronoms compléments d'objet **le** ou **les** précédés de la préposition **de** ou **à.**

J'ai envie **de le** voir.   J'hésite **à les** acheter.

EXERCICE 5.   Vous voyagez avec un groupe en France et vous avez beaucoup de questions à poser sur les moyens de transport. Voici les questions que vous posez à votre guide au sujet du métro. Recréez les réponses du guide selon les indications données et remplacez les noms indiqués en italique par les pronoms appropriés.

1. D'abord, on trouve une *bouche de métro*, n'est-ce pas? (oui)
2. Et puis, on descend directement *dans la station?* (oui)
3. Il faut acheter un *carnet de tickets?* (non)
4. Le plan est toujours affiché *au mur?* (oui)
5. Il faut attendre longtemps *les rames?* (non)
6. Il y a beaucoup *de passagers* à six heures de l'après-midi? (oui)
7. Il est toujours nécessaire de prendre une *correspondance?* (non)

EXERCICE 6. Voici les questions que vous posez au guide au sujet des trains. Recréez encore les réponses du guide en remplaçant les noms indiqués en italique par les pronoms appropriés.

1. Et pour prendre le train, on achète *les billets* au guichet?
2. Est-ce qu'il est toujours nécessaire d'enregistrer *les valises*?
3. Vaut-il mieux réserver une *place*?
4. Il y a toujours huit *personnes* dans un compartiment?
5. Peut-on parler *aux autres passagers*?
6. On donne son billet *au contrôleur*?
7. L'horaire des trains est toujours indiqué *sur l'indicateur*?
8. On attend *le train sur les quais*?
9. On demande *un renseignement à l'agent*?
10. Il faut toujours valider *le billet*?

EXERCICE 7. L'étudiante française qui passe l'année dans votre université vous pose les questions suivantes. Répondez à ses questions en utilisant les pronoms objets convenables.

1. Est-ce que tes parents t'envoient quelquefois de l'argent?
2. En cours de français, est-ce que le prof vous parle souvent français?
3. Est-ce que tes copains t'ont souvent rendu visite à l'université l'année dernière?
4. Est-ce qu'ils t'ont souvent téléphoné ce semestre?
5. Est-ce que les profs te parlent souvent après les cours?
6. Peux-tu me recommander un bon cours pour le semestre prochain?
7. Est-ce que les profs ici vous font passer beaucoup d'examens?
8. Veux-tu venir me voir en France l'été prochain?

EXERCICE 8. *Interview.* Posez des questions à vos camarades de classe en employant les éléments suivants. Vos camarades doivent répondre aux questions en utilisant des pronoms objets dans leurs réponses.

1. aimer ton cours de français
2. téléphoner à tes copains
3. voyager en France
4. avoir des camarades de chambre
5. regarder souvent la télé
6. avoir une voiture
7. vendre tes livres à la fin du semestre
8. avoir quatre cours
9. déjeuner au restaurant universitaire
10. parler souvent à tes amis
11. étudier à la bibliothèque
12. pouvoir facilement trouver une place au parking
13. parler souvent au prof de français
14. ???

Les pronoms compléments d'objet d'un verbe à la forme négative de l'impératif précèdent immédiatement le verbe dans l'ordre normal.

Ne **lui en** donnez pas.   Ne **les y** mettez pas.
Ne **me la** donnez pas.   N'**y en** mettez pas.

Quand le verbe est à la forme affirmative de l'impératif, les pronoms compléments d'objet suivent immédiatement le verbe auquel ils sont reliés par un trait d'union (-) et ils sont placés dans l'ordre suivant: (1) complément d'objet direct, (2) complément d'objet indirect, (3) **y** et (4) **en**.

Donnez-**lui-en**.   Mettez-**les-y**.   Achètes-**en**.
Passe-**la-moi**.   Parlez-**lui-en**.   Vas-**y**.

Me et **te** deviennent **moi** et **toi** quand ils suivent un verbe à la forme affirmative de l'impératif.

Donnez-**moi** le livre.   Donnez-**le-moi**.
Achète-**toi** le ticket.   Achète-**le-toi**.

EXERCICE 9.   Votre guide vous donne des conseils *(advice)* sur la façon de prendre le bus à Paris. Remplacez les mots en italique par les pronoms appropriés.

1. Achetez *des tickets*.
2. Montez *dans l'autobus*.
3. Ne montez pas *à l'arrière de l'autobus*.
4. Ne donnez pas *votre ticket au conducteur*.
5. Consultez *le plan* pour trouver *l'arrêt voulu*.
6. Ne parlez pas *au chauffeur*.
7. Regardez attentivement *les arrêts*.
8. Appuyez *sur le bouton*.
9. Descendez *à l'arrêt désiré*.

A.   Votre ami(e) pense aller en France cet été. Faites une remarque à propos de chacune des phrases suivantes en employant l'impératif affirmatif ou négatif et les pronoms convenables. Utilisez l'expression **puisque** suivie d'une phrase pour expliquer votre réaction.

MODELE: En France je vais acheter une nouvelle voiture.
Oui, **achètes-en une,** puisque ta voiture ne marche pas bien.

OU: **N'en achète pas une,** puisque ta voiture marche toujours bien.

1. Je vais aller en France cet été.
2. A Paris je vais lire *Le Monde*.

3. Je vais visiter le Louvre aussi.
4. A Nice, je vais aller à la plage.
5. Je vais prendre le train pour aller à Nice.
6. Je vais téléphoner à mon ancien voisin qui habite à Nice.
7. Je vais faire de la planche à voile *(wind-surfing)* aussi.
8. Je vais parler aux Français.

B. *Interview. Les moyens de transport.* Posez les questions suivantes à des camarades de classe. Ils doivent répondre aux questions en employant des pronoms là où c'est possible.

1. Je vais aller en France cet été.
2. A Paris je vais lire *Le Monde*.
3. Je vais visiter le Louvre aussi.
4. A Nice, je vais aller à la plage.
5. Je vais prendre le train pour aller à Nice.
6. Je vais téléphoner à mon ancien voisin qui habite à Nice.
7. Je vais faire de la planche à voile *(wind-surfing)* aussi.
8. Je vais parler aux Français.

Pratique

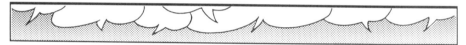

ACTIVITÉ. *Des conseils contradictoires.* Formez un groupe de trois étudiants et jouez les rôles indiqués.

Etudiant(e) A: Vous êtes invité(e) à dîner pour la première fois chez les parents de votre petit(e) ami(e). Vous n'êtes pas sûr(e) de ce que vous allez leur apporter comme cadeau. Suggérez des cadeaux possibles.

MODELE: Je vais peut-être apporter des fleurs à ses parents.

Etudiant(e) B: Vous êtes d'accord avec la suggestion de votre ami(e). Encouragez l'Etudiant(e) A à apporter le cadeau suggéré.

MODELE: Oui, oui, apporte-leur des fleurs.
OU: Oui, oui, apportes-en à ses parents.

Etudiant(e) C: Vous n'aimez pas la suggestion de votre ami(e). Essayez de convaincre l'Etudiant(e) A de ne pas apporter le cadeau suggéré.

MODELE: Mais non, ne leur apporte pas de fleurs!
OU: Mais non, n'en apporte pas à ses parents!

L'étudiant(e) A considère les possibilités et, enfin, prend sa décision.

Maintenant, changez de rôle et de situation. Voici des situations supplémentaires:

1. Vous voulez choisir un cadeau pour votre premier rendez-vous avec quelqu'un que vous aimez depuis longtemps.

2. Vous êtes invité(e) à une réunion pour fêter l'anniversaire de quelqu'un que vous ne connaissez pas très bien, mais à qui il faut apporter un cadeau.
3. Toute la classe est invitée à un pique-nique chez votre professeur de français. Vous êtes la personne chargée d'acheter un petit quelque chose à offrir au prof au nom de toute la classe.

Emplois des pronoms disjoints

1. **Sujet ou complément composé** Les pronoms disjoints sont **moi, toi, lui/elle/soi, nous, vous, ils/elles.** Le sujet ou le complément d'objet d'un verbe peuvent être composés de plusieurs pronoms disjoints ou d'une combinaison de noms et de pronoms disjoints. Dans ces cas, le nom précède le pronom.

> **Charles et moi,** nous allons au cinéma.
> Nous avons invité **Pierre et elle.**
> **Eux et elles** viennent aussi.
> **Vous et lui,** vous pourrez nous accompagner.

Les pronoms sujets **nous** et **vous** sont généralement répétés dans la phrase; **ils** ne l'est souvent pas.

2. **Mise en valeur d'un pronom personnel non-accentué** Le français n'utilise généralement pas l'inflexion de la voix pour insister sur un pronom personnel dans la phrase. On préfère mettre en valeur le pronom personnel par l'addition d'un pronom disjoint ou par la construction **c'est** ou **ce sont** suivie du pronom disjoint.

> **Moi,** je ne l'ai pas vu.   I didn't see him.
> Je ne l'ai pas vu, **lui.**   I didn't see *him.*
> **Ce n'est pas moi** qui l'ai vu.   *I'm not* the one who saw him.
> **C'est lui** que j'ai vu.   *He's* the one I saw.

Pour mettre en valeur un pronom personnel sujet, on ajoute le pronom disjoint au début ou à la fin de la phrase. Le pronom disjoint qui met en valeur un pronom personnel complément d'objet se place obligatoirement à la fin de la phrase.

> **Moi,** je ne l'ai pas vu.   Elle l'a vu, **lui.**
> Je ne l'ai pas vu, **moi.**   Nous les avons rencontrés, **eux.**

Dans la construction **c'est/ce sont** suivie d'un pronom disjoint et d'une proposition, il faut que le verbe de la proposition s'accorde en genre et en nombre avec la personne remplacée par ce pronom disjoint.

> C'est **moi** qui **suis** en retard.
> Ce sont **elles** qui **prennent** l'autobus.

3. **Après une préposition** Utilisez un pronom disjoint après toutes les prépositions sauf **à** ou **de** pour remplacer une personne ou une chose. (Voir p. 202.)

4. Constructions particulières

- Les pronoms personnels non-accentués utilisés comme sujet ne s'emploient jamais sans verbe. Par contre, le pronom disjoint peut s'employer seul.

Qui est là?	**Moi.**
Qui a fait cela?	**Lui.**
Qui vient avec vous?	**Eux.**

- On utilise le pronom disjoint **soi** après une préposition quand **on** est le sujet de la phrase.

  On est toujours bien chez **soi.**
  On aime travailler pour **soi.**

- La terminaison **-même(s)** peut s'ajouter à tout pronom disjoint pour le renforcer. Dans ce cas, **-même(s)** est un adjectif, l'équivalent de *-self/-selves* en anglais (**lui-même** = *himself,* **nous-mêmes** = *ourselves,* **elles-mêmes** = *themselves,* etc.) et il doit s'accorder en nombre avec le pronom disjoint.

  J'y vais **moi-même.**
  Nous travaillons pour **nous-mêmes.**

- On utilise le pronom disjoint comme complément d'objet direct du verbe dans les expressions de négation **ne... que** et **ne... ni... ni...**

  Il n'aime **qu'elle.**
  Je n'accompagne **qu'eux.**
  Il **ne** comprend **ni elle ni moi.**
  Je n'ai vu **ni lui ni eux.**

- Le pronom disjoint s'emploie après **que** dans les comparaisons.

  Il court **plus vite que moi.**
  Elles voyagent **plus souvent que lui.**

- Certains verbes accompagnés de la préposition **à** sont suivis du pronom disjoint placé après la préposition quand le pronom remplace une personne.

être à	Cette voiture **est à moi.**
faire attention à	**Faites attention à elles.**

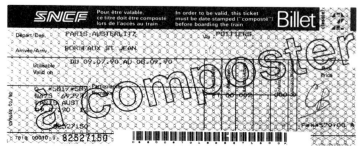

s'habituer à	Nous nous **habituons à vous.**
penser à	Je **pense à lui.**
tenir à	Il **tient à eux.**

● Par contre, si les verbes prenant la préposition **à** ont un complément qui remplace une notion ou une chose, on utilise sans exception le pronom **y** placé avant le verbe.

Je m'habitue **au climat.**	Je m'**y** habitue.
Ils pensent **au voyage.**	Ils **y** pensent.

⚠ RAPPEL ⚠ RAPPEL

Attention! Ces exemples qui contiennent la construction **à** + pronom disjoint sont des cas particuliers. Apprenez-les et considérez-les comme un groupe à part.

Dans la plupart des cas où on trouve la construction **à** + personne, il faut remplacer cette construction par le pronom complément d'objet indirect. Ce pronom précède le verbe.

Je donne le carnet **à Paul.**	Je **lui** donne le carnet.
Ils téléphonent **à leurs copains.**	Ils **leur** téléphonent.

EXERCICE 10. Jean-Marc a eu une expérience assez bizarre qu'il raconte dans une lettre à son professeur de français. Complétez la lettre de Jean-Marc par les pronoms qui conviennent.

Cher Monsieur Ravaux,

Je vous écris pour vous raconter le début de mon dernier voyage avec mes amis Charles et Louise. Nous devions prendre le train pour Nice. Charles avait réservé des places pour Louise et (*me*) _____. Nous devions nous retrouver à la gare à huit heures, mais je suis arrivé avant (*them*) _____. Quelques minutes plus tard, Charles est arrivé sans Louise. A huit heures et quart (*she*) _____ n'était toujours pas là. Charles devenait de plus en plus inquiet et (*I*) _____ étais même plus inquiet que (*him*) _____. Je suis monté dans le train pour essayer de trouver Louise. En descendant du train je n'ai vu ni (*her*) _____ ni Charles. (*He*) _____ n'était plus sur le quai. Je pensais à (*them*) _____ quand soudain Charles m'a appelé. (*They*) _____ étaient là tous les deux derrière (*me*) _____. Quelle histoire! Louise était arrivée à sept heures et demie et (*she*) _____ nous attendait dans le train. Enfin Charles et (*I*) _____ y sommes montés aussi. Est-ce qu'on se sentait bêtes? Qui, (*me*) _____? Sûrement pas! C'étaient (*them*) _____, les responsables, n'est-ce pas?

A bientôt,
Jean-Marc

EXERCICE 11. *Interview.* Posez des questions à vos camarades de classe en utilisant les éléments suivants. Vos camarades doivent répondre aux questions en utilisant des pronoms dans leurs réponses.

> MODELE: aimer étudier avec ton/ta petit(e) ami(e)
> — Tu aimes étudier avec ton/ta petit(e) ami(e)?
> — Non, je n'aime pas étudier avec lui/elle.

1. s'habituer à notre prof de français
2. voyager souvent avec tes camarades de chambre
3. penser souvent à ton/ta petit(e) ami(e)
4. étudier plus souvent que ton copain
5. rentrer à la maison plus souvent que tes camarades de chambre
6. parler souvent de tes profs
7. faire attention à tes parents
8. vouloir me présenter à ton/ta meilleur(e) ami(e)
9. habiter toujours chez tes parents
10. acheter des cadeaux pour tes amis

Exercices d'ensemble

A. Jeff, Bill, Pam, Beth et Roger passent l'été à étudier à l'université de Dijon. Jeff et Bill viennent d'organiser une excursion à Paris pour tout le groupe. Ils sont en train de revoir ce que tout le monde va faire comme préparatifs de voyage. Jouez le rôle de Bill et répondez aux questions de Jeff en utilisant un pronom disjoint et des pronoms d'objet quand c'est possible.

> MODELE: JEFF: Qui réserve les chambres d'hôtel? C'est Roger?
> BILL: Oui, c'est lui qui les réserve.

1. Qui vérifie le numéro de l'autobus pour aller à la gare? C'est Roger?
2. C'est bien toi qui achètes nos billets de train et réserves nos places?
3. Et Pam et Beth s'occupent des chambres d'hôtel?
4. Qui fait les courses pour le pique-nique? Est-ce que c'est Beth?
5. Qui réserve les billets pour le concert de Tina Turner? Toi et moi, n'est-ce pas?
6. Et c'est bien moi qui vais consulter le *Guide Michelin* pour trouver des restaurants à Paris, n'est-ce pas?
7. Qui va dresser une liste de musées et de monuments à visiter? C'est Pam et Beth?
8. Qui va demander à quelqu'un de venir nous chercher à la gare à notre retour? C'est Pam et Roger?

B. De retour à Dijon, Bill écrit une lettre à un autre camarade de sa classe de français au sujet du voyage à Paris. Complétez sa lettre en utilisant des pronoms disjoints ou des pronoms compléments d'objet.

Cher Marc,

Je _____ écris un petit mot à la hâte pour _____ dire que toute la bande a passé quelques jours à Paris. Tout le monde s'est beaucoup amusé. Roger et Beth? Je ne _____ ai pas vus depuis le voyage parce qu'on ne suit pas les mêmes cours. Je vois Jeff et Pam assez souvent et je suis allé au cinéma avec _____ hier soir. C'est _____ qui ai choisi les restaurants à Paris et _____, ils _____ ont beaucoup appréciés. On est allé à un concert de Tina Turner. _____, elle est fantastique. Jeff et _____, nous _____ avions vue l'année dernière et c'est _____ qui avons proposé ce concert qui a plu à tout le monde. _____, tu devrais vraiment venir faire des études en France l'été prochain.

A bientôt,
Ton ami, Bill

Pratique

ACTIVITE 1. *Des voyages imaginaires.* Selon la carte des distances sur les autoroutes, combien de kilomètres y a-t-il entre Nancy et Bordeaux? Entre Brest et Strasbourg? Entre Montpellier et Bruxelles? Entre Marseille et Bordeaux? Entre Toulouse et Lille? Si vous habitez à Nantes, combien de kilomètres devez-vous faire pour passer des vacances sur la côte d'Azur? Pour aller faire du ski en Suisse? Pour aller en Belgique? Choisissez plusieurs grandes villes aux Etats-Unis. Comparez les distances qui les séparent.

DISTANCES DE VILLE A VILLE

Bale (en km) calculées d'après les itinéraires les plus rapides

Bale																		
160	Besançon																	
840	680	Bordeaux																
690	500	790	Boulogne/M.															
1090	900	630	690	Brest														
560	550	820	220	820	Bruxelles													
350	234	790	840	1050	760	Chamonix												
480	330	370	660	760	670	410	Clermont-Fd											
250	180	710	790	1030	670	95	330	Genève										
630	520	780	120	730	120	760	600	730	Lille									
320	310	860	400	940	230	560	590	460	270	Luxembourg								
400	230	550	730	980	670	240	180	160	670	490	Lyon							
710	540	410	370	390	510	730	380	640	430	590	580	Le Mans						
700	550	670	1050	1290	970	430	480	470	990	790	310	900	Marseille					
660	530	500	1030	1040	950	430	370	450	970	780	290	720	170	Montpellier				
210	210	820	490	880	340	450	480	380	420	110	380	520	700	680	Nancy			
850	700	330	550	300	680	820	460	720	600	770	630	180	950	740	690	Nantes		
640	710	830	1210	1450	1070	640	480	1150	1110	470	1060	190	330	860	1110	Nice		
490	420	560	240	580	290	600	390	510	220	380	460	210	770	750	310	380	930	Paris
150	230	900	590	1030	450	310	560	400	500	220	460	870	780	760	140	840	780	460	Strasbourg
930	780	250	930	860	980	680	380	700	900	950	540	590	420	250	930	560	580	680	960	Toulouse

ACTIVITE 2. *Des voyages par le train.* Consultez le Réseau SNCF. Pour chaque ville proposée comme point de départ, qu'est-ce qu'il faut faire pour arriver à la destination indiquée? Est-ce qu'on peut y aller directement? Sinon, où doit-on prendre une correspondance?

	Départ	**Destination**
1.	Cherbourg	Reims
2.	Poitiers	Lyon
3.	Nice	La Rochelle
4.	Strasbourg	Limoges
5.	Bordeaux	Dijon
6.	Nantes	Tours
7.	Montpellier	Metz
8.	Lille	Genève (Suisse)
9.	Le Mans	Caen
10.	Orléans	Lausanne (Suisse)

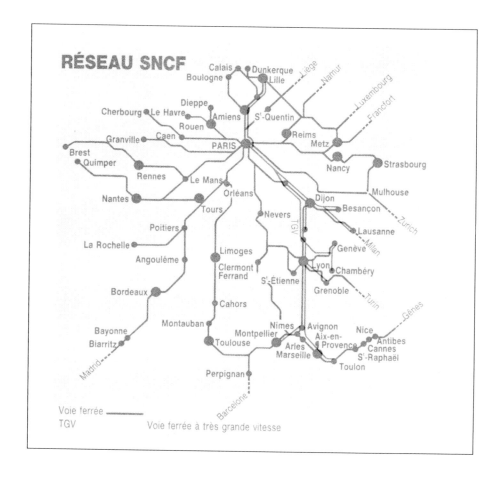

Les Pronoms possessifs

Le pronom possessif remplace l'adjectif possessif et le nom qu'il modifie. Le pronom possessif doit s'accorder avec le nom qu'il remplace, *jamais* avec le possesseur comme en anglais. Les pronoms possessifs sont l'équivalent de *mine, yours, his, hers, its, ours, theirs* en anglais.

Apportez votre livre et **mon livre.**
Apportez votre livre et **le mien.**

Seul possesseur	Seul objet possédé	Plusieurs objets possédés
mine	**le mien** (*m*)	**les miens** (*m*)
	la mienne (*f*)	**les miennes** (*f*)
yours	**le tien** (*m*)	**les tiens** (*m*)
	la tienne (*f*)	**les tiennes** (*f*)
his/hers/its	**le sien** (*m*)	**les siens** (*m*)
	la sienne (*f*)	**les siennes** (*f*)
Possesseurs multiples	**Seul objet possédé**	**Plusieurs objets possédés**
ours	**le nôtre** (*m*)	**les nôtres** (*m & f*)
	la nôtre (*f*)	
yours	**le vôtre** (*m*)	**les vôtres** (*m & f*)
	la vôtre (*f*)	
theirs	**le leur** (*m*)	**les leurs** (*m & f*)
	la leur (*f*)	

Ils ont vérifié vos billets et **les miens.**
Tu peux prendre ma valise et **les tiennes.**
Jeanne a acheté mon carnet et **le sien.**
Je vais attacher ma ceinture et **la sienne.**
Voici votre compartiment et **le nôtre.**
Vous avez pris vos places et **les nôtres.**
J'ai réclamé ma valise et **la vôtre.**
Nous pouvons trouver notre train et **le leur.**

Les pronoms possessifs qui correspondent aux adjectifs possessifs **notre** et **votre** prennent un accent circonflexe sur la voyelle **ô.** Comme **les leurs,** ils ont la même forme au masculin et au féminin pluriels.

On fait la contraction entre les prépositions **à** ou **de** et l'article défini du pronom possessif.

Je pense à mon voyage et **au sien.**
Nous avons besoin de notre voiture et **des leurs.**

⚠ RAPPEL   ⚠ RAPPEL

L'anglophone a souvent des difficultés à choisir entre **le sien** et **le leur.** Quand vous voulez traduire le mot anglais *his* ou *hers,* il est question d'un seul possesseur. Vous allez donc choisir entre **le sien, les siens, la sienne** et **les siennes,** selon que l'objet possédé est masculin ou féminin, singulier ou pluriel.

— Il achète son billet?	— He's buying his ticket?
— Oui, il achète son billet à elle et **le sien.**	— Yes, he's buying her ticket and *his.*
— Et elle?	— And what about her?
— Elle enregistre ses valises à lui et **les siennes.**	— She's checking his bags and *hers.*

Le mot *theirs* implique toujours plus d'un possesseur. Ces possesseurs peuvent posséder un seul objet (dans ce cas, vous choisissez **le leur** ou **la leur**) ou plusieurs objets (utilisez alors **les leurs**).

— Mon train part à midi. A quelle heure part **leur train?**
— **Le leur** part à trois heures.
— Alors, je vais mettre mes valises dans le compartiment. Et **leurs valises à eux?**
— Mettez **les leurs** dans le compartiment aussi.

Notez que les deux structures suivantes s'emploient pour exprimer la possession: **Elle est à moi** et **C'est la mienne.**

Les deux structures ne sont pas toujours interchangeables. Quand il n'y a aucune comparaison implicite dans l'expression de possession, le français préfère utiliser la forme **il (elle, ce) + être + à +** pronom disjoint. Quand on exprime une comparaison dans l'expression de la possession, on emploie de préférence le pronom possessif.

— Cette cassette?
— **Elle est à moi.** *(On indique simplement à qui elle appartient.)*
— C'est ma cassette?
— **Non, c'est la mienne.** *(On insiste sur le fait qu'elle appartient à une personne et non à l'autre.)*

EXERCICE 12.   Vous venez de terminer un voyage en voiture avec des amis. Il reste quelques affaires dans la voiture et vous essayez de déterminer à qui elles appartiennent. Répondez aux questions selon les indications.

1. — J'ai déjà enlevé ma valise. Cette valise-là, elle est à Paul?
   — Oui, c'est (his) _____.
2. — Jeanne, tu as déjà ton sac, non? Alors, ce sac-là est à Marie?
   — Oui, c'est (hers) _____.
3. — Ce livre-ci est à moi. Et le livre qui est par terre?
   — C'est (theirs) _____.
4. — Et ces petits gâteaux?
   — Ils sont (ours) _____.
5. — Voilà aussi un carnet.
   — Il est (mine) _____.
6. — Tout le monde a enlevé ses affaires. Les affaires qui restent sont à Paul et à Martin?
   — Oui, ce sont (theirs) _____.
7. — J'ai aussi trouvé des cassettes.
   — Alors, les cassettes de Prince sont à vous, non? Et les cassettes de U2 sont (mine) _____.
8. — Tu as vu mes lunettes de soleil (sunglasses)?
   — Oui, voilà tes lunettes et (his) _____.

EXERCICE 13.   *Quelques possessions.* Répondez aux questions suivantes en utilisant un pronom possessif dans votre réponse.

1. Vous utilisez votre livre ou mon livre?
2. Vous avez votre stylo ou le stylo de votre camarade de chambre?
3. Vous prenez votre voiture ou la voiture de votre ami(e)?
4. Vous empruntez quelquefois les vêtements de votre camarade de chambre? Pourquoi?
5. Vous préférez vos cassettes ou les cassettes de votre ami(e)?

Les Pronoms démonstratifs

Le pronom démonstratif remplace l'adjectif démonstratif et le nom qu'il modifie. Le pronom démonstratif doit s'accorder en genre et en nombre avec le nom qu'il remplace. Les pronoms démonstratifs sont l'équivalent de *this one, that one, these, those* en anglais.

Apportez-moi ce livre.
Apportez-moi **celui-là.**

	Singulier	Pluriel
Masculin	*celui*	*ceux*
Féminin	*celle*	*celles*

Emplois fondamentaux des pronoms démonstratifs	Le pronom démonstratif ne s'emploie jamais seul: il doit être suivi de l'une des structures suivantes.

1. Avec -ci ou -là

Cette voiture-là est sale; prenons **celle-ci.**	That car is dirty; let's take *this one.*
Cet avion est dangereux; je préfère **celui-là.**	That plane is dangerous; I prefer *that one.*
Les couchettes de ce côté sont plus commodes que **celles-là.**	The bunks on this side are more convenient than *those.*
Ce trajet est plus facile que **ceux-là.**	This trip is easier than *those.*

Le pronom démonstratif modifié par **-ci** peut aussi indiquer la proximité dans le temps, l'équivalent de *the latter* en anglais; modifié par **-là,** il indique l'éloignement dans le temps, l'équivalent de *the former* en anglais.

Nous allons prendre ou le bateau ou l'avion. Moi, je préfère **celui-ci** car **celui-là** va trop lentement.	We're going to take either the boat or the plane. I prefer *the latter,* because *the former* goes too slowly.

2. Devant un pronom relatif suivi d'une proposition

De tous les trains, je préfère **celui qui est rapide.**	Of all the trains, I prefer *the one that is fast.*
Montrez-moi ma place et **celles que vous avez réservées.**	Show me my place and *those you reserved.*
Voilà **celle dont j'ai besoin.**	There's *the one I need.*

3. Devant de suivi d'un nom

Voilà ma valise et **celle de Jean.**	There's my suitcase and *John's.*
J'ai apporté mon horaire et **ceux de Paul et d'Hélène.**	I brought my schedule and *Paul's and Helen's.*

Ceci et cela	**Ceci** et **cela** sont des pronoms démonstratifs qui remplacent ou résument une expression indéfinie, une notion ou un concept. **Ceci** annonce l'idée qui suit. **Cela,** par contre, reprend une idée qui a déjà été mentionnée.

Je vous dis **ceci**: ne prenez jamais le métro après 11 heures du soir. Vous avez manqué le train, et je vous ai dit que **cela** allait arriver.

Cela (ça) s'emploie généralement comme pronom démonstratif sujet d'un verbe autre que le verbe **être.** C'est l'équivalent de l'anglais *this* ou *that.* **Ce (c')** s'emploie généralement comme sujet devant le verbe **être.**

Ça est en général utilisé seulement dans la langue parlée; **cela** est utilisé dans la langue écrite.

C'est un trajet difficile.
Ça fait une heure qu'on attend.

EXERCICE 14.   Vous rentrez après un long voyage avec des souvenirs pour tout le monde. Maintenant, distribuez les souvenirs en utilisant un pronom démonstratif.

1. Voilà un livre. C'est _____ d'Hélène.
2. Voilà une bague *(ring)*. C'est _____ que j'ai apportée pour Josée.
3. Voilà une cassette. C'est _____ de Marc.
4. Et ces bracelets en bois sont _____ qui se vendent partout en Afrique.
5. J'ai rapporté des diapositives aussi jolies que _____ qu'on vend en Amérique.
6. Voilà un sac. C'est _____ d'Annick.
7. Enfin, une bouteille de cognac. C'est _____ d'Edouard.
8. Et ces excellents chocolats? _____, je les garde pour moi-même.

Pratique

ACTIVITE 1.   *Train + Hôtel.* Quel est le but de cette publicité? Décrivez les trois timbres. Quelles activités sont suggérées par ces scènes? Laquelle préférez-vous? Pourquoi?

Activités d'expansion

Vie actuelle Avant de lire cet extrait sur un moyen de transport ultra-moderne en France, répondez aux questions suivantes.

1. Connaissez-vous déjà le TGV?
2. Quel est le plus grand avantage de ce genre de train?
3. Dans quel autre pays a-t-on des trains ultra-rapides?

Le TGV nouveau est arrivé. Plus rapide (300 km/h de vitesse de croisière) et plus confortable que son aîné du Sud-Est, le dernier-né de la technologie ferroviaire a apparemment tout pour plaire.

D'abord, la vitesse. Le TGVA (A comme Atlantique) met Rennes à 2 h 05 de Paris, soit un gain de temps de 48 minutes, et Nantes à 2 heures seulement, contre près de trois auparavant. Enfin, alors que la ligne à grande vitesse n'existe pour l'instant qu'entre Paris et Le Mans, elle permet d'ores et déjà de rapprocher entre elles les villes bretonnes : une demi-heure de moins entre Rennes et Brest, où le trajet sur le TGVA le plus rapide s'effectue en un peu moins de 2 heures, contre 2 h et demie, dans le meilleurs des cas, avec un train classique.

Voyager vite, mais aussi voyager bien. A bord du TGVA, plus de vibrations gênantes à très haute vitesse, comme sur la ligne du Sud-Est où, sur certaines rames, rédiger son courrier, corriger des copies ou annoter un rapport, exige une grande maîtrise du stylo. Les espaces intérieurs ont été redistribués: voitures «*coach*», salon, «*club quatre*» ou «*club duo*», les concepteurs ont résolument innové. Et alors que dans les trains ordinaires, faire chauffer un biberon se transforme souvent en un concours d'obstacle, on a pensé sur le TGVA, en plus de la nursery, à aménager des espaces dans les «*carrés*» pour loger des poussettes d'enfant!

Innovation aussi du côté des réservations. On peut tout faire par Minitel : consulter les horaires, choisir son train, sa place, mais surtout se faire adresser son billet à domicile: il suffit de le demander au moment de la consultation. Il en coûtera deux timbres, plus environ 9 F pour le temps de la consultation (taper 3615 *SNCF*). A condition de s'y prendre au moins dix jours à l'avance et que le prix du ou des billets atteigne 350 F.

(A noter qu'une réservation non utilisée et annulée jusqu'à une heure après le départ du train peut être reportée sans frais sur un autre TGVA.)

Après avoir lu l'extrait, répondez aux questions suivantes.

4. Pourquoi ce train s'appelle-t-il le TGV**A** au lieu de TGV tout court?
5. Quels sont les principaux avantages de ce train comparé au TGV Sud-Est?
6. Donnez un exemple du temps économisé par le voyageur qui prend le TGVA au lieu de prendre le train classique.
7. Une ligne TGVA vers Le Mans va être inaugurée dans l'avenir. Pour quel événement Le Mans est-il célèbre?
8. Dans quel(s) sens est-ce qu'on peut «voyager vite, mais aussi voyager bien»?
9. Comment peut-on réserver des places dans le TGVA?
10. A votre avis, pourquoi n'y a-t-il pas de trains aussi rapides et confortables aux Etats-Unis? Prenez-vous souvent le train?

Pour aller plus loin

Voici une liste d'expressions utiles pour proposer un voyage et pour accepter ou refuser une telle proposition. Un membre de la classe propose un des voyages indiqués à un(e) camarade de classe qui accepte ou refuse de faire le voyage et explique sa décision.

Pour proposer un voyage

Tu veux m'accompagner…?
Si on allait…?
Ça te tente d'aller…?
Dis, tu voudrais aller…?
Si on partageait les frais
   pour aller…?

Pour accepter

Oui, oui, je veux bien.
Ah oui, volontiers!
Mais oui, bien sûr.
D'accord. Je suis disponible.
Pourquoi pas!
Ça m'est égal.

Pour refuser

Merci, mais je n'ai pas le temps.
Je regrette, mais je suis très occupé(e) en ce moment.
Franchement, ça ne me dit pas grand-chose.
Non, vraiment, ça ne me tente pas.
Je voudrais bien, mais je suis fauché(e).

1. en France cet été
2. à Tahiti
3. au Canada pour suivre des cours de français
4. en Russie
5. en Floride pour les vacances de printemps
6. au Moyen-Orient (*Middle East*)
7. à Berlin
8. en Chine et au Japon
9. à ___ pour le week-end
10. à la montagne pour faire du camping
11. ???

Situations

1. Vous êtes à Paris et vous désirez prendre le train pour aller à Tours pendant deux jours pour visiter quelques-uns des châteaux de la vallée de la Loire. Imaginez votre conversation avec l'agent de la SNCF à la gare.
2. Vous avez passé l'année scolaire à Bordeaux et maintenant vous rentrez aux Etats-Unis. Vous allez à une agence de voyage pour préparer votre retour (le train vers Paris et le vol transatlantique). Qu'est-ce que vous allez demander?
3. Vous arrivez à Paris pour prendre l'avion à destination de New York, mais vous découvrez que votre vol charter a été annulé *(canceled)*. Allez au comptoir et essayez de trouver un autre vol.

Chapitre 8

A la fac

Structures grammaticales

Formation du présent du
 subjonctif
Formation du passé du
 subjonctif
Emplois du subjonctif

Fonctions communicatives

Exprimer ses opinions et ses
 préférences
Exprimer ses sentiments et
 ses réactions
Décrire ses convictions

Orientation culturelle

Le Baccalauréat (le bac)
La Vie universitaire
Les Evénements de mai
 1968 et les réformes
 scolaires

Perspectives

Etudier à la française et à l'américaine

Mise en train

Faut-il passer un examen national pour entrer à l'université en Amérique? Est-ce qu'un mauvais résultat à un seul examen suffit à empêcher un(e) étudiant(e) d'entrer à l'université?

Aux Etats-Unis, qui participe à l'orientation de vos études?

Quel critère essentiel permet de décider si un(e) étudiant(e) peut être admis(e) à l'université?

Avez-vous des amis qui ne font pas ou n'ont pas fait d'études universitaires?

Pour les lycéens de terminale, aucun phénomène n'est aussi important que le bac. Quoi qu'on° veuille faire comme études supérieures en France, il faut d'abord réussir au bac. Ce n'est pas comme en Amérique où il n'y a presque personne qui ne puisse pas trouver une université pour l'accueillir. En France, le bac est une condition d'entrée à l'université. Sans ce diplôme, on doit passer directement dans la vie active ou chercher une formation° ailleurs.

Le baccalauréat, de quoi s'agit-il? D'abord, tous les candidats en France passent les épreuves° pendant la même semaine en juin. Les sujets varient selon l'orientation des études qu'ils ont faites° depuis trois ans. Il y a, en tout, près de trente séries de bac actuellement. Tous ces jeunes de dix-huit et dix-neuf ans travaillent très dur pendant les mois qui précèdent la date des examens. On bachote, c'est-à-dire qu'on apprend par cœur° le plus grand nombre de faits. Les candidats ont toujours peur que les questions soient difficiles. Ils sont rarement déçus!° Les examinateurs° veulent que les candidats réfléchissent, sachent répondre de façon analytique,° aient des idées précises et organisent logiquement leur présentation. Le Ministère de l'Education nationale° choisit un groupe de professeurs comme correcteurs.° Ils reçoivent les copies° des candidats, vérifient les réponses et donnent une note° basée sur le système des vingt points. Si les candidats obtiennent une moyenne° entre douze et vingt, ils sont reçus.° S'ils ont une moyenne inférieure à huit, ils ratent le bac. Entre huit et douze, il faut passer un examen oral pour être reçu. Les candidats qui échouent° sont tristes de ne pas voir leur nom sur la liste des élèves reçus, car s'ils ne se rattrapent° pas, l'instruction au niveau° universitaire leur est interdite°

ou bien ils doivent redoubler leur terminale. Les candidats qui ont la chance d'être reçus (soixante-dix pour cent environ) obtiennent le diplôme d'études secondaires, deviennent bacheliers° et peuvent entrer à l'université. Quelle vie les attend alors?

En France comme en Amérique, avant que les étudiants puissent assister° aux cours, il leur faut s'inscrire° au secrétariat de l'Administration. Ensuite, il leur faut choisir leurs cours. Pour établir° un programme d'études, les Américains consultent un conseiller° pédagogique qui participe à la sélection des cours. Les étudiants en France doivent souvent vérifier eux-mêmes les matières° obligatoires pour leur spécialisation° avant la date des inscriptions° aux cours, normalement à la mi-octobre. Pour régler° les frais d'inscription,° ils doivent remplir° des fiches.° Mais la scolarité est gratuite° en France, et les frais ne coûtent que quelques centaines de francs—moins de cent dollars. La somme est beaucoup plus considérable en Amérique!

A l'université, les étudiants français assistent parfois à des conférences,° parfois à des travaux pratiques.° La présence est facultative° aux cours magistraux° où le professeur lit un texte dans un grand amphithéâtre° rempli de plusieurs centaines de personnes. Mais dans les travaux pratiques où on est moins nombreux, la présence est, d'habitude, obligatoire et l'instruction plus individualisée. En général, d'ailleurs, les étudiants français sèchent° facilement les cours, surtout lorsqu'ils peuvent acheter ou emprunter des polycopiés° et préparer les cours indépendamment avant de° passer l'examen de fin d'année.

En dehors des cours, les étudiants français et américains mènent des vies assez différentes. Les Français cherchent souvent une existence qui leur permette un maximum de liberté. Bien qu'il° soit possible de louer une chambre dans une résidence en cité universitaire,° par exemple, ils choisissent de loger° en ville chez des particuliers ou de partager un appartement avec d'autres étudiants. Ils prennent assez régulièrement leurs repas au Resto U,° même s'ils habitent loin du campus, pour profiter des réductions offertes à tous les étudiants en France. Quoique° la qualité de sa cuisine soit souvent critiquée, on peut encore y manger un repas complet pour pas cher. Ils préfèrent économiser sur les repas pour pouvoir dépenser quelques francs au café où on les voit en train de lire ou de discuter avec les copains, car si les étudiants français ont souvent un livre entre les mains, ils bûchent° rarement à la bibliothèque universitaire.

Bien que les universités américaines aient subi° de grandes transformations et modifications, il est douteux° que l'enseignement supérieur aux Etats-Unis ait jamais connu le choc° ressenti par la France après la révolte des étudiants en 1968. Il n'est pas surprenant non plus que des grèves° et des manifestations° aient eu lieu. Si, avant 68, un individu devait interrompre ses études avant d'avoir terminé son diplôme, même après avoir terminé plusieurs cours, aucun moyen officiel n'existait pour reconnaître le travail qu'il avait fait. Aujourd'hui, pourvu qu'ils° aient réussi au cours, les étudiants reçoivent une unité de valeur° (u.v.) qui indique à quel point ils en sont dans leurs études, et cela fait partie de leur dossier.° Autrefois, la réussite aux cours universitaires dépendait uniquement des résultats obtenus à l'examen de fin d'année. Grâce à la réforme, les étudiants peuvent à présent choisir un système de contrôle continu des connaissances°—afin que° leur travail soit noté sur plus d'une seule épreuve. Si bizarre que cela puisse paraître, les étudiants en France ont demandé un plus grand nombre d'examens!

Il y a un groupe important de Français qui ne pensent pas que ces réformes soient allées assez loin. Pour ces gens, la réorganisation doit continuer jusqu'à ce que° l'université cesse d'être démodée.° Il semble aussi que ces individus veuillent orienter l'instruction vers une formation professionnelle qui réponde directement au marché du travail.° Mais il y a de la résistance de la part des groupes qui défendent l'enseignement universitaire contre cette invasion de l'esprit commercial. Faut-il s'attendre à une nouvelle réforme de la réforme?

Vocabulaire actif

Les Activités

apprendre par cœur to memorize
assister à to attend
bûcher to cram (*slang*)
échouer to fail
établir to work out
faire des études (de) to study, to major in
s'inscrire to register, to enroll
loger to lodge, to live
se rattraper to make up
régler to settle
remplir to fill out
sécher to cut (a class)
subir to undergo

A la fac

un **amphithéâtre** lecture hall
un **bachelier** / une **bachelière** baccalaureate holder

un **choc** shock
la **cité universitaire** residence hall complex
une **conférence** lecture
un **conseiller** / une **conseillère** adviser
le **contrôle continu des connaissances** periodic testing
une **copie** exam paper
un **correcteur** / une **correctrice** grader
un **cours magistral** lecture by the professor
un **dossier** record, transcript
une **épreuve** test
un **examinateur** / une **examinatrice** examiner
une **fiche** form
une **formation** education, academic preparation
les **frais d'inscription** (*m pl*) tuition, registration fees

une **grève** strike
l' **inscription** (*f pl*) registration
une **manifestation** demonstration
le **marché du travail** job market
une **matière** subject
le **Ministère de l'Education Nationale** Department of Education
une **moyenne** average
un **niveau** level
une **note** grade
un **polycopié** reproduced set of lecture notes
le **Resto U** university restaurant
une **spécialisation** major field
les **travaux pratiques** (*m pl*) drill, laboratory, or discussion sections
une **unité de valeur** credit

Les Caractéristiques
analytique analytical
déçu(e) disappointed
démodé(e) old-fashioned
douteux(-euse) doubtful
facultatif(-ive) optional
gratuit(e) free

interdit(e) forbidden
reçu(e) successful

Pour exprimer les causes et les rapports
afin (que/de) in order that, in order to

avant (que/de) before
bien que although
jusqu'à ce que until
pourvu que provided that
quoi que whatever
quoique although

Exercices de vocabulaire

A. / Quels sont les termes du **Vocabulaire actif** qui s'appliquent à chacun des concepts suivants?

1. le bac et l'accès à l'université
2. les inscriptions
3. les cours
4. les examens
5. le logement et la nourriture

B. Quelle expression de la liste de droite peut-on associer à chaque verbe de la liste de gauche? Il y a souvent plus d'un choix possible.

1. assister à
2. échouer
3. établir
4. s'inscrire à
5. loger
6. régler
7. remplir
8. sécher
9. subir
10. choisir

a. des épreuves
b. le(s) cours
c. la cité universitaire
d. des fiches
e. des travaux pratiques
f. un programme
g. les frais d'inscription
h. une spécialisation

C. En utilisant les verbes et les expressions que vous avez rapprochés dans l'exercice B, décrivez en dix phrases les différents aspects du système universitaire en France.

Vous comprenez?

Complétez chacune des phrases suivantes de deux façons différentes, d'abord pour décrire la vie universitaire en France et ensuite pour décrire la situation à l'université en Amérique.

1. Pour entrer à l'université, il faut...
2. L'année universitaire commence...
3. Les inscriptions ont lieu...
4. Les frais d'inscription s'élèvent à...
5. Le nombre d'étudiants dans un cours ordinaire s'élève à...
6. La présence aux cours est...
7. Les étudiants étudient...
8. Les étudiants logent normalement...
9. Le restaurant universitaire est...
10. En ce qui concerne les examens, pour un seul cours on...

La manif des étudiants en 1968.

A votre tour

Lexique personnel

Cherchez les mots qui correspondent aux concepts suivants:

1. les cours obligatoires que vous avez suivis
2. les cours facultatifs que vous avez suivis
3. les cours que vous suivez ce semestre
4. votre spécialisation, par exemple:
   Je fais des études de…
   Je suis spécialiste de…
   Je me spécialise en…
5. la profession que vous pensez exercer
   Je pense devenir…

En utilisant le vocabulaire du chapitre et votre lexique personnel, répondez aux questions suivantes.

1. Vous êtes étudiant(e) de quelle année à l'université (première, deuxième, troisième, quatrième)?
2. Combien paie-t-on de frais d'inscription dans votre université?
3. Quels cours obligatoires avez-vous suivis? Est-ce que l'étude des langues étrangères est obligatoire ou facultative dans votre université?
4. Quelles études faites-vous à l'université?

5. Quels cours suivez-vous ce semestre? Suivez-vous des cours qui sont obligatoires pour votre spécialisation?
6. Avez-vous un conseiller pédagogique? Est-ce qu'il/elle vous aide à établir votre programme d'études?
7. Allez-vous régulièrement en cours? Y a-t-il un cours que vous avez tendance à sécher? Lequel?
8. Quand est-ce que vous allez recevoir votre diplôme? Que pensez-vous faire après?

Structures

Formation du présent du subjonctif

Le subjonctif est un mode, c'est-à-dire une façon entièrement différente d'exprimer notre perception du monde qui nous entoure. On n'utilise pas le subjonctif pour présenter le monde tel qu'il est (**Je pars**), tel qu'il était (**Je suis parti**) ou tel qu'il va être (**Je vais partir / Je partirai**); ces cas exigent l'emploi de l'indicatif. On utilise plutôt le subjonctif pour parler d'un monde que l'on souhaite voir (**Vous préférez que je parte**), que l'on perçoit à travers le filtre de ses propres émotions (**Vous êtes surpris que je parte**) ou que l'on discerne à travers ses propres opinions (**Vous n'êtes par sûr que je parte**). Les actions sont donc présentées non pas comme étant réelles mais hypothétiques (**Je vais partir pourvu que vous veniez avec moi**) ou comme étant influencées par la personne qui parle (**Je vais partir, bien que vous veniez avec moi**).

De nos jours, le subjonctif n'est pas très souvent utilisé en anglais, mais il est parfois employé dans certaines formules courantes:

I wish John *were* here.
It is imperative *that you be* here on time.
I recommend *that he go* to the doctor.

La langue française continue à employer le subjonctif, et il est nécessaire de reconnaître ce mode et de savoir l'utiliser.

Il y a quatre temps du subjonctif: le présent, le passé, l'imparfait et le plus-que-parfait. L'imparfait et le plus-que-parfait ont une utilisation relativement limitée en français moderne.[1] Le futur n'existe pas au subjonctif. Une action à venir s'exprime au présent du subjonctif.

---

[1] Pour des renseignements supplémentaires sur l'imparfait et le plus-que-parfait du subjonctif, consultez l'Appendice A.

Formation régulière du subjonctif

La formation du présent du subjonctif est la même pour toutes les conjugaisons régulières (**-er, -ir, -re**). Pour former le présent du subjonctif, séparez la terminaison **-ent** de la troisième personne du pluriel (**ils**) du présent de l'indicatif et ajoutez au radical les terminaisons du subjonctif: **-e, -es, -e, -ions, -iez, -ent.**

parler (ils parl~~ent~~)

que je parl**e**
que tu parl**es**
qu'il / elle / on parl**e**
que nous parl**ions**
que vous parl**iez**
qu'ils / elles parl**ent**

finir (ils finiss~~ent~~)

que je finiss**e**
que tu finiss**es**
qu'il / elle / on finiss**e**
que nous finiss**ions**
que vous finiss**iez**
qu'ils / elles finiss**ent**

répondre (ils répond~~ent~~)

que je répond**e**
que tu répond**es**
qu'il / elle / on répond**e**
que nous répond**ions**
que vous répond**iez**
qu'ils / elles répond**ent**

La plupart des verbes irréguliers en **-ir** et **-re** (**lire, écrire, dormir, partir, mettre,** etc.) suivent un modèle régulier pour la formation du présent du subjonctif.

EXERCICE 1.   Les parents adorent donner en exemple à leurs enfants ce que font «les autres». Ici, M. et Mme Dumont font allusion (*are referring*) aux amis de leurs enfants. Formulez la réaction des enfants en mettant le verbe indiqué à la forme appropriée du subjonctif.

1. — Ils *réussissent* le bac.
   — Et bien sûr, vous voulez aussi que nous _____ le bac.
2. — Ils n'*échouent* jamais aux examens.
   — Croyez-vous que nous _____ aux examens?
3. — Ils *écrivent* d'excellentes dissertations.
   — Mais même au niveau secondaire, il faut que Jacquot _____ de bonnes dissertations.
4. — Ils *s'entendent* bien avec leurs professeurs.
   — Vous ne croyez pas que je _____ bien avec mes profs?
5. — Ils *obéissent* à toutes les règles de l'université.
   — Mais, il est toujours nécessaire que tout le monde _____ aux règles de l'université.
6. — Ils *lisent* tous les manuels des cours.
   — Il n'est pas surprenant qu'ils _____ tous les manuels.
7. — Ils *suivent* les cours les plus difficiles.
   — Mais, il est essentiel qu'on _____ quelques cours difficiles.

Formation irrégulière du subjonctif	Certains verbes irréguliers forment le subjonctif à partir d'un radical régulier mais présentent des particularités à la première et à la deuxième personne du pluriel (**nous** et **vous**). Ces irrégularités correspondent aux particularités du radical au présent de l'indicatif.

croire (ils croie**nt**)

que je croi**e**
que tu croi**es**
qu'il / elle / on croi**e**
que nous **croyions**
que vous **croyiez**
qu'ils / elles croi**ent**

voir (ils voie**nt**)

que je voi**e**
que tu voi**es**
qu'il / elle / on voi**e**
que nous **voyions**
que vous **voyiez**
qu'ils / elles voi**ent**

prendre (ils prenne**nt**)

que je prenn**e**
que tu prenn**es**
qu'il / elle / on prenn**e**
que nous **prenions**
que vous **preniez**
qu'ils / elles prenn**ent**

devoir (ils doive**nt**)

que je doiv**e**
que tu doiv**es**
qu'il / elle / on doiv**e**
que nous **devions**
que vous **deviez**
qu'ils / elles doiv**ent**

boire (ils boive**nt**)

que je boiv**e**
que tu boiv**es**
qu'il / elle / on boiv**e**
que nous **buvions**
que vous **buviez**
qu'ils / elles boiv**ent**

venir (ils vienne**nt**)

que je vienn**e**
que tu vienn**es**
qu'il / elle / on vienn**e**
que nous **venions**
que vous **veniez**
qu'ils / elles vienn**ent**

tenir (ils tienne**nt**)

que je tienn**e**
que tu tienn**es**
qu'il / elle / on tienn**e**
que nous **tenions**
que vous **teniez**
qu'ils /elles tienn**ent**

Les verbes à radical irrégulier subissent les mêmes changements orthographiques au présent du subjonctif qu'au présent de l'indicatif.[2]

Quelques verbes présentent des radicaux très irréguliers au subjonctif.

avoir

que j'**aie**
que tu **aies**
qu'il / elle / on **ait**
que nous **ayons**
que vous **ayez**
qu'ils / elles **aient**

être

que je **sois**
que tu **sois**
qu'il / elle / on **soit**
que nous **soyons**
que vous **soyez**
qu'ils / elles **soient**

vouloir

que je **veuille**
que tu **veuilles**
qu'il / elle / on **veuille**
que nous **voulions**
que vous **vouliez**
qu'ils / elles **veuillent**

pouvoir

que je **puisse**
que tu **puisses**
qu'il / elle / on **puisse**
que nous **puissions**
que vous **puissiez**
qu'ils / elles **puissent**

aller

que j'**aille**
que tu **ailles**
qu'il / elle / on **aille**
que nous **allions**
que vous **alliez**
qu'ils / elles **aillent**

savoir

que je **sache**
que tu **saches**
qu'il / elle / on **sache**
que nous **sachions**
que vous **sachiez**
qu'ils / elles **sachent**

faire

que je **fasse**
que tu **fasses**
qu'il / elle / on **fasse**
que nous **fassions**
que vous **fassiez**
qu'ils / elles **fassent**

---

[2] Consultez l'Appendice B.

EXERCICE 2.   Philippe écrit à un de ses amis à propos de son avenir *(future)* à l'université. Complétez la lettre de Philippe en mettant les verbes indiqués à la forme appropriée du subjonctif.

le 15 mai

Cher Jean-Marc,
Comme d'habitude je t'écris quand j'ai un sujet très important à discuter. Depuis maintenant plusieurs années, mes parents veulent que je (faire) _____ des études de médecine. Ils désirent que j'(avoir) _____ une belle carrière et surtout que je (être) _____ membre d'une profession libérale. Mais moi, ça ne m'intéresse plus! Comme tu le sais, mon père m'a offert, il y a assez longtemps, un ordinateur *(computer)*, et l'informatique *(data processing)* est devenue la vraie passion de ma vie. Pour moi, il n'est pas important qu'on (pouvoir) _____ gagner beaucoup, beaucoup d'argent; il faut qu'un individu (faire) _____ ce qu'il veut faire et qu'il (être) _____ heureux. Surtout, il est important qu'on (savoir) _____ ce que l'on veut. Mes parents ont peur que je n'(aller) _____ pas à la faculté de médecine et que je ne (prendre) _____ pas les cours nécessaires pour m'établir dans cette carrière. Moi, j'ai peur que mes parents ne (comprendre) _____ pas l'importance d'une carrière dans l'informatique et qu'ils ne (croire) _____ pas que je (être) _____ sincère dans le désir de poursuivre ce projet. C'est vraiment dommage qu'ils n'(avoir) _____ pas confiance en moi.

Et toi, qu'est-ce que tu en dis? Que penses-tu de mon choix de carrière? Crois-tu que je (devoir) _____ suivre les conseils de mes parents? Je veux que tu m'(écrire) _____ bientôt. Il est essentiel que j'(avoir) _____ tes conseils aussi. Que la vie est difficile quelquefois, n'est-ce pas? Je veux être un bon fils; je veux que mes parents (être) _____ fiers de moi, mais en même temps, je ne crois pas qu'on (pouvoir) _____ mener sa vie pour les autres.

Amicalement,
Philippe

UNIVERSITÉ PARIS DAUPHINE — UNE UNIVERSITÉ PERFORMANTE

Formation du passé du subjonctif

Le passé du subjonctif se forme d'après le même modèle que le passé composé. On utilise le présent du subjonctif de l'auxiliaire **avoir** ou **être** + le participe passé du verbe principal.

parler

que j'**aie parlé**
que tu **aies parlé**
qu'il / elle / on **ait parlé**
que nous **ayons parlé**
que vous **ayez parlé**
qu'ils / elles **aient parlé**

finir

que j'**aie fini**
que tu **aies fini**
qu'il / elle / on **ait fini**
que nous **ayons fini**
que vous **ayez fini**
qu'ils / elles **aient fini**

répondre

que j'**aie répondu**
que tu **aies répondu**
qu'il / elle / on **ait répondu**
que nous **ayons répondu**
que vous **ayez répondu**
qu'ils / elles **aient répondu**

partir

que je **sois parti(e)**
que tu **sois parti(e)**
qu'il / elle / on **soit parti(e)**
que nous **soyons parti(e)s**
que vous **soyez parti(e)(s)**
qu'ils / elles **soient parti(e)s**

se lever

que je **me sois levé(e)**
que tu **te sois levé(e)**
qu'il / elle / on **se soit levé(e)**
que nous **nous soyons levé(e)s**
que vous **vous soyez levé(e)(s)**
qu'ils / elles **se soient levé(e)s**

EXERCICE 3.   Anne-Sophie, une copine de Philippe, a déjà fait une année à la faculté de lettres. Elle écrit à Philippe ce qu'elle pense de cette première année universitaire. Pour compléter les phrases d'Anne-Sophie, choisissez le verbe approprié de la liste suivante et mettez-le au passé du subjonctif. Plus d'un verbe peut parfois convenir dans une même phrase.

aller	étudier	passer	sécher
s'amuser	faire	prendre	suivre
écrire	lire	réussir	venir

Cher Philippe,

Tu sais que tous mes amis sont surpris que je (j') _____ à la fac, mais c'est la meilleure décision que je (j') _____.

Les cours qui viennent de finir sont les cours les plus difficiles que je (j') _____. Et bien qu'on _____ trop de dissertations, j'ai beaucoup apprécié le programme. Evidemment, nous avons aussi fait la grève plusieurs fois pendant l'année. Les profs n'étaient pas du tout contents que les étudiants ne (n') _____ pas _____ plus souvent aux cours. Ils ont menacé de ne pas noter notre travail si on faisait encore la grève. A partir de ce moment-là, il n'est pas surprenant que nous ne (n') _____ plus _____ nos cours.

Mes parents sont un peu surpris que je (j') _____ un si bon travail l'année dernière. C'était dur pour moi, mais maintenant tout le monde est content que je (j') _____ tellement _____, et je suis même ravie que nous _____ tous ces livres intéressants. C'est la seule fois de ma vie où je (j') _____ sans m'ennuyer.

Je suis heureuse pour toi que tu _____ une bonne année en terminale et que tu _____ ton bac. On va passer de bons moments ensemble à la fac bientôt.

Amitiés,
Anne-Sophie

Emplois du subjonctif

Structure   Le subjonctif est le plus souvent employé dans une phrase ayant (1) une proposition principale contenant une expression verbale qui indique le doute ou la subjectivité, (2) la conjonction **que** pour introduire la proposition subordonnée et (3) une proposition subordonnée ayant un sujet différent du sujet de la proposition principale.

> Il **doute que je finisse** à l'heure.   He *doubts that I'll finish* on time.

La proposition subordonnée contient un verbe au subjonctif s'il y a dans la proposition principale un verbe qui exprime le doute ou la subjectivité.

Deux éléments sont nécessaires pour justifier l'emploi du subjonctif: (1) le doute ou la subjectivité et (2) le sujet de la proposition principale doit être différent de celui de la proposition subordonnée. En l'absence de l'un de ces deux éléments, le subjonctif n'est pas employé.

- Si l'élément de doute n'est pas présent, on n'emploie pas le subjonctif.

  > Il **est certain que je vais finir** à l'heure.   *It is certain that I'll finish* on time.

- S'il n'y a pas de changement de sujet, il n'y a ni proposition subordonnée ni verbe au subjonctif. Dans ce cas, le verbe principal est suivi d'un infinitif.

  > Je **veux finir** à l'heure.   I *want to finish* on time.

- Le passé du subjonctif est utilisé pour les mêmes raisons que le présent du subjonctif. La proposition principale contient une expression verbale qui suggère le doute ou la subjectivité; cette proposition est suivie d'une proposition subordonnée ayant un sujet différent.

Le verbe de la proposition subordonnée se met au passé du subjonctif si l'action a eu lieu à un moment antérieur à l'action de la proposition principale.

Ses parents **doutent qu'il ait fait** de son mieux l'année dernière.
Le prof **n'était pas sûr qu'elle soit venue** en classe hier.
Nous **sommes contents que vous ayez réussi** à l'examen.

Ces exemples montrent que le temps du verbe au subjonctif n'est pas influencé par le temps du verbe principal. Si l'action du verbe de la proposition subordonnée a lieu avant l'action de la proposition principale, on emploie le passé du subjonctif dans la proposition subordonnée. Si l'action de la proposition subordonnée a lieu pendant ou après l'action de la proposition principale, on emploie le présent du subjonctif dans la proposition subordonnée.

⚠ RAPPEL   ⚠ RAPPEL

Quels sont les points-clés dans l'utilisation du subjonctif?

1. Apprenez les types d'expressions qui peuvent exiger l'emploi du subjonctif dans une proposition subordonnée.
2. Demandez-vous si la proposition principale exprime un doute ou un jugement subjectif.
3. Vérifiez si les sujets des deux propositions sont différents (dans ce cas, vous utiliserez une proposition subordonnée avec un verbe au subjonctif) ou identiques (dans ce cas, votre phrase consistera généralement en un verbe conjugué suivi d'un infinitif).
4. Considérez le rapport temporel entre les deux propositions de votre phrase. Si l'action de la proposition subordonnée a eu lieu avant l'action de la proposition principale, le verbe dans la proposition subordonnée est au passé du subjonctif.

Les Expressions de doute, de sentiment, de volonté et d'opinion

L'expression du doute, des sentiments, de la volonté et de l'opinion entraîne généralement l'emploi du subjonctif dans la proposition subordonnée quand il y a un changement de sujet et quand le contexte suggère le doute ou la subjectivité.

1. **Doute**   Les expressions de doute **(douter, être douteux)** à la forme affirmative ou interrogative sont suivies du subjonctif dans la proposition subordonnée. Cependant quand ces expressions sont à la forme négative, elles sont suivies de l'indicatif.

Je **doute que le prof comprenne** le problème.
Doutez-vous que je puisse réussir?
Il **est douteux qu'il ait fait** des études supérieures.
Est-il douteux qu'elles reçoivent leurs diplômes en juin?

Mais:

Il **n'est pas douteux qu'elles vont recevoir** leurs diplômes en juin.

EXERCICE 4.   M. et Mme Dumont discutent de l'avenir de leurs enfants. Complétez leur conversation en mettant les verbes entre parenthèses à la forme appropriée du subjonctif ou de l'indicatif selon le contexte.

— Tu sais, Jacqueline, je doute quelquefois que Philippe (choisir) _____ une bonne carrière.

_ Et Béatrice, tu doutes aussi qu'elle (faire) _____ de bonnes études?

— Non, pour elle, je ne doute pas qu'elle (aller) _____ pouvoir réussir ses projets d'avenir dans une école de commerce. Mais, il est douteux que Jacquot (être) _____ reçu au bac, tu sais.

_ Hein, qu'est-ce que tu dis? Je ne doute pas du tout, moi, qu'il (réussir) _____ son bac. Le problème est le suivant: il est douteux que tu (avoir) _____ confiance en lui.

_ Pas vraiment! Il n'est pas douteux que Jacquot (être) _____ intelligent; la question n'est pas là!

_ Je suppose que tous les parents doutent quelquefois que leurs enfants (pouvoir) _____ se débrouiller. Mais on ne doute jamais que ses enfants (être) _____ capables, pas vrai?

2. **Les Sentiments**   Les expressions de sentiment ont une valeur subjective à la forme affirmative, négative et interrogative et sont donc suivies du subjonctif quand il y a un changement de sujet.

> Je **suis contente qu'il ait été reçu** à son bac.
> Elle **est heureuse que son ami aille** à la même université.
> M. Dumont **est triste que Philippe ne fasse pas** des études de médecine.
> Ses parents **étaient fâchés que Monique ait échoué** à un examen important.
> Je **suis désolé que tu ne sois pas reçu** à l'Institut Universitaire de Technologie.
> **Etes-vous vraiment surpris que j'aie** une mauvaise moyenne en maths?
> Nous **avons peur qu'il (n') y ait** trop d'examens dans ce cours.[3]
> Je **regrette que vous n'ayez pas réussi** à l'examen.

Notez qu'après les expressions de sentiment, si les deux verbes ont le même sujet, on emploie l'infinitif précédé de **de**.

> Je **suis content de réussir.**   *I'm happy to succeed.*
> Elle **est heureuse de venir.**   *She's happy to come.*

---

[3] Après **avoir peur** (et d'autres expressions de peur) on emploie souvent **ne** devant un verbe à la forme affirmative du subjonctif. Il s'agit du **ne** explétif, qui est de règle quand on écrit mais qui est souvent omis en français parlé. Si le verbe au subjonctif est utilisé négativement, **ne** et **pas** (ou une autre expression de négation) sont tous les deux nécessaires.

EXERCICE 5. *Interview.* Nous venons de prendre connaissance des préoccupations des Dumont au sujet des études de leurs enfants. En choisissant un élément dans chaque colonne, posez des questions à vos camarades de classe sur les préoccupations de leur propre famille.

tes parents	être content(e) que	être à la fac
ta famille	être surpris(e) que	choisir cette université
	être heureux(-euse) que	avoir une spécialisation
	être fâché(e) que	pratique
	avoir peur que	suivre un cours de français
		avoir une bonne/mauvaise
		moyenne
		trouver un bon poste
		réussir dans la vie
		faire des études de…

EXERCICE 6. Voici des déclarations faites pendant une conversation avec des amis français. Complétez chaque phrase par la forme appropriée de l'infinitif entre parenthèses. Faites attention aux changements de sujet.

MODELES: (je / échouer) J'ai peur _____ à l'examen.
J'ai peur d'échouer à l'examen.

(tu / échouer) J'ai peur _____ à l'examen.
J'ai peur que tu échoues à l'examen.

1. (nous / avoir) Elle est heureuse _____ une bonne note.
2. (je / être) Etes-vous surpris _____ reçu?
3. (elles / ne pas pouvoir) Nous sommes désolés _____ se présenter.
4. (elle / être) N'es-tu pas content _____ acceptée à l'université de Paris?
5. (je / connaître) Je suis fâché _____ sa réponse.
6. (on / rater) On a toujours peur _____ le bac.
7. (il / avoir) J'ai peur _____ beaucoup de difficultés.
8. (elle / ne pas faire) Elle regrette _____ une belle carrière.
9. (on / ne pas admettre) Les élèves sont furieux _____ tout le monde à l'université.
10. (je / faire) Mon père n'est pas surpris _____ des études supérieures en France.

Pratique

ACTIVITE 1. *Vous avez quelquefois des doutes?* Nous avons tous des doutes sur ce que font ou disent les personnes autour de nous (les amis, les politiciens, les journalistes, les acteurs, les personnages célèbres, etc.). Partagez cinq de ces doutes.

MODELE: Je doute que le Président américain devienne socialiste.

ACTIVITE 2. *Des regrets.* Qu'est-ce que vous regrettez de ne pas avoir fait? Donnez trois exemples. Et quels sont vos regrets pour notre société en général? Donnez trois exemples de plus.

MODELES: Je regrette de ne pas être allé(e) en France.
Je regrette qu'il y ait tant de gens sans abri *(homeless)*.

ACTIVITE 3. *Mes parents et moi.* Faites une liste de cinq de vos activités qui provoquent une réaction favorable chez vos parents. Puis faites une liste de cinq activités qui provoquent la surprise chez vos parents.

MODELES: Mes parents sont heureux que je fasse des études.
Mes parents sont surpris que je ne dorme que cinq heures par nuit.

Comparez vos listes avec celles de vos camarades de classe.

3. **La Volonté**   Les expressions de volonté indiquent le désir personnel ou la préférence et sont donc suivies du subjonctif s'il y a un changement de sujet dans la proposition subordonnée.

vouloir	Je **veux que vous finissiez** vos devoirs.	I *want you to finish* your homework.
désirer	Ils **désirent que j'aille** à l'université.	They *want me to go* to the university.
préférer	Elle **préfère que son fils soit** médecin.	She *prefers her son to be* a doctor.
souhaiter	Je **souhaite que tu finisses** tes études cette année.	I *wish you would finish* your studies this year.

Certains verbes de volonté expriment un ordre ou une interdiction. Dans le français de tous les jours, ils sont rarement employés dans un sens qui nécessite l'emploi du subjonctif. Ces verbes sont suivis de la préposition **à** + un nom complément d'objet du verbe + la préposition **de** + l'infinitif. Le nom complément d'objet est souvent remplacé par un pronom complément d'objet indirect qui précède le verbe conjugué.

demander à (quelqu'un) de (faire quelque chose)
M. Dumont **a demandé à son fils de faire** des études de médecine.

dire à (quelqu'un) de (faire quelque chose)
On **dit aux étudiants de s'inscrire.**

permettre à (quelqu'un) de (faire quelque chose)
Le conseiller **permet à l'étudiant de suivre** cinq cours.

conseiller à (quelqu'un) de (faire quelque chose)
Le prof **me conseille de passer** l'examen en octobre.

⚠ RAPPEL ⚠ RAPPEL

Pour faire des phrases en français du type verbe de volonté + deuxième verbe, il faut se demander si les deux verbes ont le même sujet. Si c'est le cas, il faut utiliser la construction verbe de volonté + infinitif.

Je **veux finir** en juin.	I *want to finish* in June.
Il **désire parler** au prof.	He *wishes to talk* to the professor.
Ils **préfèrent aller** à l'IUT.	They *prefer to go* to the IUT.

Par contre, si le sujet du verbe de volonté et le sujet du deuxième verbe ne sont pas les mêmes, le deuxième verbe apparaîtra dans une proposition subordonnée, et sera conjugué au subjonctif.

Ses parents **veulent qu'il finisse** en juin.	His parents *want him to finish* in June.
Il **veut que nous parlions** au prof.	He *wants us to talk* to the professor.

EXERCICE 7. Tout le monde a ses préférences. Parlez des goûts des personnes suivantes en complétant chaque phrase par un verbe approprié au subjonctif.

1. Mes parents veulent que je…
2. Je désire que mes parents…
3. Mes amis préfèrent que nous…
4. Mes camarades de chambre veulent que je…
5. Mes professeurs souhaitent que les étudiants…
6. Notre prof de français désire que nous…
7. Mon ami(e) veut que je…
8. Je veux que mon ami(e)…

EXERCICE 8. A la terrasse d'un café en France vous bavardez avec des amis au sujet des convictions et des relations personnelles. Faites des phrases en employant les éléments indiqués. Soyez certain(e) de bien distinguer entre les phrases où il y a un changement de sujet et celles où le sujet reste le même.

1. les parents américains / désirer toujours / les enfants / réussir à l'école
2. moi aussi / je / vouloir / mes enfants / réussir
3. beaucoup de familles / vouloir / les enfants / faire / des études universitaires
4. par exemple / mon père / souhaiter / je / devenir / ingénieur

5. ah oui, en France / tous les parents / désirer / les jeunes / obtenir / leur bac
6. quelquefois / les jeunes / préférer / travailler / ou faire des études plus pratiques
7. mais les parents / préférer / on / choisir / des programmes plus traditionnels
8. moi, par exemple / je / vouloir / être / programmeuse

EXERCICE 9.   Quelquefois il y a de vrais malentendus entre parents et enfants. Voici l'histoire d'Olivier. Reconstruisez ces phrases qui expliquent le problème entre Olivier et sa famille.

1. ses parents / lui / dire / aller à l'université
2. il / leur / demander / la permission / faire des études techniques
3. ils / lui / défendre / s'inscrire à une école privée d'hôtellerie
4. Olivier / demander / à son conseiller / donner son opinion
5. le conseiller / lui / suggérer / commencer ses études dans une faculté de lettres
6. enfin, Olivier / demander / à ses parents / changer d'orientation
7. ils / lui / défendre / faire les études qu'il veut
8. pauvre Olivier / ses parents / l'empêcher / profiter de son avenir académique

4. L'opinion   Les verbes **croire, penser** et **espérer** sont suivis du subjonctif dans la proposition subordonnée quand ils sont employés à la forme négative ou interrogative. Si ces verbes sont employés affirmativement, il n'y a plus de doute ou de subjectivité et le verbe de la subordonnée se met à l'indicatif.

— **Crois-tu qu'il comprenne** bien les conséquences de son choix?

— Oui, je **crois qu'il comprend** bien les conséquences de son choix, mais je **ne crois pas qu'il choisisse** bien son orientation.

— **Pensez-vous que ce soit** une bonne chose à faire?

— Je **ne pense pas qu'il soit** nécessaire de faire des études supérieures et je **pense qu'on peut** réussir tout de même dans la vie.

— **Est-ce que ses parents espèrent qu'elle devienne** avocate?

— Non, ils **n'espèrent pas qu'elle** devienne avocate, mais ils **espèrent qu'elle va** faire une bonne carrière.

A la forme négative ou interrogative, les expressions **être certain** et **être sûr** sont suivies du subjonctif dans la proposition subordonnée.

Elle **n'est pas certaine que vous vous rattrapiez.**	She *isn't certain that you'll make it up.*
Sommes-nous certains qu'elle fasse de son mieux?	*Are we certain that she's doing* her best?

Mais:

Je **suis certain qu'il dit** la vérité.	I *am certain that he's telling* the truth.
Nous **ne sommes pas sûrs qu'il parte.**	We *are not sure that he's leaving.*
Etes-vous sûr que je réponde bien?	*Are you sure that I'm answering* well?

Mais:

Elle **est sûre qu'il fait** son travail.	She *is sure that he's doing* his work.

⚠ RAPPEL   ⚠ RAPPEL

Résumons les types d'expressions que vous avez étudiés jusqu'à présent. Dans quelles conditions faut-il utiliser le subjonctif?

Type d'expression	Forme du subjonctif	Forme de l'indicatif
Doute	Affirmative Interrogative	Négative
Emotion	Affirmative Négative Interrogative	
Volonté	Affirmative Négative Interrogative	
Pensée/Opinion	Négative Interrogative	Affirmative

EXERCICE 10. *Interview.* Posez des questions à vos camarades en utilisant des éléments de chaque colonne. Quand le/la camarade de classe répond, il/elle doit faire attention à l'emploi du subjonctif ou de l'indicatif.

crois-tu	que	les études universitaires / être importantes
penses-tu		les frais d'inscription / coûter trop cher
es-tu sûr(e)		les études / pouvoir être gratuites
es-tu certain(e)		certains cours / être obligatoires
		les cours de langues / être nécessaires
		les examens / nous aider à apprendre
		la spécialisation / garantir un bon poste
		trop d'étudiants / se spécialiser en commerce

Encore une phrase à ajouter à la «dissert».

 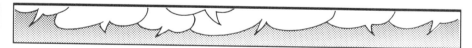

ACTIVITE 1. *Que souhaitez-vous?* Faites une liste de cinq souhaits que vous voulez voir se réaliser pour certaines personnes dans votre vie (vos parents, vos amis, votre petit[e] ami[e]).

MODELE: Je voudrais (je souhaite) que mes parents aient plus de temps libre.

ACTIVITE 2. *Un sondage.* Faites un sondage formé de six questions ayant pour but de découvrir les problèmes principaux dans votre université. Posez vos questions aux autres étudiants de votre groupe.

MODELE: Penses-tu qu'il y ait assez de parkings à l'université?

ACTIVITE 3. *Trois souhaits.* On vous permet de réaliser trois souhaits. Que désirez-vous? Soyez magnanime et faites des souhaits pour les autres et pas pour vous-même.

MODELE: Je souhaite que les personnes sans abri puissent trouver un logement.

Les Expressions impersonnelles suivies du subjonctif	Les expressions verbales impersonnelles ont pour seul sujet possible le pronom personnel neutre **il** *(it)* ou, à la rigueur, **ce** *(it)*. Elles n'existent donc qu'à la troisième personne du singulier. Les verbes et les expressions impersonnels sont généralement suivis du subjonctif dans la proposition subordonnée car ils expriment une idée si générale que l'affirmation peut être mise en doute ou reflète la pensée subjective du sujet.

Voici une liste de quelques expressions impersonnelles qui sont suivies du subjonctif.

Expressions impersonnelles utilisant *être*

il est nécessaire	it is necessary	**Il est nécessaire que vous fassiez** des études.
il est essentiel	it is essential	**Il est essentiel qu'il aille** en classe.
il est important	it is important	**Il est important que je choisisse** mes cours.
il est possible	it is possible	**Il est possible que vous n'ayez** pas **compris.**
c'est dommage	it's a pity	**C'est dommage qu'il ne réussisse** pas.
c'est triste	it is sad	**C'est triste qu'elle ait échoué** à l'examen.
il est surprenant	it is surprising	**Il est surprenant que ce cours soit** mauvais.
ce n'est pas la peine	it's not worth the trouble	**Ce n'est pas la peine qu'il vienne** me voir.

Verbes impersonnels

il faut	it is necessary	**Il faut que vous vous inscriviez.**
il vaut mieux	it's better	**Il vaut mieux que nous assistions** aux cours.
il semble	it seems	**Il semble que les cours finissent** en juin.
il se peut	it's possible	**Il se peut que vous ayez** tort.

Certaines expressions impersonnelles sont suivies de l'indicatif dans la proposition subordonnée quand elles sont employées à la forme affirmative.

il est certain	it's certain	**il est clair**	it's clear
il est sûr	it's sure	**il est vrai**	it's true
il est probable	it's probable	**il paraît**	it seems
il est évident	it's evident	**il me semble**[4]	it seems to me

Il est certain que vous avez raison.
Il est vrai qu'il connaît l'université.
Il me semble que vous séchez trop de cours.

A la forme négative ou interrogative, ces mêmes expressions sont généralement suivies du subjonctif dans la proposition subordonnée.

Il n'est pas sûr que je réussisse à cet examen.
Il n'est pas probable qu'elles aillent à l'université.
Est-il clair qu'elle ait compris?

---

[4] Notez que l'expression impersonnelle **il semble** est toujours suivie du subjonctif, alors que **il me semble** n'est suivi du subjonctif qu'à la forme négative ou interrogative.

⚠ RAPPEL   ⚠ RAPPEL

Dans le cas des expressions impersonnelles, s'il s'agit d'une vérité générale qui n'est adressée à personne en particulier, il n'est pas nécessaire d'utiliser une proposition subordonnée. Il suffit d'utiliser la construction expression impersonnelle + infinitif. Dans le cas des expressions contenant **être**, l'infinitif est précédé de la préposition **de**.

Il faut s'inscrire en août.
Il faut que vous vous inscriviez avant de partir en vacances.

Il vaut mieux assister à toutes les conférences.
Il vaut mieux qu'il assiste au cours de maths.

Il est nécessaire de remplir certains formulaires.
Il est nécessaire, Monsieur, **que vous remplissiez** certains formulaires.

Il est important d'établir un bon programme.
Il est important qu'elles établissent un bon programme.

EXERCICE 11.   Chez les étudiants, les conditions de vie changent assez souvent. Voici une lettre de Marie-France à une de ses amies. Complétez la lettre en mettant les verbes entre parenthèses à la forme appropriée du subjonctif.

le 10 avril

Chère Annick,

Tout le monde à la fac parle déjà de l'année prochaine. D'abord, il est possible que les frais d'inscription (être) _____ augmentés. En plus, on dit qu'il est important que tout le monde (s'inscrire) _____ très tôt pour les cours de l'année prochaine. Ça me pose des problèmes, car il n'est pas du tout certain que je (suivre) _____ toujours des cours de marketing. Il se peut bien que je (changer) _____ de spécialisation. Mon conseiller m'a dit qu'il faut que je (choisir) _____ définitivement ma spécialisation. Mais, mon Dieu, comment faire? Il est surprenant que les étudiants (pouvoir) _____ se débrouiller devant tant de changements. Il est essentiel qu'on (se tenir) _____ au courant de tout. C'est vraiment dommage que les conditions ne (pouvoir) _____ pas rester un peu plus stables. Quelquefois je me demande si c'est vraiment la peine que je (faire) _____ d'autres études ou que je (rester) _____ spécialiste de marketing. On me dit que je suis en train de préparer mon avenir, mais est-il possible que la vie «réelle», hors de l'université, (être) _____ tellement plus compliquée que celle-ci?

Amicalement,
Marie-France

**Exercices
d'ensemble**

A.   Voici des phrases entendues pendant une soirée d'étudiants au moment de la rentrée. Composez une seule phrase en liant les deux propositions indiquées.

MODELES: j'ai peur / Yves vient
J'ai peur qu'Yves vienne.

j'ai peur / je pars si tôt
J'ai peur de partir si tôt.

1. n'es-tu pas content / on vient chez toi ce soir
2. elle veut / on est à l'heure pour la soirée
3. nous sommes désolés / Luc ne peut pas venir
4. tout le monde souhaite / elle se rattrape
5. je crois / il va revenir cette année
6. penses-tu / il est arrivé avant la rentrée
7. mon prof de français désire / je suis un cours avancé
8. ma mère est triste / je veux quitter l'université
9. mais j'ai peur / je ne réussis pas à ce cours
10. désires-tu / tu pars si tôt
11. je ne doute pas / ce prof est sévère
12. elle préfère / on va au cinéma demain soir
13. je suis étonné / il a changé de spécialisation
14. j'espère / il me demande de sortir avec lui cette semaine
15. je souhaite / je finis mes études l'année prochaine

B.   Complétez les phrases suivantes en exprimant vos idées personnelles sur votre université.

1. Il me semble que les étudiants ici...
2. Je pense que les livres qu'on achète à la librairie...
3. Je suis certain(e) que les profs...
4. Je voudrais que la bibliothèque...
5. Je doute que les étudiants...
6. Il paraît que notre restaurant universitaire...
7. Il est important que ma spécialisation...
8. Je crois que les cours obligatoires...
9. Je voudrais que ma résidence...
10. Il me semble que le plus gros problème à l'université...

Pratique

ACTIVITE 1. *Des visiteurs.* Un groupe de lycéens vient passer la journée sur le campus de votre université pour observer la vie quotidienne des étudiants et pour assister aux cours. Ils veulent que vous leur donniez des conseils. Qu'est-ce que vous leur dites?

MODELE: Il est essentiel que vous alliez toujours en cours.

ACTIVITE 2. *Chez nous...* Faites une liste de cinq phrases qui décrivent votre université. Faites une deuxième liste de cinq phrases qui ne s'appliquent pas à votre université. Lisez vos listes devant la classe pour que les autres étudiants puissent indiquer les phrases qui sont vraies et corriger les phrases qui sont fausses.

ACTIVITE 3. *Voici ce qu'il faut faire.* Votre meilleur(e) ami(e) va étudier pour la première fois une langue étrangère. Quels conseils voulez-vous lui donner?

MODELE: Il est important que tu ailles au laboratoire de langues.

Certaines Conjonctions suivies du subjonctif

Le subjonctif est utilisé dans la proposition subordonnée après les conjonctions suivantes quand il y a un changement de sujet. Si le sujet des deux verbes est le même, **que** n'est pas utilisé. On emploie la préposition suivie de l'infinitif ou, dans certains cas, de **de** + infinitif.

	Changement de sujet	**Même sujet**
avant (que/de) before	**Mon conseiller** me parle **avant que je** (ne)[5] **m'inscrive.**	**Je** parle à mon conseiller **avant de m'inscrire.**
sans (que) without	Il quitte l'école **sans que ses parents** le **sachent.**	Il quitte l'école **sans l'annoncer.**
à moins (que/de) unless	Il va quitter l'école **à moins que ses parents** ne le **laissent** habiter dans une résidence universitaire.	Il va quitter l'école **à moins de changer** d'avis.
afin (que/de) so that	**Je** me spécialise en biologie **afin que mes parents soient** heureux.	**Je** me spécialise en biologie **afin de trouver** un bon poste.
pour (que) in order that	**Vous** venez **pour que nous** vous **passions** des polycopiés.	**Vous** venez nous voir **pour avoir** des polycopiés.
de peur (que/de) for fear that	Il a bien étudié **de peur que le prof** (ne) **donne** un examen.	Il a bien étudié **de peur d'échouer.**

---

[5] Le **ne** explétif précède souvent le subjonctif utilisé après ces expressions.

Les conjonctions suivantes sont toujours suivies d'un verbe au subjonctif, même quand il n'y a pas de changement de sujet.

	Changement de sujet	Même sujet
bien que although	**Il** aime le cours **bien que le sujet soit** difficile à comprendre.	**Il** aime le cours **bien qu'il** n'y **aille** pas souvent.
quoique although	**Vous** séchez des cours **quoique vos notes soient** mauvaises.	**Vous** séchez des cours **quoique vous receviez** de mauvaises notes.
pourvu que provided that	**Je** vais suivre ce cours **pourvu que la classe soit** peu nombreuse.	**Je** vais suivre ce cours **pourvu que j'aie** le temps.
jusqu'à ce que until	**Nous** allons étudier **jusqu'à ce que vous arriviez.**	**Nous** allons étudier **jusqu'à ce que nous comprenions** ce problème.

⚠ RAPPEL   ⚠ RAPPEL

Les conjonctions dans les phrases suivantes n'exigent pas l'emploi du subjonctif, puisqu'elles indiquent une condition ou un état qui est réel, plutôt qu'hypothétique.

Il m'a parlé **après que**[6] vous **êtes partie.**	He spoke to me *after you left*.
Je vais travailler **pendant qu'elle est** à l'école.	I'm going to work *while she's* at school.
Nous vous croyons **parce que vous avez** raison.	We believe you *because you are* right.
D'habitude ils partaient **aussitôt que j'avais fini.**	They usually left *as soon as I had finished*.
J'ai compris **dès que le professeur** me l'**a expliqué.**	I understood *as soon as the professor explained* it to me.

EXERCICE 12.   Votre amie française vient passer un an aux Etats-Unis. Elle doit s'inscrire dans votre université et vous lui écrivez pour lui donner des conseils.

Chère Agnès,

Je vais t'envoyer de la documentation avant que tu ne (partir) _____ de Montpellier. Bien que les inscriptions ne (être) _____ pas très compliquées, tu as besoin d'obtenir certains renseignements.

---

[6] Par analogie avec **avant que** + subjonctif, beaucoup de Français utilisent la construction **après que** + subjonctif. De nos jours, c'est un emploi critiqué mais toléré.

L'université a préparé des brochures pour qu'on (savoir) _____ quels cours sont au programme.

Tu peux suivre des cours de commerce à moins qu'il n'y (avoir) _____ plus de place. Il ne faut pas attendre jusqu'à ce que tu (venir) _____ au campus pour t'inscrire. En t'inscrivant tôt, tu vas certainement avoir les cours que tu veux, pourvu que tu n'(attendre) _____ pas trop longtemps pour envoyer tes documents. Tu ne dois pas aller plus loin sans (préparer) _____ un dossier.

Ne reste pas en France de peur de (ne pas réussir) _____. Je vais t'envoyer le nom d'un professeur pour que tu lui (écrire) _____ avant d'(arriver) _____ aux Etats-Unis.

J'attends que tu (répondre) _____ à ma lettre. Bonne chance! Ecris-moi vite.

EXERCICE 13.   Maintenant, c'est à vous d'exprimer quelques-unes de vos opinions sur la vie d'étudiant chez vous. Complétez chaque phrase logiquement.

1. Je fais de mon mieux pour que mes parents…
2. Je ne m'inscris jamais à un cours sans…
3. J'aime bien le professeur pourvu qu'il/elle…
4. Je ne sèche jamais mon cours de… de peur…
5. J'ai choisi de faire des études universitaires pour…
6. J'ai étudié le français bien que…
7. J'ai réussi quoique…
8. J'accepte l'opinion de mon conseiller pourvu que…

Le Subjonctif après un antécédent indéterminé

Le subjonctif est utilisé dans une proposition subordonnée dont l'antécédent dans la proposition principale est indéterminé. Le contexte de la phrase indique si la réalité de l'antécédent est incertaine ou hypothétique.

Je cherche **une voiture qui soit** économique.	I'm looking for *a car that is* economical.
Il veut trouver **une chambre qui ait** une belle vue.	He's looking for *a room that has* a good view.
Nous voulons **une spécialisation qui nous permette** de réussir.	We're looking for *a major that will permit us* to succeed.
Elles cherchent **des amis qui fassent** aussi des études.	They're looking for *friends who are* also going to school.

Si le contexte indique que la proposition subordonnée est précédée d'un antécédent (personne ou chose) bien déterminé, le verbe doit être à l'indicatif.

J'ai acheté **une voiture qui est** très économique. *(Vous savez que la voiture existe).*

Il a loué **une chambre qui a** une belle vue. *(Il sait que la chambre a une vue).*

Nous avons choisi **une spécialisation qui** nous **permet** de réussir. *(Nous sommes persuadés que la spécialisation va nous permettre de réussir).*

Elle a **des amis qui font** aussi des études. *(Ses amis existent déjà).*

Si l'antécédent est précédé d'un article défini, cela indique généralement que le verbe de la proposition subordonnée doit être à l'indicatif.

Voilà **la voiture qui est** si chère.

Nous voulons voir **la chambre qu'il a louée.**

EXERCICE 14.   Au moment de la rentrée, des copains parlent de différents aspects de la vie d'étudiant. Complétez leurs phrases en choisissant la forme appropriée du verbe.

1. (être) J'espère trouver une chambre qui ne _____ pas trop chère.
2. (vendre) Nous cherchons une librairie qui _____ moins cher les livres de cours.
3. (être) Moi, je veux trouver une spécialisation qui _____ utile.
4. (savoir) Connaissez-vous quelqu'un qui _____ la date des inscriptions?
5. (être) J'ai déjà suivi des cours qui _____ obligatoires.
6. (comprendre) Il faut trouver des profs qui _____ les problèmes des étudiants.
7. (faire) J'ai un camarade de chambre qui _____ des études de commerce.
8. (avoir) Je ne veux pas suivre un de ces cours où il y _____ une centaine d'étudiants.
9. (choisir) M. Martin fait partie d'un comité qui _____ le nouveau président.
10. (avoir) Nous voulons une nouvelle camarade de chambre qui _____ le même emploi du temps que nous.

EXERCICE 15.   Vous parlez de votre vie à l'université avec un(e) ami(e). Complétez les phrases suivantes pour indiquer votre point de vue.

1. Moi, je cherche des amis qui...
2. Toi, tu choisis des cours qui...
3. Notre université cherche des étudiants qui...
4. Je voudrais trouver une spécialisation qui...
5. Je suis spécialiste de... et il me faut trouver un poste qui...

Le Subjonctif après un antécédent qualifié par un superlatif

Le subjonctif est utilisé dans une proposition subordonnée relative dont l'antécédent dans la proposition principale est qualifié par un superlatif. Dans ce cas, le superlatif reflète une appréciation ou une opinion subjective.

La chimie, c'est **le cours le plus difficile qu'on puisse** suivre ici.

Chemistry is *the hardest course you can* take here.

Madame Roland est **le meilleur prof qui soit** à l'université.

Madame Roland is *the best professor who is* at this university.

Personne, rien et **le seul** sont des termes semblables au superlatif et ils sont suivis du subjonctif dans la proposition subordonnée.

Il n'y a **personne qui puisse** réussir à ce cours.

There is *no one who can* pass this course.

Je **ne** vois **rien qui soit** intéressant dans le programme du semestre.

I don't see *anything that is* interesting in the course offerings this semester.

Une mauvaise moyenne en maths n'est pas **le seul problème qu'il ait** ce semestre.

A bad average in math isn't *the only problem he has* this semester.

On utilise l'indicatif quand le superlatif indique un fait objectif ou un degré de classement.

C'est **le plus avancé des cours qu'on suit** ce semestre.

It is *the most advanced course that they are taking* this semester.

EXERCICE 16.   Voici plusieurs affirmations superlatives entendues parmi les étudiants. Complétez ces phrases par la forme appropriée du verbe entre parenthèses.

1. (pouvoir) C'est l'examen le plus difficile qu'on _____ imaginer.
2. (être) Il n'y a personne qui ne _____ pas inquiet avant un grand examen.
3. (être) Tu vois ces hommes là-bas? C'est le plus grand qui _____ mon prof de biologie.
4. (suivre) C'est le meilleur cours que je _____ ce semestre.
5. (être) Le prof nous a dit que la note la plus basse de la classe _____ soixante sur cent.
6. (savoir) J'ai donné la seule réponse que je _____.
7. (réussir) Il n'y a pas un seul étudiant qui _____ tout le temps, pas vrai?
8. (pouvoir) Un D en maths? Ce n'est pas la plus mauvaise note qu'on _____ avoir.
9. (avoir) Les étudiants de quatrième année sont les seules personnes qui _____ le privilège de s'inscrire tôt.

A. Voici une lettre de Véronique à son frère, qui commence ses études universitaires cette année. Complétez la lettre par la forme appropriée des infinitifs entre parenthèses.

Cher Frédéric,

Je suis si contente que tu (décider) _____ d'aller à la faculté cette année. Ça fait déjà longtemps que je veux que tu le (faire) _____. Toute la famille veut que tu (réussir) _____ tes projets. Mais il faut que tu (prendre) _____ une décision avant de (partir) _____ à l'université. Vas-tu chercher une chambre qui (être) _____ petite mais pratique à la cité universitaire ou un appartement que tu (pouvoir) _____ partager avec d'autres? Bien qu'il y (avoir) _____ des avantages à habiter dans une maison d'étudiants, il semble que ces résidences (ne plus faire) _____ partie des éléments obligatoires d'une vie universitaire. Il est sûr que beaucoup de jeunes gens (vouloir) _____ toujours connaître la vie commune des maisons d'étudiants. Mais il n'est pas surprenant que d'autres (vouloir) _____ mener une vie indépendante en dehors des cours. Il est même probable que quelques individus (être) _____ obligés de travailler en même temps qu'ils (faire) _____ leurs études.

Mon Dieu, je te donne trop de conseils. Bonne chance! Et écris-nous de temps en temps.

Je t'embrasse,
Véro

B. *Interview: La vie d'étudiant.* Posez les questions suivantes à un(e) camarade de classe.

1. Est-ce que tes professeurs te demandent de faire trop de devoirs?
2. Penses-tu que certains professeurs soient trop indulgents ou trop sévères?
3. Crois-tu que les étudiants américains doivent apprendre beaucoup de choses par cœur? Pour quels cours?
4. Penses-tu qu'il faille apprendre une langue étrangère pour acquérir une bonne instruction? Pourquoi?
5. Au mois de septembre, avant le premier examen, est-ce que tu as peur que certains professeurs soient trop sévères?
6. Penses-tu qu'il y ait un bon rapport entre la plupart des étudiants et leurs professeurs?
7. Es-tu surpris(e) que bien des étudiants aient des difficultés d'argent?
8. Quel est le cours le plus intéressant que tu suis? Pourquoi?
9. Quels sont les avantages ou les inconvénients d'habiter dans une résidence universitaire?
10. Penses-tu que les étudiants américains soient assez sérieux en ce qui concerne leurs études? Pourquoi?

Activités d'expansion

Vie actuelle

A.   En France, il y a peu de «campus» dans le sens américain du terme. Il existe pourtant des cités universitaires où les étudiants habitent dans un ensemble de résidences. C'est là que les étudiants (même beaucoup de ceux qui vivent en appartement ou en famille) déjeunent ou dînent dans un restaurant universitaire (le Resto U). Les repas sont assez bon marché, car les services alimentaires universitaires sont subventionnés par l'état. Mais, phénomène universel: les étudiants

RESTAURANT UNIVERSITAIRE	AGE	NOMBRE DE PLATS SERVIS CHAQUE JOUR	CADRE AMBIANCE	CHOIX DES PLATS
CITEAUX (Paris)	17 ans	1100	★	★★
PITIE-SALPÊTRIERE (Paris)	20 ans	2000	★★	★
GRAND-PALAIS (Paris)	25 ans	1200	★	★★
BULIER (Paris)	25 ans	3500	★	★★
ASSAS (Paris)	60 ans	1000	★★★	★★★
NECKER (Paris)	20 ans	3300	★	★
CITE INTERNATIONALE (Paris)	60 ans	non communiqué	★★★	★★
DESCARTES (Paris)	5 ans	1100	★★★	★★★
CENSIER (Paris)	30 ans	2500	●	★
NANTERRE	20 ans	5000	★	★

Les aliments sans notation sont des produits industriels
(yaourts, petits suisses,...)

excellent - superbe - nickel ★★★

veulent manger, sinon bien, au moins correctement dans les restaurants universitaires.

Avant d'examiner l'illustration qui donne des précisions sur les différents Resto U de la région parisienne, répondez aux questions suivantes.

1. Où prenez-vous normalement vos repas?
2. Quelle est la qualité de la cuisine dans votre Resto U? Quels sont les meilleurs plats? Les plus mauvais?
3. Combien coûte un repas ordinaire dans votre restaurant universitaire?

QUALITE DU REPAS CHOISI	VISITE DES CUISINES	PERSONNEL	LES ⊕	LES ⊖
Carottes râpées ..... ★★ Steak haché .... ● Pommes de terre .... ★★ Pastèque .... ★ Petits suisses .... ★	●	★★	Flippers Petits déjeuners	Les consommateurs fument
Carottes râpées ..... ★ Poulet .... ●● Purée .... ●● Fromage .... ★★ Pomme .... ★	●	★	Lumière du jour Menu brasserie Cafétéria 2 flippers	Fermé pendant les vacances
Pâté en croûte .... ★★★ Francfort .... ★★ Frites .... ★★★ Pêche .... ★ Gâteau .... ★	impossible sans autorisation du CROUS	★★	Four micro-ondes	Menu pas affiché Système de file d'attente aberrant
Macédoine .... ★ Poisson frit .... ★ Riz nature .... ★ Fromage Camembert ... ★ Flan .... ★	★★	★	Ouvert midi et soir Ouvert 1 mois été Cafétéria Salle service rapide	
Chou-fleur-bes ...... ★ Chipolata + viande .. ★★ Pommes de terre .... ★ Flan .... ★ Petit suisses	★	●	Machine à café Micro-ondes	
Tomates + hareng ... ★★ Rosbeef .... ★★ Spaghetti .... ★ Gâteau semoule ..... ★★ Yaourt	refusé	●	Cafétéria Micro-ondes	Pas de serviette Pas de menu affiché Pas de ticket au détail
Carottes râpées ..... ★ Rognons en sauce .. ★★★ Riz ou safran ..... ★★★ Fromage frais 1 pomme	★★	★★	Possibilité achat mousseux! Portemanteaux Micro-ondes Chaîne rapide Cafétéria + journaux et tabac Corbeille à pain sur la table Ouvert toute l'année Huile changée tous les 10 jours	Pas de serviette
Chou rouge .... ★★ Paupiettes .... ★★★ Purée .... ★★★ Compote d'abricots ... ★★	★★★	★★	3 salles Liquide accepté	1 seul Fermé le week-end Fermé l'été
Concombre .... ● Poisson pané ...... ●● Epinards .... ● Abricots .... ★★ Glace	★	●	Cafétéria Ouvert de 11 h à 15 h 45 Ouvert le soir Liquide accepté Alternance week-end et été	
Tomates .... ★★ Truite .... ★★ Riz .... ★ Cake .... ★★ Yaourt	★★	★★★	4 salles avec menus différents Cafétéria Ouvert une grande partie de l'été Ouvert le samedi Ouvert le soir avec menu amélioré	

bon - beau- propre ★★   bof - bof - passable ★   mauvais - moche - pas net ●   A éviter!●●

Après avoir examiné l'illustration, répondez aux questions suivantes.

4. Quel âge ont les Resto U les plus vieux? Ont-ils une bonne ou une mauvaise ambiance? Nommez quelques avantages de ces deux restaurants.
5. Combien de plats par jour sont servis par le Resto U le plus fréquenté? Quels sont les avantages de ce restaurant?
6. Le Resto U le plus moderne a pourtant des désavantages. Lesquels?
7. En général, quels sont les meilleurs et les plus mauvais plats servis dans les Resto U parisiens?
8. En jetant un coup d'œil sur «Les +» et «Les −», quel Resto U est, selon vous, le meilleur? Lequel est le pire? Pourquoi?
9. Maintenant, en travaillant avec vos camarades de classe, faites une illustration similaire se rapportant au(x) restaurant(s) universitaire(s) de votre université.

B.   Une autre préoccupation universelle chez les étudiants: Comment trouver un premier poste? En France, il y a des centaines d'écoles privées qui proposent aux étudiants une formation technique, souvent commerciale, menant directement à des débouchés nombreux et lucratifs. Puisque ces écoles ne font pas partie du système scolaire national, elles sont payantes et peuvent coûter assez cher. Avant de lire l'annonce typique tirée d'une série de publicités dans la revue *L'Etudiant* (voir page 253), répondez aux questions suivantes.

1. Quelle est la différence entre les frais d'une école publique et ceux d'une école privée aux Etats-Unis?
2. Où va-t-on aux Etats-Unis pour faire des études générales? Pour faire des études techniques (de commerce, d'informatique, par exemple)?
3. D'après ce que vous avez appris sur le système scolaire en France, comment expliquez-vous l'existence de ces écoles techniques privées de niveau universitaire?

Après avoir lu l'annonce, répondez aux questions suivantes.

4. Est-ce que cette école est nouvelle?
5. Quel grand avantage a le diplôme offert par l'ESLSCA?
6. Comment savez-vous que cette école est très sélective?
7. Combien d'années dure le programme de l'ESLSCA?
8. Où peut-on obtenir un M.B.A.?
9. Quel salaire moyen est promis aux diplômés de cette école? Quel est le poste et le salaire du diplômé décrit à droite de la photo?
10. Trouvez-vous dans cette annonce un concept qui ne s'intègre pas normalement dans un programme d'études commerciales américaines?

Le profil ESLSCA

----

* culture générale
* ouverture sur l'étranger
* aptitude à la négociation
* rigueur et créativité d'un entrepreneur
* souplesse de raisonnement
* volonté de perfectionnisme

Depuis 1949, l'Ecole Supérieure Libre des Sciences Commerciales Appliquées, ESLSCA, a délivré son diplôme à 4.700 élèves. Un diplôme reconnu par l'Etat. L'admission sur concours sélectionne chaque année 250 candidats sur 3.000. 250 candidats qui reçoivent pendant 3 ans un enseignement totalement intégré à la vie des affaires. En outre, des accords conclus avec des universités américaines, canadiennes, japonaises, permettent l'obtention d'un M.B.A. C'est le programme international de l'ESLSCA, l'un des plus anciens et des plus

Laurent du Pouget. 34 ans. P.D.G. Usines de Navarre. Revenu annuel : 434.000 F. Diplômé ESLSCA 77.

solides en France. Enfin, l'ESLSCA enrichit sa pédagogie de l'initiative à travers une vie associative et culturelle intense. Des atouts qui offrent des débouchés immédiats et expliquent le salaire moyen d'embauche élevé (150.000 francs annuels) à la sortie. Des atouts pour gagner.

Alice

eslsca

ECOLE SUPERIEURE LIBRE DES SCIENCES COMMERCIALES APPLIQUEES.
Etablissement privé d'enseignement
supérieur reconnu par l'Etat. 1, rue Bougainville
75007 PARIS FRANCE - (1) 45.51.32.59

Pour aller plus loin

Si on veut exprimer une opinion ou discuter d'idées abstraites, il est souvent impossible d'éviter le subjonctif. Voici une liste d'expressions souvent employées pour introduire une opinion personnelle. Exprimez vos propres opinions en plaçant une des expressions devant chaque phrase. Faites tous les changements nécessaires. Un(e) camarade de classe va ensuite donner son opinion.

Vraiment, je suis surpris(e)…
Pour ma part, je suis
    certain(e)…
A mon avis, il est évident que…
Je pense que…
Franchement, je suis
    désolé(e)…

Ah non, je ne crois pas que…
Quant à moi, je doute que…
Moi, je crois que…
Je ne pense pas que…
Personnellement, je regrette…
A vrai dire, je ne suis pas
    sûr(e)…

1. absolument tout le monde / avoir besoin de faire / des études universitaires

2. l'instruction universitaire / devoir / être orientée vers une formation professionnelle
3. les frais d'inscription / coûter / trop cher
4. l'énergie nucléaire / être / trop dangereuse
5. les armes nucléaires / être / justifiables
6. l'expérimentation génétique / pouvoir / faire du bien à la société
7. l'union libre / préparer à / de meilleurs mariages
8. on / pouvoir / trop facilement / divorcer / actuellement
9. le président / devoir / mieux soutenir / le mouvement écologique
10. le gouvernement / avoir / la responsabilité de censurer les paroles des chansons de rock

Situations

1. Un(e) étudiant(e) français(e) vient passer l'année dans votre université. Chaque membre de la classe doit suggérer une activité qu'il est nécessaire (important, essentiel, bon, etc.) que l'étudiant(e) fasse pour suivre des cours chez vous et pour passer une bonne année universitaire.
2. Plusieurs membres de la classe donnent leur avis sur ce qu'il est nécessaire (important, essentiel, bon, etc.) qu'une personne fasse (possède, soit, etc.) pour être heureux (heureuse) dans la vie. Les autres étudiants vont donner leurs opinions.
3. Composez une liste d'au moins six réformes que vous croyez nécessaires dans votre université ou dans la société américaine. Vos camarades de classe peuvent donner leurs idées.
4. Décrivez votre vie actuelle. Parlez de vos désirs, du bonheur, de la tristesse, de vos convictions, de vos opinions.

Chapitre 9

La Francophonie

LIBRAIRIE RIDHA AJRA

Structures grammaticales

Prépositions suivies de l'infinitif
Autres Emplois de la préposition
Le Participe présent
Les Pronoms relatifs

Fonctions communicatives

Exprimer ses intentions
Préciser la nature ou l'utilité des objets
Parler de l'emplacement ou de la durée
Préciser et nuancer ses remarques

Orientation culturelle

Le Monde francophone

Perspectives

La Francophonie, c'est un accent français dans le monde

Mise en train

Quels pays francophones° pouvez-vous nommer?
Avez-vous déjà voyagé au Canada?
Quelles influences françaises à la Nouvelle-Orléans pouvez-vous
   signaler?
La région francophone d'Afrique est-elle située à l'est ou à l'ouest
   du continent?
Quelle île bien connue de l'océan Pacifique est aussi un
   département° français?

Saviez-vous qu'il y a actuellement près de 200 millions de francophones°
dans le monde? Il est intéressant de constater° qu'on parle français dans
cinq continents sans compter les nombreuses îles de langue française.
C'est en Europe que se rencontre le plus grand nombre de gens pour
qui le français est la première langue. Il y a, bien sûr, les plus de 55
millions qui habitent la métropole.° Ne manquons pas, cependant, de
compter parmi ces francophones de nationalité française les Français de
la périphérie.° On les trouve en Martinique, en Guadeloupe, en Guyane
et à la Réunion—les quatre départements d'outre-mer.° Les Martiniquais,
ayant la nationalité française, peuvent voter aux élections présidentielles
et législatives tout comme quelqu'un dans un département de
l'Hexagone.° Lorsqu'ils font des projets° de voyage, les Français de
France rêvent souvent de vacances aux Antilles, ou en Nouvelle-
Calédonie, ou encore en Polynésie française. Puisque dans ces îles il y a
de belles plages° de sable° fin, des palmiers° majestueux et une douceur
de vivre° incomparable, les touristes peuvent choisir leur paradis
terrestre° dans l'Atlantique, le Pacifique ou la mer des Caraïbes.°

La langue française n'est pourtant pas réservée aux Français, même
en Europe. En Belgique, au Luxembourg ou en Suisse, on entend des
gens qui continuent à l'employer comme langue maternelle.° Mais la
francophonie° s'étend° beaucoup plus loin que cette partie de l'Europe
occidentale.

Pour comprendre l'histoire de l'expansion du français dans le monde,
nous sommes obligés de remonter° au seizième siècle, à l'époque où la
France a choisi de naviguer° du côté du Nouveau Monde. Ce sont des

explorateurs guidés par Jacques Cartier qui ont réussi à établir la première colonie française outre-Atlantique. Les descendants de ces colons° forment une partie des six millions de Franco-Canadiens concentrés aujourd'hui au Québec où l'on a conservé° le français comme première langue. Les voyageurs peuvent donc s'offrir° le plaisir d'entendre l'accent québécois ou acadien dont on trouve les origines dans les anciennes provinces de France. Et si on aime les sports d'hiver,° on peut assister aux divertissements° du Carnaval° en février ou mars. Ailleurs dans le Nouveau Monde nous rencontrons la présence de l'héritage français en Haïti, un pays° qui a réussi à déclarer son indépendance de la patrie° française au début du dix-neuvième siècle.

En se promenant° en voiture à travers la Nouvelle-Angleterre dans le Maine, le Vermont, le New Hampshire et les autres états voisins, on remarque de nombreuses églises et écoles fondées, il y a cent ans, par les immigrants franco-canadiens. La quantité de familles portant° un nom d'origine française explique la raison pour laquelle il est encore possible d'entendre parler un dialecte français, surtout dans les villes industrielles. Vers le sud du pays, c'est surtout en Louisiane que l'héritage des colons français est évident. Il y a même des villages où la langue maternelle des familles est le français, mais c'est un français difficile à comprendre pour les étrangers qui ne sont pas habitués à l'entendre. Les danses et la musique folkloriques, aussi bien que le nom des villes, nous rappellent le rôle joué par la France dans l'histoire de cette région. Mais la plus célèbre des traditions françaises est la grande fête° du Mardi gras à la Nouvelle-Orléans—un lien° entre deux mondes, l'ancien et le nouveau.

L'époque où la France cherchait à élargir° son influence politique par la colonisation est aujourd'hui terminée. Il y a, cependant, bon nombre de pays, surtout au Tiers monde,° où la culture française contribue toujours de façon assez importante à la vie économique et intellectuelle de la population indigène.° En Afrique du Nord, surtout en Algérie, au Maroc et en Tunisie, l'autorité française s'est établie à partir de la conquête° d'Alger en 1830. Même si l'arabe est la première langue du Maghreb,° c'est encore le français qu'on emploie pour la majorité des cours universitaires et dans les cercles diplomatiques. Au Proche-Orient,° la Syrie et le Liban ont aussi connu un régime français au vingtième siècle, avant d'obtenir leur autonomie. Au sud du Sahara, dans ce qu'on appelle l'Afrique Noire, il y a une quinzaine de nations où le français est l'une des langues officielles. Des nations de francophones et d'anglophones° se touchent souvent. Les résidents du Libéria ou de la Sierra Leone, par exemple, sont obligés d'apprendre une troisième langue, le français, pour communiquer avec les gens de Guinée ou de Côte-d'Ivoire dont la deuxième langue est le français et la troisième l'anglais. Il n'est pas rare de rencontrer dans les universités de France des étudiants africains venus pour apprendre une profession ou une technologie destinée° au développement socio-économique de leur pays.

Entre tous ces peuples—Américains du Nord ou du Sud, Africains du Maghreb ou des régions au sud du Sahara, Antillais ou habitants des terres dispersées du Pacifique—il existe, malgré les différences d'accent, la couleur de la peau° ou les traditions, un héritage linguistique et culturel français auquel ils ont contribué et dont ils peuvent être fiers.°

Vocabulaire actif

Les Activités

conserver to preserve
constater to observe
élargir to broaden
s'étendre to extend
naviguer to sail
s'offrir to treat oneself
porter to bear
se promener to travel
remonter to go back

La Francophonie

un(e) **anglophone** English-speaking person
le **Carnaval** winter festival
un **colon** colonist
la **conquête** conquest
un **département** administrative division of France
un **divertissement** pastime, entertainment
une **douceur de vivre** pleasant life-style

une **fête** festival
un(e) **francophone** French-speaking person
la **francophonie** French-speaking world
l'**Hexagone** *(m)* the Hexagon (term for France stemming from its six-sided shape)
un **lien** link
le **Maghreb** Arab term for North African countries
la **mer des Caraïbes** Caribbean Sea
la **métropole** mainland France
un **palmier** palm tree
le **paradis terrestre** paradise on earth
la **patrie** homeland
un **pays** country
la **peau** skin

la **périphérie** lands outside the mother country
la **plage** beach
le **Proche-Orient** Middle East
des **projets** *(m pl)* plans
le **sable** sand
un **sport d'hiver** winter sport
le **Tiers Monde** Third World

Les Caractéristiques

destiné(e) (à) intended (for)
fier (fière) proud
francophone French speaking
indigène native
maternel(le) native (language)
outre-mer overseas

Exercices de vocabulaire

A. Quels termes du **Vocabulaire actif** peut-on associer à chacun des endroits suivants? Il y a souvent plus d'un choix possible.

1. la Suisse
2. l'Algérie et le Maroc
3. la France
4. le Canada
5. la Nouvelle-Orléans
6. Tahiti
7. les Bouches-du-Rhône, les Alpes-Maritimes, le Morbihan et 92 autres divisions de la France
8. la Guadeloupe et la Martinique
9. le Sénégal
10. le Tiers monde

B. Composez des phrases en utilisant **C'est un(e)...** ou **Ce sont des...** pour indiquer quels termes du **Vocabulaire actif** correspondent aux définitions suivantes.

1. une personne qui parle anglais
2. le Carnaval à Québec
3. la France
4. Daytona et Malibu
5. le ski et la luge
6. une personne qui habite dans une colonie
7. une personne qui parle français
8. la division géographique française qui correspond à un état des Etats-Unis
9. la Belgique, les Etats-Unis, l'Italie, le Gabon, etc.
10. l'espèce d'arbre qu'on trouve près de certaines plages
11. de l'autre côté de l'océan

Vous comprenez?

Vous parlez avec un groupe d'amis et vous vous rendez compte que beaucoup d'entre eux ont visité des régions francophones. D'après les détails qu'ils vous donnent, essayez de déterminer quelles régions ils ont visitées. Vous pouvez consulter la carte aux pages xviii–xix.

1. J'ai été étudiant dans un programme académique en France et pendant les vacances de Noël, je suis allé à Rabat.
2. J'adore les belles plages, et quand j'ai appris qu'il y avait un Club Med dans une île pas loin de la côte de l'Amérique du Sud, j'y suis allé.
3. Pendant mon séjour en France, j'ai voulu voir les Alpes et goûter à ce chocolat célèbre. En plus, ce n'était pas loin du tout de Grenoble où je suivais des cours.
4. En cours de français, j'avais souvent entendu parler du Vieux Carré et du Carnaval d'hiver. En plus, j'ai pu faire le voyage en car, et cela n'a pas coûté trop cher.
5. J'ai eu la chance d'aller en Australie l'année dernière et l'avion a fait escale dans un paradis français de l'océan Pacifique. J'y suis resté trois jours, et j'ai vu le musée Gauguin.
6. Mon vol TWA vers l'Europe a atterri à Bruxelles et j'ai profité de l'occasion pour acheter des dentelles *(lace)*.
7. Un agent de voyages à Paris m'avait dit qu'il y avait des vols à tarif spécial entre la France et l'océan Indien. Je me trouvais dans un avion plein de Français qui voulaient profiter des plages et des casinos de leur «Perle de l'océan Indien».
8. Quel plaisir de m'asseoir à la terrasse d'un café du Quartier français pas loin de l'église St-Louis! J'y ai mangé des beignets *(doughnuts)* et j'ai bu du café fort à la chicorée. Et tout cela, pas trop loin de chez moi.

A votre tour

Lexique personnel

Cherchez les termes qui correspondent aux concepts suivants:

1. les pays francophones que vous avez visités
2. les pays francophones que vous voulez visiter
3. les noms (des personnes ou des endroits) d'origine française que vous connaissez aux Etats-Unis

1. Avez-vous visité des pays francophones? Lesquels? Avez-vous parlé français avec les habitants?
2. Dans quelles régions des Etats-Unis est-ce qu'il y a un héritage linguistique et culturel français?
3. Parfois les noms de famille américains sont des traductions de noms français. Voici à gauche une liste de noms «américains» et à droite la version française originale de ces noms. Essayez de trouver à quel nom français correspond chaque nom américain.

Greenwood	Rivers	Boulanger	Charpentier
Carpenter	Fountain	Boisvert	Lafontaine
Baker		Larivière	

4. On vous offre des vacances idéales. Quels pays francophones voulez-vous visiter?

Structures

Prépositions suivies de l'infinitif

Quand un verbe principal est suivi d'un autre verbe, cet autre verbe se met à l'infinitif si le sujet est le même.

L'équivalent de cette construction en anglais contient souvent une forme verbale se terminant en *-ing*, mais en français, le verbe-complément doit toujours être à l'infinitif.

Je **veux travailler**.	I *want to work*.
Je **continue à travailler**.	I *continue working*.
J'**ai fini de travailler**.	I *have finished working*.

Notez que l'infinitif-complément peut être utilisé après un verbe (1) sans préposition, (2) avec la préposition **à**, (3) avec la préposition **de**. Cet emploi de la préposition ne dépend pas de l'infinitif-complément mais du verbe principal qui est accompagné ou non d'une préposition. Il est donc indispensable de se rappeler si le verbe en français doit être suivi d'une préposition ou non. Voici une liste de verbes courants employés sans préposition ou avec la préposition **à** ou **de**.

1. **Verbe conjugué + infinitif**

aimer	Anne **aime voyager**.
aller	Nous **allons visiter** la Martinique.
croire	Ils **ont cru entendre** un mot de créole.
désirer	Elle **désire m'accompagner**.
devoir	Il **doit prendre** des billets à l'avance.
espérer	Nous **espérons arriver** à l'heure.
faire	Elles vont **faire réserver** des places.
falloir	Il **faut visiter** le marché de Rabat.
penser	Je **pense rentrer** en mars.
pouvoir	Est-ce qu'on **peut prendre** l'avion?
préférer	Elles **préfèrent rester** ici.
savoir	A la Réunion, on **sait danser** le séga.
souhaiter	Le groupe **souhaite voir** Tahiti.
vouloir	Moi, je **veux descendre** en ville.

2. **Verbe conjugué + *à* + infinitif**

aider à	Le guide **aide** les touristes **à s'amuser**.
s'amuser à	Il **s'amuse à parler** aux visiteurs.
apprendre à	On va **apprendre à danser** le séga.
commencer à	Nous **commençons à comprendre** la langue.
continuer à	Ils **continuent à voyager** après Noël.
enseigner à	On **enseigne** aux touristes **à danser** le séga.
s'habituer à	Je **m'habitue à voyager** en avion.
hésiter à	Nous **hésitons à traverser** l'Atlantique.
inviter à	Mes amis m'**invitent à voyager** avec eux.
réussir à	J'**ai réussi à prendre** un billet.
tenir à[1]	Mes parents **tiennent à voyager** en été.

3. **Verbe conjugué + *de* + infinitif**

accepter de	J'**ai accepté de venir**.
s'arrêter de	Le guide **s'est arrêté de parler**.
avoir peur de	Elle **a peur de voyager**.
choisir de	Nous **avons choisi de partir** en mars.
décider de	Il **a décidé de quitter** son pays.
essayer de	Il **essaie de gagner** de l'argent.
finir de	Il **finit de préparer** son voyage.
manquer (de)	Elle **a manqué (de) tomber** dans l'avion.
oublier de	J'**ai oublié de consulter** l'agent.
refuser de	Ils **refusent de partir** en avril.

---

[1] Le verbe **tenir** veut dire *to hold*. **Tenir à** veut dire *to insist*.

regretter de	Nous **regrettons de ne pas rester** plus longtemps ici.
risquer de	Ils **risquent d'être** en retard.
venir de[2]	Elle **vient de visiter** la Réunion.

4. *Après* + infinitif passé

Avec la préposition **après**, on emploie **l'infinitif passé**, qui est formé de l'infinitif **avoir** ou **être** suivi du participe passé du verbe principal.

Après avoir voyagé, ils sont retournés chez eux.	*After having traveled*, they returned home.
Après être allés en ville, ils sont rentrés.	*After having gone* downtown, they went home.

EXERCICE 1.   *Interview.*   Employez les éléments indiqués pour poser des questions à un(e) camarade de classe.

1. tu / aimer / voyager?
2. tu / tenir / voyager / dans des pays exotiques?
3. dans quels pays / tu / désirer / aller?
4. dans quels pays / tu / ne pas vouloir / aller?
5. tu / espérer / faire un voyage en Europe?
6. tu / commencer / économiser de l'argent pour un voyage?
7. tu / hésiter / quelquefois / prendre l'avion?
8. tu / avoir peur / prendre l'avion?

EXERCICE 2.   Voici l'histoire de Kandioura, un Sénégalais qui a fait des études en France. Remplacez le verbe indiqué par un autre verbe qui garde le sens de la phrase. Faites attention au changement de la préposition où cela est nécessaire.

Kandioura est né dans un village du Sénégal. A l'école, on lui *a appris à* parler français. Il *aimait* parler français, même s'il *essayait de* conserver, bien sûr, sa langue maternelle, le wolof. Il *a toujours refusé d'*abandonner sa culture indigène, mais il *a choisi de* faire ses études universitaires en France. Kandioura *a été reçu* au bac, et il *a décidé d'*aller à Paris. Là, il *ne s'est pas arrêté d'*étudier, car il *voulait* devenir professeur

---

[2] N'oubliez pas que **venir de** + infinitif est l'équivalent de *to have just.*

de français. Mais le jeune Sénégalais *n'a jamais oublié de* penser à sa propre patrie. Il *n'a jamais voulu* obtenir la nationalité française. Enfin, il *a réussi à* devenir professeur, mais il *regrette d'*avoir quitté son pays. Il *pense* y retourner un jour.

EXERCICE 3. Employez un des verbes à gauche et une des expressions à droite pour formuler des questions. Posez-les à un(e) camarade de classe.

MODELE: Tu vas regarder la télé ce soir?

aimer	voyager pendant les week-ends
commencer	apprendre le français
s'arrêter	faire du ski
aller	parler français en cours
pouvoir	fumer
décider	aller aux concerts de rock
hésiter	étudier
s'amuser	choisir une spécialisation
vouloir	réfléchir à ton avenir
savoir	faire des projets pour l'été
apprendre	retrouver tes amis en ville
essayer	aller au cinéma
regretter	regarder la télé
	???

Pratique

ACTIVITE 1. *Des projets de voyage.* Choisissez un pays que vous voulez visiter et répondez aux questions suivantes. Où voulez-vous aller? Comment allez-vous voyager? Quels sites touristiques souhaitez-vous visiter? Qu'est-ce que vous espérez faire pendant votre séjour à l'étranger? Les autres étudiants de la classe vont vous poser des questions supplémentaires.

ACTIVITE 2. *Un auto-portrait.* Nous évoluons tous constamment. Pensez à vos traits de caractère, à vos habitudes, à vos activités. Parlez de ce que vous aimeriez changer en vous et de ce que vous voulez conserver. Que voulez-vous commencer à faire? Continuer à faire? Refuser de faire? Apprendre à faire? Hésiter à faire? Faites un auto-portrait.

ACTIVITE 3. *Ma journée.* Racontez en huit ou dix phrases ce que vous avez fait vendredi dernier. Indiquez l'ordre chronologique des événements en faisant l'enchaînement grâce aux termes suivants: **avant de** + infinitif, **après** + nom, **après** + infinitif passé, **ensuite, alors.**

Autres Emplois de la préposition

1. *Il est / c'est* + **adjectif** + **préposition** + **verbe** Dans les constructions impersonnelles en français, la difficulté se pose de savoir quel pronom impersonnel (**il** ou **ce**) employer avec le verbe **être** et quelle préposition employer avec l'infinitif. La construction parallèle en anglais emploie toujours *it is…*

Pour faciliter votre choix, cherchez d'abord le complément d'objet de l'infinitif dans la phrase. Si le complément se trouve à sa place normale, c'est-à-dire immédiatement après l'infinitif, on utilise l'expression **il est** et la préposition **de** avec l'infinitif.

> **Il est difficile de résoudre** *ce problème.*
> **Il est impossible d'acheter** *nos billets.*

Si le complément d'objet de l'infinitif se trouve ailleurs qu'à la position normale, ou s'il n'existe pas dans la phrase, on utilise l'expression **c'est** et la préposition **à** avec l'infinitif.

> **C'est** *un problème* (*complément d'objet de* **résoudre**) **difficile à résoudre.**
> **C'est difficile à résoudre.**

EXERCICE 4. Un(e) camarade de classe raconte un voyage qu'il/elle a fait. Complétez ses déclarations par **c'est… à** ou **il est… de**.

Je suis allé(e) en Guadeloupe, et _____ une île _____ voir. On y parle créole, et _____ possible _____ comprendre au moins quelques mots de cette langue. Mais _____ difficile _____ prononcer.

_____ facile _____ visiter toute l'île de la Guadeloupe car elle n'est pas grande. Mais _____ important _____ avoir un bon guide, car _____ possible _____ se tromper de route. Et _____ une situation _____ éviter.

_____ amusant _____ passer la soirée à danser et à bavarder avec les autres membres du groupe. En somme, _____ agréable _____ passer des vacances en Guadeloupe.

2. **La Préposition accompagnant un complément déterminant de nom**
Les prépositions **à, de, en** introduisent souvent une expression qui sert à qualifier un nom et qui joue le rôle d'un adjectif.

- La préposition **à** indique le fonctionnement, l'usage, la destination.

une machine à laver	*a washing machine*
une glace à la vanille	*vanilla ice cream*
un verre à vin	*a wine glass*
une maison à deux étages	*a two-story house*

- La préposition **de** indique le contenu, l'espèce, la matière.

une robe de coton	*a cotton dress*
un problème de maths	*a math problem*

Une des quatre langues nationales de la Suisse est le français.

un verre de vin	*a glass of wine*
une boîte de haricots	*a can of beans*

- La préposition **en** indique la composition ou la forme essentielle.

une maison en brique	*a brick house*
une montre en or	*a gold watch*
une pièce en vers	*a play in verse*

3. **La Préposition introduisant les compléments circonstanciels de lieu**   Dans les expressions indiquant le lieu, la préposition **à** indique simplement l'endroit général (l'équivalent de *at* en anglais), **dans** exprime la nuance d'être à l'intérieur (l'équivalent de *in* ou *inside of* en anglais), **par** a le sens de **à travers** (l'équivalent de *through* en anglais).

J'étudie **à la bibliothèque.**	Elles sont **au Resto U** maintenant.
Le laboratoire est **dans ce bâtiment.**	Allez **dans la salle de classe.**
Ils regardent **par la fenêtre.**	Passez **par la porte principale.**

4. **La Préposition introduisant les compléments circonstanciels de temps**   La préposition **à** s'emploie avec les heures de la journée, **en** précède les mois, les années et les saisons (exception: **au printemps**).

Le groupe est parti
- **à trois heures.**
- **en mars.**
- **en 1990.**
- **en hiver.**

- Pour indiquer la notion de durée, on utilise **en** pour marquer l'espace de temps utilisé pour l'accomplissement d'une action et **dans** pour indiquer le temps qui va s'écouler avant qu'une action prenne place.

   Je travaille vite et je peux finir **en une heure.**
   Le concert va se terminer **dans deux heures.**

- Pour indiquer la durée réelle, on emploie **pendant.** Pour indiquer la durée future avec l'idée d'intention, on emploie **pour.**

   Il a vécu à Paris **pendant deux ans.**
   Je vais rester à Paris **pour une semaine.**
   Elle allait à Paris **pour une semaine,** mais elle y est restée **pendant six mois.**

5. **La Préposition avec les expressions indiquant le moyen de transport**
   Un complément circonstanciel de manière indiquant un moyen de transport est souvent précédé de la préposition **en.** En parlant du train, cependant, on utilise régulièrement l'expression **par le.**

   Ils ont voyagé
   {
   en voiture.
   en avion.
   en bateau.
   par le train.
   }

6. **L'infinitif avec la préposition** *pour*   La préposition **pour** précède l'infinitif pour indiquer le but, la cause ou l'intention de l'action. En anglais, on omet souvent l'expression *in order to,* mais ce concept, exprimé par la préposition **pour,** est nécessaire en français.

   Je travaille **pour gagner de l'argent.**
   Pour faire un gâteau, il faut du sucre.

7. **La Préposition** *chez*   La préposition **chez** a une variété de sens et d'emplois en français.

   Nous allons dîner **chez Pierre.** *(dans la maison de)*
   Il est **chez le médecin.** *(dans le cadre professionnel de)*
   Chez les Martiniquais, le français est une langue commune. *(dans le groupe social de)*
   C'est une attitude bien connue **chez le président.** *(dans la personnalité de*
   Chez Camus, il y a beaucoup de descriptions du désert. *(dans l'œuvre de)*

8. **La Préposition avec les noms géographiques**   La plupart des noms de lieu en français se terminant en **e** sont féminins et ils sont précédés de la préposition **en** pour indiquer la localisation. C'est l'équivalent de *to, at, in* en anglais.

   | **en** France | **en** Asie | **en** Angleterre | **en** Australie |
   | **en** Provence | **en** Floride | **en** Bourgogne | **en** Californie |

Les noms géographiques français se terminant par une lettre autre que **e** sont masculins et ils sont précédés de la préposition **à** + l'article défini. C'est l'équivalent de *to, at, in* en anglais.

au Portugal	**au** Texas	**au** Québec
au Poitou	**aux** Etats-Unis	**au** Colorado

Il y a quelques exceptions à cette règle, parmi lesquelles les noms de lieu géographique masculins.

en Israël	**en** Afghanistan	**au** Zaïre
en Iran	**au** Mexique	**en** Illinois

Pour les états d'Amérique (surtout masculins) il est possible d'utiliser la formule **dans l'état de.**

dans l'état de Washington

Avec les noms de villes, on emploie toujours la préposition **à** pour traduire *to, at, in* en anglais. L'article n'est jamais employé sauf si l'article fait partie du nom de la ville (**Le Havre**).

à Paris	**au** Havre	**à la** Nouvelle-Orléans
à Chicago	**au** Caire	

Pour exprimer l'origine ou la provenance, on emploie **de** avec un nom féminin et **de** + l'article défini avec un nom masculin.

Ce sont les vins **de** France.   Je viens **des** Etats-Unis.

9. **La Préposition avec nom complément d'objet**   La plupart des verbes français sont des verbes transitifs directs qui se construisent avec un nom complément d'objet direct sans l'aide d'une préposition. Voici une liste partielle de ces verbes.

apprendre	Il **apprend le français.**
comprendre	Maintenant, il peut **comprendre le français.**
essayer	Ils **essaient la cuisine créole.**
étudier	On **étudie les pays** francophones.
parler	Son ami haïtien **parle créole.**
payer	Ses parents **paient son voyage** en France.
prendre	Elle **prend l'avion** pour y aller.
recevoir	Nous **recevons des cartes** de nos amis.
savoir	Nous **savons la date** de leur retour.
visiter	Ils **visitent la Martinique.**
voir	Ils **voient les sites touristiques** de l'île.

Certains verbes sont des verbes transitifs indirects qui se construisent avec un nom complément d'objet précédé de la préposition **de.**

s'agir de	Il **s'agit d'un voyage** au Canada.
avoir besoin de	J'ai **besoin d'argent** pour voyager.
parler de	Nous **parlons du Canada** en classe.

D'autres verbes transitifs indirects se construisent avec un nom complément d'objet précédé de la préposition **à**.

dire à	Le prof **dit à la classe** d'étudier le monde francophone.
s'intéresser à	Elles **s'intéressent à la culture francophone**.
penser à	Elles **pensent à leurs amis martiniquais**.
permettre à	Les parents vont **permettre à leurs filles** de visiter la Martinique.

L'usage de la préposition après le verbe en anglais n'a souvent aucun rapport avec l'usage français.

EXERCICE 5.   Votre ami(e) français(e) vous raconte son voyage à la Réunion. Complétez sa description à l'aide des prépositions appropriées.

Bien sûr que j'ai voyagé _____ avion! Nous avons fait le trajet de Paris jusqu'à la Réunion _____ douze heures avec des escales _____ Caire _____ Egypte et _____ Tananarive, une ville importante _____ Madagascar. Comme le voyage a eu lieu _____ décembre, nous sommes arrivés à la Réunion _____ été. Tout le monde avait fait ce voyage _____ s'amuser et, en effet, on s'est beaucoup amusé _____ les Réunionnais.

Quand nous sommes arrivés _____ l'aéroport, notre guide nous a offert un verre _____ vin. On est monté _____ un car _____ faire le trajet jusqu'en ville. En regardant _____ les vitres du car, on a pu voir beaucoup de maisons _____ un étage et construites _____ béton (concrete). Les gens préfèrent des bâtiments qui ne sont pas très hauts pour essayer _____ les protéger contre les cyclones qui sont assez fréquents dans la région.

Nous sommes restés à la Réunion _____ dix jours _____ nous baigner à la plage, _____ jouer aux casinos et _____ danser toute la nuit. Après avoir visité _____ la Réunion, je pense souvent _____ cette île et je parle souvent _____ mes amis _____ mon voyage. Maintenant, je m'intéresse beaucoup _____ la culture francophone et je tiens _____ voir autant de pays francophones que possible.

EXERCICE 6.   *Interview.* Employez les éléments indiqués pour poser des questions à un(e) camarade de classe.

1. tu / étudier souvent / la bibliothèque / ou / ta chambre?
2. que / tu / faire / gagner de l'argent?
3. tu / retrouver quelquefois / tes amis / Resto U?
4. tu / aimer / ton cours / français?
5. combien d'étudiants / il y avoir / ton cours / français?
6. tu / habiter toujours / tes parents?
7. tu / aller / recevoir ton diplôme / 19___?
8. tu / venir / à l'université / voiture / avion / ou / train?

EXERCICE 7. *Où sont-ils?* Complétez les phrases en indiquant les endroits qui conviennent.

1. Mes parents habitent...
2. J'ai aussi des cousins qui se trouvent...
3. Mon université est...
4. J'ai des copains qui sont étudiants...
5. J'ai voyagé...
6. Je voudrais aller...

EXERCICE 8.   Vous êtes sans doute allé(e) à des concerts de rock. Il y a beaucoup de jeunes Français qui aiment aussi les concerts de rock, comme celui de U2 à Montpellier ou celui de Tina Turner dans un amphithéâtre romain à Arles. Décrivez en cinq ou six phrases un concert que vous avez aimé (ou détesté) en utilisant les termes suivants.

aller voir ___	y avoir	parler
avoir lieu	être super / moche / fatigué(e)	prendre
à l'intérieur / en plein air	durer	attendre
avoir chaud / froid	terminer	???
mettre		

Exercices d'ensemble

A.   Un(e) de vos ami(e)s, qui était aussi membre du Corps de la Paix (Peace Corps), vous raconte ses expériences en Afrique. Complétez ses commentaires à l'aide des prépositions appropriées ou **il est/c'est**.

1. _____ avoir une bonne idée de l'immensité de l'Afrique, il faut traverser le continent _____ voiture, mais _____ est difficile _____ faire.
2. _____ Zaïre, Mohammed Ali a beaucoup d'amis parce qu'il est allé _____ leur pays _____ participer à un match _____ boxe très célèbre.
3. Après avoir passé trois mois dans l'intérieur du Togo _____ 1981, je suis allé(e) _____ la cafétéria de l'ambassade américaine à Lomé et j'ai pris un sandwich _____ fromage et _____ jambon, un verre de thé glacé, une salade _____ tomates et une glace _____ la vanille. Quelle joie de retrouver de la nourriture américaine!
4. Pour rentrer _____ Etats-Unis, le groupe est parti _____ hiver, _____ janvier plus précisément, _____ trois heures de l'après-midi. Nous avons voyagé _____ voiture et puis _____ avion. J'étais très triste de quitter le Togo parce que j'y avais vécu _____ deux ans.
5. Quand j'étais _____ Zaïre, _____ 1981, l'élection présidentielle a eu lieu _____ printemps. _____ les Zaïrois, il y a eu beaucoup d'émotion, d'expressions _____ joie et _____ tristesse.

B. Vous êtes membre du Corps de la Paix et vous travaillez en Afrique. Un jeune Africain du Togo vous pose des questions. Répondez à ses questions.

1. De quel pays venez-vous?
2. Dans quel état habitez-vous?
3. Quels autres pays avez-vous vus?
4. Où pouvez-vous aller pour entendre parler le français en Amérique du Nord? Et l'espagnol?
5. Où est la ville de Dallas?
6. Dans quels états est-ce qu'on produit du vin?
7. Dans quels pays étrangers voulez-vous voyager?
8. Dans quels autres pays francophones voulez-vous voyager?

Pratique

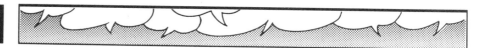

ACTIVITE 1. *Le tour du monde.* On vous a demandé d'arranger un voyage autour du monde. Il y a douze pays à visiter. Avec un(e) camarade de classe, organisez un itinéraire qui montre l'ordre dans lequel vous comptez visiter les douze pays choisis.

MODELE: Nous allons partir des Etats-Unis pour aller en Angleterre. D'Angleterre, nous allons au Danemark. Du Danemark...

ACTIVITE 2. *Une interview.* Posez les questions suivantes à un(e) camarade de classe.

1. Pour quelle(s) raison(s) apprends-tu le français?
2. Sais-tu parler d'autres langues étrangères?
3. Que sais-tu très bien faire?
4. Combien d'heures par semaine étudies-tu le français?
5. A quoi penses-tu quand tu ne fais pas attention en classe?
6. Le français mis à part, à quoi t'intéresses-tu? (à la politique, à la musique, aux sports, etc.)
7. De quels sujets aimes-tu parler avec tes amis?

ACTIVITE 3. *Via Calais.* Voici une publicité destinée à attirer l'attention des Français qui voyagent souvent en Angleterre. Avec un partenaire, jouez le rôle d'un agent de voyages. Votre client(e) va vous poser des questions sur les services et les avantages de Via Calais. Répondez à ses questions et essayez de convaincre votre client(e) de profiter de ces services.

la traversée la plus courte...

Le Participe présent

Le participe présent est une forme verbale. On le forme en séparant la terminaison **-ons** de la première personne du pluriel (**nous**) du présent de l'indicatif; on ajoute au radical la terminaison **-ant.**

parler	nous **parlóns**	**parlant**	speaking
finir	nous **finissóns**	**finissant**	finishing
répondre	nous **répondóns**	**répondant**	answering
partir	nous **partóns**	**partant**	leaving
voir	nous **voyóns**	**voyant**	seeing

Les verbes **avoir, être** et **savoir** ont un participe présent irrégulier.

avoir	**ayant**
être	**étant**
savoir	**sachant**

Le participe présent est utilisé de plusieurs manières.

- **Comme adjectif verbal**   Si le participe présent est utilisé comme adjectif, il a la valeur d'un adjectif qualificatif et s'accorde avec le nom.

    une histoire **plaisante**
    des trajets **amusants**

- **Comme gérondif**   Si le participe présent est précédé de la préposition **en**, il s'appelle **gérondif** et il a la valeur d'un complément circonstanciel (de temps, de cause, de condition, etc.). C'est l'équivalent de *by, while, upon* + verbe + *-ing* en anglais. Le sujet du gérondif doit être le même que celui du verbe principal.

En voyageant, j'ai beaucoup appris.	*By traveling,* I learned a lot.
En visitant le Maroc, nous avons vu le Sahara.	*While visiting* Morocco, we saw the Sahara.
En arrivant à la Nouvelle-Orléans, il a cherché un taxi.	*Upon arriving* in New Orleans, he looked for a taxi.

EXERCICE 9.   Un(e) ami(e) vous demande des renseignements sur un voyage que vous venez de faire à Québec. Complétez chaque phrase par la forme appropriée du verbe entre parenthèses.

1. J'avais envie de (voir) _____ une ville francophone pas loin de chez moi.
2. En (voyager) _____ par le train, j'ai économisé de l'argent.
3. La personne qui (être assis) _____ à côté de moi était de Québec.

4. En lui (parler) _____, j'ai beaucoup appris sur la ville.
5. En (arriver) _____ à la gare, je suis allé(e) directement à l'hôtel.
6. J'ai eu la chance de (faire) _____ des excursions magnifiques.
7. En (faire) _____ des visites guidées, je n'ai eu aucune difficulté à (voir) _____ la ville de Québec en trois jours.
8. En (rentrer) _____ par le train, j'ai passé mon temps à (regarder) _____ les paysages québécois.

Les Pronoms relatifs

Le pronom relatif sert à joindre une proposition subordonnée à une proposition principale. La proposition subordonnée qualifie un nom ou pronom de la proposition principale. Ce nom ou pronom s'appelle l'antécédent du pronom relatif.

Le *garçon* **qui nous accompagne** est le frère de Marie.	The *boy* *who is coming with us* is Marie's brother.

On a tendance à omettre le pronom relatif en anglais. En français, il est obligatoire.

Le pays **que** nous avons visité est intéressant.	The country *(that)* we visited is interesting.

Une seule forme en français peut avoir plusieurs sens en anglais. Par exemple, **qui** peut être l'équivalent de *who, whom, which, what, that*. Le choix du pronom relatif en français dépend du rôle joué par le pronom dans la proposition subordonnée (sujet, complément d'objet direct, complément prépositionnel) et du verbe utilisé (exigeant l'emploi d'une préposition ou pas).

Sujet de la proposition subordonnée

On reconnaît sans difficulté un pronom relatif employé comme sujet de la proposition subordonnée car il n'y a aucun autre sujet. Le pronom **qui** remplace les personnes ou les choses.

Le garçon **qui vient à la fête** est le frère de Marie.
Ce pays **qui se trouve dans le Pacifique** est une colonie.

Si, dans la proposition principale, il n'y a aucun nom ou pronom précis comme antécédent du pronom relatif, le pronom relatif est précédé de **ce**.

Il raconte **ce qui se passe au Maroc**.
Ils indiquent **ce qui est intéressant en Belgique**.

Ce + pronom relatif remplace une idée complète plutôt qu'une personne ou une chose précise et a souvent le sens de *what* en anglais.

Complément d'objet direct dans la proposition subordonnée

S'il y a déjà un sujet dans la proposition subordonnée, le pronom relatif sert de complément d'objet du verbe de la proposition subordonnée. Le pronom **que** remplace les personnes ou les choses.

Le garçon **que vous avez invité** vient à la fête.
Le pays **que nous visitons** est en Asie.

Si le pronom relatif **que** n'a aucun antécédent précis, il doit être précédé de **ce.**

Voilà **ce que vous avez demandé.**
Je ne sais pas **ce qu'il veut.**

EXERCICE 10.   Vous rédigez *(are editing)* vos notes pour un exposé sur le monde francophone. Complétez chacune de vos phrases par le pronom relatif approprié.

1. Un francophone est une personne _____ parle français.
2. Le français est une langue _____ ils emploient assez souvent.
3. Ils savent peut-être _____ se passe dans l'Hexagone.
4. L'Hexagone est un nom _____ l'on donne à la France.
5. Quelquefois ils ignorent _____ les Français font chez eux.
6. La langue et la culture franco-canadiennes sont très importantes pour les personnes _____ habitent le Québec.
7. Un Martiniquais est une personne _____ habite la Martinique.
8. Le créole est une des langues _____ l'on parle à la Martinique.

Complément prépositionnel dans la proposition subordonnée

Si le verbe qui suit le pronom relatif doit être accompagné d'une préposition, la préposition doit s'intégrer dans la proposition subordonnée. L'assimilation de la préposition se fait de plusieurs façons.

1. *Dont* et *ce dont*   Quand le pronom relatif est complément de la préposition **de,** le pronom relatif et la préposition **de** sont généralement remplacés par la forme **dont** (ou **ce dont**) pour les personnes ou les choses.

Voici le livre **dont vous avez besoin.**	Here is the book *that you need.* (to need = **avoir besoin** *de*)
Voilà le guide **dont je parlais.**	There's the guide *that I was talking about.* (to talk about = **parler** *de*)

Ce dont s'emploie si **dont** n'a pas d'antécédent précis.

Ce dont elle a peur n'est pas clair.	It's not clear *what she's afraid of.* (**avoir peur** *de*)
Apportez **ce dont vous avez besoin** pour le voyage.	Bring *what you need* for the trip.

Dont (= de qui) est l'équivalent de *whose, of whom, of which* en anglais. **Dont** indiquant la possession est suivi de l'ordre normal des mots dans la phrase (sujet + verbe + complément d'objet). L'ordre des mots en anglais n'est pas toujours le même.

Voilà le guide **dont le frère est** français.	That's the guide *whose brother is* French.
Voilà le touriste **dont vous avez réparé la voiture.**	There's the tourist *whose car you repaired.*

2. *Qui et lequel*   Si le verbe qui suit le pronom relatif exige l'emploi d'une préposition autre que **de,** la préposition précède le pronom relatif. Dans ces cas, **qui** remplace généralement les personnes, et la forme convenable de **lequel (laquelle, lesquels, lesquelles)** remplace les choses.

Voilà mon ami **pour qui j'ai acheté le cadeau.**
C'est l'école **dans laquelle on étudie les langues.**
Allez chercher les chèques **avec lesquels nous allons payer les billets.**

Si **lequel, lesquels, lesquelles** sont précédés de la préposition **à,** la contraction normale doit se faire.

Retournons au restaurant **auquel** nous sommes allés l'année dernière.

⚠ RAPPEL   ⚠ RAPPEL

En français (écrit ou parlé) on ne termine pas une phrase par une préposition. En anglais, on entend quelquefois *There's my friend I bought the present for* ou bien *That's the course I went to.* En français, il faudrait plutôt dire:

Voilà mon amie **pour qui** j'ai acheté le cadeau.
C'est le cours **auquel** j'ai assisté.

Le pronom relatif *où*

Si l'antécédent indique une unité de temps, on emploie le pronom relatif **où** dans tous les cas.

J'étais préoccupée le jour **où** j'ai passé l'examen.
Il est venu au moment **où** je partais.

Si l'antécédent indique un lieu, on emploie le pronom relatif **où** pour remplacer **dans, de, à, sur, vers,** etc. + pronom relatif.

Voilà l'école **où (= dans laquelle)** on étudie les langues.
Voilà l'endroit **où (= auquel)** il a eu l'accident.

Si l'antécédent indique un lieu, on emploie le pronom relatif **qui** ou **que** avec les verbes transitifs directs qui se construisent sans l'aide d'une préposition devant le complément d'objet.

Voilà le musée **que** nous avons visité.
C'est le musée **qui** possède une excellente collection.

⚠ RAPPEL   ⚠ RAPPEL

Voici ce qu'il faut faire pour choisir le pronom relatif correct en français.

1. Identifiez la proposition relative dans votre phrase. N'oubliez pas qu'en français, il faut l'introduire par un pronom relatif, même si ce pronom a été omis dans l'équivalent anglais de la phrase.
2. Cherchez le sujet de la proposition relative. S'il n'y a pas de sujet, utilisez **qui** ou **ce qui** comme pronom relatif.
3. Considérez si le verbe dans la proposition relative exige l'emploi d'une préposition pour introduire un nom. Si le verbe est suivi de la préposition **de,** utilisez **dont** ou **ce dont** comme pronom relatif. Si le verbe exige l'emploi d'une autre préposition, utilisez **qui** pour les personnes, ou une forme de **lequel** pour les choses (précédée de la préposition).
4. Si la proposition relative contient déjà un sujet, et si le verbe n'exige pas de préposition, vous allez utiliser **que** ou **ce que** comme pronom relatif dans la plupart des cas. Si l'antécédent du pronom relatif est une durée, utilisez **où** comme pronom relatif. Dans le cas d'un lieu, utilisez **où** si le verbe exige l'emploi d'une préposition avant un nom complément d'objet et **qui** ou **que** si le verbe n'exige pas de préposition.

EXERCICE 11. Pour accompagner votre exposé, vous montrez les diapositives *(slides)* d'un voyage que vous avez fait dans un pays francophone. Voici vos commentaires sur les diapositives. Complétez chaque phrase à l'aide du pronom relatif approprié, précédé ou non d'une préposition.

1. C'étaient des vacances _____ j'avais besoin pour apprendre le français.
2. Voilà le 747 dans _____ j'ai voyagé.
3. Et voilà l'île _____ je vais vous parler.
4. C'est l'endroit _____ j'ai passé quinze jours.
5. Il s'agit d'un Club Med, et voilà les petits jetons avec _____ on paie toutes les activités.

6. Voilà des gens à _____ je parlais souvent.
7. Regardez la pendule. C'est l'heure _____ l'on dîne dans ce pays.
8. Ici le guide nous dit _____ on a besoin pour faire des promenades autour de l'île.
9. C'est en décembre et c'est un mois _____ l'on peut nager et se promener sur la plage.
10. Enfin de retour! Ce sont des vacances _____ je vais me souvenir pendant toute ma vie.

EXERCICE 12. *Tout est relatif.* En choisissant le pronom **qui** ou **que**, complétez les phrases suivantes pour décrire quelques aspects de votre vie personnelle.

1. J'ai des amis qui / que...
2. Mes camarades de chambre sont des personnes qui / que...
3. J'ai des profs qui / que...
4. Mon cours de français, c'est un cours qui / que...
5. Mon / ma petit(e) ami(e) est une personne qui / que...
6. Ce semestre, j'ai des cours qui / que...

Exercices d'ensemble

A. *Ce qui est important à l'université.* Quelques étudiants sont en train de parler de leurs études. Complétez leurs remarques à l'aide du pronom relatif approprié, précédé ou non d'une préposition.

1. Je veux une formation _____ me permette de réussir dans la vie.
2. Il est probable _____ l'université va continuer à faire des progrès.
3. Des cours plus pratiques? Voilà _____ nous avons besoin.
4. Nous avons vraiment besoin d'un endroit _____ l'on peut se réunir pour étudier en groupe.
5. Monsieur Duval? C'est un prof avec _____ on apprend beaucoup.
6. La faculté de Lettres? C'est une partie de l'université dans _____ on étudie les langues vivantes.
7. Je n'ai pas eu de bons résultats dans ce cours. J'étais très préoccupé le jour _____ j'ai passé cet examen.
8. _____ m'intéresse vraiment, c'est l'informatique.
9. Monsieur Roche? C'est le prof d'histoire _____ la femme est médecin.
10. _____ je ne comprends pas, c'est qu'il faille payer les droits d'inscription avant la fin des inscriptions.

B. *Les récompenses du voyage.* Transformez chaque phrase en employant **en** + participe présent.

>   MODELE: Elle apprend quand elle voyage.
>   Elle apprend en voyageant.

1. Quand on fait un effort, on apprend beaucoup au sujet des étrangers.
2. On rencontre des gens sympathiques quand on voyage.
3. Si on prend le train, on voit le paysage.
4. Quand vous allez dans un autre pays, vous voyez une autre façon de vivre.
5. Si vous voyagez dans un pays étranger, vous pouvez souvent apprendre un peu la langue de ce pays.

Pratique

ACTIVITE 1. *Qui est-ce?* Pensez à un personnage célèbre. Faites le portrait de cette personne sans dire son nom. Les autres étudiants de la classe vont essayer de deviner de qui vous parlez.

>   MODELE: Je pense à une personne qui n'est plus vivante: une grande vedette. Elle était très amusante. C'était une actrice comique que tout le monde aimait et respectait. Elle avait les cheveux roux et était la vedette de plusieurs séries à la télévision. Qui est-ce?

ACTIVITE 2. *Quelques qualités importantes.* Quelles sont les qualités d'un bon professeur? Faites cinq ou six phrases à ce sujet.

>   MODELES: Je préfère les professeurs qui ont de la patience.
>   Je préfère les professeurs avec qui on peut parler.

ACTIVITE 3. *Tunisie amie.* Lisez la publicité pour la Tunisie (voir page 279). Etes-vous tenté(e) par cette description? Qu'est-ce qui vous intéresse? Imaginez que vous avez gagné un voyage en Tunisie. Que voulez-vous y voir?

ACTIVITE 4. *Invitation au voyage.* En prenant comme modèle la publicité pour la Tunisie, créez une publicité pour un autre pays francophone. Préparez six ou huit phrases. Ensuite, présentez votre «Invitation au voyage» à la classe.

Tunisie amie.

Décollez vers l'amitié, le sourire, la chaleur, la vraie hospitalité de la Méditerranée. A 2 heures d'avion environ vous êtes en Tunisie, prêt à contempler 3000 ans d'histoire. Les musées, les mosquées, les sites archéologiques vous racontent la Tunisie carthaginoise, romaine, byzantine, arabo-musulmane, ottomane... En admirant les minarets colorés de Tunis, Jemaa Ezzitouna "la mosquée de l'olivier", en visitant la cité spirituelle de Kairouan, les sites d'El Jem ou les ruines de Dougga, vous vous surprendrez à remonter le temps. Vous découvrirez un éternel art de vivre. En Tunisie vous êtes en pays ami.

Pour tous renseignements : Office National du Tourisme Tunisien. 32, avenue de l'Opéra – 75002 Paris – Tél.x 47.42.72.67. 12, rue de Sèze – 69006 Lyon – Tél. : 78.52.35.86.

Tunisie. Le pays proche.

Activités d'expansion

A. On trouve dans le monde francophone des cultures très variées qui sont pourtant liées par la langue française et par un héritage culturel français. Avant de lire le poème à la page 280, répondez aux questions suivantes.

1. Pouvez-vous nommer deux pays de l'Afrique francophone?
2. Où sont la Guinée, le Mali, le Tchad, le Bénin? Consultez la carte aux pages xviii–xix.
3. Quelle est votre impression de l'Afrique? Résumez votre vision de l'Afrique francophone en deux ou trois phrases.

Jeux, fêtes et sports

Qui es-tu?

Je suis enfant de Guinée,
Je suis fils du Mali,
Je sors du Tchad ou du fond du Bénin,
Je suis enfant d'Afrique...
Je mets un grand boubou blanc,
Et les Blancs rient de me voir
Trotter les pieds nus dans la poussière du chemin...
Ils rient?
Qu'ils rient bien.
Quant à moi, je bats des mains et le grand soleil d'Afrique
S'arrête au zénith pour m'écouter et me regarder,
Et je chante, et je danse,
Et je chante, et je danse.

Après avoir lu le poème, répondez aux questions suivantes.

4. En quoi la première partie de ce poème est-elle fondée sur une sorte de stéréotype?
5. Comment le poète joue-t-il sur le mot «blanc»?
6. Quelle description ce poète africain donne-t-il d'un «enfant d'Afrique»?
7. Quelle importance est attachée au mot «enfant» dans ce poème? Est-ce ici un mot à connotation positive ou négative? Expliquez.

B.   Voici un autre coin du monde francophone, un endroit très loin du Tchad ou de la Guinée (voir page 281). Mais le terme «francophonie» signifie que tous les membres du monde francophone sont liés par cette langue qu'ils possèdent en commun. Avant de lire l'article, répondez aux questions suivantes.

1. Avez-vous déjà visité le Québec? Quand? Avez-vous parlé français?
2. Quelle impression avez-vous du Québec?
3. Formulez une définition d'une personne francophone. Etes-vous francophone?

FESTIVAL

Artiste: Ray Lema
Photo: Renée Méthot

LE 22e FESTIVAL INTERNATIONAL D'ÉTÉ DE QUÉBEC

Une destination culturelle au coeur de la francophonie en Amérique. Du 6 au 16 juillet.

Reconnu comme la plus importante manifestation francophone du genre, le Festival accueille chaque été des artistes de pointe venus d'Afrique, d'Asie, d'Europe et, bien sûr, d'Amérique. Public, artistes et artisans le disent: le Festival d'été international de Québec est une véritable internationale des arts d'interprétation. Un carrefour des traditions et des cultures vivantes: 600 artistes, 250 spectacles, une quinzaine de pays représentés, 1 000 000 de participants.

La programmation du festival est ouverte à la diversité des genres et répond ainsi aux goûts du grand public tout comme aux exigences d'auditoires plus spécialisés. Musique populaire, arts de rue, danse, musique classique et spectacles pour enfant composent l'éventail de cette programmation. Une programmation inédite où les artistes invités reflètent autant les actualités culturelles francophones et internationales que les traditions nationales.

La magie du Festival est présente partout. Les rues de Québec sont alors habitées de milliers de personnes marchant dans toutes les directions, attirées par les amuseurs publics qui les font tour à tour rire, sourire, s'étonner encore: la rue Saint-Louis, la Côte de la Fabrique, la Place Taschereau, la Place d'Armes, et combien d'autres leur rappelleront une ville vivante. De grandes scènes sont aménagées à différents endroits de la ville: à la Place d'Youville, au Pigeonnier, aux jardins de l'hôtel de ville, dans la cour du Séminaire de Québec, à place Royale et sur la terrasse Dufferin. Presque tous les spectacles sont gratuits.

Choisi par l'American Bus Association parmi les plus importants événements à se tenir sur le continent américain, le Festival international d'été de Québec est un rendez-vous avec le monde, au creuset de la civilisation francophone en Amérique.

Après avoir lu l'article, répondez aux questions suivantes.

4. Quelle est la nature du festival décrit dans cet article? Quand va-t-il avoir lieu?
5. Quelle est la réputation de ce festival?
6. D'où viennent ces artistes et artisans francophones?
7. Combien de personnes et de pays représentent la francophonie pendant ce festival?
8. Quelles sortes d'activités constituent le programme du festival?
9. Quel est le but de la programmation «inédite»?
10. Quelles sortes de spectacles ont lieu dans les rues de la ville?
11. Combien faut-il payer ces spectacles?
12. Pourquoi emploie-t-on l'expression «creuset de la civilisation francophone en Amérique» pour parler du Québec?

<table>
<tr><td>**Pour aller plus loin**</td><td>Dans plusieurs pays et régions francophones (en Haïti, en Martinique, en Guadeloupe, à la Réunion, par exemple), on parle non seulement le français mais aussi une autre langue qui s'appelle le créole. Ce créole est une sorte de patois *(dialect)* à base d'un français qui a subi la forte influence d'autres langues (très souvent l'espagnol, l'anglais ou le portugais). Voici à gauche quelques phrases dans le créole de l'île Maurice et à droite la traduction de ces phrases en français. Essayez de trouver quelle traduction correspond à chaque phrase créole. Les réponses correctes sont au bas de la page.</td></tr>
</table>

1. Mama zordi mo allé.

2. Mo con cause créole.

3. To capave rannes moi service?

4. Mo dir'e ou, ça femme là li mauvais.

a. Je vous dis, cette femme est méchante.

b. Maman, aujourd'hui je m'en vais.

c. Est-ce que tu peux me rendre un service?

d. Je sais parler le créole.

Situations

1. Formez plusieurs groupes de trois personnes. Chaque groupe choisit un pays de langue française. Faites en classe la description du pays en mentionnant, par exemple, le climat, les plages, les villes principales, les gens, les attractions.
2. Imaginez votre voyage idéal autour du monde.
3. Avez-vous voyagé dans un pays de langue française? Racontez votre voyage à la classe. ou: La classe peut vous poser des questions pour essayer de deviner où vous êtes allé(e).

Chapitre 10

Les Grandes Vacances

Perspectives

Le Rêve et la réalité des grandes vacances

Mise en train

A quel moment de l'été prenez-vous vos vacances?
Combien de semaines durent les vacances normalement aux Etats-Unis?
Quelles sortes d'endroits la famille américaine choisit-elle pour passer ses vacances?

Les grandes vacances d'août reviendront bientôt. Sylvie et Dominique, deux copines qui partagent un appartement à Lyon, voudraient profiter° des vols-vacances° pour aller à la Martinique dont elles ont entendu parler. Elles pourraient peut-être trouver un de ces voyages à prix forfaitaire° qui leur permettrait de réaliser leur projet. Sylvie consulte donc un agent de voyages pour se renseigner.°

L'AGENT: Bonjour, Mademoiselle. Puis-je vous aider?

SYLVIE: Je l'espère bien. Nous aimerions, une copine et moi, faire un séjour° à la Martinique en août si nous pouvions trouver un voyage à forfait° particulièrement avantageux. Avec nos moyens limités, il nous faudrait des tarifs° réduits.°

L'AGENT: Entendu, Mademoiselle. Je ferai de mon mieux pour vous trouver quelque chose de raisonnable. On pourrait vous proposer de participer à un voyage organisé, par exemple. Cela vous permettrait de bénéficier° des prix les plus intéressants.° Cette formule vous plairait-elle?

SYLVIE: Oui, c'est le type de voyage qui nous conviendrait° peut-être le mieux. Auriez-vous quelques dépliants° d'Air France à consulter?

L'AGENT: Tenez, en voilà plusieurs. Permettez-moi de vous signaler° les rabais° qui sont actuellement offerts sur un voyage aux Antilles.

SYLVIE: Oui, oui. Ce sont surtout les réductions qui m'intéressent. Qu'est-ce que vous pourriez nous proposer?

L'AGENT: Eh bien, voici ce qu'on appelle, chez Air France, les «jet tours». Quand voudriez-vous partir?

284

SYLVIE: On aimerait bien partir le premier août et revenir vers la fin du mois si c'était possible.

L'AGENT: D'accord. Une seconde, je vais vous calculer° le prix du voyage—séjour et billets d'avion compris...° Voilà, nous pouvons vous proposer l'itinéraire suivant: Départ le premier août, de Lyon, aéroport de Bron, 10h15, vol numéro 59. Arrivée à Paris-Orly à 11h10. Il vous faudra changer d'aéroport, bien sûr, puisque les vols internationaux sur les Antilles partent de Charles de Gaulle. De là, vous prendrez le vol Air France 630 à 17h. Vous ferez une escale° d'une heure à Montréal, puis vous arriverez à la Martinique à 23h le même jour, heure locale. La formule «jet tours» comprend, en plus du billet aller retour, vingt jours à l'hôtel PLM avec petit déjeuner et plusieurs activités proposées sur place. Tout cela vous coûtera 22 400 francs pour deux personnes, Mademoiselle, avec chambre à deux lits ne donnant pourtant pas sur la plage. Si vous en désirez une qui donne sur la mer, il faudra payer un supplément.

SYLVIE: Oh, là! C'est assez cher! Mais, avec la hausse des prix ces jours-ci, il fallait bien s'y attendre. Franchement, Monsieur, même si nous faisions des économies° d'ici le mois d'août, nous ne pourrions pas nous offrir sans difficulté des vacances si chères. Nous allons peut-être devoir nous raviser.° Enfin, j'en parlerai avec ma copine et je vous téléphonerai dans la journée de demain pour vous faire savoir notre décision. Au revoir, Monsieur, et merci pour les renseignements.

L'AGENT: Au revoir, Mademoiselle. C'est moi qui vous remercie.

De retour à la maison, Sylvie raconte à Dominique ce qu'elle a appris chez l'agent de voyages. Elles décident que ce séjour de rêve est, pour le moment, au-dessus de leurs moyens. Elles sont assez déçues.

DOMINIQUE: Ecoute, Sylvie. On pourrait peut-être trouver un séjour plus raisonnable.

SYLVIE: Bof! C'est bien ce qu'il faudra faire, mais où? Je voulais tant voir des plages et des palmiers.

DOMINIQUE: Mais si on restait plus près de chez nous, on aurait l'embarras du choix.° Et la Côte,° dans la région de Fréjus, ça te dit quelque chose? Il fait chaud le jour et frais le soir. Et comme il n'y pleut presque jamais en été, il y aurait du soleil tous les jours.

SYLVIE: Même s'il y avait du mistral° ou s'il faisait trop froid pour se baigner° un jour, on aurait toujours la possibilité de faire des excursions. Plus j'y pense, plus je trouve que tu as raison. On s'installera à l'hôtel et puis on ira faire des randonnées° en montagne. Une petite heure de voiture de la plage et te voilà dans les Alpes-Maritimes. Il faut tout de suite consulter le *Guide Michelin*° pour calculer le kilométrage de notre itinéraire.

DOMINIQUE: Quand tu auras trouvé ton guide, tu pourras aussi prendre des renseignements sur les hôtels à Fréjus. Je téléphonerai quand j'aurai le temps.

SYLVIE: Bon! Voilà l'hôtel François-Premier qui paraît confortable et raisonnable. Je te donne le numéro de téléphone: 94-51-18-72.

DOMINIQUE: Et pour quelles dates est-ce que je réserve?

SYLVIE: Eh bien, on pourra partir le matin du vendredi 2 août, pour une vingtaine de jours. Ça nous donnera le temps d'aller souvent à la plage et de faire des excursions dans les environs.

DOMINIQUE: L'hôtel nous demandera sûrement d'envoyer un acompte° pour garantir la chambre. Je dirai à l'hôtelier° de nous fournir des précisions sur les tarifs spéciaux et les prix forfaitaires.

SYLVIE: De mon côté, je m'occuperai° en juillet de la mise au point° de ma voiture. Il faut que je demande au garagiste° de faire la vidange° et le graissage,° et je ferai vérifier la pression° des pneus,° la batterie° et surtout les freins.° Le premier août, tout ce qu'il nous faudra c'est faire le plein° et on sera prêtes à partir.

DOMINIQUE: Dis donc! J'ai une centaine d'affaires à régler avant ce jour-là. Es-tu sûre qu'on pourra faire ce voyage sans difficulté dans ta deux chevaux?°

SYLVIE: Ah, la pauvre voiture! Elle aussi a besoin de vacances. Et elle adore rouler° sur l'autoroute.°

DOMINIQUE: Tu verras, Sylvie, on s'amusera bien, surtout parce qu'on n'aura pas dépensé la fortune que le voyage aux Antilles aurait coûtée. Ce sera pour une autre fois. Pour l'instant, tu auras toujours des plages et des palmiers!

Vocabulaire actif

Les Activités
se baigner to swim
bénéficier to benefit
calculer to calculate
convenir à to be suitable to
faire des économies to save money
faire le graissage to lubricate

faire le plein to fill the gas tank
faire la vidange to change the oil
s'occuper de to take care of
profiter de to take advantage of
se raviser to change one's mind

se renseigner to obtain information
rouler to drive
signaler to indicate

Les Possibilités de vacances
la **Côte** Riviera
un **dépliant** brochure, folder

l'embarras du choix (*m*)
  large selection
une **escale**   stopover
le **mistral**   strong, cold
  wind in the
  Mediterranean area
un **rabais**   bargain
une **randonnée**   hike
des **vols-vacances** (*m pl*)
  reduced airfare for
  vacation travel
un **voyage à forfait**
  vacation package deal

Pour voyager en voiture
l'**autoroute** (*f*)
  superhighway
la **batterie**   battery
une **deux chevaux**   small
  Citroën
les **freins** (*m pl*)   brakes
un(e) **garagiste**   garage
  operator
le *Guide Michelin*   popular
  French hotel guide
la **mise au point**   tune-up
un **pneu**   tire
la **pression**   pressure

A l'hôtel
un **acompte**   deposit
un **hôtelier** / une **hôtelière**
  hotel manager
le **séjour**   stay
le **tarif**   rate

Les Caractéristiques
compris(e)   included
forfaitaire   all-inclusive
intéressant(e)
  advantageous
réduit(e)   reduced

Exercices de vocabulaire

A.   Vous étudiez pendant l'année scolaire en France et vous préparez un voyage pour les grandes vacances. Voici une liste de questions que vous désirez poser à un agent de voyages. Complétez chaque question à l'aide d'un terme approprié de la liste suivante.

à forfait   faire des économies   le séjour
un dépliant   intéressant   un tarif réduit
une escale   un rabais

1. Pour aller au Maroc, avez-vous un voyage _____ à me proposer?
2. Y a-t-il un vol direct ou faut-il faire _____?
3. Est-ce que les étudiants bénéficient d'_____?
4. C'est-à-dire, y a-t-il _____ pour les étudiants?
5. Combien coûte le vol et _____, petit déjeuner compris?
6. Avez-vous _____ qui explique les détails du voyage?
7. C'est le prix le plus _____ que vous pouvez proposer?
8. Pour me permettre ce voyage, il va me falloir _____, n'est-ce pas?

B.   Vous entendez des gens faire les constatations suivantes au sujet de leurs vacances. Substituez un terme du **Vocabulaire actif** pour chacune des expressions indiquées.

1. Sur la Côte, même en mai, on peut *aller dans l'eau*.
2. J'allais prendre des vacances en juillet, mais *j'ai changé d'avis*.
3. Il faut téléphoner au *propriétaire de l'hôtel*.
4. Il y avait *beaucoup de* choix.
5. Nous adorons faire des *promenades* à la montagne.
6. Cela fait dix heures qu'elle *conduit*.
7. Ils vont *demander des renseignements* à l'agence de voyage.
8. Pour réserver notre chambre, il faut envoyer *de l'argent*.
9. Le petit déjeuner est *inclus* dans le *prix* de la chambre.
10. Si on voyage en groupe, il y a des tarifs vraiment *pas chers*.

C. Vous faites un voyage en voiture et vous arrivez dans une station-service près de Strasbourg où vous demandez à la garagiste de jeter un coup d'œil à votre voiture. Complétez les phrases en utilisant les mots suivants.

la batterie	le graissage	la pression
les freins	le plein	la vidange

1. Vérifiez _____ des pneus.
2. J'ai besoin d'huile aussi. Faites _____.
3. Ma voiture est un peu lente à démarrer *(start up)* le matin. Vérifiez le niveau d'eau dans _____.
4. Il y a un bruit bizarre sous la voiture. Faites _____ aussi.
5. J'ai un peu de difficulté à arrêter la voiture. Vérifiez _____.
6. Enfin, faites _____ d'essence, s'il vous plaît. Et merci, Madame.

C'est ce qui s'appelle avoir l'embarras du choix!

1. Les grandes vacances durent deux mois en France. Savez-vous de quels mois il s'agit?
2. Pourquoi est-ce que Dominique et Sylvie pensent aller à la Martinique?
3. Quelles sortes de prix spéciaux existent en France pour les voyages?
4. Y a-t-il des réductions pour les billets d'avion aux Etats-Unis? Pour les étudiants?
5. A quel aéroport de Paris arrivent les vols domestiques? Et la plupart des vols internationaux?
6. Quel est le voyage le plus long que vous ayez fait? Y a-t-il eu une escale? Où? Avez-vous fait des économies pour faire ce voyage?
7. Quel temps fait-il sur la côte d'Azur au mois d'août?
8. Quelle région montagneuse se trouve à une heure des plages de la côte d'Azur?
9. Pourquoi faut-il réserver une chambre sur la côte d'Azur en août? Quand vous voyagez aux Etats-Unis, est-ce que vous réservez toujours une chambre à l'avance? Faut-il verser un acompte?
10. Avez-vous l'impression que la deux chevaux de Sylvie est une grosse voiture de luxe? Pourquoi? Quelle sorte de voiture avez-vous? De quelle année? Marche-t-elle bien?

A votre tour

Lexique personnel

Cherchez les expressions qui correspondent aux concepts suivants:

1. les endroits où vous avez passé des vacances
2. les endroits où vous voudriez passer des vacances
3. les moyens de transport que vous employez le plus souvent pour voyager
4. vos projets de vacances pour l'été prochain

Employez les éléments indiqués pour poser des questions à un(e) camarade de classe.

1. que / tu / faire / pendant les grandes vacances?
2. tu / faire / souvent / des voyages?
3. comment / tu / voyager / normalement?
4. tu / préférer / voyager / en voiture, en avion ou par le train?
5. quel / être / ton voyage / le plus intéressant?
6. tu / faire / déjà / un voyage organisé?
7. tu / profiter / déjà / d'un voyage à prix forfaitaire?
8. combien / on / payer / le vol, le séjour et les repas pour aller en Floride?

Structures

La Formation du futur et du futur antérieur

La Formation du futur

Le futur simple exprime une action à venir. Pour former le futur, on ajoute les terminaisons **-ai, -as, -a, -ons, -ez, -ont** à l'infinitif du verbe. Pour les verbes en **-re**, le **e** final disparaît de l'infinitif avant l'addition des terminaisons du futur.

voyager	partir	prendre
je voyager**ai**	je partir**ai**	je prendr**ai**
tu voyager**as**	tu partir**as**	tu prendr**as**
il / elle / on voyager**a**	il / elle / on partir**a**	il / elle / on prendr**a**
nous voyager**ons**	nous partir**ons**	nous prendr**ons**
vous voyager**ez**	vous partir**ez**	vous prendr**ez**
ils / elles voyager**ont**	ils / elles partir**ont**	ils / elles prendr**ont**

Voici une liste des principaux verbes ayant un radical irrégulier au futur.

aller	**ir-**	faire	**fer-**	savoir	**saur-**
avoir	**aur-**	falloir	**faudr-**	valoir	**vaudr-**
devoir	**devr-**	pleuvoir	**pleuvr-**	venir	**viendr-**
envoyer	**enverr-**	pouvoir	**pourr-**	voir	**verr-**
être	**ser-**	recevoir	**recevr-**	vouloir	**voudr-**

Le futur de tous les verbes se forme de manière régulière même si, au présent de l'indicatif, ils présentent des irrégularités.[1]

EXERCICE 1. Philippe va bientôt terminer ses études. Il prépare un voyage qu'il va faire pendant les grandes vacances et il écrit à son ami Pierre pour lui en parler. Complétez la lettre de Philippe en mettant au futur les verbes entre parenthèses.

1. Je (finir) _____ mes études en juin.
2. Nous (pouvoir) _____ faire une excursion.
3. Marc (aller) _____ sur la Côte avec nous.
4. Tu (faire) _____ le trajet en trois heures pour nous retrouver.
5. Marie et Maryse (avoir) _____ aussi des vacances en juillet.
6. Maryse (être) _____ toujours à Paris le premier juillet.
7. Les copines (pouvoir) _____ nous retrouver à Fréjus le 4 juillet.

---

[1] Pour le futur des verbes à radical irrégulier, consultez l'Appendice B.

8. Nous (savoir) _____ la date de leur arrivée.

9. On (devoir) _____ les attendre là-bas.

10. Elles (vouloir) _____ aussi visiter les Alpes-Maritimes.

11. On (prendre) _____ la voiture pour y aller.

12. Tu (s'amuser) _____ beaucoup.

EXERCICE 2. *Interview.* Posez des questions à vos camarades en employant les expressions suivantes afin de connaître leurs projets pour le jour suivant.

aller a la bibliotheque	dejeuner au Resto U	prendre la voiture
arriver en cours de français	étudier	regarder la télé
	faire des devoirs	rentrer
avoir un examen	faire du sport	retrouver des amis
se coucher	se lever	venir au campus

La Formation du futur antérieur

Le futur antérieur exprime une action antérieure à une autre action au futur. Le futur antérieur est formé du futur de l'auxiliaire **avoir** ou **être** suivi du participe passé du verbe principal. Le futur antérieur de tous les verbes se forme de cette manière.

Au mois de septembre quand vous serez prêts pour la rentrée, Sylvie et Dominique **seront** déjà **parties** pour la Côte. Elles **auront pris** la voiture, elles **auront voyagé** pendant quelques heures et elles **seront arrivées** à Fréjus. Sylvie **aura** beaucoup **conduit** et Dominique **aura fait** des excursions en montagne. Elles se **seront** beaucoup **amusées,** et vous, vous **aurez** beaucoup **travaillé.** Ce n'est pas juste.

Les Emplois du futur et du futur antérieur

Les Emplois du futur

Le futur simple exprime une action à venir. C'est l'équivalent de *will (shall)...* en anglais.[2]

Je **partirai** en juillet.	*I'll leave* in July.
Ils **prendront** le train.	They *will take* the train.

Dans la conversation, le présent est quelquefois employé pour le futur.

— Quand est-ce que vous **partirez?**

— Je **pars** demain.

---

[2] La locution **aller** + infinitif exprime une action proche, l'équivalent de *to be going to* + infinitif en anglais. Bien que le futur simple et le futur proche ne soient pas complètement interchangeables, la distinction entre les deux est subtile et elle n'est souvent pas respectée dans le langage parlé.

Je **vais partir** tout de suite.	*I am going to leave* right now.
Je **partirai** peut-être un jour.	*I will* perhaps *leave* one day.

Le verbe **devoir** au futur exprime l'idée d'obligation. C'est l'équivalent de l'anglais *will have to*... **Devoir** au présent suivi de l'infinitif exprime aussi un événement prochain, probable, souhaitable.

Il **doit arriver** bientôt.   He *must be arriving* soon.

EXERCICE 3.   Vous quittez votre chambre le matin et vous désirez laisser un petit mot à vos camarades de chambre pour les informer de vos activités de la journée. Complétez chaque phrase par un verbe approprié au futur.

1. A neuf heures...
2. Après mon premier cours...
3. Pour le déjeuner...
4. Pendant l'après-midi...
5. Vers six heures...
6. Avant de me coucher...

L'Emploi du futur antérieur

Le futur antérieur exprime une action antérieure à une autre action au futur. L'action au futur antérieur sera finie avant celle qui est au futur. C'est l'équivalent de *will have* + participe passé en anglais.

Quand il ira à l'université en septembre, il **aura** déjà **fait** son voyage en France.

When he goes to the university in September, he *will have* already *taken* his trip to France.

Nous **serons parties** à trois heures demain.

We *will have left* by three o'clock tomorrow.

Le Futur après quand, lorsque, dès que, aussitôt que, après que

Le tableau suivant illustrant la concordance des temps indique que les expressions **quand, lorsque** *(when)*, **aussitôt que, dès que** *(as soon as)* et **après que** *(after)* sont suivies du futur en français, alors qu'en anglais on emploie le présent.

Quand il viendra, nous pourrons partir.

When he comes, we will be able to leave.

		Proposition subordonnée	Proposition principale
si	+	présent	+ { futur / impératif / présent
quand **lorsque** **dès que** **aussitôt que**	+	futur futur antérieur	+ { futur / impératif
après que	+	futur antérieur	+ { futur / impératif

L'usage du futur en français paraît plus logique ici, car les expressions **quand, lorsque, dès que, aussitôt que** et **après que** se réfèrent à des actions qui n'ont pas encore eu lieu.

> **Si** tu **arrives** à l'hôtel avant minuit, **téléphone-**moi.
> **S'**il **fait** beau, nous **ferons** un voyage.

Mais:

> **Quand (lorsque)** tu **téléphoneras** à l'hôtel, tu **pourras** réserver une chambre.
> **Lorsque** vous **serez** en France, **venez** me voir.
> **Dès que (aussitôt que)** j'**aurai réglé** mes affaires, je **partirai.**
> **Après que** j'**aurai fait** le plein, vous **devrez** vérifier les freins.

⚠ RAPPEL   ⚠ RAPPEL

Remarquez que si vous utilisez le futur simple dans la proposition subordonnée, vous suggérez que les actions des deux propositions de la phrase auront lieu au même moment.

L'emploi du futur antérieur dans la proposition subordonnée indique que cette action doit être finie avant l'action de la proposition principale.

Il y a donc plusieurs combinaisons de temps possibles; on peut utiliser le futur simple ou le futur antérieur après les conjonctions comme **quand, lorsque,** etc. C'est la personne qui parle qui établit le rapport entre les actions dont elle parle.

> **Quand** il   **partira,** } nous irons en vacances.
>   **sera parti,**
>
> **Dès que** vous   **achèterez** } les billets, nous partirons.
>   **aurez acheté**

Mais:

> **Après que** j'**aurai consulté** un agent de voyages, nous prendrons une décision.

EXERCICE 4. Sylvie parle à sa mère de ses projets de vacances. Sa mère lui donne des conseils. Complétez leur conversation par le futur ou le présent des verbes entre parenthèses selon le contexte.

— Maman, j'(avoir) _____ besoin d'argent pour faire ce voyage.

— Alors, Sylvie, si tu (faire) _____ des économies d'ici quelques semaines, tu pourras bien avoir assez d'argent pour payer au moins l'essence.

— Oui, oui, mais je (devoir) _____ aussi faire vérifier la voiture par un mécanicien.

— D'accord. Je te (donner) _____ l'argent pour la voiture. Après que tu (faire) _____ le plein, tu devras vérifier l'huile et les pneus aussi.

— Je l'(emmener) _____, je crois, au garage d'à côté. Tu (pouvoir) _____ nous prêter une carte routière?

— Oui, bien sûr, et comme ça, si tu (se perdre) _____, tu pourras la consulter. Dominique et toi, vous (pouvoir) _____ rouler plus vite si vous prenez l'autoroute.

— Peut-être, mais nous (prendre) _____ des petites routes secondaires; elles (être) _____ plus intéressantes.

— Quand vous (arriver) _____ là-bas, mettez la voiture au garage. Lorsque vous (être) _____ prêtes à partir, tu devras encore vérifier la pression des pneus. Quand vous (rentrer) _____, téléphonez-moi à la maison.

— Oui, oui, d'accord, Maman. Nous (suivre) _____ tous tes conseils et nous (s'amuser) _____ aussi, j'espère.

EXERCICE 5.   Vous parlez de votre avenir avec des amis. Complétez logiquement chaque phrase.

1. Quand j'aurai terminé mes études...
2. Si je trouve un bon poste...
3. Lorsque je gagnerai un salaire suffisant...
4. Avant l'âge de trente ans...
5. Je me marierai quand...
6. J'aurai des enfants si...
7. Je voyagerai si...
8. Je serai heureux(-euse) quand...

Exercices d'ensemble

A.   Un groupe d'amis parlent d'un voyage qu'ils vont faire à Paris. Complétez leurs phrases en mettant les verbes entre parenthèses au temps verbal qui convient.

1. Quand nous (être) _____ à Paris, je ferai du lèche-vitrines sur les Champs-Elysées.
2. Si Beth en a l'occasion, elle (aller) _____ au marché aux puces.
3. Après que tu (visiter) _____ le Louvre, tu pourras voir la collection des impressionnistes au musée d'Orsay.

4. Si nous (avoir) _____ de la chance, nous trouverons un petit hôtel pas très cher.
5. Dès que nous aurons trouvé un hôtel, Paul (pouvoir) _____ réserver des billets pour un concert.
6. Si je me perds à Paris, je (consulter) _____ le plan de la ville.

B. Monique écrit un petit mot à une amie au sujet d'un voyage qu'elle va faire. Mettez les verbes entre parenthèses au temps qui convient.

Chère Thérèse,
Je (partir) _____ ce soir. Demain (être) _____ le premier jour de mes vacances et je (aller) _____ chez mes cousins à Toulouse. Je (prendre) _____ l'autoroute pour y aller, mais quand je (rentrer) _____, je (revenir) _____ par les routes départementales. Il (falloir) _____ sûrement prendre beaucoup de détours, mais je (pouvoir) _____ ainsi mieux apprécier le paysage. Quand je (terminer) _____ mon séjour, je (devoir) _____ me remettre au travail.

Amitiés,
Monique

C. *Interview.* Composez des questions logiques au futur en employant les éléments suivants. Quand votre partenaire aura répondu, posez-lui une question supplémentaire.

1. partir de la fac aujourd'hui
2. aller après tes cours
3. faire des courses cet après-midi
4. rentrer tôt ou tard
5. regarder la télé
6. faire pendant le week-end
7. aller voir un film
8. sortir avec tes amis
9. dîner au restaurant
10. se coucher tôt ou tard

D. Voici des préparatifs pour un voyage ordinaire. Mettez-les au futur et arrangez ces activités dans l'ordre où vous les faites normalement avant de partir en voyage. Comparez votre liste avec les listes de vos camarades de classe pour trouver un compagnon de voyage compatible.

ranger la maison	consulter un agent de voyages
faire les valises	prendre les billets
fixer un itinéraire	téléphoner à des amis
faire la lessive	chercher des chèques de voyage
réserver des chambres	se procurer des brochures
???	???

Pratique

ACTIVITE 1.   *Des projets d'été.* Quels sont vos projets pour l'été qui suivra la fin de vos études universitaires? Quand vous aurez obtenu votre diplôme, que ferez-vous pour fêter cet événement? Travaillerez-vous? Voyagerez-vous? Racontez vos projets à la classe. Les autres étudiants vous poseront des questions.

ACTIVITE 2.   *La vie active.* Interviewez un(e) autre étudiant(e) de la classe au sujet de ses projets d'avenir. Où travaillera-t-il/elle? Pourquoi? Quelles seront ses responsabilités? Où habitera-t-il/elle? Voyagera-t-il/elle souvent? Parlera-t-il/elle une langue étrangère dans le cadre de son travail? Après l'interview, présentez vos résultats à la classe. Les autres étudiants pourront poser des questions supplémentaires.

ACTIVITE 3.   *L'avenir.* Il y a ceux qui disent que nous sommes tous capables de prédire l'avenir aussi bien que les auteurs des horoscopes dans les journaux. Il suffit de faire un assez grand nombre de prédictions pour que quelques-unes se réalisent. Faites cinq prédictions pour un(e) de vos camarades de classe et cinq prédictions pour votre professeur de français.

La Formation du conditionnel et du conditionnel passé

La Formation du conditionnel

On forme le conditionnel à partir de l'infinitif auquel on ajoute les terminaisons: **-ais, -ais, -ait, -ions, -iez, -aient.** Pour les verbes en **-re,** le **-e** final disparaît de l'infinitif avant l'addition des terminaisons du conditionnel.

voyager	partir	prendre
je voyager**ais**	je partir**ais**	je prendr**ais**
tu voyager**ais**	tu partir**ais**	tu prendr**ais**
il / elle / on voyager**ait**	il / elle / on partir**ait**	il / elle / on prendr**ait**
nous voyager**ions**	nous partir**ions**	nous prendr**ions**
vous voyager**iez**	vous partir**iez**	vous prendr**iez**
ils / elles voyager**aient**	ils / elles partir**aient**	ils / elles prendr**aient**

HOTEL RÉCAMIER ★★

LE SILENCE AU CŒUR DE SAINT-GERMAIN DES PRÉS

3 bis, Place Saint-Sulpice
75006   P A R I S

Notez que le radical du conditionnel est le même que celui du futur et que les terminaisons sont celles de l'imparfait.

Les verbes ayant un radical irrégulier au futur utilisent le même radical au conditionnel.[3]

aller	**ir-**	faire	**fer-**	savoir	**saur-**
avoir	**aur-**	falloir	**faudr-**	valoir	**vaudr-**
devoir	**devr-**	pleuvoir	**pleuvr-**	venir	**viendr-**
envoyer	**enverr-**	pouvoir	**pourr-**	voir	**verr-**
être	**ser-**	recevoir	**recevr-**	vouloir	**voudr-**

EXERCICE 6. La mère de Sylvie raconte, dans une lettre à une de ses amies, les projets de sa fille pour l'été prochain. Complétez la lettre par le conditionnel des verbes entre parenthèses.

Chère Madeleine,

Devine les projets de Sylvie! L'été prochain, elle (vouloir) _____ aller en Martinique, si elle avait des sous. Dominique et elle (pouvoir) _____ y aller, si je les aidais un peu. Et je le (faire) _____, si j'avais moi-même les moyens. J'(aller) _____ même avec elles, si j'avais le temps.

Nous (pouvoir) _____ bien nous amuser, si ce voyage était possible. Nous (être) _____ toute la journée sur la plage. Nous (dîner) _____ dans des restaurants créoles. Nous (faire) _____ des randonnées en montagne.

Et puis, Madeleine, tu (venir) _____ avec nous, n'est-ce pas? Sylvie (aimer) _____ bien que tu nous accompagnes, j'en suis certaine. Ah, mais nous (devoir) _____ toutes attendre l'année prochaine quand nous aurons fait des économies.

Amitiés,
Thérèse

La Formation du conditionnel passé	Le conditionnel passé est formé du conditionnel de l'auxiliaire **avoir** ou **être** suivi du participe passé du verbe principal. Le conditionnel passé est formé de cette manière pour tous les verbes.

j'**aurais voyagé**	nous **serions parti(e)s**
il **aurait pris**	elle **serait arrivée**
vous **auriez fait**	ils **seraient allés**
elles **auraient fini**	tu **te serais levé(e)**

---

[3] Pour le conditionnel des verbes à radical irrégulier, consultez l'Appendice B.

Les Emplois du conditionnel et du conditionnel passé

On utilise le conditionnel quand une action est hypothétique ou qu'elle dépend d'une certaine condition pour pouvoir se réaliser. Cela correspond à *would...* en anglais.

Je **voudrais** visiter la Bretagne.　　I *would like* to visit Brittany.
Ils **voyageraient** en voiture.　　They *would travel* by car.

⚠ RAPPEL　⚠ RAPPEL

Attention! Ne confondez pas le mot anglais *would* utilisé dans son sens hypothétique avec son autre sens, c'est-à-dire, *used to*.

J'**irais** en France l'été prochain si c'était possible.　　I *would go* to France next summer if possible.
J'**allais** à la plage tous les jours l'été dernier.　　I *would go* to the beach every day last summer.

Dans le premier exemple, l'action n'a pas encore été accomplie, et elle dépend d'autres circonstances.

Dans le deuxième exemple, vous pouvez reconnaître que *would* veut dire *used to*, parce qu'il s'agit d'un contexte au passé.

Le conditionnel passé exprime une action dans le passé dont l'accomplissement dépendait de la réalisation d'une condition. C'est l'équivalent du concept anglais *would have* + participe passé.

L'année dernière Sylvie et Dominique ont fait le tour de la France en quinze jours. Mais elles n'ont pas tout vu. Si elles avaient eu le temps, elles **auraient** aussi **voyagé** en Bretagne et elles **seraient** aussi **allées** en Corse.

L'expression **au cas où** (*in case*) est suivie du conditionnel présent ou passé.

Je viendrai de bonne heure **au cas où** vous **arriveriez** avant midi.
Je serais venu(e) de bonne heure **au cas où** vous **seriez arrivés** avant midi.

Les verbes **vouloir, pouvoir, aimer** sont souvent employés au conditionnel pour faire une demande plus polie.

— Dis, Sylvie, tu **voudrais** me rendre un petit service? **Pourrais**-tu aller à l'agence de voyages pour trouver des plans de Fréjus et des Alpes-Maritimes?

— Ah, j'**aimerais** bien t'aider, mais je ne peux pas y aller aujourd'hui. Est-ce que je **pourrais** faire cette commission demain?
— Bien sûr. Demain **serait** parfait.

Le conditionnel passé (surtout du verbe **devoir**) est souvent employé pour exprimer le regret.

Cet après-midi, je **devrais** faire les courses.	This afternoon, I *ought to (should)* do the shopping.
J'**aurais dû** les faire hier, mais je n'ai pas pu.	I *ought to have (should have)* done it yesterday, but I wasn't able to.

EXERCICE 7.   Quelques-unes des personnes avec qui vous voyagez en France ne sont pas aussi au courant de la culture française que vous. Aidez-les à s'exprimer plus poliment en mettant leurs phrases au conditionnel.

1. Monsieur, je veux de l'eau, s'il vous plaît.
2. Et moi, je prends le coq au vin avec des légumes.
3. Pardon, Madame, pouvez-vous m'indiquer l'heure, s'il vous plaît?
4. Monsieur, avez-vous la monnaie de cent francs?
5. Mademoiselle, savez-vous par hasard à quelle heure ouvre le Louvre?
6. Monique, peux-tu m'aider à déchiffrer ce plan du métro?

Aimeriez-vous faire ce voyage à forfait? Pourquoi?

La Concordance des temps quand l'un des verbes est au futur ou au conditionnel

⚠ RAPPEL   ⚠ RAPPEL

Les temps du conditionnel sont souvent employés dans la proposition principale des phrases hypothétiques, ou «conditionnelles». Ces phrases suivent le modèle *If..., then* en anglais (par exemple, *If I had the time, I would love to visit Brittany*.)

L'anglophone doit savoir quels temps utiliser dans la proposition contenant **si** (*if*) et dans la proposition principale. (Consultez le schéma ci-dessous).

Il y a des règles strictes dans la concordance des temps en français. Votre choix de temps ou de mode est donc très limité, bien qu'il puisse y avoir plusieurs traductions possibles en anglais pour le verbe dans la proposition subordonnée qui commence par **si**.

si j'avais le temps   { if I had the time
{ if I were to have the time

	Proposition subordonnée	Proposition principale
si	imparfait plus-que-parfait[4]	conditionnel conditionnel passé

Si j'**avais** le temps, j'**aimerais** visiter la Belgique.
S'ils trouvaient un hôtel, ils **iraient** sur la côte d'Azur.

Si j'**avais eu** l'argent, je **serais allée** en France.
Si nous **étions arrivés** en juin, nous **aurions vu** le festival.

Hôtel de l'Académie

★★★ NN

32, rue des Saints-Pères - 75007 **PARIS**

---

[4] N'oubliez pas que le plus-que-parfait est formé de l'imparfait de l'auxiliaire **avoir** ou **être** suivi du participe passé.

EXERCICE 8. Vous parlez de vos projets d'été qui restent, pour le moment, hypothétiques. Complétez les phrases par le conditionnel des verbes entre parenthèses.

1. Si j'avais le temps, je (faire) _____ un long voyage.
2. J'(aller) _____ en France, si c'était possible.
3. J'(inviter) _____ mes amis à m'accompagner, s'ils étaient libres.
4. Nous (aller) _____ aussi sur la Côte, si c'était possible.
5. Puis on (prendre) _____ le train, si on n'avait pas beaucoup d'argent.
6. On (faire) _____ le tour du pays si les moyens ne manquaient pas.
7. Si nous rencontrions des Français, nous (pouvoir) _____ parler avec eux.
8. Nos amis français (pouvoir) _____ beaucoup nous aider à comprendre la culture française, s'ils voulaient bien en discuter un peu avec nous.
9. Si mes parents me donnaient un peu d'argent, ce projet (être) _____ possible.
10. Je (vouloir) _____ bien aller en Chine si j'avais d'assez longues vacances.

EXERCICE 9. *Interview.* Employez les éléments indiqués pour poser des questions à un(e) camarade de classe.

1. si / tu / être riche, / que / tu / acheter?
2. si / tu / pouvoir choisir, / à quel concert / tu / aller?
3. si / tu / aller en France, / que / tu / vouloir voir?
4. si / tu / pouvoir être champion(ne) dans un sport, / quel sport / tu / choisir?
5. si / tu / pouvoir changer d'identité, / quel personnage / tu / vouloir être?
6. si / tu / faire le tour du monde, / où / tu / aller?
7. si / tu / avoir le choix, / de quelle personne / tu / aimer faire la connaissance?
8. si / tu / réformer le cours de français, / que / tu / changer?

EXERCICE 10. On ne sait jamais ce qui est possible. Complétez logiquement les phrases suivantes.

1. Si j'avais le temps,...
2. Si j'avais l'argent,...
3. Si j'étais millionnaire,...
4. Je serais heureux(-euse) si...
5. Je pourrais réussir si...
6. J'aimerais mieux mes copains s'ils...
7. Si je faisais le voyage de mes rêves,...
8. Si j'allais en France,...

EXERCICE 11.   Le passé du conditionnel est le temps des occasions manquées. Complétez les phrases suivantes par un verbe au conditionnel passé pour exprimer ce que vous auriez fait.

1. Si j'avais eu plus d'argent,…
2. Si j'avais eu plus de temps,…
3. Si je n'étais pas allé(e) à cette université,…
4. Si j'avais pu parler plus franchement à mes parents,…
5. Si j'avais pu dire la vérité à mon prof,…
6. Si j'avais choisi d'autres camarades de chambre,…

EXERCICE 12.   Dans tous les domaines, il y a toujours le rêve et la réalité. Pour chacun des concepts suivants, composez une phrase au conditionnel pour exprimer ce que vous voudriez. Ensuite écrivez une phrase au futur pour dire ce qui arrivera probablement.

1. terminer les études
2. recevoir mon diplôme
3. trouver un bon poste
4. gagner un bon salaire
5. me marier
6. voyager
7. habiter

⚠ RAPPEL   ⚠ RAPPEL

Etudiez la concordance des temps avec le futur et le conditionnel présentée ci-dessous.

si	+ présent	futur présent impératif
si	+ imparfait plus-que-parfait	conditionnel conditionnel passé
quand **lorsque** **dès que** **aussitôt que**	+ futur futur antérieur	futur impératif
après que	+ futur antérieur	futur impératif

Afin de faire correctement la concordance des temps, il faut déterminer d'abord le temps du verbe principal, que vous identifierez facilement comme un verbe à l'impératif, au présent, au futur, au conditionnel ou au conditionnel passé. Ensuite, choisissez le temps correct du verbe de la proposition subordonnée selon la conjonction qui va le précéder dans la phrase.

Exercices d'ensemble

A. En attendant votre train dans la gare d'une grande ville française, vous entendez d'autres voyageurs qui parlent de vacances et de voyages. Complétez chaque phrase par le conditionnel présent ou passé du verbe entre parenthèses.

1. Si le temps n'était pas désagréable, je (aller) _____ à la plage.
2. Si j'avais le temps, je (aimer) _____ aller en Belgique.
3. Si j'avais eu les moyens, je (aller) _____ du côté de Saint-Tropez.
4. Elle (voir) _____ la bonne route si elle regardait la carte.
5. Je (se renseigner) _____ si j'avais eu le temps.
6. Il (falloir) _____ écouter les prévisions météorologiques si vous faisiez un voyage dans les Alpes.
7. Je (vouloir) _____ savoir s'il avait déjà réglé ses affaires.
8. Nous (pouvoir) _____ compter sur du beau temps en été.
9. S'il avait fait du soleil, vous (ne pas trouver) _____ le voyage si désagréable.
10. Tu (partir) _____ pour les Alpes-Maritimes si tu aimais la montagne.

B. *Interview: Les études.*   Posez les questions suivantes à un(e) camarade de classe.

1. Si tu avais l'argent, à quelle université irais-tu?
2. Qu'est-ce que tu aurais fait de différent dans tes études?
3. Si tu avais su que les études étaient si difficiles, les aurais-tu commencées?
4. Quelle autre ville universitaire aurais-tu choisie si tu n'étais pas venu(e) dans celle-ci?
5. Quels autres cours suivrais-tu si tu avais le temps?
6. Est-ce que tu t'achèterais un ordinateur pour t'aider dans tes études si tu avais les moyens?

C. Plusieurs étudiants français parlent de leurs vacances. Qu'est-ce qu'ils ont fait? Que vont-ils faire? Que feraient-ils s'ils avaient le temps ou l'argent nécessaire? Complétez leurs déclarations par le temps approprié du verbe.

1. Aussitôt qu'il y (avoir) _____ de la neige, j'irai à la montagne pour faire du ski.
2. S'il (ne pas pleuvoir) _____ demain, je ferai de la planche à voile.
3. S'il n'avait pas plu hier, je (aller) _____ à la plage.
4. Si je (avoir) _____ les moyens, je ferais des excursions.
5. S'ils (faire) _____ un voyage dans les Alpes, ils auraient vu de la neige même en été.
6. Après avoir appris que les routes étaient en si mauvais état, j'ai compris que je (devoir) _____ partir plus tôt pour arriver à l'heure.
7. Si nous descendons vers le sud, nous (trouver) _____ sûrement le beau temps.
8. Demain, nous partirons plus tôt que prévu au cas où il y (avoir) _____ de la pluie.
9. S'il (faire) _____ chaud à Paris, il fera encore plus chaud à Nice.
10. Si vous aviez su que la pluie allait arriver, (aller) _____-vous _____ à Paris ce week-end-là?

Pratique	

ACTIVITE 1. *L'été à Méribel.* Il y a dix-sept activités disponibles pour ceux qui passent l'été à Méribel. Indiquez l'importance que vous accordez personnellement à chaque catégorie d'activité en écrivant un nombre à côté de chaque «feuille» (1 = absolument nécessaire, 2 = très important, 3 = assez important, 4 = pas d'importance). Trouvez un(e) autre étudiant(e) avec des préférences similaires.

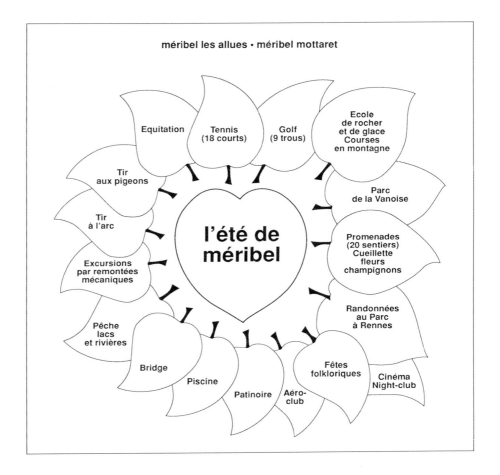

ACTIVITE 2. *Encore à Méribel.* En vous servant encore une fois de la publicité de Méribel, trouvez un(e) étudiant(e) qui a des intérêts complètement différents des vôtres. Interviewez cet(te) étudiant(e) au sujet de ses vacances idéales.

ACTIVITE 3. *C'est moi qui fais le guide.* Des jeunes étudiants français viendront l'été prochain pour leur première visite aux Etats-Unis. Ils n'auront qu'un mois pour voir les Etats-Unis et pour découvrir ce qu'est la vie américaine. Si c'était à vous d'établir leur itinéraire, que feriez-vous? Qu'est-ce que vous leur suggéreriez de voir? Faites un itinéraire réaliste pour un séjour d'un mois aux Etats-Unis.

ACTIVITE 4. *Autrement…* Si vous n'étiez pas allé(e) ici à l'université, qu'est-ce que vous auriez fait de différent? Seriez-vous allé(e) dans une autre université? Auriez-vous habité à l'étranger? Où auriez-vous travaillé? En quoi est-ce que votre vie aurait pu être différente?

Activités d'expansion

Avant de lire cette annonce qui propose des grandes vacances extraordinaires, répondez aux questions suivantes.

1. Connaissez-vous le Club Med?
2. Etes-vous déjà allé(e) dans un des Clubs Med?
3. Où y a-t-il des Clubs Med?
4. En ce qui concerne les prix, le Club Med offre des vacances forfaitaires. Qu'est-ce que cela veut dire?

Au Club, aérobic, musculation, stretching... à pleins poumons, respirez le bonheur.

Auto, boulot, lumbagos, oubliez vos bobos. Ici, on largue tout, sa fatigue, ses coups de déprime. Le matin, un petit footing pour vous mettre les jambes de bonne humeur, ça fait du bien. Body builders, stretchers, fans de musculation, à vous nos salles super équipées, notre matériel de pro, nos GO grande forme (Gentils Organisateurs).

Et puis, un back swing sur les greens, un plongeon entre deux tours de monoski, ça fait du bien.

Rien de tel pour retrouver l'appétit. Succombez à la cuisine Cordon Bleu, croquez de la couleur locale, ça fait du bien. Après des journées musclées, bien manger n'est plus un péché.

Le Club, ce n'est pas seulement la plus grande école de sports du monde, c'est aussi le paradis des pros du farniente. Le bonheur tonique à un prix tout compris. Et ça, ça fait du bien !

Renseignements et brochures dans nos points de ventes de Paris et de province, Havas Voyages et agences agréées.
Club Med Paris : 16 (1) 42 96 10 00.
Minitel : 36.14 Club Med.
Club Med Bruxelles : 02 516 11 11.
Club Med Genève : 022 28 11 44.

La plus belle idée depuis l'invention du bonheur.

Club Med

Sant'Ambrogio, Corse : Ski nautique, voile, plongée libre, aérobic, tennis. 4450 F* 1 semaine tout compris séjour + avion, du 7 au 28/7* Départs Paris et Province.

Yasmina, Maroc : Golf, tennis, body building, planche à voile... 5800 F* 1 semaine tout compris, séjour + avion, du 5 au 26/7* Départs Paris et Province.

Puerto Maria, Espagne : Aérobic, vélo, golf, tennis, voile et natation. 4100 F, 1 semaine tout compris, séjour + avion, départ Paris le 1er juillet. Paris et Province.

Kusadasi, Turquie : Voile, aérobic, tir à l'arc. 6300 F* 1 semaine tout compris, séjour + avion, départ Paris le 3 juillet. Départs Province. vince.

Kamarina, Italie : Tennis 28 courts, aérobic, planche à voile. 5900 F* 1 semaine tout compris, séjour + avion, départ Paris le 4 juillet. Départs Province.

Djerba la Fidèle, Tunisie : Voile, plongée, aérobic, tennis. 4200 F* 1 semaine tout compris, séjour + avion, départ Paris le 24 juillet. Départs Province.

Après avoir lu l'annonce, répondez aux questions suivantes.

5. Quelles possibilités existent au Club Med pour faire du sport ou de l'exercice?
6. De quoi peut-on profiter après avoir fait de l'exercice pendant toute la journée?
7. Dans quels Clubs Med peut-on faire de la voile et de la plongée?
8. Si on est fana du golf, quel choix de Clubs Med a-t-on?
9. Quel Club Med propose de la planche à voile comme activité? Lequel offre à ses clients la possibilité de faire du ski nautique?
10. Pendant quel mois faut-il prendre ces vacances?
11. Qu'est-ce qui est compris dans les prix de ces vacances?
12. Avez-vous l'impression que ces vacances coûtent plus ou moins cher que des vacances en Floride ou en Californie, par exemple?
13. Et maintenant la question la plus importante: Lesquelles de ces vacances choisiriez-vous? Pourquoi?

Pour aller plus loin

Voici des expressions qui s'emploient souvent avec le conditionnel. Réagissez de façon logique à chacune des phrases suivantes en utilisant une de ces expressions dans une phrase au conditionnel.

Si c'était moi,...
Au cas où...
A ta place,...
Faute de mieux,...
Probablement...
Si j'étais vous,...

1. Je pense voyager au Canada au mois de mars.
2. Je vais prendre la voiture.
3. Je n'ai pas réservé de chambre d'hôtel.
4. Je ne vais pas prendre de chèques de voyage.
5. Je vais voyager seul(e).
6. Je compte faire du ski.
7. Je crois que je vais assister au Carnaval en mars.
8. Je ne reste que quatre jours.

Situations

1. Vous êtes déjà à Paris et vous voulez continuer votre voyage en Europe par le train. Allez à l'agence de voyages et demandez les renseignements nécessaires.
2. Vous avez loué une voiture pour faire une excursion en France. Maintenant vous vous trouvez à Orléans et votre voiture ne démarre pas. Imaginez la conversation avec le (la) garagiste. Un(e) autre étudiant(e) jouera le rôle du (de la) garagiste.

3. Vous êtes agent de voyages et vous avez préparé l'itinéraire suivant. Expliquez à votre client(e) ce voyage que vous lui proposez en vous servant du futur.

Date	Destination	Départ	Arrivée	Moyen de Transport
30/5	New York–Paris	20h35	7h10	Air France 471
	Visites: Notre-Dame, le Louvre, la tour Eiffel, la basilique du			
	Sacré-Cœur, le Quartier latin, Montmartre			
6/6	Paris–Chartres	9h	9h45	train
	Visite: la cathédrale de Chartres			
6/6	Chartres–Paris	18h	18h48	train
7/6	Paris–Versailles	8h30	9h25	autocar
	Visites: le château de Versailles, les jardins, le Hameau, les			
	Trianons			
7/6	Paris–?	15h	– -	location de voitures
	Trois semaines libres pour voyager où vous voudrez			
1/7	Nice	—	10h	retour des voitures
	Visites: la côte d'Azur, les ruines romaines			
4/7	Nice–New York	11h40	15h25	Air France vol 290

4. Imaginez et puis décrivez votre existence idéale dans dix ou quinze ans.
5. Si vous pouviez refaire votre vie, qu'est-ce que vous changeriez?

Appendice A

Cet appendice contient une présentation de la voix passive, du discours indirect, des temps littéraires et des emplois spéciaux de l'article défini.

La Voix passive

Formation de la voix passive

La construction passive est limitée aux verbes transitifs directs, c'est-à-dire aux verbes qui se construisent avec un complément d'objet direct sans l'aide d'une préposition. Dans une construction passive, le mot qui reçoit l'action du verbe devient le sujet de la phrase. Le verbe à la voix passive est composé du verbe **être** (au temps et à la personne convenable) suivi du participe passé du verbe principal. Le participe passé s'accorde en genre et en nombre avec le sujet du verbe **être**.

La phrase active se transforme en phrase passive de la façon suivante:

Phrase active:	Sujet	Verbe transitif direct	Complément d'objet direct
	↓	↓	↓
Phrase passive:	Complément d'agent	Verbe **être** suivi du participe passé du verbe transitif direct	Sujet

Si la personne ou la chose qui accomplit l'action est exprimée, elle devient un *complément d'agent* qui est précédé de la préposition **par** (quelquefois **de**).

Voix active	Voix passive
Les supermarchés attirent la clientèle.	**La clientèle est attirée par** les supermarchés.
Supermarkets attract customers.	*Customers are attracted by* supermarkets.
Tout le groupe a fait l'excursion.	**L'excursion a été faite par** tout le groupe.
The whole group made the trip.	*The trip was made by* the whole group.
Un metteur en scène tournera le film.	**Le film sera tourné par** un metteur en scène.
A director will make the film.	*The film will be made by* a director.

309

Beaucoup de touristes visiteraient ces pays. Many tourists would visit these countries.	**Ces pays seraient visités par** beaucoup de touristes. *These countries would be visited by many tourists.*

Le verbe **être** quand il est employé à la voix passive des temps du passé (passé composé, imparfait, plus-que-parfait) suit l'usage normal des temps du passé (description/action accomplie).

La ville **était protégée** par les montagnes.
La population **a été surprise** par les nouvelles.

Comment éviter la voix passive

On a tendance à éviter la voix passive en français, surtout si l'agent qui accomplit l'action est une personne.

Si le sujet de la construction passive n'est pas une personne, il est possible de remplacer la voix passive par le pronom impersonnel **on** comme sujet d'un verbe transitif direct ou de transformer le verbe transitif en un verbe pronominal réfléchi.

On vend des légumes au marché. **Les légumes se vendent** au marché.	*Vegetables are sold* in the market.
On ouvrira les portes à 20 heures. **Les portes s'ouvriront** à 20 heures.	*The doors will be opened* at eight P.M.

Quand le sujet de la construction passive est une personne, on remplace la voix passive seulement par la construction **on** suivi du verbe transitif.

On a invité mon ami à la soirée.	*My friend was invited* to the party.
On choisira les meilleurs candidats.	*The best candidates will be chosen.*

On accompagne toujours un verbe conjugué à la troisième personne du singulier même si dans son équivalent à la voix passive le sujet et le verbe sont au pluriel.

En anglais, le complément d'objet indirect d'un verbe transitif peut devenir le sujet d'une construction passive.

Marcel was sent the money by his parents.
Hélène was promised a promotion.

En français, le complément d'objet indirect d'un verbe qui se construit à l'aide de la préposition **à** ne peut jamais devenir sujet d'une construction passive.

Quand le complément d'agent est exprimé, on peut employer la voix passive en utilisant le complément d'objet direct du verbe transitif comme sujet de la construction passive.

L'argent a été envoyé à Marcel par ses parents.

Quand le complément d'agent n'est pas exprimé, il est possible de remplacer la construction passive par la construction **on** suivi du verbe transitif.

On a promis une promotion à Hélène.

Voici une liste partielle de verbes construits à l'aide de la préposition **à:**

dire	**On lui a dit de partir.**	*He was told to leave.*
demander	**On leur demande de chanter.**	*They are being asked to sing.*
donner	**Cette lettre nous a été donnée par nos amis.**	*We were given this letter by our friends.*
envoyer	**On m'a envoyé des fleurs.**	*I was sent some flowers.*
expliquer	**Le film lui sera expliqué par le metteur en scène.**	*The film will be explained to her by the director.*
promettre	**On a promis une promotion à Hélène.**	*Hélène was promised a promotion.*
offrir	**On a offert à Robert un poste en Europe.**	*Robert was offered a position in Europe.*

⚠ RAPPEL ⚠ RAPPEL

Quand faut-il utiliser la voix passive au lieu de la voix active en français? L'usage de l'anglais indique quand l'emploi de la voix passive est approprié. Ne confondez pas cette construction particulière (qui est formée du verbe **être** suivi d'un participe passé) avec d'autres formes verbales en français. Comparez les exemples suivants, qui sont basés sur les temps que l'on emploie le plus souvent en français.

	Voix active	Voix passive
Présent	**Les étudiants projettent** généralement **le film** à 8 heures. *The students* normally *show the film* at 8 o'clock.	**Le film est** généralement **projeté par les étudiants** à 8 heures. *The film is* normally *shown by the students* at 8 o'clock.
Passé Composé	**La vedette a interprété le rôle.** *The star played the part.*	**Le rôle a été interprété par la vedette.** *The part was played by the star.*

Imparfait	Les grèves perturbaient souvent **le service du métro**.	**Le service du métro était** souvent **perturbé par les grèves**.
	Strikes often disrupted metro service.	*Metro service was often disrupted by strikes.*
Plus-que-parfait	**Son père avait vendu la voiture**.	**La voiture avait été vendue par son père**.
	Her father had sold the car.	*The car had been sold by her father.*
Futur	**Le professeur corrigera l'examen** demain.	**L'examen sera corrigé par le professeur** demain.
	The professor will correct the test tomorrow.	*The test will be corrected by the professor tomorrow.*

A. Ecrivez les phrases suivantes en utilisant la voix passive. L'agent sera exprimé dans les phrases.

1. Ce nouvel auteur a écrit un livre.
2. Les étudiants subiront beaucoup d'examens.
3. Les marchands avaient déjà vendu tous les produits.
4. L'agent de voyage propose cette excursion magnifique.
5. Mes parents m'ont offert ce voyage.

B. Ecrivez les phrases suivantes à la voix active. Utilisez le pronom **on** comme sujet de vos phrases.

1. Les touristes sont bien accueillis en Haïti.
2. De nouveaux supermarchés seront construits.
3. L'émission a été présentée à cinq heures.
4. Les paquets vous seront envoyés par avion.
5. Les copains étaient invités à une soirée.

C. Ecrivez les phrases suivantes à la voix active. Utilisez un verbe pronominal *(reflexive verb)* dans vos phrases.

1. Les pâtisseries sont vendues dans une boulangerie.
2. Le français est parlé au Canada.
3. Le train est employé plus souvent en France qu'aux Etats-Unis.
4. Le cinéma sera ouvert à huit heures.
5. Cela n'est pas fait ici.

Le Discours rapporté

Quand on retransmet, sans rien y changer, les paroles d'une personne, cela s'appelle le *discours rapporté direct*. Les paroles de la personne sont accompagnées d'un verbe introducteur (placé au début, au milieu ou à la fin du message); les paroles rapportées sont précédées et suivies de guillemets (« . . . »).

Roger a dit: «Je viendrai ce soir».

Quand on retransmet l'essentiel du message initial sans reprendre exactement les paroles d'une personne mais en les exprimant dans une proposition subordonnée, cela s'appelle le *discours rapporté indirect*.

Roger a dit qu'il viendrait ce soir.

Le discours indirect en français doit suivre certains principes qui gouvernent l'emploi d'une concordance des temps entre le verbe introducteur et les verbes du message rapporté indirectement. Si le verbe introducteur est au présent ou au futur, il n'y a pas de changement dans le temps des verbes qui rapportent le message initial.

Marie dit: «Je viendrai».	**Elle dit qu'elle viendra.**
Marie dira: «Je suis venue».	**Elle dira qu'elle est venue.**
Marie dit: «Je viendrais».	**Elle dit qu'elle viendrait.**
Marie dira: «Je venais».	**Elle dira qu'elle venait.**

Si, par contre, le verbe introducteur est au passé, les verbes de la proposition subordonnée doivent changer de temps. Les changements sont illustrés par le tableau qui suit. Notez, cependant, que les changements de temps utilisés dans le discours rapporté indirect en français correspondent à ceux du discours indirect en anglais.

Temps verbal du message initial	Verbe introducteur au passé	Temps du verbe subordonné au discours indirect
Présent J'**arrive** à 2 heures.	Il a dit qu'	**Imparfait** il **arrivait** à 2 heures.
Futur On **aura** un examen demain.	Mon ami avait déjà dit qu'	**Conditionnel** on **aurait** un examen demain.
Futur antérieur Elle **sera** déjà **partie** avant le déjeuner.	J'expliquais qu'	**Conditionnel passé** elle **serait** déjà **partie** avant le déjeuner.
Passé composé **Nous avons écrit** nos devoirs.	Le prof a demandé si	**Plus-que-parfait** nous **avions écrit** nos devoirs.

L'imparfait, le plus-que-parfait, le conditionnel et le conditionnel passé ne changent pas au discours rapporté indirect.

Il **allait faire** les provisions.	Il a dit qu'il **allait faire** les provisions.
Nous **avions** déjà **écrit** nos devoirs.	Nous expliquions que nous **avions** déjà **écrit** nos devoirs.
Ils **viendraient** si possible.	Elle avait déjà expliqué qu'ils **viendraient** si possible.
J'**aurais** peut-être **trouvé** le numéro.	Il a répondu qu'il **aurait** peut-être **trouvé** le numéro.

S'il y a plus d'un verbe dans la proposition subordonnée, chaque verbe suit, indépendamment des autres, les règles de la concordance des temps.

Je **suis arrivée à** 3 heures et j'**allais** partir après le dîner.	Elle a dit qu'elle **était arrivée** à 3 heures et qu'elle **allait** partir après le dîner.

A. Complétez les phrases suivantes en employant le temps convenable du verbe original.

1. Le prof annonce: «Il y aura un examen mercredi». Il a annoncé qu'il y _____ un examen mercredi.
2. La speakerine déclare: «Il fera beau demain». Elle déclare qu'il _____ beau demain.
3. Les étudiants suggèrent: «Nous aurions dû étudier davantage». Ils ont suggéré qu'ils _____ étudier davantage.
4. Nous disons: «Nous avons froid dans cette chambre». Nous lui avons dit que nous _____ dans cette chambre.
5. Mes copains annoncent: «On ira ensemble». Ils annoncent qu'on _____ ensemble.
6. Nos parents répondent: «Vous avez eu des problèmes, mais vous réussirez bientôt». Ils ont répondu que nous _____ des problèmes mais que nous _____ bientôt.
7. Ma sœur déclare: «Je viendrai si j'ai les moyens». Elle a déclaré qu'elle _____ si elle _____ les moyens.
8. Je vous assure: «Ils arriveront avant nous». Je vous assure qu'ils _____ avant nous.
9. J'ai écrit à mon professeur: «Vous recevrez mon devoir quand je retournerai à l'école». Je lui ai écrit qu'il _____ mon devoir quand je _____ à l'école.
10. Nous demandons: «Vous voulez descendre au café?» Nous avons demandé s'ils _____ descendre au café.

B. Répondez à chaque question en employant le discours indirect.

1. — Il fait du vent.
   — Pardon? Qu'est-ce que vous avez dit?
   — J'ai dit qu'...

2. — Il neigera cet après-midi.
   — Qu'est-ce que vous annoncez?
   — J'annonce qu'...
3. — Nous aurions voulu quitter Paris plus tôt.
   — Qu'est-ce que vous avez déclaré?
   — J'ai déclaré que...
4. — Il y a eu un accident sur l'autoroute ce matin.
   — Qu'est-ce qu'il a annoncé?
   — Il a annoncé qu'...
5. — L'inflation augmentera l'année prochaine.
   — Qu'est-ce qu'on a prédit?
   — On a prédit que...
6. — Nous avions déjà acheté nos billets.
   — Qu'est-ce que vous me dites?
   — Je vous dis que...
7. — Je pourrai vous accompagner.
   — Qu'est-ce qu'elle vous a assuré?
   — Elle m'a assuré qu'...
8. — Cette voiture marche bien.
   — Qu'est-ce qu'il a garanti?
   — Il a garanti que...
9. — Je n'ai pas touché à ses affaires.
   — Qu'est-ce que ton petit frère a juré?
   — Il a juré qu'...
10. — C'est ma place.
    — Pardon? Qu'est-ce que vous dites?
    — Je dis que...

C. Roger et Pierre, qui étudient à l'Université de Bordeaux, partent demain pour passer les vacances de Noël chez Roger en Normandie. Racontez leur conversation au discours indirect.

PIERRE: As-tu entendu les informations à la radio?

ROGER: Oui, et les nouvelles ne sont pas bonnes.

PIERRE: Eh bien, qu'est-ce qu'on annonce?

ROGER: Le temps sera encore mauvais, et les autoroutes seront bondées.

PIERRE: J'espère qu'on n'aura pas de neige en plus.

ROGER: On signale qu'il va tout simplement pleuvoir. Peut-être que nous ferions mieux de prendre les routes secondaires.

PIERRE: Je me demande si elles seront glissantes.

ROGER: Non, non, il ne fait pas assez froid pour cela. Nous allons faire un bon voyage. Tu vas voir.

PIERRE: Je l'espère.

Les Temps littéraires

La langue française possède quatre temps verbaux littéraires. Ils sont utilisés principalement à l'écrit et ne s'entendent presque pas dans la langue parlée.

Même si, personnellement, vous aurez peu l'occasion d'employer activement ces temps, vous devez, néanmoins, les reconnaître. La littérature classique et contemporaine (y compris le récit historique et le compte-rendu de la presse) les emploie couramment. On les rencontre surtout à la première personne et à la troisième personne du singulier (**je, il**). Les terminaisons se reconnaissent sans difficulté.

Le passé simple et le passé antérieur sont des temps de l'indicatif; l'imparfait et le plus-que-parfait appartiennent au subjonctif.

Le Passé simple

Il s'agit d'un temps simple, c'est-à-dire d'un temps qui n'est pas composé à l'aide d'un verbe auxiliaire. Les terminaisons permettent de reconnaître le passé simple des verbes en **-er**, **-ir** et **-re** ainsi que plusieurs formes irrégulières.

1. Formation régulière   Pour former le passé simple des verbes réguliers en **-er**, séparez de l'infinitif la terminaison **-er** et ajoutez au radical les terminaisons **-ai, -as, -a, -âmes, -âtes, -èrent**.

parler	
je parl**ai**	nous parl**âmes**
tu parl**as**	vous parl**âtes**
il / elle / on parl**a**	ils / elles parl**èrent**

Pour former le passé simple des verbes réguliers en **-ir** et **-re**, séparez de l'infinitif la terminaison **-ir** ou **-re** et ajoutez au radical les terminaisons **-is, -is, -it, -îmes, -îtes, -irent**.

réfléchir	
je réfléch**is**	nous réfléch**îmes**
tu réfléch**is**	vous réfléch**îtes**
il / elle / on réfléch**it**	ils / elles réfléch**irent**

rendre	
je rend**is**	nous rend**îmes**
tu rend**is**	vous rend**îtes**
il / elle / on rend**it**	ils / elles rend**irent**

2. Formation irrégulière   La plupart des verbes à formation irrégulière au passé simple ont un radical irrégulier auquel on ajoute l'un des groupes de terminaisons qui suivent:

-is	-irent	-us	-ûmes
-is	-ites	-us	-ûtes
-it	-irent	-ut	-urent

Voici une liste partielle des verbes courants appartenant aux groupes mentionnés ci-dessus.

-is		-us	
faire	je fis	boire*	je bus
mettre*	je mis	croire*	je crus
prendre*	je pris	devoir*	je dus
rire*	je ris	plaire*	il plut
voir	je vis	pleuvoir*	il plut
écrire	j'écrivis	pouvoir*	je pus
conduire	je conduisis	savoir*	je sus
craindre	je craignis	falloir*	il fallut
naitre	il naquit	valoir	je valus
peindre	je peignis	vouloir*	je voulus
vaincre	je vainquis	vivre*	je vécus
		connaitre*	je connus
		mourir	il mourut

Avoir et être sont souvent utilisés au passé simple et présentent des formes très irrégulières.

avoir		être	
j'eus	nous eûmes	je fus	nous fûmes
tu eus	vous eûtes	tu fus	vous fûtes
il / elle / on eut	ils / elles eurent	il / elle / on fut	ils / elles furent

Deux autres verbes courants ayant une formation irrégulière au passé simple sont venir et tenir.

venir		tenir	
je vins	nous vînmes	je tins	nous tînmes
tu vins	vous vîntes	tu tins	vous tîntes
il / elle / on vint	ils / elles vinrent	il / elle / on tint	ils / elles tinrent

3. Emploi du passé simple   Le passé simple est souvent considéré comme étant l'équivalent littéraire du passé composé. Dans beaucoup de cas, cette interprétation correspond à la réalité, car on peut utiliser les deux temps pour exprimer une action accomplie dans le passé et entièrement coupée du présent.

---

* Notez que le participe passé de ces verbes est souvent utile pour reconnaitre le radical d'un passé simple irrégulier.

Victor Hugo **est né** en 1802. **(passé composé)**
Victor Hugo **naquit** en 1802. **(passé simple)**

La principale différence entre le passé composé et le passé simple vient du fait que le passé simple ne peut jamais s'employer pour marquer une action ayant un rapport avec un moment non-terminé. Le passé composé peut, par contre, avoir un rapport avec un moment qui n'est pas encore terminé dans le contexte du message exprimé.

Considérez la phrase suivante: **J'ai écrit deux lettres aujourd'hui.** Cette notion doit s'exprimer au passé composé puisque l'expression **aujourd'hui** correspond à une unité de temps qui n'est pas encore terminée. **Robert Burns a écrit des lettres célèbres à sa femme** peut aussi s'écrire au passé simple: **Robert Burns écrivit des lettres célèbres à sa femme.** L'unité de temps en question est complètement terminée.

L'imparfait qui est utilisé pour la description dans le passé, est un temps littéraire aussi bien qu'un temps non-littéraire.

Le Passé antérieur

1. Formation   Le passé antérieur est un temps composé formé du passé simple de l'auxiliaire **avoir** ou **être** suivi du participe passé.

parler	j'**eus parlé,** etc.
sortir	je **fus sorti(e),** etc.
se lever	je **me fus levé(e),** etc.

2. Emploi du passé antérieur   Le passé antérieur exprime une action achevée dans le passé avant l'accomplissement d'une autre action dans le passé. Le passé antérieur se trouve fréquemment dans une proposition subordonnée introduite par les expressions temporelles **quand, lorsque, après que, dès que, aussitôt que, une fois que,** etc. La conjonction indique que l'action exprimée au passé antérieur précède immédiatement et rapidement une autre action dans le passé. L'action plus récemment accomplie est généralement exprimée au passé simple.

Hier soir, après qu'il **eut fini** de manger, il **sortit.**

L'Imparfait du subjonctif

1. Formation   Dans la grande majorité des cas, l'imparfait du subjonctif est utilisé à la troisième personne du singulier. On forme l'imparfait du subjonctif à partir de la deuxième personne du singulier **(tu)** du passé simple. On double la consonne finale de cette forme, puis on y ajoute les terminaisons du présent du subjonctif. La formation de la troisième personne du singulier **(il / elle / on)** est irrégulière. Pour la former, on enlève la consonne finale de la forme **tu** du passé simple, on met un accent circonflexe sur la voyelle finale et on ajoute la lettre **t.**

aller (tu allas → allass-)	
que j'all**asse**	que nous all**assions**
que tu all**asses**	que vous all**assiez**
qu'il / elle / on all**ât**	qu'ils / elles all**assent**

2. Emploi de l'imparfait du subjonctif   Tout comme les autres temps du subjonctif, l'imparfait du subjonctif se trouve le plus souvent dans une proposition subordonnée dépendant d'un verbe qui entraîne l'emploi du subjonctif. Le verbe de la proposition principale doit être au passé ou au conditionnel. L'imparfait du subjonctif est employé dans la proposition subordonnée si l'action qu'il exprime a lieu simultanément ou à la suite de l'action exprimée par le verbe de la proposition principale.

> Je **voulais qu'**elle me **répondît.**
> Elle **voudrait qu'**on l'**écoutât.**

Le Plus-que parfait du subjonctif

1. Formation   Le plus-que-parfait du subjonctif est formé de l'imparfait du subjonctif de l'auxiliaire **avoir** ou **être** suivi du participe passé. Tout comme l'imparfait du subjonctif, le plus-que-parfait du subjonctif est surtout utilisé à la troisième personne du singulier.

> **que j'eusse parlé, qu'il eût parlé,** etc.
> **que je fusse sorti(e), qu'il fût sorti,** etc.
> **que je me fusse lavé(e), qu'elle se fût lavée,** etc.

2. Emploi du plus-que-parfait du subjonctif   Comme l'imparfait du subjonctif, le plus-que-parfait du subjonctif se trouve le plus souvent dans une proposition subordonnée. On l'utilise lorsque le verbe de la proposition principale est exprimé à un temps du passé ou au conditionnel et que l'action de la proposition subordonnée s'est accomplie avant celle de la principale.

> Il **déplora qu'**elle **fût** déjà **partie.**

Dans la langue littéraire, il est possible de trouver une forme qui est la même que celle du plus-que-parfait du subjonctif mais dont l'emploi ne correspond pas aux principes qui gouvernent l'emploi du subjonctif. Il s'agit dans ce cas d'une deuxième forme, très littéraire, du conditionnel passé.

> Ce n'était pas un baba au rhum qu'il m'**eût fallu,** mais un vrai rhum, celui des condamnés.

Dans la prose moins littéraire et la conversation, le présent du subjonctif remplace l'imparfait du subjonctif, et le passé du subjonctif remplace le plus-que-parfait du subjonctif.

> Bien qu'elle **eût** beaucoup **voyagé,** j'insistai pour qu'elle m'**accompagnât.**
> (Bien qu'elle **ait** beaucoup **voyagé,** j'insistai pour qu'elle m'**accompagne.**)

L'extrait littéraire qui suit est tiré d'un roman du début du vingtième siècle par Raymond Radiguet. L'auteur emploie le style littéraire et utilise le passé simple et l'imparfait du subjonctif. Relevez les temps littéraires et expliquez leur emploi.

Jusqu'à douze ans, je ne me vois aucune amourette, sauf pour une petite fille nommée Carmen à qui je fis tenir, par un gamin plus jeune que moi, une lettre dans laquelle je lui exprimais mon amour. Je m'autorisais de cet amour pour solliciter un rendez-vous. Ma lettre lui avait été remise le matin avant qu'elle se rendît en classe. J'avais distingué la seule fillette qui me ressemblât, parce qu'elle était propre, et allait à l'école accompagnée d'une petite sœur, comme moi de mon petit frère. Afin que ces deux témoins se tussent, j'imaginai de les marier, en quelque sorte. A ma lettre, j'en joignis donc une de la part de mon frère, qui ne savait pas écrire, pour Mlle Fauvette. J'expliquai à mon frère mon entremise, et notre chance de tomber juste sur deux sœurs de nos âges et douées de noms de baptême aussi exceptionnels. J'eus la tristesse de voir que je ne m'étais pas mépris sur le bon genre de Carmen, lorsque après avoir déjeuné avec mes parents qui me gâtaient et ne me grondaient jamais, je rentrai en classe.

(Raymond Radiquet, *Le Diable au corps*: Grasset, 1962, pp. 8–9.)

Emplois particuliers de l'article défini

En plus des emplois de l'article défini présentés au Chapitre 1 (pp. 21–22), les articles **le, la, l'** et **les** sont utilisés dans des situations grammaticales que l'étudiant a souvent de la difficulté à dominer.

- **Les Titres**

On emploie l'article défini devant les titres suivis d'un nom propre. La référence à la personne est indirecte. L'article n'est pas employé lorsqu'on s'adresse directement à la personne.

La Reine Elizabeth habite à Londres.	*Queen Elizabeth* lives in London.
Je suis dans le cours **du professeur Dupont.**	I'm in *Professor Dupont's* class.

- **Les Langues**

On emploie l'article défini devant le nom d'une langue. Le verbe **parler** est exceptionnel: on omet généralement l'article défini après ce verbe quand il n'est pas modifié. On omet également l'article défini après les prépositions **en** et **de** si leur complément est un nom de langue.

Nous étudions **le français.**	We're studying *French.*
Il désire enseigner **le russe.**	He wants to teach *Russian.*

Mais:

Vous parlez **français.** (Vous parlez bien **le français.**)	You speak *French.* (You speak *French* well.)
Le livre est **en italien.**	The book is *in Italian.*
C'est un professeur **d'allemand.**	He's a *German* teacher.

● **Les Parties du corps et les vêtements**

Pour indiquer la possession, on emploie l'article défini à la place de l'adjectif possessif devant les parties du corps et les vêtements. Si le nom est qualifié, on emploie l'adjectif possessif (exceptions: les adjectifs **droit** et **gauche**).

Elle ferme **les yeux.**	She shuts *her eyes.*
Il a **les mains** dans **les poches.**	He has *his hands* in *his pockets.*

Mais:

Elle ferme **ses yeux bleus.**	She shuts *her blue eyes.*
Il a **ses deux mains** dans **ses poches vides.**	He has both *his hands* in *his empty pockets.*

A.   Complétez les phrases suivantes par l'article défini convenable où l'article est demandé.

1. Nous étudions _____ français.
2. En classe nous parlons _____ français.
3. Je veux apprendre à parler couramment _____ français.
4. Notre texte est écrit en _____ anglais.
5. Pour le cours de français j'ai _____ professeur (nom de votre professeur). Il/elle est prof de _____ français depuis longtemps.
6. _____ Monsieur/Madame (nom de votre professeur) a étudié en _____ France et parle bien _____ français.

B.   Complétez le paragraphe suivant par les articles convenables.

_____ empereur Napoléon était un homme intéressant mais curieux. Il est né en Corse et parlait _____ italien et _____ français. Il avait _____ yeux verts, _____ cheveux clairsemés, et il n'était pas du tout grand. Il a fait beaucoup de conquêtes et faisait peur (à) _____ roi Georges d'Angleterre et (à) _____ Tsar Nicolas de Russie. Mais pendant une grande bataille, Napoléon fermait _____ yeux et gardait toujours _____ main droite dans sa veste. Tous les grands hommes ont des habitudes particulières.

Appendice B

L'Appendice B contient la conjugaison d'une sélection représentative de verbes réguliers (en **-er, -ir, -re**), de verbes irréguliers et de verbes à radical irrégulier.

Verbes réguliers

Verbe régulier en **-er: donner**

INDICATIF			
Présent	**Imparfait**	**Futur**	**Passé simple** *(littéraire)*
je donne	je donnais	je donnerai	je donnai
tu donnes	tu donnais	tu donneras	tu donnas
il donne	il donnait	il donnera	il donna
nous donnons	nous donnions	nous donnerons	nous donnâmes
vous donnez	vous donniez	vous donnerez	vous donnâtes
ils donnent	ils donnaient	ils donneront	ils donnèrent
Passé composé	**Plus-que-parfait**	**Futur antérieur**	**Passé antérieur** *(littéraire)*
j'ai donné	j'avais donné	j'aurai donné	j'eus donné

CONDITIONNEL		IMPERATIF	PARTICIPE PRESENT
Présent	**Passé**	donne	donnant
je donnerais	j'aurais donné	donnons	
tu donnerais		donnez	
il donnerait			
nous donnerions			
vous donneriez			
ils donneraient			

SUBJONCTIF			
Présent	**Passé**	**Imparfait** *(littéraire)*	**Plus-que-parfait** *(littéraire)*
que je donne	que j'aie donné	que je donnasse	que j'eusse donné
que tu donnes		que tu donnasses	
qu'il donne		qu'il donnât	
que nous donnions		que nous donnassions	
que vous donniez		que vous donnassiez	
qu'ils donnent		qu'ils donnassent	

Verbe régulier en **-ir: finir**

INDICATIF

Présent	Imparfait	Futur	Passé simple (*littéraire*)
je finis	je finissais	je finirai	je finis
tu finis	tu finissais	tu finiras	tu finis
il finit	il finissait	il finira	il finit
nous finissons	nous finissions	nous finirons	nous finîmes
vous finissez	vous finissiez	vous finirez	vous finîtes
ils finissent	ils finissaient	ils finiront	ils finirent

Passé composé	Plus-que-parfait	Futur antérieur	Passé antérieur (*littéraire*)
j'ai fini	j'avais fini	j'aurai fini	j'eus fini

CONDITIONNEL

Présent	Passé
je finirais	j'aurais fini
tu finirais	
il finirait	
nous finirions	
vous finiriez	
ils finiraient	

IMPERATIF

finis
finissons
finissez

PARTICIPE PRESENT

finissant

SUBJONCTIF

Présent	Passé	Imparfait (*littéraire*)	Plus-que-parfait (*littéraire*)
que je finisse	que j'aie fini	que je finisse	que j'eusse fini
que tu finisses		que tu finisses	
qu'il finisse		qu'il finît	
que nous finissions		que nous finissions	
que vous finissiez		que vous finissiez	
qu'ils finissent		qu'ils finissent	

Verbe régulier en **-re: attendre**

INDICATIF

Présent	Imparfait	Futur	Passé simple (*littéraire*)
j'attends	j'attendais	j'attendrai	j'attendis
tu attends	tu attendais	tu attendras	tu attendis
il attend	il attendait	il attendra	il attendit
nous attendons	nous attendions	nous attendrons	nous attendîmes
vous attendez	vous attendiez	vous attendrez	vous attendîtes
ils attendent	ils attendaient	ils attendront	ils attendirent

Passé composé	Plus-que-parfait	Futur antérieur	Passé antérieur (*littéraire*)
j'ai attendu	j'avais attendu	j'aurai attendu	j'eus attendu

CONDITIONNEL		IMPERATIF	PARTICIPE PRESENT
Présent	**Passé**	attends	attendant
j'attendrais	j'aurais attendu	attendons	
tu attendrais		attendez	
il attendrait			
nous attendrions			
vous attendriez			
ils attendraient			

SUBJONCTIF			
Présent	**Passé**	**Imparfait** (*littéraire*)	**Plus-que-parfait** (*littéraire*)
que j'attende	que j'aie attendu	que j'attendisse	que j'eusse attendu
que tu attendes		que tu attendisses	
qu'il attende		qu'il attendît	
que nous attendions		que nous attendissions	
que vous attendiez		que vous attendissiez	
qu'ils attendent		qu'ils attendissent	

Verbes irréguliers

acquérir p. 329	détruire p. 332	obtenir p. 331	revenir p. 331
aller p. 327	devenir p. 331	offrir p. 331	rire p. 340
apprendre p. 340	devoir p. 343	ouvrir p. 331	savoir p. 345
asseoir, s'asseoir p. 342	dire p. 336	paraître p. 334	sentir p. 328
avoir p. 325	dormir p. 328	partir p. 328	servir p. 328
boire p. 332	écrire p. 336	peindre p. 334	sortir p. 328
comprendre p. 340	endormir, s'endormir p. 328	permettre p. 338	souffrir p. 331
conduire p. 333	s'enfuir p. 330	plaindre p. 334	sourire p. 340
connaître p. 334	envoyer p. 327	plaire p. 339	soutenir p. 331
construire p. 332	être p. 325	pleuvoir p. 344	suivre p. 341
conquérir p. 329	faire p. 337	pouvoir p. 344	surprendre p. 340
courir p. 329	falloir p. 343	prendre p. 340	tenir p. 331
couvrir p. 331	fuir p. 330	produire p. 332	traduire p. 332
craindre p. 334	lire p. 337	promettre p. 338	valoir p. 346
croire p. 335	maintenir p. 331	recevoir p. 345	venir p. 331
cuire p. 332	mettre p. 338	reconnaître p. 334	vivre p. 342
découvrir p. 331	mourir p. 331	renvoyer p. 327	voir p. 346
décrire p. 336	naître p. 339	retenir p. 331	vouloir p. 347

AVOIR ET *ETRE*

avoir

INDICATIF			
Présent	**Imparfait**	**Futur**	**Passé simple** (*littéraire*)
j'ai	j'avais	j'aurai	j'eus
tu as	tu avais		tu eus
il a	il avait		il eut
nous avons	nous avions		nous eûmes
vous avez	vous aviez		vous eûtes
ils ont	ils avaient		ils eurent

Passé composé	Plus-que-parfait	Futur antérieur	Passé antérieur *(littéraire)*
j'ai eu	j'avais eu	j'aurai eu	j'eus eu

CONDITIONNEL		IMPERATIF	PARTICIPE PRESENT

Présent	**Passé**		
j'aurais	j'aurais eu	aie	ayant
tu aurais		ayons	
il aurait		ayez	
nous aurions			
vous auriez			
ils auraient			

SUBJONCTIF			

Présent	**Passé**	**Imparfait**	**Plus-que-parfait** *(littéraire)*
que j'aie	que j'aie eu	que j'eusse	que j'eusse eu
que tu aies		que tu eusses	
qu'il ait		qu'il eût	
que nous ayons		que nous eussions	
que vous ayez		que vous eussiez	
qu'ils aient		qu'ils eussent	

être

INDICATIF			

Présent	**Imparfait**	**Futur**	**Passé simple** *(littéraire)*
je suis	j'étais	je serai	je fus
tu es	tu étais		tu fus
il est	il était		il fut
nous sommes	nous étions		nous fûmes
vous êtes	vous étiez		vous fûtes
ils sont	ils étaient		ils furent

Passé composé	**Plus-que-parfait**	**Futur antérieur**	**Passé antérieur** *(littéraire)*
j'ai été	j'avais été	j'aurai été	j'eus été

CONDITIONNEL		IMPERATIF	PARTICIPE PRESENT

Présent	**Passé**		
je serais	j'aurais été	sois	étant
tu serais		soyons	
il serait		soyez	
nous serions			
vous seriez			
ils seraient			

SUBJONCTIF			
Présent	**Passé**	**Imparfait**	**Plus-que-parfait** *(littéraire)*
que je sois	que j'aie été	que je fusse	que j'eusse été
que tu sois		que tu fusses	
qu'il soit		qu'il fût	
que nous soyons		que nous fussions	
que vous soyez		que vous fussiez	
qu'ils soient		qu'ils fussent	

VERBES EN *-ER*

aller

INDICATIF		
Présent	**Passé composé**	**Passé simple** *(littéraire)*
je vais	je suis allé(e)	j'allai
tu vas	tu es allé(e)	tu allas
il va	il est allé	il alla
nous allons	nous sommes allé(e)s	nous allâmes
vous allez	vous êtes allé(e)(s)	vous allâtes
ils vont	ils sont allés	ils allèrent

Imparfait	**Plus-que-parfait**	**Futur**	**Futur antérieur**
j'allais	j'étais allé(e)	j'irai	je serai allé(e)

CONDITIONNEL		IMPERATIF	PARTICIPE PRESENT
Présent	**Passé**	va	allant
j'irais	je serais allé(e)	allons	
		allez	

SUBJONCTIF	
Présent	**Imparfait** *(littéraire)*
que j'aille	que j'allasse
que tu ailles	que tu allasses
qu'il aille	qu'il allât
que nous allions	que nous allassions
que vous alliez	que vous allassiez
qu'ils aillent	qu'ils allassent

envoyer

INDICATIF		
Présent	**Passé composé**	**Passé simple** *(littéraire)*
j'envoie	j'ai envoyé	j'envoyai
tu envoies		tu envoyas
il envoie		il envoya
nous envoyons		nous envoyâmes
vous envoyez		vous envoyâtes
ils envoient		ils envoyèrent

Imparfait	Plus-que-parfait	Futur	Futur antérieur
j'envoyais	j'avais envoyé	j'enverrai	j'aurai envoyé

CONDITIONNEL		IMPERATIF	PARTICIPE PRESENT

Présent	Passé		
j'enverrais	j'aurais envoyé	envoie	envoyant
		envoyons	
		envoyez	

SUBJONCTIF

Présent	Imparfait *(littéraire)*
que j'envoie	que j'envoyasse
que tu envoies	que tu envoyasses
qu'il envoie	qu'il envoyât
que nous envoyions	que nous envoyassions
que vous envoyiez	que vous envoyassiez
qu'ils envoient	qu'ils envoyassent

Renvoyer se conjugue comme **envoyer**.

VERBES EN -*IR*

dormir

INDICATIF

Présent	Passé composé	Passé simple *(littéraire)*
je dors	j'ai dormi	je dormis
tu dors		tu dormis
il dort		il dormit
nous dormons		nous dormîmes
vous dormez		vous dormîtes
ils dorment		ils dormirent

Imparfait	Plus-que-parfait	Futur	Futur antérieur
je dormais	j'avais dormi	je dormirai	j'aurai dormi

CONDITIONNEL		IMPERATIF	PARTICIPE PRESENT

Présent	Passé		
je dormirais	j'aurais dormi	dors	dormant
		dormons	
		dormez	

SUBJONCTIF

Présent	Imparfait *(littéraire)*
que je dorme	que je dormisse
que tu dormes	que tu dormisses
qu'il dorme	qu'il dormît
que nous dormions	que nous dormissions
que vous dormiez	que vous dormissiez
qu'ils dorment	qu'ils dormissent

Endormir, s'endormir, partir, servir, sentir et **sortir** se conjuguent comme **dormir**.

Présent

partir	servir	sentir	sortir
je pars	je sers	je sens	je sors
tu pars	tu sers	tu sens	tu sors
il part	il sert	il sent	il sort
nous partons	nous servons	nous sentons	nous sortons
vous partez	vous servez	vous sentez	vous sortez
ils partent	ils servent	ils sentent	ils sortent

Passé composé

je suis parti(e)	j'ai servi	j'ai senti	je suis sorti(e)

conquérir

INDICATIF

Présent	Passé composé	Passé simple *(littéraire)*
je conquiers	j'ai conquis	je conquis
tu conquiers		tu conquis
il conquiert		il conquit
nous conquérons		nous conquîmes
vous conquérez		vous conquîtes
ils conquièrent		ils conquirent

Imparfait	Plus-que-parfait	Futur	Futur antérieur
je conquérais	j'avais conquis	je conquerrai	j'aurai conquis

CONDITIONNEL

Présent	Passé
je conquerrais	j'aurais conquis

IMPERATIF

conquiers
conquérons
conquérez

PARTICIPE PRESENT

conquérant

SUBJONCTIF

Présent	Imparfait *(littéraire)*
que je conquière	que je conquisse
que tu conquières	que tu conquisses
qu'il conquière	qu'il conquît
que nous conquérions	que nous conquissions
que vous conquériez	que vous conquissiez
qu'ils conquièrent	qu'ils conquissent

Acquérir se conjugue comme **conquérir**.

courir

INDICATIF

Présent	Passé composé	Passé simple *(littéraire)*
je cours	j'ai couru	je courus
tu cours		tu courus
il court		il courut
nous courons		nous courûmes
vous courez		vous courûtes
ils courent		ils coururent

Imparfait	**Plus-que-parfait**	**Futur**	**Futur antérieur**
je courais	j'avais couru	je courrai	j'aurai couru

CONDITIONNEL		IMPERATIF	PARTICIPE PRESENT
Présent	**Passé**	cours	courant
je courrais	j'aurais couru	courons	
		courez	

SUBJONCTIF	
Présent	**Imparfait** *(littéraire)*
que je coure	que je courusse
que tu coures	que tu courusses
qu'il coure	qu'il courût
que nous courions	que nous courussions
que vous couriez	que vous courussiez
qu'ils courent	qu'ils courussent

fuir

INDICATIF		
Présent	**Passé composé**	**Passé simple** *(littéraire)*
je fuis	j'ai fui	je fuis
tu fuis		tu fuis
il fuit		il fuit
nous fuyons		nous fuîmes
vous fuyez		vous fuîtes
ils fuient		ils fuirent

Imparfait	**Plus-que-parfait**	**Futur**	**Futur antérieur**
je fuyais	j'avais fui	je fuirai	j'aurai fui

CONDITIONNEL		IMPERATIF	PARTICIPE PRESENT
Présent	**Passé**	fuis	fuyant
je fuirais	j'aurais fui	fuyons	
		fuyez	

SUBJONCTIF	
Présent	**Imparfait** *(littéraire)*
que je fuie	que je fuisse
que tu fuies	que tu fuisses
qu'il fuie	qu'il fuît
que nous fuyions	que nous fuissions
que vous fuyiez	que vous fuissiez
qu'ils fuient	qu'ils fuissent

S'enfuir se conjugue comme **fuir.**

mourir

INDICATIF

Présent

je meurs
tu meurs
il meurt
nous mourons
vous mourez
ils meurent

Passé composé

je suis mort(e)

Passé simple *(littéraire)*

je mourus
tu mourus
il mourut
nous mourûmes
vous mourûtes
ils moururent

Imparfait

je mourais

Plus-que-parfait

j'étais mort(e)

Futur

je mourrai

Futur antérieur

je serai mort(e)

CONDITIONNEL		IMPERATIF	PARTICIPE PRESENT

Présent

je mourrais

Passé

je serais mort(e)

meurs
mourons
mourez

mourant

SUBJONCTIF

Présent

que je meure
que tu meures
qu'il meure
que nous mourions
que vous mouriez
qu'ils meurent

Imparfait *(littéraire)*

que je mourusse
que tu mourusses
qu'il mourût
que nous mourussions
que vous mourussiez
qu'ils mourussent

ouvrir

INDICATIF

Présent

j'ouvre
tu ouvres
il ouvre
nous ouvrons
vous ouvrez
ils ouvrent

Passé composé

j'ai ouvert

Passé simple *(littéraire)*

j'ouvris
tu ouvris
il ouvrit
nous ouvrîmes
vous ouvrîtes
ils ouvrirent

Imparfait

j'ouvrais

Plus-que-parfait

j'avais ouvert

Futur

j'ouvrirai

Futur antérieur

j'aurai ouvert

CONDITIONNEL		IMPERATIF	PARTICIPE PRESENT

Présent

j'ouvrirais

Passé

j'aurais ouvert

ouvre
ouvrons
ouvrez

ouvrant

SUBJONCTIF

Présent

que j'ouvre
que tu ouvres
qu'il ouvre
que nous ouvrions
que vous ouvriez
qu'ils ouvrent

Imparfait *(littéraire)*

que j'ouvrisse
que tu ouvrisses
qu'il ouvrît
que nous ouvrissions
que vous ouvrissiez
qu'ils ouvrissent

Couvrir, découvrir, offrir et **souffrir** se conjuguent comme **ouvrir.**

venir

INDICATIF

Présent

je viens
tu viens
il vient
nous venons
vous venez
ils viennent

Passé composé

je suis venu(e)

Passé simple *(littéraire)*

je vins
tu vins
il vint
nous vînmes
vous vîntes
ils vinrent

Imparfait

je venais

Plus-que-parfait

j'étais venu(e)

Futur

je viendrai

Futur antérieur

je serai venu(e)

CONDITIONNEL

Présent

je viendrais

Passé

je serais venu(e)

IMPERATIF

viens
venons
venez

PARTICIPE PRESENT

venant

SUBJONCTIF

Présent

que je vienne
que tu viennes
qu'il vienne
que nous venions
que vous veniez
qu'ils viennent

Imparfait *(littéraire)*

que je vinsse
que tu vinsses
qu'il vînt
que nous vinssions
que vous vinssiez
qu'ils vinssent

Devenir, revenir, tenir, maintenir, soutenir, obtenir et **retenir** se conjuguent comme **venir.**

VERBES EN -*RE*

boire

INDICATIF		

Présent

je bois
tu bois
il boit
nous buvons
vous buvez
ils boivent

Passé composé

j'ai bu

Passé simple *(littéraire)*

je bus
tu bus
il but
nous bûmes
vous bûtes
ils burent

Imparfait	**Plus-que-parfait**	**Futur**	**Futur antérieur**
je buvais	j'avais bu	je boirai	j'aurai bu

CONDITIONNEL		IMPERATIF	PARTICIPE PRESENT

buvant

Présent

je boirais

Passé

j'aurais bu

bois
buvons
buvez

SUBJONCTIF	

Présent

que je boive
que tu boives
qu'il boive
que nous buvions
que vous buviez
qu'ils boivent

Imparfait *(littéraire)*

que je busse
que tu busses
qu'il bût
que nous bussions
que vous bussiez
qu'ils bussent

conduire

INDICATIF		

Présent

je conduis
tu conduis
il conduit
nous conduisons
vous conduisez
ils conduisent

Passé composé

j'ai conduit

Passé simple *(littéraire)*

je conduisis
tu conduisis
il conduisit
nous conduisîmes
vous conduisîtes
ils conduisirent

Imparfait	**Plus-que-parfait**	**Futur**	**Futur antérieur**
je conduisais	j'avais conduit	je conduirai	j'aurai conduit

CONDITIONNEL		IMPERATIF	PARTICIPE PRESENT

conduisant

Présent

je conduirais

Passé

j'aurais conduit

conduis
conduisons
conduisez

SUBJONCTIF	

Présent

Imparfait *(littéraire)*

que je conduise
que tu conduises
qu'il conduise
que nous conduisions
que vous conduisiez
qu'ils conduisent

que je conduisisse
que tu conduisisses
qu'il conduisît
que nous conduisissions
que vous conduisissiez
qu'ils conduisissent

Construire, cuire, détruire, produire et **traduire** se conjuguent comme **conduire.**

---

connaître

INDICATIF		

Présent

Passé composé

Passé simple *(littéraire)*

je connais
tu connais
il connaît
nous connaissons
vous connaissez
ils connaissent

j'ai connu

je connus
tu connus
il connut
nous connûmes
vous connûtes
ils connurent

Imparfait

Plus-que-parfait

Futur

Futur antérieur

je connaissais

j'avais connu

je connaîtrai

j'aurai connu

CONDITIONNEL		IMPERATIF	PARTICIPE PRESENT

Présent

Passé

connais
connaissons
connaissez

connaissant

je connaîtrais

j'aurais connu

SUBJONCTIF	

Présent

Imparfait *(littéraire)*

que je connaisse
que tu connaisses
qu'il connaisse
que nous connaissions
que vous connaissiez
qu'ils connaissent.

que je connusse
que tu connusses
qu'il connût
que nous connussions
que vous connussiez
qu'ils connussent

Reconnaître et **paraître** se conjuguent comme **connaître.**

---

craindre

INDICATIF		

Présent

Passé composé

Passé simple *(littéraire)*

je crains
tu crains
il craint
nous craignons
vous craignez
ils craignent

j'ai craint

je craignis
tu craignis
il craignit
nous craignîmes
vous craignîtes
ils craignirent

Imparfait	Plus-que-parfait	Futur	Futur antérieur
je craignais	j'avais craint	je craindrai	j'aurai craint

CONDITIONNEL		IMPERATIF	PARTICIPE PRESENT

Présent	Passé	crains	craignant
je craindrais	j'aurais craint	craignons	
		craignez	

SUBJONCTIF

Présent	Imparfait *(littéraire)*
que je craigne	que je craignisse
que tu craignes	que tu craignisses
qu'il craigne	qu'il craignît
que nous craignions	que nous craignissions
que vous craigniez	que vous craignissiez
qu'ils craignent	qu'ils craignissent

Peindre et **plaindre** se conjuguent comme **craindre.**

croire

INDICATIF

Présent	Passé composé	Passé simple *(littéraire)*
je crois	j'ai cru	je crus
tu crois		tu crus
il croit		il crut
nous croyons		nous crûmes
vous croyez		vous crûtes
ils croient		ils crurent

Imparfait	Plus-que-parfait	Futur	Futur antérieur
je croyais	j'avais cru	je croirai	j'aurai cru

CONDITIONNEL		IMPERATIF	PARTICIPE PRESENT

Présent	Passé	crois	croyant
je croirais	j'aurais cru	croyons	
		croyez	

SUBJONCTIF

Présent	Imparfait *(littéraire)*
que je croie	que je crusse
que tu croies	que tu crusses
qu'il croie	qu'il crût
que nous croyions	que nous crussions
que vous croyiez	que vous crussiez
qu'ils croient	qu'ils crussent

dire

INDICATIF

Présent	Passé composé	Passé simple *(littéraire)*
je dis	j'ai dit	je dis
tu dis		tu dis
il dit		il dit
nous disons		nous dîmes
vous dites		vous dites
ils disent		ils dirent

Imparfait	Plus-que-parfait	Futur	Futur antérieur
je disais	j'avais dit	je dirai	j'aurai dit

CONDITIONNEL		IMPERATIF	PARTICIPE PRESENT

Présent	Passé		
je dirais	j'aurais dit	dis	disant
		disons	
		dites	

SUBJONCTIF

Présent	Imparfait *(littéraire)*
que je dise	que je disse
que tu dises	que tu disses
qu'il dise	qu'il dît
que nous disions	que nous dissions
que vous disiez	que vous dissiez
qu'ils disent	qu'ils dissent

écrire

INDICATIF

Présent	Passé composé	Passé simple *(littéraire)*
j'écris	j'ai écrit	j'écrivis
tu écris		tu écrivis
il écrit		il écrivit
nous écrivons		nous écrivîmes
vous écrivez		vous écrivîtes
ils écrivent		ils écrivirent

Imparfait	Plus-que-parfait	Futur	Futur antérieur
j'écrivais	j'avais écrit	j'écrirai	j'aurai écrit

CONDITIONNEL		IMPERATIF	PARTICIPE PRESENT

Présent	Passé		
j'écrirais	j'aurais écrit	écris	écrivant
		écrivons	
		écrivez	

SUBJONCTIF	
Présent	**Imparfait** (*littéraire*)
que j'écrive	que j'écrivisse
que tu écrives	que tu écrivisses
qu'il écrive	qu'il écrivît
que nous écrivions	que nous écrivissions
que vous écriviez	que vous écrivissiez
qu'ils écrivent	qu'ils écrivissent

Décrire se conjugue comme **écrire.**

faire

INDICATIF		
Présent	**Passé composé**	**Passé simple** (*littéraire*)
je fais	j'ai fait	je fis
tu fais		tu fis
il fait		il fit
nous faisons		nous fîmes
vous faites		vous fîtes
ils font		ils firent
Imparfait	**Plus-que-parfait**	**Futur**	**Futur antérieur**
je faisais	j'avais fait	je ferai	j'aurai fait

CONDITIONNEL		IMPERATIF	PARTICIPE PRESENT
Présent	**Passé**	fais	faisant
je ferais	j'aurais fait	faisons	
		faites	

SUBJONCTIF	
Présent	**Imparfait** (*littéraire*)
que je fasse	que je fisse
que tu fasses	que tu fisses
qu'il fasse	qu'il fît
que nous fassions	que nous fissions
que vous fassiez	que vous fissiez
qu'ils fassent	qu'ils fissent

lire

INDICATIF		
Présent	**Passé composé**	**Passé simple** (*littéraire*)
je lis	j'ai lu	je lus
tu lis		tu lus
il lit		il lut
nous lisons		nous lûmes
vous lisez		vous lûtes
ils lisent		ils lurent
Imparfait	**Plus-que-parfait**	**Futur**	**Futur antérieur**
je lisais	j'avais lu	je lirai	j'aurai lu

CONDITIONNEL		IMPERATIF	PARTICIPE PRESENT

Présent

je lirais

Passé

j'aurais lu

lis
lisons
lisez

lisant

SUBJONCTIF	

Présent

que je lise
que tu lises
qu'il lise
que nous lisions
que vous lisiez
qu'ils lisent

Imparfait *(littéraire)*

que je lusse
que tu lusses
qu'il lût
que nous lussions
que vous lussiez
qu'ils lussent

mettre

INDICATIF

Présent

je mets
tu mets
il met
nous mettons
vous mettez
ils mettent

Passé composé

j'ai mis

Passé simple *(littéraire)*

je mis
tu mis
il mit
nous mîmes
vous mîtes
ils mirent

Imparfait

je mettais

Plus-que-parfait

j'avais mis

Futur

je mettrai

Futur antérieur

j'aurai mis

CONDITIONNEL		IMPERATIF	PARTICIPE PRESENT

Présent

je mettrais

Passé

j'aurais mis

mets
mettons
mettez

mettant

SUBJONCTIF	

Présent

que je mette
que tu mettes
qu'il mette
que nous mettions
que vous mettiez
qu'ils mettent

Imparfait *(littéraire)*

que je misse
que tu misses
qu'il mît
que nous missions
que vous missiez
qu'ils missent

Permettre et **promettre** se conjuguent comme **mettre**.

naître

INDICATIF

Présent	Passé composé	Passé simple (littéraire)	
je nais	je suis né(e)	je naquis	
tu nais		tu naquis	
il naît		il naquit	
nous naissons		nous naquîmes	
vous naissez		vous naquîtes	
ils naissent		ils naquirent	

Imparfait	Plus-que-parfait	Futur	Futur antérieur
je naissais	j'étais né(e)	je naîtrai	je serai né(e)

CONDITIONNEL

Présent	Passé
je naîtrais	je serais né(e)

IMPERATIF

nais
naissons
naissez

PARTICIPE PRESENT

naissant

SUBJONCTIF

Présent	Imparfait (littéraire)
que je naisse	que je naquisse
que tu naisses	que tu naquisses
qu'il naisse	qu'il naquît
que nous naissions	que nous naquissions
que vous naissiez	que vous naquissiez
qu'ils naissent	qu'ils naquissent

plaire

INDICATIF

Présent	Passé composé	Passé simple (littéraire)	
je plais	j'ai plu	je plus	
tu plais		tu plus	
il plaît		il plut	
nous plaisons		nous plûmes	
vous plaisez		vous plûtes	
ils plaisent		ils plurent	

Imparfait	Plus-que-parfait	Futur	Futur antérieur
je plaisais	j'avais plu	je plairai	j'aurai plu

CONDITIONNEL

Présent	Passé
je plairais	j'aurais plu

IMPERATIF

plais
plaisons
plaisez

PARTICIPE PRESENT

plaisant

SUBJONCTIF	
Présent	**Imparfait** *(littéraire)*
que je plaise	que je plusse
que tu plaises	que tu plusses
qu'il plaise	qu'il plût
que nous plaisions	que nous plussions
que vous plaisiez	que vous plussiez
qu'ils plaisent	qu'ils plussent

prendre

INDICATIF			
Présent	**Passé composé**	**Passé simple** *(littéraire)*	
je prends	j'ai pris	je pris	
tu prends		tu pris	
il prend		il prit	
nous prenons		nous prîmes	
vous prenez		vous prîtes	
ils prennent		ils prirent	
Imparfait	**Plus-que-parfait**	**Futur**	**Futur antérieur**
je prenais	j'avais pris	je prendrai	j'aurai pris

CONDITIONNEL		IMPERATIF	PARTICIPE PRESENT
Présent	**Passé**	prends	prenant
je prendrais	j'aurais pris	prenons	
		prenez	

SUBJONCTIF	
Présent	**Imparfait** *(littéraire)*
que je prenne	que je prisse
que tu prennes	que tu prisses
qu'il prenne	qu'il prît
que nous prenions	que nous prissions
que vous preniez	que vous prissiez
qu'ils prennent	qu'ils prissent

Apprendre, comprendre et **surprendre** se conjuguent comme **prendre.**

rire

INDICATIF		
Présent	**Passé composé**	**Passé simple** *(littéraire)*
je ris	j'ai ri	je ris
tu ris		tu ris
il rit		il rit
nous rions		nous rîmes
vous riez		vous rîtes
ils rient		ils rirent

Imparfait	Plus-que-parfait	Futur	Futur antérieur
je riais	j'avais ri	je rirai	j'aurai ri

CONDITIONNEL		IMPERATIF	PARTICIPE PRESENT
Présent	**Passé**	ris	riant
je rirais	j'aurais ri	rions	
		riez	

SUBJONCTIF	
Présent	**Imparfait** *(littéraire)*
que je rie	que je risse
que tu ries	que tu risses
qu'il rie	qu'il rît
que nous riions	que nous rissions
que vous riiez	que vous rissiez
qu'ils rient	qu'ils rissent

Sourire se conjugue comme **rire.**

suivre

INDICATIF		
Présent	**Passé composé**	**Passé simple** *(littéraire)*
je suis	j'ai suivi	je suivis
tu suis		tu suivis
il suit		il suivit
nous suivons		nous suivîmes
vous suivez		vous suivîtes
ils suivent		ils suivirent

Imparfait	Plus-que-parfait	Futur	Futur antérieur
je suivais	j'avais suivi	je suivrai	j'aurai suivi

CONDITIONNEL		IMPERATIF	PARTICIPE PRESENT
Présent	**Passé**	suis	suivant
je suivrais	j'aurais suivi	suivons	
		suivez	

SUBJONCTIF	
Présent	**Imparfait** *(littéraire)*
que je suive	que je suivisse
que tu suives	que tu suivisses
qu'il suive	qu'il suivît
que nous suivions	que nous suivissions
que vous suiviez	que vous suivissiez
qu'ils suivent	qu'ils suivissent

vivre

INDICATIF

Présent	Passé composé	Passé simple *(littéraire)*	
je vis	j'ai vécu	je vécus	
tu vis		tu vécus	
il vit		il vécut	
nous vivons		nous vécûmes	
vous vivez		vous vécûtes	
ils vivent		ils vécurent	

Imparfait	Plus-que-parfait	Futur	Futur antérieur
je vivais	j'avais vécu	je vivrai	j'aurai vécu

CONDITIONNEL

Présent	Passé
je vivrais	j'aurais vécu

IMPERATIF

vis
vivons
vivez

PARTICIPE PRESENT

vivant

SUBJONCTIF

Présent	Imparfait *(littéraire)*
que je vive	que je vécusse
que tu vives	que tu vécusses
qu'il vive	qu'il vécût
que nous vivions	que nous vécussions
que vous viviez	que vous vécussiez
qu'ils vivent	qu'ils vécussent

VERBES EN -OIR

asseoir

INDICATIF

Présent	Passé composé	Passé simple *(littéraire)*	
j'assieds	j'ai assis	j'assis	
tu assieds		tu assis	
il assied		il assit	
nous asseyons		nous assîmes	
vous asseyez		vous assîtes	
ils asseyent		ils assirent	

Imparfait	Plus-que-parfait	Futur	Futur antérieur
j'asseyais	j'avais assis	j'assiérai	j'aurai assis

CONDITIONNEL

Présent	Passé
j'assiérais	j'aurais assis

IMPERATIF

assieds
asseyons
asseyez

PARTICIPE PRESENT

asseyant

	SUBJONCTIF	

Présent

que j'asseye
que tu asseyes
qu'il asseye
que nous asseyions
que vous asseyiez
qu'ils asseyent

Imparfait *(littéraire)*

que j'assisse
que tu assisses
qu'il assît
que nous assissions
que vous assissiez
qu'ils assissent

S'asseoir se conjugue comme **asseoir.**

---

devoir

	INDICATIF	

Présent	**Passé composé**	**Passé simple** *(littéraire)*
je dois	j'ai dû	je dus
tu dois		tu dus
il doit		il dut
nous devons		nous dûmes
vous devez		vous dûtes
ils doivent		ils durent

Imparfait	**Plus-que-parfait**	**Futur**	**Futur antérieur**
je devais	j'avais dû	je devrai	j'aurai dû

	CONDITIONNEL			IMPERATIF		PARTICIPE PRESENT

Présent	**Passé**		dois		devant
je devrais	j'aurais dû		devons		
			devez		

	SUBJONCTIF	

Présent	**Imparfait** *(littéraire)*
que je doive	que je dusse
que tu doives	que tu dusses
qu'il doive	qu'il dût
que nous devions	que nous dussions
que vous deviez	que vous dussiez
qu'ils doivent	qu'ils dussent

---

falloir

	INDICATIF	

Présent	**Passé composé**	**Passé simple** *(littéraire)*	
il faut	il a fallu	il fallut	
Imparfait	**Plus-que-parfait**	**Futur**	**Futur antérieur**
il fallait	il avait fallu	il faudra	il aura fallu

CONDITIONNEL		SUBJONCTIF	
Présent	**Passé**	**Présent**	**Imparfait** *(littéraire)*
il faudrait	il aurait fallu	qu'il faille	qu'il fallût

pleuvoir

INDICATIF			
Présent	**Passé composé**	**Passé simple** *(littéraire)*	
il pleut	il a plu	il plut	
Imparfait	**Plus-que-parfait**	**Futur**	**Futur antérieur**
il pleuvait	il avait plu	il pleuvra	il aura plu

CONDITIONNEL		PARTICIPE PRESENT
Présent	**Passé**	pleuvant
il pleuvrait	il aurait plu	

SUBJONCTIF	
Présent	**Imparfait** *(littéraire)*
qu'il pleuve	qu'il plût

pouvoir

INDICATIF			
Présent	**Passé composé**	**Passé simple** *(littéraire)*	
je peux	j'ai pu	je pus	
tu peux		tu pus	
il peut		il put	
nous pouvons		nous pûmes	
vous pouvez		vous pûtes	
ils peuvent		ils purent	
Imparfait	**Plus-que-parfait**	**Futur**	**Futur antérieur**
je pouvais	j'avais pu	je pourrai	j'aurai pu

CONDITIONNEL		PARTICIPE PRESENT
Présent	**Passé**	pouvant
je pourrais	j'aurais pu	

SUBJONCTIF	
Présent	**Imparfait** *(littéraire)*
que je puisse	que je pusse
que tu puisses	que tu pusses
qu'il puisse	qu'il pût
que nous puissions	que nous pussions
que vous puissiez	que vous pussiez
qu'ils puissent	qu'ils pussent

recevoir

INDICATIF

Présent	Passé composé	Passé simple *(littéraire)*	
je reçois	j'ai reçu	je reçus	
tu reçois		tu reçus	
il reçoit		il reçut	
nous recevons		nous reçûmes	
vous recevez		vous reçûtes	
ils reçoivent		ils reçurent	

Imparfait	Plus-que-parfait	Futur	Futur antérieur
je recevais	j'avais reçu	je recevrai	j'aurai reçu

CONDITIONNEL / IMPERATIF / PARTICIPE PRESENT

Présent	Passé	IMPERATIF	PARTICIPE PRESENT
je recevrais	j'aurais reçu	reçois	recevant
		recevons	
		recevez	

SUBJONCTIF

Présent	Imparfait *(littéraire)*
que je reçoive	que je reçusse
que tu reçoives	que tu reçusses
qu'il reçoive	qu'il reçût
que nous recevions	que nous reçussions
que vous receviez	que vous reçussiez
qu'ils reçoivent	qu'ils reçussent

savoir

INDICATIF

Présent	Passé composé	Passé simple *(littéraire)*	
je sais	j'ai su	je sus	
tu sais		tu sus	
il sait		il sut	
nous savons		nous sûmes	
vous savez		vous sûtes	
ils savent		ils surent	

Imparfait	Plus-que-parfait	Futur	Futur antérieur
je savais	j'avais su	je saurai	j'aurai su

CONDITIONNEL / IMPERATIF / PARTICIPE PRESENT

Présent	Passé	IMPERATIF	PARTICIPE PRESENT
je saurais	j'aurais su	sache	sachant
		sachons	
		sachez	

SUBJONCTIF	
Présent	**Imparfait** *(littéraire)*
que je sache	que je susse
que tu saches	que tu susses
qu'il sache	qu'il sût
que nous sachions	que nous sussions
que vous sachiez	que vous sussiez
qu'ils sachent	qu'ils sussent

valoir

INDICATIF			
Présent	**Passé composé**	**Passé simple** *(littéraire)*	
je vaux	j'ai valu	je valus	
tu vaux		tu valus	
il vaut		il valut	
nous valons		nous valûmes	
vous valez		vous valûtes	
ils valent		ils valurent	
Imparfait	**Plus-que-parfait**	**Futur**	**Futur antérieur**
je valais	j'avais valu	je vaudrai	j'aurai valu

CONDITIONNEL		PARTICIPE PRESENT
Présent	**Passé**	valant
je vaudrais	j'aurais valu	

SUBJONCTIF	
Présent	**Imparfait** *(littéraire)*
que je vaille	que je valusse
que tu vailles	que tu valusses
qu'il vaille	qu'il valût
que nous valions	que nous valussions
que vous valiez	que vous valussiez
qu'ils vaillent	qu'ils valussent

voir

INDICATIF			
Présent	**Passé composé**	**Passé simple** *(littéraire)*	
je vois	j'ai vu	je vis	
tu vois		tu vis	
il voit		il vit	
nous voyons		nous vîmes	
vous voyez		vous vîtes	
ils voient		ils virent	
Imparfait	**Plus-que-parfait**	**Futur**	**Futur antérieur**
je voyais	j'avais vu	je verrai	j'aurai vu

CONDITIONNEL		IMPERATIF	PARTICIPE PRESENT

Présent   **Passé**

je verrais   j'aurais vu

IMPERATIF

vois
voyons
voyez

PARTICIPE PRESENT

voyant

SUBJONCTIF	

Présent   **Imparfait** (*littéraire*)

que je voie   que je visse
que tu voies   que tu visses
qu'il voie   qu'il vît
que nous voyions   que nous vissions
que vous voyiez   que vous vissiez
qu'ils voient   qu'ils vissent

vouloir

INDICATIF

Présent   **Passé composé**   **Passé simple** (*littéraire*)

je veux   j'ai voulu   je voulus
tu veux   tu voulus
il veut   il voulut
nous voulons   nous voulûmes
vous voulez   vous voulûtes
ils veulent   ils voulurent

Imparfait   **Plus-que-parfait**   **Futur**   **Futur antérieur**

je voulais   j'avais voulu   je voudrai   j'aurai voulu

CONDITIONNEL		IMPERATIF	PARTICIPE PRESENT

Présent   **Passé**

je voudrais   j'aurais voulu

IMPERATIF

veuille
veuillons
veuillez

PARTICIPE PRESENT

voulant

SUBJONCTIF	

Présent   **Imparfait** (*littéraire*)

que je veuille   que je voulusse
que tu veuilles   que tu voulusses
qu'il veuille   qu'il voulût
que nous voulions   que nous voulussions
que vous vouliez   que vous voulussiez
qu'ils veuillent   qu'ils voulussent

Verbes à radical irrégulier

---

acheter

Présent	Subjonctif présent	Futur
j'achète	j'achète	j'achèterai
tu achètes	tu achètes	tu achèteras
il achète	il achète	il achètera
nous achetons	nous achetions	nous achèterons
vous achetez	vous achetiez	vous achèterez
ils achètent	ils achètent	ils achèteront

---

appeler

Présent	Subjonctif présent	Futur
j'appelle	j'appelle	j'appellerai
tu appelles	tu appelles	tu appelleras
il appelle	il appelle	il appellera
nous appelons	nous appelions	nous appellerons
vous appelez	vous appeliez	vous appellerez
ils appellent	ils appellent	ils appelleront

---

commencer (verbes qui terminent en -cer)

Présent	Imparfait	Passé simple (littéraire)
je commence	je commençais	je commençai
tu commences	tu commençais	tu commenças
il commence	il commençait	il commença
nous commençons	nous commencions	nous commençâmes
vous commencez	vous commenciez	vous commençâtes
ils commencent	ils commençaient	ils commencèrent

---

espérer (préférer, répéter, protéger, etc.)

Présent	Subjonctif présent	Futur
j'espère	j'espère	j'espérerai
tu espères	tu espères	tu espéreras
il espère	il espère	il espérera
nous espérons	nous espérions	nous espérerons
vous espérez	vous espériez	vous espérerez
ils espèrent	ils espèrent	ils espéreront

---

essayer (verbes qui terminent en -ayer, -oyer, -uyer)

Présent	Subjonctif présent	Futur
j'essaie	j'essaie	j'essaierai
tu essaies	tu essaies	tu essaieras
il essaie	il essaie	il essaiera
nous essayons	nous essayions	nous essaierons
vous essayez	vous essayiez	vous essaierez
ils essaient	ils essaient	ils essaieront

jeter

Présent	Subjonctif présent	Futur
je jette	je jette	je jetterai
tu jettes	tu jettes	tu jetteras
il jette	il jette	il jettera
nous jetons	nous jetions	nous jetterons
vous jetez	vous jetiez	vous jetterez
ils jettent	ils jettent	ils jetteront

lever (mener, emmener, geler, etc.)

Présent	Subjonctif présent	Futur
je lève	je lève	je lèverai
tu lèves	tu lèves	tu lèveras
il lève	il lève	il lèvera
nous levons	nous levions	nous lèverons
vous levez	vous leviez	vous lèverez
ils lèvent	ils lèvent	ils lèveront

Lexique français-anglais

Le lexique contient les mots français qui ne sont pas de la même famille que leur équivalent anglais ou qui ne sont pas immédiatement reconnus par l'étudiant du niveau intermédiaire. La notation *m* ou *f* indique le genre des noms, et la terminaison féminine des adjectifs est indiquée entre parenthèses. Si le féminin de l'adjectif nécessite l'emploi d'une terminaison ou d'une forme radicalement différente de celle du masculin, le féminin est indiqué en entier. Les locutions de plusieurs mots sont traitées sous le mot principal du groupe. L'indication *slang* à la suite d'un mot signale qu'il appartient au langage populaire ou argotique. S'y trouvent également les appellations grammaticales ainsi que les expressions impersonnelles.

abandonner to give up
abondant(e) abundant
abonné(e) *m,f* subscriber
abonnement *m* subscription
abonner: s' _____ (à) to subscribe (to)
abord: d' _____ at first
abricot *m* apricot
absolu(e) absolute
absolument absolutely
abstrait(e) abstract
accent *m* accent
   _____ aigu acute accent
   _____ circonflexe circumflex accent
   _____ grave grave accent
accentué(e) stressed
accompagner to go with
accomplissement *m* accomplishment
accord *m* agreement
   d' _____ OK
   être d' _____ to agree
   se mettre d' _____ to agree with
accorder to grant
   s' _____ to agree
accueillir to welcome
achat *m* purchase
acheter to buy
achever to complete
acompte *m* deposit

acquérir to acquire
acquis(e) acquired
acrobaties *f pl* acrobatics
acteur/actrice *m,f* actor/actress
actif(-ive) active
actualités *f pl* news
actuellement presently
addition *f* bill, check
admettre to admit
adresser: s' _____ à to speak to
adversaire *m* adversary, opponent
aérien(ne) air, aerial
aéroport *m* airport
affaires *f pl* business; belongings **régler des _____** to take care of business
affiche *f* movie poster
affiché(e) posted
afficher to post
affirmativement affirmatively
affirmer to affirm
affreux(-euse) awful
afin de in order to, in order that
afin que in order to, in order that
africain(e) African
âgé(e) old
agence *f* agency

   _____ de voyages travel agency
agir: s' _____ de to be a question of
agréable agreeable, pleasant
aide *f* help
   à l' _____ de by means of
aide-mémoire *m* reminder
aider to aid, to help
ailleurs elsewhere
   d' _____ furthermore
aimable likeable
aimer to like **_____ bien** to like
air *m* manner, appearance
   avoir l' _____ to seem
aise *f* ease, convenience
   à leur _____ at their leisure
ait *pres. subj. of* **avoir**
ajouter to add
album *m* album
   _____ de découpures, scrapbook
alcool *m* alcohol
Algérie *f* Algeria
aliments *m pl* food
allée *f* aisle
allemand *m* German language
aller to go
   s'en _____ to go away
aller retour *m* round-trip ticket
aller simple *m* one-way ticket

allumer to turn on
allusion f allusion, hint
  faire _____ **à** to allude to
alors then, in that case
Alpes-Maritimes f pl region in
  southeastern France
amateur m fan
ambitieux(-euse) ambitious
amende f fine
amener to bring along
américain(e) American
Américain(e) m,f American
Amérique du Sud f South
  America
ami(e) m, f friend
  petit(e) _____ **(e)** boyfriend/
  girlfriend
amical(e) friendly
amitié f friendship
amphithéâtre m lecture hall
amusant(e) amusing,
  entertaining
amuser to amuse, to entertain
  s' _____ to have a good time
an m year **avoir . . .**
  _____ **s** to be . . . years old
analytique analytical
ancien(ne) old, former
anglais m English language
Angleterre f England
anglophone m,f English-
  speaking person
année f year _____
  scolaire school year
anniversaire m birthday
annonce f announcement,
  advertisement
annoncer to announce
Antenne 2 f French TV
  network
antérieur(e) anterior, preceding
antonyme m antonym
août m August
apercevoir, s' _____ to
  notice
aperçu past part. of **apercevoir**
apparaître to appear
appartement m apartment
appartenir to belong
appeler to call
  s' _____ to be named

appendice m appendix
appliquer: s' _____ to apply
  oneself
apporter to bring
apprécier to enjoy
apprendre to learn _____
  par cœur to memorize
approcher, s' _____ to
  approach
appuyer to press _____
  sur le bouton to push the
  button
après after _____ **que** after
après-midi m afternoon
arbre m tree
argent m money
  _____ **de poche** spending
  money, allowance
armée f army
arrêt m stop
arrêter, s' _____ to stop
arrière m back, rear
arrivée f arrival
arriver to arrive; to happen
article de fond m in-depth
  analysis
as m ace
Asie f Asia
aspiré(e) aspirated
asseoir to seat
  s' _____ to sit down
assez quite, rather
  _____ **de** enough
assiette f plate
assimiler to assimilate
assis(e) seated **être** _____ to
  be seated
assister à to attend
assurer to assure, to guarantee
astronomique astronomical
atelier de réparation m repair
  shop
attacher to fasten
attaque f attack
attendre to wait for
  s' _____ **à** to expect
attentif(-ive) attentive
attention watch out!
  faire _____ **á** to pay
  attention to
atterrir to land

aubergine f eggplant
aucun(e) not any; anyone
aucun(e) not any; not a single
au-dessus de above
aujourd'hui today
aussi also _____ **bien**
  que as well as
aussitôt que as soon as
autant (de) as many
auteur m author
authentique authentic
automne m autumn
autonomie f autonomy; self-
  government
autorité f authority
autoroute f superhighway
autour about
  _____ **de** around
autre other
autrement otherwise
auxiliaire auxiliary
avance f advance
  d' _____ in advance
avancer, s' _____ to advance,
  to move forward
avant m front
avant de before
avant que before
avantage m advantage
avec with
avenir m future
  à l' _____ in the future
aventure f adventure
aventureux(-euse) adventurous
aventurier m adventurer
aviateur m aviator
avion m airplane
  _____ **à réaction** jet
  en _____ by plane
  par _____ by plane
avis m opinion
avocat m lawyer
avoir to have
  _____ **à** to need to, to have
  to
  en _____ **assez** to be fed up
  _____ **le trac** to be afraid
avril m April
ayant pres. part. of **avoir** having
Aztèques m pl Aztecs

bac *m abbrev. for* **baccalauréat**
baccalauréat *m* diploma based on an exam taken at the end of secondary education
bachelier *m* baccalaureate holder
bachot *m slang for* **baccalauréat**
bachoter to prepare for the **bac**
baguette *f* loaf of French bread
baigner, se _____ to swim
bain *m* bath
bal *m* ball, dance
banal(e) *dull*
bande *f* gang
bar *m* snack bar
bas(se) low
baser to base
bateau *m* boat
    en _____ by boat
bâtiment *m* building
bâtir to build
batterie *f* battery
battre: se _____ to fight
bavard(e) outgoing, talkative
bavarder to chat
beau/belle beautiful **faire beau** to be nice weather
beaucoup much, many _____ **de** a lot of
beau-frère *m* brother-in-law; stepbrother
beauté *f* beauty
bébé *m* baby
beignet *m* doughnut
belge Belgian
Belge *m,f* Belgian
Belgique *f* Belgium
belle-mère *f* mother-in-law, stepmother
bénéficier to benefit
besoin *m* need, want **avoir** _____ **de** to need (to)
bêtise *f* stupidity
beurre *m* butter
bibliothèque *f* library
bien well _____ **des** many
    _____ **que** although
    faire du _____ to be beneficial
bientôt soon, shortly
bière *f* beer
bijou *m* jewel
billet *m* ticket

biscuit *m* cracker
bizarre strange
blanc(he) white
blesser to hurt **se** _____ to get hurt
bleu *m* blue cheese
bœuf *m* beef
boire to drink
    _____ **un verre** to have a drink
boisson *f* drink, beverage
boîte *f* can
bon(ne) kind, good
    il est _____ it is good
bonbon *m* piece of candy
bondé(e) crowded
bonheur *m* happiness
bonhomme *m* good-natured man
bonté *f* kindness
bord: à _____ **de** on board
bouche de métro *f* subway entrance
boucher/bouchère *m,f* butcher
boucherie *f* butcher shop
bouger to stir; to budge
boulanger/boulangère *m,f* baker
boulangerie *f* bakery
bouleversement *m* upheaval
boulot *m* work *(colloquial)*
boum *f* party *(slang)*
bouquin *m* book *(colloquial)*
Bourgogne *f* Burgundy region of France
bouteille *f* bottle
bouton *m* button
boxe *f* boxing
    match de _____ boxing match
branché(e) plugged in; with it *(slang)*
bras *m* arm
brave courageous, nice
bref(-ève) short, in short
brillamment brilliantly
brosser, se _____ to brush
bruit *m* sound
brûler to burn
Bruxelles Brussels
bûcher to cram *(slang)*

bureau de renseignements *m* information counter
ça that _____ **ne fait rien** it doesn't matter _____ **y est** that's it, it's done
cadavre *m* corpse
cadeau *m* gift, present
cadre *m* setting
café *m* coffee _____ **instantané** instant coffee
caisse *f* cash register
caissier/caissière *m,f* cashier
calculer to calculate
calmement calmly
calmer to calm, to quiet **se** _____ to calm down
camarade *m,f* friend, chum
    _____ **de chambre** roommate
    _____ **de classe** classmate
cambrioleur *m* thief
camion *m* truck
campagne *f* campaign; countryside
canadien(ne) Canadian
candidat(e) *m,f* candidate
candidature *f* **présenter sa** _____ to be a candidate
capitale *f* capital
capturer to capture
car because
car *m* intercity bus
    _____ **scolaire** school bus
Carnaval *m* winter festival
carnet *m* book of tickets
carrefour *m* intersection
carrière *f* career
carte *f* card, map
    _____ **(postale)** postcard
    _____ **d'étudiant** student card
cartouche *f* carton
cas *m* case
    au _____ **où** in case
cathédrale *f* cathedral
cause: à _____ **de** because of
ceci this, this thing
ceinture *f* seat belt
cela that, that thing
célèbre celebrated, famous
censure *f* censorship
centaine *f* about a hundred

centre commercial *m* shopping center

cependant nevertheless, however

cercle *m* circle

cérémonie *f* ceremony

cerise *f* cherry

certain(e) definite, particular

   être _____ to be certain

   il est _____ it is certain

certainement certainly

C.E.S. *m* **(Collège d'enseignement secondaire)** first level of secondary school (ages 11–14)

cesser to stop

chacun(e) each one

chaîne *f* channel   **changer de**

   _____ to change channels

chambre *f* room

chance *f* chance, luck

   avoir de la _____ to be lucky

changement *m* change

chanson *f* song

chanter to sing

chanteur(-euse) *m,f* singer

chaque each

charcuterie *f* delicatessen

charcutier/charcutière *m,f* delicatessen owner

chariot *m* shopping cart

charmant(e) charming

chasser, se _____ to chase

chat *m* cat

château *m* castle

chaud(e) hot

   avoir _____ to be hot

   faire _____ to be hot weather

chauffeur *m* driver

chef-d'œuvre *m* masterpiece

chemin de fer *m* railroad

chèque *m* check   **toucher un**

   _____ to cash a check

cher(-ère) expensive; dear

chercher to look for, to seek

chéri(e) *m,f* darling, dearest

cheval *m* horse

cheveux *m pl* hair

chèvre *m* goat cheese

chez at, to, in, with, among, in the works of

chien/chienne *m,f* dog

chiffre *m* number

Chinois *m* Chinese

choc *m* shock

choisir to choose

choix *m* choice

chose *f* thing

chouette neat, nice *(slang)*

chou-fleur *m* cauliflower

cible *f* target

ci-dessous below

ciel *m* sky

cinéaste *m* producer

ciné-club *m* film club

cinéphile *m,f* movie buff

cinoche *m* flicks *(slang)*

circonstanciel(le) circumstantial

   complément _____ adverbial phrase

circuler to circulate, move around

cité universitaire *f* residence hall complex

citer to quote

citoyen/citoyenne *m,f* citizen

clair(e) clear

   il est _____ it is clear

classe *f* class

   _____ **touriste** second class

   en _____ in class

   _____ **économique** economy class

classement *m* ordering, classification

classer to classify

classique classical

clé *f* key

   fermer à _____ to lock

climat *m* climate

clip *m* music video

cocher *m* coachman

code indicatif de zone *m* telephone area code

coiffer: se _____ to comb one's hair

coin *m* corner

collectif(ive) collective

collège d'enseignement secondaire (C.E.S.) *m* first level of secondary school (ages 11–14)

colon *m* colonist

colonie de vacances *f* summer camp

colonne *f* column

combattre to fight

combien how much

   _____ **de** how many

commander to order

comme as, like, such as

   _____ **d'habitude** as usual

   _____ **il faut** as it should be

commencement *m* beginning

commencer to begin

comment how

commentaire *m* comment

commerçant(e) *m,f* shopkeeper

commettre to commit

commissaire *m* commissioner

commissariat *m* police station

commode convenient, comfortable

commun(e) common, ordinary

   en _____ in common

communiquer to communicate

compagnie *f* company

compagnon/compagne *m,f* companion

compartiment *m* compartment

   _____ **non-réservé** unreserved compartment

complément *m* object *(grammatical)*

   _____ **d'agent** agent

   _____ **d'objet direct** direct object

   _____ **d'objet indirect** indirect object

   _____ **circonstanciel** adverbial phrase

   _____ **déterminatif** adjectival phrase

complet(-ète) complete, full

compléter to complete

compliqué(e) complicated

composer to compose; to compound

composter to punch

comprendre to understand; to include

compris(e) included

   y _____ including

compter to count

   _____ **sur** to count on

comptoir *m* ticket counter
concentrer to concentrate
  se _____ to focus on
concordance *f* agreement
conditionnel *m* conditional
  (verb tense)
  _____ **présent** present
  conditional *(verb tense)*
  _____ **passé** past
  conditional *(verb tense)*
conducteur *m* driver
conduire to drive
conférence *f* lecture
confondre to confuse
congé *m* **jour de** _____ day
  off
congelé(e) frozen
conjugaison *f* conjugation
conjuguer to conjugate
connaissance *f* acquaintance
  faire la _____ **de** to meet
connaître to know; to
  understand; to be acquainted
  with; to experience
conquérir to conquer
conquête *f* conquest
consacrer: se _____ **à** to
  devote oneself to
conseil *m* piece of advice
conseiller/conseillère *m,f*
  adviser
conseiller to advise
conservateur(-trice)
  conservative
conserver to preserve
considérer to consider
consommation *f* consumption;
  beverage
consommer to use
consonne *f* consonant
constamment constantly
constater to observe
constituer to constitute
construire to build
construit *past part. of*
  construire
consulter to look up something
  se _____ to confer
conte *m* story
  _____ **de fées** fairy tale
contenir to contain

content(e) happy
contraire *m* opposite
  au _____ on the contrary
contre against
contre *m* con
contribuer to contribute
contrôle continu des
  connaissances *m* periodic
  testing
contrôler to verify, to check
contrôleur *m* conductor
convaincre to convince
convenable suitable,
  appropriate
convenir à to be suitable to
copain/copine *m,f* friend, pal
copie *f* exam copy
correcteur/correctrice *m,f*
  grader
correspondance *f* connection,
  transfer point
correspondre to correspond; to
  agree
corriger to correct
côte *f* chop; coast
  _____ **de porc** pork chop
Côte (d'Azur) *f* Riviera
côté *m* side
  à _____ **de** by, near
  de mon _____ for my part
  de tous les _____ **s** from all
  sides
  du _____ **de** in the direction
  of
coton *m* cotton   **robe de (en)**
  _____ cotton dress
côtoyer: se _____ to be next to
  each other
coucher to put to bed
  se _____ to go to bed
couchette *f* bunk
couleur *f* color
couloir *m* corridor
couper to cut, to isolate from
courant(e) current, usual
coureur *m* runner
courgette *f* zucchini
courir to run _____ **des**
  risques to take chances
cours *m* course _____
  magistral *m* lecture by the
  professor

course *f* race
courses *f pl* errands
  faire les _____ to run
  errands
court(e) short
court métrage *m* short feature
couteau *m* knife
coûter to cost
couvrir to cover
craindre to fear
crainte *f* fear
  avoir _____ **de** to be afraid
  of, to
  de _____ **(de, que)** for fear
  (of, that)
créateur(-trice) creative
créature *f* creature
créer to create
crémerie *f* dairy
crever to die *(slang)*
crise crisis _____ **de**
  nerfs nervous breakdown
critique *f* criticism
critiquer to criticize
croire to believe
cuire to cook
cuisine *f* cooking; food
  faire la _____ to cook
curiosité *f* point of interest

dame *f* lady
dangereux(-euse) dangerous
danseur(euse) *m,f* dancer
de plus en plus more and
  more
de retour à back at
débat *m* debate
débouché *m* outlet; prospect
debout standing
débrouiller to straighten out
  se _____ to manage
début *m* beginning
  au _____ **de** at the
  beginning of
décembre *m* December
décider to decide
décision *f* decision
  prendre une _____ to make
  a decision
déclaration *f* statement
décoller to take off

décor *m* set, scenery
découvert *past part. of* **découvrir**
découverte *f* discovery
découvrir to discover
décrire to describe
déçu(e) disappointed
dedans in
défendre to prohibit; to defend
défendu *past part. of* **défendre**
défense *f* prohibition
définitif(-ive) definitive
dehors outside
  en _____ **de** outside of
déjà already
déjeuner *m* noon meal
déjeuner to eat lunch
délicat(e) delicate, nice
délicieux(-euse) delicious
demain tomorrow
  à _____ see you tomorrow
demander to ask (for) **se**
  _____ to ask oneself; to
  wonder
démarrer to start
déménager to move
démodé(e) old-fashioned
demoiselle *f* young woman
démontrer to demonstrate
dent *f* tooth
dentelle *f* lace
dépannage *m* repairing
  atelier de _____ repair shop
départ *m* departure
département *m* political
  division of France
dépasser to exceed
dépêcher to send quickly
  se _____ to hurry
dépendre to depend
dépenser to spend
dépenses *f pl* expenses
déplacement *m* movement
déplacer: se _____ to get
  around
déplaire to displease
dépliant *m* brochure, folder
déplu *past part. of* **déplaire**
depuis since; for
dernier(-ière) preceding, final
dernièrement lately

derrière behind
désagréable disagreeable,
  unpleasant
désastre *m* disaster
descendre to get off; to go
  down _____ **à une**
  destination to travel to
  _____ **quelque chose** to
  take down something
désert *m* desert
désigner to indicate
désir *m* desire
désirer to want, desire
désolé(e) sorry
désordre *m* disorder, confusion
dès que as soon as
dessin animé *m* cartoon
destination *f* destination
  à _____ **de** bound for
destiné(e) (à) intended (for)
destinée *f* destiny
détendre: se _____ to relax
déterminer to determine; to
  modify
détruire to destroy
deux chevaux *f* small Citroën
devant in front of
développé(e) developed **peu**
  _____ underdeveloped
développement *m* development
devenir to become
déviation *f* detour
deviner to guess
devoir *m* written assignment
devoir to have to; to owe
dévoué(e) devoted
dictionnaire *m* dictionary
différent(e) different, various
difficulté *f* difficulty
  sans _____ without
  difficulty
diffuser to broadcast
dimanche *m* Sunday
dîner *m* dinner
dîner to eat dinner
diplomate *m* diplomat
diplôme *m* diploma
dire to say, tell
direct nonstop
  en _____ live
directeur/directrice *m,f*
  director; principal

discipliné(e) disciplined
discours *m* discourse
  _____ **rapporté direct**
  direct discourse
  _____ **rapporté**
  indirect indirect discourse
discret(-ète) discreet
discuter to discuss
disjoint(e) disjunctive
disparaître to disappear
disponible available
disque *m* record
distinctement distinctly, clearly
distinguer to distinguish
distraction *f* amusement
distraire to amuse
distributeur *m* ticket dispenser
divertissement *m* pastime;
  entertainment
diviser to divide
documentaire *m*
  documentary
dommage *m* damage; loss
  c'est _____ it's a pity
donc then, therefore
donner to give
  _____ **un film** to show a
  film **se** _____ to give to
  each other **se** _____
  rendez-vous to arrange to
  meet
dont of which; of whom;
  whose
dormir to sleep
dossier *m* record
douane *f* customs
doublé(e) dubbed
douceur de vivre *f* pleasant
  life-style
doute *m* doubt
douter to doubt
douteux(-euse) doubtful
dramatique dramatic
droit(e) right
droite *f* political right wing
drôle de strange
dû *past part. of* **devoir**
dur(e) harsh
durée *f* duration
durer to last

eau *f* water _____
  minérale mineral water
échange *m* change
échouer to fail
éclater to break out; to begin
école *f* school
économie *f* saving **faire des**
  _____ **s** to save money
économique economical
économiser to save (money)
écouter to listen to
écran *m* screen **petit** _____
  TV
écrémé(e) skimmed
écrire to write
  s'_____ to write to each
  other
écrit *past part. of* **écrire**
  à l'_____ in written form
égal(e) equal **être** _____
  à not to matter, to be all the
  same
également equally
église *f* church
égoïste egotistic; selfish
élargir to broaden
électrique electrical
électronique *f* electronics
élégamment elegantly
élevé(e) high
élève *m,f* student
élire to elect
élitiste elitist
éloignement *m* distance
élu *past part. of* **élire**
embarras du choix *m* large
  selection
émerveiller to amaze
émission *f* TV program
emmener to take along
  (people)
empêcher to prevent
emploi *m* employment, job;
  use
  _____ **du temps** schedule
  _____ **temporaire**
  temporary job
employé(e) *m,f* employee
employer to use
emporter to carry away
encore still
  pas _____ not yet
  _____ **que** although

en dehors (de) outside (of)
endormir: s'_____ to go to
  sleep
endroit *m* place
énergique energetic
enfance *f* childhood
enfant *m,f* child; infant
enfer *m* hell
enfin at last, finally
enfuir: s'_____ to escape
ennemi *m* enemy
ennuyer to bore; to bother
  s'_____ to be bored
ennuyeux(-euse) boring
énorme enormous
énormément enormously
enquête *f* inquiry,
  investigation
enregistrer to check (baggage)
enseignement *m* education
  _____ **général** general
  education
  _____ **supérieur** higher
  education
enseigner to inform, to teach
ensemble together
ensemble *m* whole, mass
ensuite then
éteindre to extinguish
entendre parler de to hear
  about
entendu(e) understood
  bien _____ of course
entier *m* whole
entièrement entirely
entracte *m* intermission
entraîner to bring about; to
  entail
entre between
entrée *f* entrance
entrer to enter
enveloppe *f* envelope
envie *f* desire, longing
  avoir _____ **de** to feel like
environ approximately
environs *m pl* surrounding
  area
envoyer to send
épais(se) thick
épicerie *f* grocery store
épicier/épicière *m,f* grocer
épisode *m* episode

époque *f* era
épouser to marry
époux/épouse *m,f* spouse
épreuve *f* test
équipe *f* team
erreur *f* error
escale *f* stopover
  faire _____ to stop over
escalier *m* stairs
escargot *m* snail
Espagne *f* Spain
espagnol *m* Spanish language
espèce *f* type, sort
espérer to hope for
esprit *m* spirit, mind, wit
essayer to try
essence *f* gasoline
essentiel *m* the most important
  thing
essentiel(le) essential
  il est _____ it is essential
essuyer to wipe; to dry
établir to work out
étage *m* floor (of a building)
état *m* state
Etats-Unis *m pl* United States
été *m* summer
éteindre to turn off
étendre: s' _____ to extend
étiquette *f* label
étonnant(e) startling **il est**
  _____ it is startling
étonné(e) amazed
étonner: s'_____ to be amazed
étrange strange
étranger/étrangère *m,f* stranger
  à l'_____ abroad
étranger(-ère) foreign, strange
être to be
  _____ **à** to belong to
  _____ **en train de** to be in
  the process of
étroit(e) tight; narrow
étroitement closely
études *f pl* studies
  _____ **secondaires** high
  school studies
  faire des _____ **(de)** to
  study, to major in
  programme d' _____ course
  of study

étudiant(e) *m,f* student
  maison d' _____ **s**
  residence hall
étudier to study
événement *m* event
évidemment evidently
éviter to avoid
évoluer to evolve
évoquer to evoke
examen *m* examination
examinateur *m* examiner
examiner to examine
exécution *f* execution
exemple *m* example
  par _____ for instance
exiger to require
exister to exist
explétif(-ive) superfluous
  (grammatical)
explication *f* explanation
  _____ **de texte** literary
  analysis
expliquer to explain
explorateur *m* explorer
exposé *m* classroom
  presentation
exprimer to explain, to express
extrêmement extremely

fabriquer to manufacture, to
  make
fac *f abbrev. for* **faculté**
fâché(e) angry
  être _____ to be angry
fâcher: se _____ to get angry
facile easy, quick
facilement easily
façon *f* manner
facultatif(-ive) optional
faculté *f* university division
faible weak
faim: avoir _____ to be
  hungry
faire to do; to make
  _____ **son possible** to do
  one's best   **se** _____
  to be done, to be
  made   **s'en** _____ to worry
fait *m* fact
fait *past part. of* **faire**
falloir to be necessary
  (impersonal)

fameux(-euse) famous;
  infamous
familial(e) pertaining to family
familiarité *f* familiarity
famille *f* family
  en _____ in the family
fana *m,f* fan
farine *f* flour
fatigant(e) tiring
fatigué(e) tired
faut *See* **falloir**
faute *f* error
fauteuil *m* armchair
faux/fausse false
favori/favorite favorite
femme *f* wife, woman
fenêtre *f* window
fermer to close
  _____ **à clé** to lock
fermeture *f* closing
féroce ferocious
fête *f* festival; party
fêter to celebrate
feu *m* fire
  _____ **rouge** stoplight
feuilleton *m* serial
février *m* February
fiche *f* form
fier(-ère) proud
filet *m* mesh bag
fille *f* girl   **petite**
  _____ little girl
film *m* film
  _____ **d'épouvante** horror movie
  le grand _____ main feature
  _____ **policier** detective
  movie
fils *m* son
fin *f* end   **à la** _____ at
  the end   **de** _____ final
  en _____ **de** at the end of
fin(e) fine
finalement finally
finir to finish
fixe fixed
fleur *f* flower
flocon *m* flake
fois *f* time
  une _____ once
fonctionner to work; to operate
fonder to found
football *m* soccer

forfaitaire all-inclusive
formalité *f* form
formation *f* education,
  academic preparation
forme *f* form, shape
former, se _____ to form, to
  compose, to educate
formidable fantastic
formule *f* construction
formuler to formulate; to ask
  (a question)
fort(e) strong
fou/folle crazy
foule *f* crowd
fournir to furnish
foyer *m* home
FR 3 France Régions 3 (TV
  network)
frais/fraîche fresh
frais d'inscription *m pl* tuition,
  registration fees
fraise *f* strawberry
franc *m* franc, unit of French
  money
franc/franche frank
français(e) French
Français(e) *m,f* French person
francophone *m,f* French-
  speaking person
francophonie *f* French-
  speaking world
frapper to hit, to strike
freins *m pl* brakes
fréquemment frequently
fréquenter to see often
frère *m* brother
frigo *m* refrigerator *(slang)*
frites *f pl* french fries
froid(e) cold
  avoir _____ to be
  cold   **faire** _____ to be
  cold weather
fromage *m* cheese
frustré(e) frustrated
fuir to flee
fumer to smoke
furieux(-euse) furious
furtivement furtively
futur *m* future *(grammatical)*
  _____ **antérieur** future
  perfect   _____ **proche**
  immediate future

gagner to earn
gamin *m* boy
garagiste *m,f* garage operator
garantir to guarantee
garçon *m* boy
garder to keep, to maintain
gardien *m* guardian
gare *f* station
gars *m* guy, boy *(slang)*
gâteau *m* cake
gauche *f* political left wing
gauche left
gazeux(-euse) carbonated
gendarme *m* policeman
gêne *f* difficulty
généreux(-euse) generous
génie *m* genius
genre *m* type, gender
gens *m pl* people
gentil(le) nice, gentle
gentilhomme *m* gentleman
géographie *f* geography
gérondif *m* **en** + present
  participle *(grammatical)*
glace *f* ice cream
glissant(e) slick, slippery
gloire *f* glory
gorille *m* gorilla
gosse *m,f* kid *(slang)*
gourmand(e) gluttonous
goûter to taste
goutte *f* drop
gouvernement *m* government
graissage *m* greasing,
  lubrication **faire le**
  _____ to lubricate (a vehicle)
gramme *m* gram **deux**
  cents _____s **de** seven
  ounces
grand(e) main
grande surface *f* very large
  suburban store
grandeur *f* grandeur; size
grandir to grow up
grand-mère *f* grandmother
grand-père *m* grandfather
gratuit free
grenouille *f* frog
grève *f* strike
gris(e) gray
gros(se) big, large

groupe *m* group
  en _____ in a group
gruyère *m* Swiss cheese
guère hardly
guerre *f* war **faire la**
  _____ to fight a war
  Première Guerre mondiale
  First World War
guichet *m* ticket window
Guide Michelin *m* popular
  French hotel guide
guillemets *m pl* quotation
  marks

habiller to dress
  s'_____ to get dressed
habitant *m* inhabitant
habiter to live (in)
habitude *f* habit
  d'_____ usually **comme**
  d'_____ as usual
habituellement habitually
habituer: s'_____ **à** to get
  used to
haricot *m* bean
hâte *f* haste **à la**
  _____ hastily, hurriedly
hausse *f* rise
haut-parleur *m* loudspeaker
Le Havre port city in France
haut(e) high; loud
hebdomadaire *m* weekly
héritier *m* heir
héros *m* hero
hésiter to hesitate
heure *f* hour
  à l'_____ on time
  à quelle _____ at what
  time **à tout à l'**_____
  see you later **de bonne**
  _____ early
  demi- _____ half hour
  _____ **de pointe** rush hour
heureusement happily,
  fortunately
heureux(-euse) happy
Hexagone *m* the Hexagon
  (term for France stemming
  from its six-sided shape)
hier yesterday
histoire *f* story, history

historique historic
hiver *m* winter **en**
  _____ in the winter
homard *m* lobster
homme *m* man
honnête honest
honorer to honor
honte *f* shame **avoir**
  _____ **de** to be ashamed of
horaire *m* schedule
hors de beyond, outside of
hostilité *f* hostility
hôtelier/hôtelière *m,f* hotel
  manager
hôtesse *f* flight attendant
huile *f* oil
  _____ **végétale** vegetable oil
humour *m* humor
hypermarché *m* supermarket-
  discount store
hypothèse *f* hypothesis

ici here **d'**_____ from now
  until
idée *f* idea
identifier to identify
idiotisme *m* idiom
il y a there is, there are; ago
île *f* island
imaginaire imaginary
imaginer, s' _____ to
  imagine
immobiliser to immobilize
imparfait *m* imperfect *(verb*
  tense)
impératif(-ive) imperative
inconvénient *m* inconvenience
indéfini(e) indefinite
indépendance *f* independence
indéterminé(e) unmodified,
  indefinite
indicateur *m* train schedule
indicatif *m* indicative *(mood of*
  a verb)
indigène native
indiquer to indicate, to point
  out
individu *m* individual
individualiste individualistic
infiniment infinitely,
  exceedingly

inflexion *f* modulation
informations *f pl* news report
informatique *f* data processing, computer science
informer to inform, to acquaint **s'** _____ to inquire, to investigate
inquiet(-ète) anxious; restless; worried
inquiéter: s' _____ to worry
inscriptions *f pl* registration
inscrire: s' _____ to enroll, to register
inscrit(e) enrolled
insister to stress, to draw attention to
installer: s' _____ to settle down
instant *m* instant, moment **un** _____ just a minute
instantané(e) instant
instituteur/institutrice *m,f* elementary school teacher
instruction *f* education
instrument *m* instrument _____ **de musique** musical instrument
insupportable unbearable
intégrer: s' _____ to become part of
intempéries *f pl* bad weather
intensément intensely
interdit(e) forbidden
intéressant(e) advantageous, interesting
intéresser: s' _____ **à** to be interested in
intérêt *m* interest
interprétation *f* acting
interrogatif(-ive) interrogative
interrompre to interrupt
interrompu *past part. of* **interrompre**
intransitif(-ive) intransitive
intrépide intrepid, bold
intrigue *f* plot
introduire to insert
invité(e) *m,f* guest
inviter to invite
irrégulier(-ière) irregular

italien(ne) Italian
itinéraire *m* itinerary

jamais never
jambe *f* leg
jambon *m* ham
janvier *m* January
japonais(e) Japanese
jeter par la fenêtre to waste
jeton *m* token; coin
jeu *m* game
jeudi *m* Thursday
jeune young _____ **fille** *f* girl
jeunesse *f* youth
joie *f* joy
joli(e) pretty
jouer to play _____ **au bridge** to play bridge _____ **un rôle** to play a part
jour *m* day _____ **de l'an** New Year's Day **tous les** _____ **s** everyday
journal *m* newspaper
journée *f* day
juillet *m* July
juin *m* June
jurer to swear
jusqu'à to _____ **ce que** until
jusque until _____ **-là** that far
justement justly, precisely
justifier to justify

kilo *m* 2.2 pounds **au** _____ by the kilogram
kilométrage *m* distance in kilometers

là there
là-bas there, over there
laboratoire *m* laboratory **matériel de** _____ laboratory supplies
La Fontaine seventeenth-century French author
laid(e) ugly
laine *f* wool
laisser to leave

lait *m* milk
laitier/laitière *m,f* milk vendor
lancer to fling, to throw
langage *m* language
langue *f* language
laver to wash **se** _____ to wash oneself
lèche-vitrines: faire du _____ to go window shopping
leçon *f* lesson
lecteur/lectrice *m,f* reader
lecture *f* reading
légende *f* legend
léger(-ère) light
légume *m* vegetable
lendemain *m* the following day
lent(e) slow
lentement slowly
lequel/laquelle which one
lever to raise **se** _____ to get up
lexique *m* vocabulary list
librairie *f* bookstore
libre free
lien *m* link
lieu *m* place, spot **au** _____ **de** instead of **avoir** _____ to take place
linguistique linguistic
lire to read
lit *m* bed **au** _____ in bed
litre *m* liter
littéraire literary
livre *m* book
localisation *f* situating, localizing
location *f* rental
locution *f* phrase
loger to lodge, to live
logique logical
logiquement logically
loi *f* law
loin far
loisir *m* leisure
Londres London
long métrage *m* feature film
longtemps a long while
lorsque when
louer to rent
loup/louve *m,f* wolf

lu *past part. of* **lire**
lundi *m* Monday
lune *f* moon
luxe *m* luxury
  de _____ luxury
lycée *m* last three years of secondary school
lycéen/lycéenne *m,f* student at **lycée**
Lyon-Bron Lyons airport

machin *m* thing (*slang*)
machiniste *m* driver
magasin *m* store
Maghreb *m* Arab term for North African countries
mai *m* May
main *f* hand
maintenant now
maintenir, se _____ to keep up
Maison des jeunes *f* youth center
maîtresse *f* elementary school teacher
majestueux(-euse) majestic
majorité *f* majority
majuscule capital letter
mal *m* pain, ache
  avoir _____ **à** to have an ache **faire** _____ **à** to hurt
mal élevé *m* ill-mannered person
malade sick
maladroit(e) clumsy
malentendu *m* misunderstanding
malgré in spite of
malheureusement unfortunately
malheureux(-euse) unfortunate; unhappy
malhonnête dishonest
maman *f* mama
mamie *f* grandma, granny
manger sur le pouce to eat on the run
manière *f* manner **bonnes** _____ **s** good breeding
manifestation *f* demonstration
manifester to demonstrate
  se _____ to appear

manquer to neglect
manuel *m* manual _____
  de cours textbook
maquillage *m* makeup
marchand(e) *m,f* merchant
marchandise *f* merchandise
marché *m* open-air market
  faire le _____ to go grocery shopping _____ **du travail** labor market
marcher to work, to function, to walk
mardi *m* Tuesday
  Mardi gras Mardi Gras
mari *m* husband
mariage *m* marriage, wedding
marié(e) married
marier: se _____ to get married
marin *m* sailor
Maroc *m* Morocco
marque *f* brand
marquer to characterize
marre *f* **en avoir** _____ **(de)** to have had enough (*slang*)
mars *m* March
masse *f* mass
massif(-ive) massive
Massif central *m* Massif Central (plateau in central France)
maternel(le) native (language)
mathématiques *f pl* mathematics
maths *f pl* math
matière *f* subject
matin *m* morning
matinée *f* morning
mauvais(e) bad **faire** _____ to be bad weather
méchant(e) wicked, mean
mécontent(e) displeased, dissatisfied
médecin *m* doctor
meilleur(e) better
mêler to mix **se** _____ **à** to have a hand in **se** _____ **de ses affaires** to mind one's business
même -self, same
menacer to threaten

mener to take, to lead
menteur(-euse) lying
mentionner to mention
mer *f* sea _____ **des Antilles** Caribbean Sea _____ **des Caraïbes** Caribbean Sea
mercredi *m* Wednesday
mère *f* mother
mériter to deserve
métier *m* line of work
mètre *m* meter
métropole *f* mainland France
métropolitain(e) metropolitan
metteur en scène *m* director
mettre to put _____ **au point** to finalize
  se _____ to put or place oneself **se** _____ **à** to begin to **se** _____ **d'accord** to be in agreement _____ **en valeur** highlight
meuble *m* piece of furniture
meublé(e) furnished
meurtre *m* murder
mi-chemin *m* **à** _____ halfway
midi *m* noon
mieux better **faire de son** _____ to do one's best
milieu *m* middle
Ministère de l'Education nationale Department of Education
ministre *m* minister, clergy
minuit *m* midnight
mi-octobre *f* mid-October
mise au point *f* tune-up
misère *f* misery, poverty
mistral *m* strong, cold wind in Mediterranean area
mobylette *f* moped
mode *m* style; mood (*grammatical*)
  _____ **de vie** life-style
  _____ **de transport** means of transportation
modique modest
moindre least
moins (de) less, fewer
  à _____ **(de, que)** unless
  au _____ at least

mois *m* month
moitié *f* half
moment *m* moment, instant
  au _____ **de** at the moment of
  à un _____ **donné** at a given
  moment
monde *m* world
  Nouveau _____
  New World
  Tiers _____ Third World
monnaie *f* change
monsieur *m* gentleman
mont *m* mountain
montagne *f* mountain
  en _____ in the mountains
monter to go up, to climb; to
  board _____ **en** to get into,
  to board
montre *f* watch _____ **en**
  or gold watch
montrer to show **se** _____ to
  reveal itself
moquer: se _____ **de** to make
  fun of
morceau *m* piece
moto *f* motorcycle
motocyclette *f* motorcycle
mots croisés *m pl* crossword
  puzzle
mourir to die
mouvement *m* motion
moyen *m* means
moyenne *f* average
muet(te) mute, silent
mur *m* wall
musée *m* museum

nager to swim
naissance *f* birth
naître to be born
nationalité *f* citizenship,
  nationality
nature plain
navet *m* "bomb,"
  unsuccessful movie *(slang)*
navette *f* shuttle
naviguer to sail
ne . . . jamais never
ne . . . que only
né(e) born
néanmoins nevertheless

nécessaire necessary
négliger to neglect
neige *f* snow
neiger to snow *(impersonal)*
nerveux(-euse) nervous
net(te) clear
nettoyer to clean
neuf/neuve brand-new
nez *m* nose
ni . . . ni neither . . . nor
Nil *m* Nile
niveau *m* level
Nöel *m* Christmas
noir(e) black **en** _____ **et**
  blanc in black and white
nom *m* name
nombre *m* number
  _____ **cardinal** cardinal
  number _____ **collectif**
  collective number _____
  ordinal ordinal number
nombreux(-euse) numerous;
  large
non-accentué(e) unaccentuated,
  unstressed
non-réservé(e) not reserved
Normand *m* Normand
note *f* grade
nourrir to feed, to nourish
nourriture *f* food
nouveau/nouvelle new
Nouvelle-Orléans *f* New
  Orleans
nouvelles *f pl* news
novembre *m* November
noyau *m* pit
nuage *m* cloud
nuit *f* night
numéroter to number

obéir à to obey
objet *m* object
obligatoire compulsory
  matière _____ required
  subject
obligé(e) obliged
oblitérer to cancel
obscurcir to obscure, to darken
obtenir to obtain
occasion *f* event **avoir**
  l' _____ **de** to have the
  opportunity to

occuper: s' _____ **de** to take
  care of, to look after
octobre *m* October
odeur *f* odor
œil *m (pl* **yeux)** eye
œuf *m* egg
œuvre *m* works
offrir to offer
  s' _____ to treat oneself
oignon *m* onion
omettre to omit
optimiste optimistic
or *m* gold
ordinateur *m* computer
ordonner to order
ordre *m* command
orgueilleux(-euse) proud
orienter to direct
orthographique spelling
où where
oublier to forget
ouest *m* west
outre-Atlantique across the
  Atlantic
outre-mer *m* overseas
ouvertement openly
ouverture *f* opening
ouvreuse *f* usherette
ouvrier/ouvrière *m,f* worker
ouvrir to open

pain *m* bread
palais *m* palace
pâlir to become pale
palmier *m* palm tree
panier *m* basket
panne *f* breakdown **en** _____
  not working, out of order
par by, through _____
  contre on the other hand
paradis terrestre *m* paradise on
  earth
paraître to appear
parapluie *m* umbrella
parce que because
pardon excuse me
pareil(le) similar
parenthèses *f pl*
  parentheses **entre**
  _____ in parentheses
paresseux(-euse) lazy

parfait(e) perfect
parfois sometimes
parfumé(e) flavored
parisien(ne) Parisian
parking *m* parking lot
parler to speak **se**
_____ to speak to each other
parmi among
parole *f* word; spoken word
part *f* behalf **de la _____ de**
on the part of
partager to share
participe *m* participle
particulier(-ière) special
partie *f* part **faire _____**
de to be part of
partiel(le) incomplete
partir to depart, to leave **à**
_____ **de** from, beginning
with
partout everywhere
paru *past part.* of **paraître**
pas mal de a good many
passager/passagère *m,f*
passenger
passé *m* past _____
composé passé composé
(*verb tense*)
passer to spend (time); to
show (a film)
_____ **à** to go into
_____ **à la télé** to
appear on TV _____ **à**
table to go to the table
_____ **un bon moment** to
have a good time _____
un examen to take an exam
_____ **un film** to show a
film **se _____** to happen, to
be done, to take place **se**
_____ **de** to do without
passionné(e) (de) crazy (about)
pâtes *f pl* pasta
patiemment patiently
patinoire *f* skating rink
pâtisserie *f* pastry
pâtissier/pâtissière *m,f* pastry
chef
patois *m* regional dialect,
speech
patrie *f* homeland
patron(ne) *m,f* boss

pauvre poor; unfortunate
payer to pay for
pays *m* country
paysage *m* landscape, scenery
peau *f* skin
pêche *f* peach
pêche *f* fishing, **aller à la**
_____ to go fishing
pédale *f* pedal
peigner: se _____ to comb
one's hair
peindre to paint
peine *f* trouble **ce n'est pas la**
_____ it is not worth it
peintre *m* painter
pendant que while
pendule *f* clock
pensée *f* thought
penser to think _____ **à**
to think about (have in
mind) _____ **de** to
think about (have an
opinion)
perdre to lose _____ **le**
chemin to get lost **se _____**
to get lost
père *m* father _____ **s**
Pèlerins Pilgrim Fathers
perfectionner to perfect
périphérie *f* lands outside the
mother country
permettre to permit
permis de conduire *m* driver's
license
permis(e) allowed
perruche *f* parakeet
personnage *m* character
petit *m* little boy
_____ **s** children
petit commerçant *m* small
shopkeeper
petit écran *m* TV
petit(e) ami(e) *m,f* boyfriend,
girlfriend
petits pois *m pl* peas
peu little _____ **de**
few **un _____ de** a little
peuple *m* people; nation
peur *f* fear **avoir _____ de** to
be afraid of **de _____ (de,**
que) for fear (of, that)
peut: il se _____ it's possible

peut-être perhaps, maybe
phénomène *m* phenomenon
phrase *f* sentence
pièce *f* play; piece **la _____**
each _____ de rechange
spare part
pied *m* foot
piège *m* trap
piscine *f* swimming pool
piste *f* runway
place *f* seat **sur _____** on
the spot
plage *f* beach
plaindre: se _____ to
complain, to grumble
plaire to please **se _____ to**
enjoy oneself
plaisant(e) pleasant, amusing
plaisir *m* pleasure
faire _____ à to give
pleasure to
plan *m* map
planche *f* board _____ **à**
voile windsurfing board
faire de la _____ à voile to
windsurf
plancher *m* floor
plateau *m* movie set
plâtre *f* plaster, stucco; plaster
cast
plein *m* full **faire le _____**
to fill the gas tank
plein(e) full
pleurer to cry
pleuvoir to rain (*impersonal*)
plu *past part.* of **plaire** and
pleuvoir
pluie *f* rain
plupart *f* most **la _____**
des the majority of
pluriel *m* plural
plus more **en _____ de**
in addition to _____ . . .
_____ the more . . . the
more **un peu _____** a little
more
plus-que-parfait *m* pluperfect
verb tense
plusieurs several
plutôt rather
pluvieux(-ieuse) rainy
pneu *m* tire

poche *f* pocket **argent de**
_____ *m* spending money
point *m* period, decimal
poire *f* pear
poisson *m* fish
Poitou *m* region of France
poivron *m* pepper
poli(e) polite
politesse *f* politeness
politique *f* politics
politique political
politisé(e) having a political
aspect
polycopié *m* reproduced set of
lecture notes
pomme *f* apple
pomme de terre *f* potato
pompiste *m* gas station
attendant
porte *f* gate
portefeuille *m* wallet
porte-parole *m* spokesperson
porter to carry; to bear
portillon *m* automatic gate
portugais *m* Portuguese
language
poser to put _____ **une**
question to ask a question
posséder to own, to possess
possesseur *m* possessor
possessif(-ive) possessive
possibilité *f* possibility
poste *f* post office **mettre à la**
_____ to mail
poste *m* post, position; set
_____ **de radio** radio
receiver _____ **de**
télévision television set
poster to mail
postériorité *f* subsequence
poulet *m* chicken
pour for _____ **(que)** in
order to (that)
pour *m* pro
pourboire *m* tip
pour cent percent
pourquoi why
poursuivi *past part.*
of **poursuivre**
poursuivre to pursue
pourtant however
pourvu que provided that

pousser to push
pouvoir *m* power
pouvoir to be able **il se**
peut it is possible
pratique useful **travaux**
_____ **s** drill or discussion
sections
précédent(e) preceding
précéder to precede
précis(e) specific
préciser to state precisely, to
specify
précision *f* detail
prédire to predict
préférer to prefer
premier(-ière) first
première *f* premiere, opening
night
prendre to take _____ **au**
sérieux to take seriously
_____ **la retraite** to retire
_____ **quelque chose** to get
something to eat or drink
_____ **rendez-vous** to make
an appointment _____ **une**
décision to make a decision
_____ **un pot** to have a
drink
préoccupé(e) worried
prépositionnel(le) prepositional
complément _____ object of
the preposition
près close **de** _____ closely
_____ **de** near
présence *f* presence,
attendance
présent(e) present
à _____ now
présentateur/présentatrice *m,f*
announcer
présentatif(-ive) introductory
présenter to present, to
introduce **se** _____ to
present oneself, to appear
se _____ **à** to be a candidate
for
presque almost
presse *f* press
presser: se _____ to hurry
pression *f* pressure
prêt(e) ready
prévoir to plan

prévu *past part. of* **prévoir**
principe *m* principle
printemps *m* spring
pris *past part. of* **prendre**
privatisé(e) denationalized
prix *m* price
problème *m* problem
prochain(e) next, following
Proche-Orient *m* Middle East
produire to produce
produit *m* product
profiter de to take advantage of
programme *m* schedule of TV
programs _____ **d'études**
course of study _____ **de**
variétés variety show
progrès *m* progress **faire des**
_____ to make progress
projeter to project, to plan
projets *m pl* plans
promener: se _____ to walk;
to travel **se** _____ **en**
voiture to take a drive
promettre to promise
pronom *m* pronoun
prononcer to pronounce
propos: à _____ by the way
à _____ **de** concerning
proposer to propose, set up
proposition *f* clause _____
principale main clause
_____ **subordonnée**
subordinate clause
propre own
propriétaire *m,f* landlord,
landlady
provenance *f* origin **en** _____
de arriving from
Provence *f* region of France
provisions *f pl* groceries
provoquer to provoke
publicité *f* advertising
commercials
pubs *f pl* commercials *(slang)*
puis then
puisque since
puisse *pres. subj. of* **pouvoir**
punir to punish

quai *m* platform
quand when
quant à as for

quart *m* quarter
quartier *m* neighborhood
que that, which
Québécois(e) *m,f* person from Quebec
quel(le) what, which
quelque some _____ s a few
quelque chose something **avoir** _____ to have something wrong
quelquefois sometimes
quelque part somewhere
quelques-un(e)s some
quelqu'un someone
qu'est-ce que what
qu'est-ce que c'est? what is it?
qu'est-ce qui what
question *f* question **en** _____ in question **être** _____ **de** to be a question of
queue *f* line **faire la** _____ . to stand in line
qui who, whom
quitter to leave
quoi which, what _____ **que** whatever
quoique although
quotidien *m* daily newspaper
quotidien(ne) everyday

rabais *m* bargain
raconter to relate, to tell
radical *m* stem *(grammatical)* **à** _____ **irrégulier** stem-changing
rafraîchissement *m* refreshment **raison** *f* reason **avoir** _____ to be right
raisonnable reasonable
ralentir to slow down
rame *f* subway train
randonnée *f* hike
ranger to put away, to arrange, to put in order
rapide *m* express train
rapide rapid
rappel *m* reminder
rappeler: se _____ to remember
rapport *m* relationship **par** _____ **à** in relation to

rapporter to bring back **se** _____ to refer to
raser: se _____ to shave
rater to miss *(slang)*; to fail (an exam)
RATP *f* **(Régie Autonome des Transports Parisiens)** Paris bus and subway agency
rattraper: se _____ to make up
raviser: se _____ to change one's mind
rayon *m* department
réalisateur/réalisatrice *m,f* producer
réaliste realistic
récemment recently
récepteur *m* television set _____ **en couleurs** color set
recevoir to receive
recherche *f* research
réciproque reciprocal
récit *m* story **faire le** _____ to tell the story
réclame *f* advertisement
réclamer to claim
recommencer to begin again
reconnaître to acknowledge
reçu(e) received, admitted; successful **être** _____ to pass
récupérer to pick up
réduction *f* discount
réduit(e) reduced
réel(le) real
refaire to do again
réfléchi(e) reflexive
réfléchir to think about
refléter to reflect
réforme *f* reform
refuser to refuse
regarder to look at
règle *f* rule
régler to adjust; to settle
regretter to regret, to be sorry
régulièrement regularly
reine *f* queen
rejeter to reject
relation *f* relationship _____ **amicale** friendship
remarque *f* remark
remarquer to notice

remercier to thank
remettre: se _____ to get back to
remonter to go back
remplacer to replace
remplir to fill out
rencontrer to meet by chance
rendez-vous *m* appointment, engagement **avoir un** _____ to have a date **prendre** _____ to make an appointment **se donner** _____ to arrange to meet
rendre to return, to give back _____ **un service** to do a favor **se** _____ **à** to go to **se** _____ **compte de** to realize
renforcer to reinforce, to strengthen
renseignement *m* information **bureau de** _____ s information counter
renseigner to inform **se** _____ to obtain information
rentrée *f* opening of school
rentrer to come home
renvoyer to send back
réparer to repair
reparler to speak again
repas *m* meal
répéter to repeat
réplique *f* reply
répondre to answer
réponse *f* answer, reply
reportage *m* account
reposer: se _____ to rest
reprise *f* time, occasion **à plusieurs** _____ on several occasions
requin *m* shark
RER *m* **(Réseau Express Régional)** suburban rapid-transit line
résidence *f* residence, dwelling
résoudre to solve
ressembler to resemble
ressentir to feel (an emotion)
ressusciter to resuscitate, to revive
rester to remain; to stay _____ **à** to be left

Resto U *m abbrev. for*
  restaurant universitaire
  university restaurant
résultat *m* result
résumer to summarize
retard: être en _____ to be late
retenir to retain
retour *m* return **de** _____
  à back at, having returned
  to **être de** _____ to be back
retourner to go back to
retrouver: se _____ to meet by
  design
réunion *f* meeting;
  reconciliation
réunir to bring together again
réussir to succeed; to pass (an
  exam)
réussite *f* success
rêve *m* dream
réveiller: se _____ to wake up
revenir to come again, to come
  back
rêver to dream
révision *f* revision
revoir to see again
révolutionnaire revolutionary
revue *f* magazine
rez-de-chaussée *m* ground
  floor
rhum *m* rum
rien nothing
rigoler to laugh (*slang*)
rire to laugh
risque *m* risk **courir des**
  _____ **s** to take chances
risquer: se _____ to risk, to
  venture
riz *m* rice
robe *f* dress _____ **de (en)**
  coton cotton dress
roi *m* king _____ **du**
  pétrole oil baron
rôle *m* part
roman *m* novel
rose pink
rôti(e) roasted
rouge red
rougir to blush
rouler to drive
route *f* road

rue *f* street
ruine *f* ruin
russe Russian

SNCF *f* **(Société Nationale des**
  Chemins de Fer Français)
  French national railroad
  system
sable *m* sand
sac *m* sack _____ **à**
  dos back-pack
sache *pres. subj. of* **savoir**
sage wise, good
saigner to bleed
sain et sauf safe and sound
saisir to seize
saison *f* season
saisonnier(-ière) seasonal
salade *f* lettuce
sale dirty; sordid
salle *f* room _____ **de bains**
  bathroom _____ **de cinéma**
  movie house _____ **de**
  classe classroom _____
  de théâtre theater
saluer to greet
salut hi (*colloquial*)
samedi *m* Saturday
sans (que) without
sauf except
sauver: se _____ to run off
savoir to know, to know how
savourer to enjoy
science *f* science _____ **s**
  humaines social sciences
scolaire school **année** _____
  school year
séance *f* showing
sécher to cut (a class)
secondaire secondary
seconde *f* first year of **lycée**
secrétaire *m,f* secretary
séduire to attract
séjour *m* stay
sel *m* salt
selon according to
semaine *f* week
sembler to seem
Sénégal *m* Senegal
sens *m* meaning _____
  figuré figurative meaning

_____ **propre** literal
  meaning
sensation *f* **à** _____
  sensational
sentiment *m* emotion
sentir to feel
séparer to separate
septembre *m* September
série *f* series, succession
sérieux *m* seriousness
sérieux(-euse) responsible;
  serious
service *m* service **à votre**
  _____ at your service **être**
  en _____ to be in use
serviette *f* napkin; towel;
  briefcase
servir to serve **se** _____ to
  serve **se** _____ **de** to use
seul(e) alone
sévère strict
si if
siècle *m* century
sieste *f* nap
signaler to indicate; to signal
signe: faire _____ to signal
simultanément simultaneously
singulier *m* singular
ski *m* ski **faire du** _____ to
  go skiing
société *f* company
socio-économique
  socioeconomic
sœur *f* sister
soi oneself
soif *f* thirst **avoir** _____ to
  be thirsty
soir *m* evening
soirée *f* evening, party
soit *pres. subj. of* **être**
soldat *m* soldier
soleil *m* sun **faire du**
  _____ to be sunny
somme *f* sum
sommeil *m* sleep **avoir** _____
  to be sleepy
sondage *m* poll
sonner to sound, to strike
sorte *f* sort, kind **de** _____
  (que) so (as, that)
sortie *f* release

sortir to go out
soudain suddenly
souffrir to suffer
souhaiter to desire, to wish
soulier *m* shoe, slipper
sourd-muet *m* deaf-mute
sourire to smile
sous *m pl* change *(colloquial)*
sous-sol *m* basement
sous-titres *m pl* subtitles
souvenir *m* memory
souvenir: se _____ de to remember
souvent often
speakerine *f* announcer
spécialisation *f* major field
spécialisé(e) specialized
spectacle *m* show
sportif(-ive) athletic
sport d'hiver *m* winter sport
stimuler to stimulate
structure *f* construction *(grammatical)*
subir to undergo
subjectivité *f* subjectivity
subjonctif *m* subjunctive *(mood of a verb)*
succéder to follow
successif(-ive) successive
sucre *m* sugar
sud *m* south
sud-ouest *m* southwest
suffire to suffice
suggérer to suggest
suite *f* following **à la _____ de** after
suivant(e) following
suivre to follow **_____ un cours** to take a course
sujet *m* subject **au _____ de** about
supérieur(e) superior **enseignement _____** *m* higher education
supermarché *m* supermarket
supplément *m* supplementary fee
supplémentaire further
supporter to endure, to bear
supprimer to cancel
sûr(e) sure **bien _____** of course

surgelé(e) frozen (produce)
surprenant(e) surprising
surprendre to surprise
surpris(e) surprised
surtout chiefly
sympathique pleasant

tableau *m* picture **_____ des verbes** verb chart
taire: se _____ to be quiet
tant (de) so much, so many
taper to type
tard late **plus _____** later
tarif *m* rate
tasse *f* cup
taux *m* rate
taxi *m* **en _____** by taxi
tel(le) such **_____ ou _____** this or that
télé *f* television **_____ par câbles** cable television **_____ 7 jours** *m* French *TV Guide*
télécommande *f* remote control
téléphone *m* telephone **au _____** on the telephone
téléphoner to telephone
téléspectateur *m* viewer
téléviseur *m* television set
télévision *f* television **à la _____** on television **poste de _____** *m* television set
tempête *f* storm **_____ de neige** snowstorm
temple *m* protestant church
temporel(le) having to do with time
temps *m* time, weather, tense **de _____ en _____** from time to time **en même _____ que** at the same time (as) **il est _____** it is time **_____ libre** free time **_____ verbal** tense
tenez here
tenir to hold **se _____ au courant** to keep oneself well-informed
tennis *m* tennis **faire du _____** to play tennis
terminaison *f* ending
terminale *f* last year of **lycée**

terrain *m* school grounds
terrasse *f* terrace **à la _____** on the terrace
terre *f* earth
terrifier to terrify
territoire *m* territory
tête *f* head
TF 1 Télévision Française 1 (TV network)
thé *m* tea
théâtre *m* theater **pièce de _____** play
thon *m* tuna
Tiers monde *m* Third World
timide shy
tiret *m* blank
titre *m* title
tomber sur to come upon, to encounter
tonnerre *m* thunder
tort *m* wrong, injustice **avoir _____** to be wrong
tôt early **plus _____** earlier
totalité *f* entirety
toucher to touch **_____ un chèque** to cash a check
toujours still
tourisme *m* touring, tourism
tournage *m* shooting (of a film)
tourner to turn **_____ un film** to make a film
tous all **_____ les jours** every day
tout(e) all **en _____** in all **_____ à coup** suddenly **_____ de même** all the same **_____ de suite** immediately **_____ (e) le, la...** all the..., the whole... **_____ le monde** everyone **_____ à l'heure** a while ago, in a while
trac *m* **avoir le _____** to be afraid
traduire to translate
train *m* train **monter en _____** to board a train **par le _____** by train
traité *m* treaty **_____ de paix** peace treaty
traître *m* villain
trajet *m* trip

tranche *f* slice
tranquille quiet, peaceful
tranquillement peacefully, quietly
transformer to change **se ____** to turn into
transitif(-ive) transitive
travail *m* work **langue de ____** working language **marché du ____** job market
travailler to work
travailleur(-euse) industrious, hard-working
travaux pratiques *m pl* drill or discussion sections
travers: à ____ through
traverser to cross
trimestre *m* quarter
triste sad **il est ____** it is sad
tristesse *f* sadness
tromper to deceive **se ____** to be wrong
trompeur(-euse) deceitful
trop (de) too much, too many **de ____** too many, excessive
trou *m* hole
trouble *m* disturbance
trouille *f* **avoir la ____** to be afraid (*slang*)
trouver to find **se ____** to be found, to find oneself
truc *m* thing (*slang*)
truie *f* sow
type *m* guy, fellow

uniquement solely
unité de valeur *f* credit
universitaire university **cité ____** residence hall complex
utile useful **être ____** to be of service (help)
utiliser to use

vacances *f pl* vacation **en ____** on vacation **grandes ____** summer vacation

valable valid
valeur *f* value, worth **____ s values** **unité de ____** credit
valider to validate
valise *f* suitcase
vallée *f* valley
valoir to be worth **____ la peine** to be worth the trouble **____ mieux** to be better (*impersonal*)
vaniteux(-euse) vain
varier to vary
variété *f* variety
vedette *f* male or female star
veille *f* preceding evening
vélo *m* bicycle
vendeur/vendeuse *m,f* salesperson
vendre to sell
vendredi Friday
venir to come
vent *m* wind **faire du ____** to be windy
venu *past part. of* **venir**
vérifier to check
véritable real
vérité *f* truth
verre *m* glass **____ à vin** wineglass
vers toward, to
version *f* **____ originale** film in its original language
veuf *m* widower
veuille *pres. subj. of* **vouloir**
veuillez please be so kind
veuve *f* widow
viande *f* meat
vidange *f* emptying; draining off **faire la ____** to change the oil
vide empty
vie *f* life **style de ____** life-style
vieux/vieille old
vieux *m* old person **mon ____** old buddy
ville *f* town **en ____** downtown

vin *m* wine
virgule *f* comma; decimal point
visage *m* face
vite fast, quick, quickly **pas si ____** not so fast
vitesse *f* speed
vivant(e) lively, living
vivre to live **la douceur de ____** pleasant life-style
voici here is, here are
voie *f* track
voilà there is, there are
voir to see
voisin(e) *m,f* neighbor
voiture *f* car; subway or railway car
voix *f* voice
volant *m* steering wheel
voler to steal
voleur *m* thief
volley *m* volleyball
volontaire *m* volunteer
volonté *f* will
volontiers willingly
vols-vacances *m pl* reduced airfare for vacation travel
Vosges *f pl* Vosges Mountains in northeast France
vouloir to want
voulu *past part. of* **vouloir**
voyage *m* trip, travel **____ à forfait** vacation package deal
voyager to travel
voyageur *m* traveler, passenger
voyelle *f* vowel
vrai(e) true **il est ____** it is true
vraiment really
vu *past part. of* **voir**

western *m* cowboy movie

yaourt *m* yogurt

zut! darn it!

Index

PHOTO CREDITS

Page 1 **Owen Franken/Stock Boston;** 4, 67, 147, 191, 255 **Mark Antman/ The Image Works;** 18, 33, 35, 90, 125, 133, 140, 161, 184, 221, 240, 299 **Stuart Cohen;** 39, 46, 265 **Beryl Goldberg;** 72, 288 **Andrew Brilliant;** 103 **J.J. Gonzales/The Image Works;** 111 **Peter Menzel;** 226 **Dityvon/The Image Works;** 283 **Cary Wolinsky/Stock Boston.**

TEXT PERMISSIONS

We wish to thank the authors, publishers and copyright holders for their permission to reproduce the following: Page 55 "Le Français-type", *Géographie de la France, G. Lebrune, Librairie Fernand Nathan, 1988;* 64, 65 "Maison du Mois" text reproduced courtesy of *Journal de la Maison,* plans reproduced courtesy of *Puma,* photos reproduced courtesy of *Extembat;* "Du Football à la Pétanque", *Francoscopie, Larousse, 1989;* 100 "Thérèse", 101 "Sophie" text reprinted from *20 Ans, #38, Octobre 1989;* 14 "La durée d'écoute quotidienne" chart reprinted from *Géographie de la France, G. Lebrune, Librairie Fernand Nathan, 1988;* 131 TV schedule reprinted from *Télérama, #2002, 25 Mai 1988;* 158 "Du tirage dans la diffusion", *Francoscopie, Larousse, 1989;* 188, 189 "Minitel", "Le Bat-censure", *Première, Octobre 1989;* 211, 212 "Distances de ville à ville", "Réseau SNCF", *La France j'aime, Quénelle, Hatier, 1985;* "TGV" article from *Que Choisir, Octobre 1989;* 250 "Restaurant Universitaire" chart from *Guide Pratique, Septembre 1988, L'Etudiant;* 253 "eslsca" ad reproduced courtesy of the *Ecole supérieure libre des sciences commerciales appliquées;* 280 "Jeux, fêtes et sports", *Francis Bebey, Revue Présence Africaine.*